零距离上岗

高职高专市场营销专业系列规划教材

SHANGPINXUE

商品学

（第3版）

汪永太 主 编
白爱莉 副主编
汪圣佑 参 编
万 融 主 审

電子工業出版社
Publishing House of Electronics Industry
北京 · BEIJING

图书在版编目（CIP）数据

商品学 / 汪永太主编. —3 版. —北京：电子工业出版社，2015.3
（零距离上岗·高职高专市场营销专业系列规划教材）
ISBN 978-7-121-25603-5

Ⅰ. ①商… Ⅱ. ①汪… Ⅲ. ①商品学－高等职业教育－教材 Ⅳ. ①F76

中国版本图书馆 CIP 数据核字(2015)第 039355 号

策划编辑：晋 晶
责任编辑：袁桂春
印　　刷：北京京师印务有限公司
装　　订：北京京师印务有限公司
出版发行：电子工业出版社
　　　　　北京市海淀区万寿路 173 信箱　邮编 100036
开　　本：787×1092　1/16　印张：16.5　字数：392 千字
版　　次：2007 年 1 月第 1 版
　　　　　2015 年 3 月第 3 版
印　　次：2018 年 8 月第 6 次印刷
定　　价：36.00 元

凡所购买电子工业出版社图书有缺损问题，请向购买书店调换。若书店售缺，请与本社发行部联系，联系及邮购电话：（010）88254888，88258888。
质量投诉请发邮件至 zlts@phei.com.cn，盗版侵权举报请发邮件至 dbqq@phei.com.cn。
本书咨询联系方式：（010）88254199，sjb@phei.com.cn。

高职高专市场营销专业系列规划教材

编 委 会

出版说明

作为现代高等教育重要组成部分的高职高专教育可以说是与经济建设、劳动就业联系最紧密、最直接的。它承担着为高新技术转化和传统产业升级提供智力支持的重任，承担着提高劳动者的就业能力和创业能力、促进劳动就业的责任。近年来，我国高职高专教育有了很大的发展，为生产、建设、管理、服务第一线培养了大批技术型和应用型专门人才，为我国经济发展和社会进步起到了重要的推动作用。

高职高专教育以培养高技能人才作为教学目标，因此，与普通本科教育相比，有自己鲜明的特点：① 理论知识以“必需”、“够用”为度；② 以服务为宗旨，以就业为导向，以产学研结合为途径，以培养实际操作能力为核心；③ 实践教学在教学计划中占较大比重，注重学生职业能力的培养，实现“零距离上岗”，即学生毕业进入企业后，不再需要专门的上岗培训，直接就可以上岗，从而实现人才培养与上岗就业的零距离。

为了真正实现高职高专教育与上岗就业零距离的目标，许多高职高专院校正在逐步深化教学改革，改革方案里提出要适当规模地控制基础理论课程教学的深度与广度，加强校内模拟实训室和校外实习基地建设，强化技能培训，熟悉岗位要求，增强学生择业就业能力，增加学生的就业机会。

教学改革，教材先行。为了推动我国高职高专教育教学改革向“以培养职业能力为中心，理论和实践并重”的方向发展，在国家教育部的指导下，电子工业出版社在全国范围内组织并成立了“全国高职高专教学研究与教材出版编委会”（以下简称“教学研究与教材出版编委会”），旨在研究高职高专教学目标、教学规律，以及与教学改革配套的教材建设、规划教材出版工作。教学研究与教材出版编委会的成员单位皆为教学改革成效较大、办学特色鲜明和办学实力强的普通高校、高等专科学校、高等职业学校、成人高等学校及本科院校主办的二级职业技术学院，而教材的编者和审定者则均来自从事高职高专和成人高等教育教学与研究工作第一线的优秀教师和专家。

教学研究与教材出版编委会根据《国务院关于大力发展职业教育的决定》和《教育部关于加强高职高专教育人才培养工作的意见》的文件精神，以及上岗就业零距离的教学目标，规划了这套“零距离上岗·高职高专系列规划教材”，力求能够反映高职高专课程和教学内容体系改革方向，按照突出应用性、实践性的原则优化系列教材结构；力求教材能够体现新知识、新技术、新工艺、新方法，突出教材内容的新颖性、基础理论知识的应用性和实践技能的培养。教材中的基础理论以“必需”、“够用”为度，专业知识加强针对性和实用性，同时注重实训和实习的环节，以利于学生综合素质的提高和创新能力、实践能力及操作能力的培养，以实现与实际岗位的无缝对接。教材还设置了一些实际案例及延伸阅读等功能性栏目，并将主要的专业核心课程设计成教材和模拟实训二合一的教学包，电子工业出版社华信教育资源网还提供教学课件及习题答案免费下载等增值服务。这不仅方便学生课下学习，拓宽知识面，还有利于调动学生学习的积极性。规划教材覆盖了人力资源管理、财务会计、国际经济与贸易（国际商务）、物流管理、市场营销、金融保险、工程造价、商务英语等专业的基础课程和专业的主干课程，已在“十一五”期间陆续推出。上述规划教材适合各类高等专科学校、高等职业学校、成人高等学校及本科院校主办的二级职业技术学院使用。

编写高职高专教材是一个新课题，希望全国高职高专和成人高等教育院校的师生在教学实践中积极提出意见与建议，并及时反馈给我们，以便我们对已出版的教材不断修订、完善，与大家共同探索我国高职高专教育的特点和发展道路，不断提高教材质量，完善教材体系，为社会奉献更多更新与高职高专教学配套的高质量的教材。

全国高职高专教学研究与教材出版编委会

前　言

国务院2014年关于加快发展现代职业教育的决定明确提出，职业教育要服务经济社会发展和人的全面发展，课程内容与职业标准对接，教学过程与生产过程对接，职业教育与终身学习对接。为了使本书更加满足高职高专教育培养适应生产、建设、管理、服务第一线所需要的高素质技能型人才的需要，强化学生综合职业能力的培养、基础理论知识的创新和整体素质的提高，本书在第2版的基础上，依照电子工业出版社教材升级版要求，做了修订。第3版的框架和体例与第2版基本相同，以保持教材的一致性；根据社会经济和高职教育的新发展做了相应修订，以保证教材的先进性。本书是高职高专市场营销专业的理想教材，也可供经济管理类专业选用，还可供电视大学、成人高校和企业职工培训选用。

（1）本着高职高专教育以职业能力为本位的教学思想，修改或删除教材中业已陈旧过时的内容，用本专业课程发展及国内外研究最新成果更换，并同步更换了相关案例、习题。

（2）根据国家有关法规，有些标示虽形式上相同，但内涵已发生了变化，如“QS”标志，原为“食品质量安全市场准入标志”，现已定义为“生产许可证标志”；国家对商品免于检验也作出了新的规定。诸如此类的内容，本次作了相应的修订。

（3）在内容设置上，删除了饮料等内容，增加了商品养护机理、水果主要品种的品质特征及选购、化学纤维命名、混纺织物命名等新内容。

第3版由汪永太、汪圣佑修订。汪永太修订第1～6章、第8～10章并总纂，汪圣佑修订第7章。在修订过程中参阅了大量文献，得到了学校领导、有关部门专家和老师的大力支持和帮助，尤其是得到电子工业出版社老师的指导和帮助，在此一并致谢。

本书出版以来，深受各方面欢迎，得到同行的认可和好评。由于编者水平有限，修订中的缺点和错误在所难免，敬请同行专家和广大读者赐教匡正。

编　者

2014年12月于芜湖

商品学学时分配表

序　　号	教学内容	课时分配		
		讲授	实训	小计
1	商品与商品学	4		4
2	商品质量与商品标准	4	2	6
3	商品检验与评价	4	2	6
4	商品分类与商品包装	4	2	6
5	商品的储存与养护	4	2	6
6	食品商品	6	4	10
7	服装商品	6	2	8
8	日用商品	6	4	10
9	家用电器	6	4	10
10	装潢装饰商品	2		2
合　　计		46	22	68

目 录

第1章

商品与商品学

◇ 本章学习目标 ◇

知识目标：进一步认知商品，掌握商品学的研究对象和内容，明确商品学的研究任务，了解商品学的研究方法。

技能目标：按照商品构成的原理，能对日常商品进行分解，基本掌握商品使用价值分析的方法。

能力目标：能够运用商品使用价值理论，指导以后的学习和商务活动。

引导案例

去和尚庙推销梳子

厉以宁教授对于商品的开发与销售有一段精彩演讲："有一个梳厂，派出4个营销员到和尚庙去推销梳子。第一个营销员空手而回，他说到了庙里，和尚说没头发不需要梳子，所以一把都没卖出。第二个营销员向和尚们宣传梳子梳头的活血健身功能，卖出10多把梳子。第三个营销员向老和尚强调，梳子可以方便香客美容，有助于寺庙香火旺盛，卖出了百十把梳子。第四个营销员找到老和尚，给他出主意，建议在梳子上写上庙的名字和'积善梳'三个字，说可以保佑香客，这样就可以作为礼品储备在那里，谁来了就送，保证庙里香火更旺。老和尚当时就订购了好几千把，后来又陆续不断地向梳厂订货，成为梳厂的一大客户。这一事例中的第四个营销员抓住了一个很好的切入点，把梳子、佛教文化和人们的情感有效地结合起来，创造了新的商机，并且不知不觉中已把梳子作为一件情感商品来推销了。"

这一案例表明，人们对商品的需求是多方面的，推销商品要抓住商品的使用价值做文章。

商品学是研究商品使用价值的科学，它以商品质量为中心内容，来探讨商品使用价值的形成、评价、维护、实现和再生。

1.1 商品的概念和构成

1.1.1 商品的概念

1. 商品的定义

商品是用来交换的劳动产品，具有使用价值和价值两个基本属性。

凡是商品必须是劳动产品，如果不是劳动产品就不能成为商品，劳动产品如果不用于交换，也不能成为商品。随着社会经济的不断发展，人们认识到商品已从物质形态的劳动产品，发展成能够满足人们某种社会消费需要的所有形态。

2. 商品的基本特征

综上所述，作为特殊劳动产品的商品具有以下几个基本特征。

（1）商品是具有使用价值的劳动产品。

（2）商品是供别人消费即社会消费的劳动产品。

（3）商品是必须通过交换才能到达别人手中的劳动产品。

3. 商品的种类

商品的分类方法很多，一般可按商品的存在形态分类，如图1-1所示。

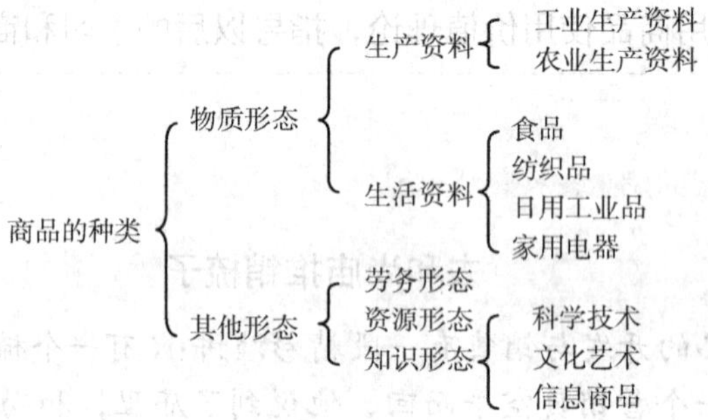

图1-1 商品的种类

1.1.2 商品的构成

消费者购买商品，其本质是购买一种需要，这种需要不仅体现在商品消费时，还表现在商品购买和消费的全过程。综合来说，商品不仅是使用价值和价值的统一，而且是有形服务和无形服务的统一，商品给人们带来的实际利益和心理利益构成了商品整体。因此，商品的整体可以看成由核心部分、形式部分和延伸部分3部分组成。

1. 核心部分

核心部分即商品所具有的满足某种用途的功能，是消费者真正要购买的服务和利益。例如，消费者购买苹果，是因为它能满足胃口，能给人体提供营养；买洗衣机是为了洗衣服。核心部分表达的是商品的实质，是商品构成中最基本、最主要的部分。

2. 形式部分

形式部分即商品的具体形态，主要包括商品的成分、结构、外观、质量、商标、品牌、使用说明书、标志、包装等，是商品的外在形式，是商品使用价值形成的客观物质基础。

3. 延伸部分

延伸部分即人们在购买商品时所获得的附加利益的服务，如商品信息咨询、送货上门、免费安装调试、免费培训、提供信贷、售后保证与维修服务、退换退赔服务承诺等。善于开发和利用商品的延伸部分，不但有利于满足消费者的综合需要，使消费者购买到称心如意的商品，而且有利于同类商品生产经营企业在激烈的市场竞争中立于不败之地。

1.2 商品学的研究对象、内容、任务和方法

1.2.1 商品学的研究对象

商品学是研究商品的科学，着重从商品的使用价值方面来研究商品。因此，商品学是研究商品使用价值及其变化规律的科学。

商品的使用价值是指商品对其消费（使用）者的有用性或效用。一方面，商品的使用价值是由商品的属性所决定的，离开商品其使用价值就不存在了，因此，商品学必须从商品的属性来研究商品的使用价值。另一方面，商品的使用价值是满足他人和社会的使用价值，所以在研究商品使用价值时，还要研究商品满足人和社会需要方面的特性。从这个意义上说，商品使用价值实际上反映了商品属性与人们社会需要之间的满足关系。

具体来说，商品的使用价值是指商品的有用性，也就是商品满足人和社会的需要性。研究商品的使用价值，不仅要研究商品的成分、结构、外形、化学性质、生物学性质和物理学性质等商品的自然属性，还要研究商品的流行性、时代感、地区性、民族性和经济性等社会经济属性，满足人和社会在商品方面的物质需要和精神需要。

商品有多少种自然属性，就可能有多少种使用价值。例如，煤既是燃料，又是极具价值的化工原料。商品的自然属性不同，它们的使用价值也不同。例如，羽绒服可以御寒，食品可以充饥。在不同的社会经济条件下，同一种商品也会出现不同的使用价值。例如，绿色在中国象征着生命，而在西欧葬礼时用绿色树叶铺地，所以忌用绿色地毯。再如，对于贫穷型消费者，坚固耐用的商品使用价值最大；而对于富裕型消费者，舒适、美观、体现个性风度的商品更具有使用价值。同一种商品在被同一个消费者消费时，也可以有多种使用价值。例如，高档服装既可用于一般的遮体御寒，又可用于弥补自身的某些体形缺陷，还可用来显示穿着者的身份和地位。

特别值得提出的是，商品的使用价值是随着科学技术的发展和人们经验的不断丰富而陆续被发现的。商品的使用价值是一个动态的、综合性的概念。准确而全面地理解商品的使用价值，运用商品的使用价值学说指导商品的生产、经营和消费，对发展我国社会主义市场经济具有重大的现实意义。商品自然属性的相对稳定性和商品社会经济属性的相对变化性，决定了我们的商品生产经营者要不断地调整商品结构，一切从市场出发，从消费者需求出发，注意适销对路，使企业主观上求利润和客观上生产、经营具有社会使用价值的

商品有机地结合成一体。

小思考 1-1

我国的国服原来为中山装，而现在流行的是休闲服、西服等；灯具已大大突破了照明这一效用，成为美化生活的一部分。以上事例，使你对商品使用价值有哪些新的思考？

1.2.2 商品学的研究内容

商品学是研究商品使用价值的科学，我们常用商品质量来表示商品的有用程度，反映商品满足人和社会需要的程度。由此可以推论，商品质量是商品使用价值的集中反映，商品使用价值的大小是用商品质量来衡量的，因此，商品质量是商品学研究的中心内容。

商品学研究的具体内容是与商品质量密切相关的问题，包括商品的成分、结构、性质、生产工艺、工作原理、功能用途、分类品种、质量要求、检验评价、使用维护等。

整体来说，商品学研究的内容还包括商品与人、商品与时代、商品与环境等方面的问题。在环境保护日益被关注的今天，商品学已从着重研究环境对商品的污染，发展到同时研究商品对环境的污染。在研究商品对环境的污染上，既研究商品对社会环境的污染，防止商品对人们身心的损害，又研究商品对自然环境的污染和对生态环境的破坏等问题；既研究清洁的商品生产技术，又研究环保的商品流通和消费时技术。商品学在研究和评价商品时，已把商品的环境效应作为一个重要内容。

小思考 1-2

为什么无氟冰箱、无磷洗衣粉、可降解塑料、低噪声家用电器和绿色食品等越来越受到人们的青睐？

1.2.3 商品学的研究任务

商品学是为政府和企业对商品从规划开发、生产、流通、消费到废弃全过程实行科学管理和决策服务的一门应用学科，目的是阐明商品质量形成、评价、维护、实现和再生的内外因素及规律，解决与商品质量密切相关的问题，使商品使用价值得以充分实现。商品学的研究任务有以下几个。

（1）指导商品使用价值的形成。通过商品资源和市场的调查预测、商品的需求研究等手段，为有关部门实施商品结构调整、商品科学分类、商品的进出口管理与质量监督管理、商品的环境管理、制定商品标准及政策法规、商品发展规划提供决策的科学依据；为企业提供商品基本质量要求，指导商品质量改进和商品开发，提高经营管理素质，保证市场商品物美价廉，适销对路。

（2）评价商品使用价值的高低。通过商品检验与鉴定手段，保证商品质量符合规定的标准或合同，维护正常的市场竞争秩序，保护买卖双方的合法权益，创造公平、平等的商品交换环境。

（3）防止商品使用价值的降低。通过确定适宜的商品包装、运输、保管的条件和方法，防止因商品质量发生不良变化而造成损失。

（4）促进商品使用价值的实现。通过大力普及商品知识和消费知识，使消费者认识和了解商品，学会科学地选购和使用商品，掌握正确的消费方式和方法，由此促进商品使用价值的实现。

（5）研究商品使用价值的再生。通过对商品废弃物与包装废弃物处置、回收和再生政策、法规、运行机制、低成本加工技术等问题的研究，推动资源节约、再生和生活废物减量，以及保护环境的绿色行动。

相关链接 1-1

产品安全与安全产品

1．产品安全与健康的概念

人们使用或消费某种产品，都不可避免地要承担一定的风险（经济的、安全的、健康的风险）。问题在于人们总是期望这种风险是可以接受的、可以允许的，也就是合理的，在经济、身体和心理上都可以接受和容许的。通常，这种风险越低越好。

1）产品安全风险：消费者独立使用某个产品而遭受人员伤亡或财产损失的可能性。

2）产品健康风险：消费者使用某个产品而造成短期或长期健康问题的可能性。

广义的产品安全与健康既包括产品消费或使用中带给消费者的合理的健康和安全风险，也包括产品生产、流通中带给生产者、经营者的合理的健康和安全风险。

2．安全产品与产品安全

2001 年欧盟委员会通过修订的《通用产品安全指令》（2001/95/EC），原则上规定了除特别法管辖（如医药品，受指令 75/319/EEC 和 81/851/EEC 管辖）以外的所有产品（小至婴儿用安慰奶嘴，大至机动车辆）均应满足的安全要求。

安全产品：在产品有效期内，在任何正常或合理可预见的使用情况下，如交付使用、安装和维护，不引起任何危险或者风险最低的产品，也就是说，风险可接受，且与产品使用相容，并与高水平人身安全及健康保护一致。

（资料来源：万融. 企业产品与健康安全. 中国商品学会第十届学术论坛学术报告，2008-1）

1.2.4 商品学的研究方法

1．科学实验法

科学实验法是在实验室内运用一定测试仪器和设备，对商品的成分、构造、性能等进行理化分析鉴定的研究方法。此法具有良好的控制和观察条件，所得出的结论正确可靠，是分析商品成分、鉴定商品质量、研制新产品的常见方法。这种方法需要一定的物质技术设备，投资较大。

2．现场实验法

现场实验法是通过一些商品专家或有代表性的消费者群，凭人体感官的直觉，对商品质量做出评价的研究方法。这种方法的正确程度受参加实验者的技术水平和人为因素的影响，但简便易行。许多商品的质量评比，一些新产品的试穿、试戴、试用都采用这种方法。

3. 技术指标法

技术指标法是一种在科学实验的基础上，对一系列同类商品，根据国内或国际生产力发展水平，确定质量技术指标，供生产者和消费者共同鉴定商品质量的方法。这种方法有利于促进商品质量的提高，但确定各类商品的质量指标是一项复杂而巨大的工程。

4. 社会调查法

商品的使用价值是一种社会性的使用价值，全面考察商品的使用价值需要进行各种社会调查，特别是在商品不断升级换代、新产品层出不穷的现代化社会，社会调查显得更加实际和重要，具有双向沟通的重要作用。社会调查法主要有现场调查法、调查表法、直接面谈法和定点统计法等。

5. 对比分析法

对比分析法是将不同时期、不同地区、不同国家的商品资料收集积累，加以分析比较，从而找出提高商品质量、增加花色品种、拓展商品功能的新途径的方法。流通部门可以利用联系面广、信息来源多的特点，运用对比分析法正确识别商品，促进生产部门改进产品质量，实现商品的升级换代，更好地满足广大消费者的需要。

6. 系统分析比较法

商品的研究还须考虑到商品与环境、商品与人、商品与国民经济的关系，是一个复杂的、系统的工程。单从一个方面或几个方面来研究，有时难免有偏差，只有把商品作为一个小系统，放在社会这个大系统中加以分析、研究和考察，才能得出一个全面、公正的结论。

1.3 商品学的产生和发展

1.3.1 商品学的产生

商品学最早产生于德国。18 世纪初，德国的工业迅速发展，许多工厂将进口原材料加工成出口工业品，从而扩大了原材料与工业品商品的贸易。这就要求商人必须具有系统的商品知识，否则难以胜任贸易工作，因此，当时对商业教育提出了系统讲授商品知识的要求，以提高青年商人的业务素质。18 世纪后期，在商人和学者的努力下，德国的大学和商业学院开始讲授商品学课程，并开展商品学研究。商品学这个词就来自德文“Warenkunde”，译成英文为“Commodity Science and Technology”。

德国的约翰·贝克曼教授在其教学和科研的基础上，于 1793—1800 年出版了《商品学导论》。该书分为两册：第一册主要介绍商品生产技术方法、工艺学等方面的知识；第二册主要介绍商品的产地、性能、用途、质量规格、分类、包装、鉴定、保管和主要市场等。贝克曼还在该书中指出了商品学作为一门独立学科的任务：研究商品的分类体系，进行商品的鉴定和检验，说明商品的产地、性质、使用和保养及最重要的市场，叙述商品的制造方法和生产工艺，阐明商品品种的价格和质量，介绍商品在经济活动中的作用和意义。该书创立了商品学的学科体系，明确了商品学的研究内容，贝克曼因此被誉为商品学的创始人。他所创立的商品学体系被称为“贝克曼商品学”或“叙述论的商品学”。目前，人们认为商品学产生于18世纪末，即以该书的出版时间为依据。

1.3.2 商品学的发展

18世纪以来，商品学相继传入意大利、俄国、日本、中国及西欧和东欧的一些国家，使商品学得到迅速发展，商品学教育和研究也不断深入。1902年，我国商业教育中开始把商品学作为一门必修课。

商品学由德国传入各国后，在其发展过程中产生了两个研究方向：一个是从自然科学和技术科学角度研究商品使用价值，研究的中心内容是商品质量，称为技术论商品学；另一个是从社会科学、经济学角度，特别是从市场营销和消费需求方面研究与商品适销品种和经营质量相关的问题，称为经济论商品学。

随着现代科技和经济的高速发展，商品的“商”和“品”的两重性日益受到人们的重视。人们感到，真正的商品学应该由以研究“商”为主的经济型商品学与以研究“品”为主的技术型商品学融合而成。于是从20世纪80年代起，商品学开始步入技术型与经济型相互交融的现代商品学时代。

现代商品学围绕商品—人—环境系统，从技术、经济、社会、环境等多方面，运用自然科学、技术科学与社会科学相关的原理和方法，综合研究商品与市场需求，商品与资源合理利用，商品与环境保护，商品开发与高新技术，商品质量控制、质量保证、质量评价及质量监督，商品分类与品种，商品标准与法规，商品包装与商标、标志，商品形象与广告，商品文化与美学，商品消费与消费者保护等技术与经济问题。

1.3.3 我国现代商品学的发展

20世纪80年代以来，随着我国改革开放的不断深入，社会经济的快速发展，中国商品学的研究也不断深入，为中国的社会经济发展做出了自己的贡献。现将近些年来中国商品学学科的研究发展简述如下。

1. 商品学研究对象方面的发展

商品学是研究商品的科学，着重从商品的使用价值方面进行研究。随着社会经济的发展和科技进步，人们生活水平的不断提高，消费者要求商品在满足物质享受的同时，还能满足一定程度上精神享受的愿望越来越强烈。中国人民大学的诸鸿教授、张大力教授和张万福教授，天津商学院的邓耕生教授等，针对这一社会现象，首先提出研究商品的使用价值不仅要研究商品的实用价值，还要研究商品的审美价值；不仅要研究商品本身自然属性与商品使用价值的关系，还要研究不同社会经济条件对商品使用价值的影响。例如，我国食品由单纯地要求营养卫生、色香味形，变为既要讲究营养卫生、色香味形，又要追求强身健体和饮食文化；服装衣料要求由厚实变为轻薄挺括和重视款式品牌；日用工业品更是崇尚艺术设计，讲究实用性与艺术性的完美结合。商品的“商”和“品”的两重性日益受到人们的重视，近些年来出版的商品学教材，均较深入地反映了这些思想。

商品学界还从消费者消费形态的变化上，探讨商品使用价值的发展性。在理性消费时代，消费者重视商品的品质、性能及价格，购买商品时以好、坏为标准；在感性消费时代，消费者重视商品品牌、设计和象征性，以喜欢、不喜欢为判断标准；在感动消费时代，消费者重视商品的满足感及喜悦，以满意、不满意为判断标准。这也使商品学界进一步认识到，准确而全面地理解商品的使用价值，不仅是商品学发展的需要，也是社会主义市场经济发展的需要。

2. 商品学研究内容方面的发展

商品学研究的中心内容是商品质量，黑龙江商学院赵相廷教授等，把商品学从研究商品质量的形成、检验和维护，发展到研究商品质量的形成、评价、管理、维护、实现和再生的全过程，引入了全面质量管理工作的思想和方法。他们认为，人们购买商品本质上是购买一种需要，质量的本质是满足消费者需要的程度，商品满足消费者需要的程度越高，商品质量就越好。因此，在评价商品质量时，既要注意商品质量符合标准的情况，又要考虑商品质量满足人和社会需要的程度；既要注意满足消费者对商品质量的基本要求，又要考虑消费者对商品质量的特殊要求；既要用一般方法来评价商品质量，又要把商品质量放在社会大系统中，作为一个系统工程来研究。近些年来出现的宽电压家用电器、健康空调、节能电冰箱等商品，就是这一思想的基本体现。2004 年 8 月在中国召开的第 14 届国际商品学学术研讨会上，把“商品·贸易·环境”作为会议主题，也说明这一思想已引起国际共鸣。

在商品质量的具体评价上：① 检查商品是否符合标准，以评价商品质量技术指标的高低；② 考察商品的造型、花色、款式和包装是否具有时代感，以评价商品满足消费者审美需要的质量；③ 考察商品使用是否简便易学，说明书是否清楚易懂，以评价商品使用方便性的质量；④ 检查商品证件标志的齐全完整性，以评价商品质量的真实可靠性；⑤ 考察商品的售后服务性，以评价商品质量的附加质量；⑥ 考察商品品牌的知名度，以评价商品质量的美誉度和消费者的认可性；⑦ 考察商品与人、商品与社会和商品与环境的关系，把商品质量放在社会这个大系统中加以评价，以评价商品质量的全面性。

在研究影响商品质量的主要因素上，从着重研究商品生产、流通过程对商品质量的影响，发展到研究消费习惯、消费心理和使用过程对商品质量的影响。研究表明，各种商品都有自己的特性，若在消费过程中，安装不妥、使用不当、保管不善、环境不好、养护不及时等，也会直接影响商品质量，有的商品若不注意使用条件，甚至会带来灾难。

中国商品学者还始终清醒地认识到，商品质量是一个动态的概念。国际上质量观念的创新大体经历了 3 个阶段：第一个阶段是符合型质量阶段，即符合标准；第二个阶段是适应型质量阶段；第三个阶段是满意型质量阶段。反映在国际标准上，商品质量的相应定义：ISO 8402—1986 对质量的定义是“产品或服务满足规定或潜在需要的特征和特性的总和”；1994 版 ISO 9000 对质量的定义是“反映实体满足的明确和隐含需要能力的特性总和”；2000 版 ISO 9000 对质量的定义是“达到持续的顾客满意”，提出了满意型质量概念，而且应该让顾客持续满意。

在信息时代，电子商务蓬勃发展。商品学不仅研究商品和商品包装的信息开发和信息传达，1999 年中国商品学年会还把商品信息与网络、商品技术创新与商品研究成果产业化等作为新的研究方向。2002 年和 2006 年中国商品学年会在这些方面又有了新的进展。

3. 商品学研究在其他方面的发展

在商品学研究上的一些具体发展还包括：① 在商品概念上，从商品是用来交换的劳动产品的一般概念，深化到商品包括核心商品、有形商品和附加商品 3 个层次的整体概念；② 对商品寿命的认识上，从商品自然寿命发展到商品自然寿命和社会寿命相结合；③ 在商品编码上，引入了商品条形码等新内容；④ 在商品质量鉴定上，从商品质量检验扩展到商品防伪、商品质量监督、商品质量认证和商品质量保证体系等内容；⑤ 从研究商品商标的设计和作用，发展到充分注意商品开发和商品品牌效应；⑥ 从商品包装的自然保护和社会认识两功能，材料、容器、装潢和技术方法商品包装 4 要素，发展到商品包装保护性和保存性、社会适应性、安全性和生态无害性的商品包装评价 4 要素，绿色包装备受关注；⑦ 中国商品学会会长、中国人民大学万融教授，在商品品种、织物风格的研究上取得了重大进展，确立了织物风格主观评价的理论；⑧ 天津、上海、陕西、内蒙古、西南等地的商品学会，在商品美学、商品质量评价、商品信息、特色商品等方面取得了较大进展；⑨ 中国人民大学商品检测中心在商品质量的检验上，引入了模糊数学和系统论等，取得了一定成果；商品学在其他专业应用上，从企业管理扩展到市场营销、电子商务和物流管理等；⑩ 中国人民大学商品学系和安徽财经大学陶琼教授等，曾把培养商品学专业复合型人才作为自己的一个研究课题，并获科研成果一等奖。商品学学科的教研人员在与中外一些科研机构和部门的合作研究中，取得了音乐喷泉、绿色包装、食品风味评价、绿色商品认证等重大科研成果。

案例分析 1-1

第 1 届至第 16 届国际商品学学术研讨会的会议主题分别是各国和国际商品学的发展现状与目标；商品包装与现代商品学；商品学与消费需求研究的合作领域；未来的商品开发与商品学的发展；商品质量保证与现代商品学；商品研究与商品的生产、流通和消费；21 世纪的商品；变化中的欧洲商品与技术；无环境污染的商品和技术；市场经济条件下现代商品学的发展；商品与可持续发展；21 世纪的质量；全球未来产品的商品学——技术、质量和环境；聚焦新世纪——商品·贸易·环境；全球商品安全、环境、生活品质数字融合时代追求卓越的商品与服务。

问题：从历届国际商品学学术研讨会的会议主题来看，商品学的发展贯穿了一条什么样的主线？

本章小结

商品是用来交换的劳动产品，具有使用价值和价值两个基本属性，以物质形态或其他形态存在于社会，由核心部分、形式部分和延伸部分构成商品整体。

商品学是研究商品使用价值及其变化规律的科学。商品的使用价值是指商品对消费者的有用性或效用，商品的使用价值是由商品的属性所决定的，是满足他人和社会的使用价值，并随着科学技术的发展和人们经验的不断丰富而陆续被发现的。因此，商品的使用价值是一个动态的、综合性的概念。

商品学研究的中心内容是商品质量，研究的具体内容是与商品质量密切相关的问题，研究的整体内容还包括商品与人、商品与时代、商品与环境等方面的问题。

商品学的研究任务是指导商品使用价值的形成、评价、维护、实现和再生，满足人们物质文明和精神文明的需要，不断提高企业的效益。

商品学的研究方法有科学实验法、现场实验法、技术指标法、社会调查法、对比分析法和系统分析比较法等。

商品学的产生是商品生产经营发展到一定阶段的产物，商品学随着社会经济的发展而发展，商品学的研究将不断深入，为社会经济的进一步发展做出自己的贡献。

主要概念

商品　商品的使用价值　科学实验法　现场实验法

课堂讨论题

1. 你对商品学的研究对象是如何理解的？
2. 学习商品学对我们今后的工作和生活有何作用？

自 测 题

1. 判断题

（1）消费者购买商品，本质上是购买一种需要。（　）

（2）商品学是研究商品使用价值及其变化规律的科学。（　）

（3）商品学的研究任务是指导商品使用价值的形成、评价、维护和实现。（　）

（4）随着社会经济的发展，商品的“商”和“品”的两重性将日益受到人们的重视。（　）

2. 填空题

（1）商品的构成包括核心部分、________和________。

（2）商品质量是商品学研究的________，商品学的研究对象是________。

（3）社会调查法主要有现场调查法、调查表法、________和________等。

（4）商品学最早产生于________，产生的时间是________。

3. 选择题

（1）商品的使用价值就是商品的（　）。

A. 功能　B. 有用性　C. 价值性　D. 价格

（2）商品使用价值的大小是用（　）来衡量的。

A. 消费需要　　B. 商品属性　　C. 商品价格　　D. 商品质量

（3）商品学研究的具体内容是（　　）。

A. 商品使用价值　　B. 商品质量

C. 与商品质量密切相关的问题　　D. 商品价值

（4）商品学的创始人是（　　）。

A. 约翰·贝克曼　　B. 陆羽　　C. 李时珍　　D. 达尔文

4. 简答题

（1）为什么说商品的使用价值是一个动态的、综合性的概念？

（2）为什么说商品学研究的中心内容是商品质量？

（3）商品学研究的整体内容有哪些？

（4）商品学的研究任务是什么？

实训题

1. 技能题

（1）商品的构成包括哪 3 部分？试举例说明。

（2）据研究，《红楼梦》一书关于茶的饮用方法有几十种，你能演示几种饮茶方法？

2. 案例分析题

上海中小学须配两种型号课桌椅

针对学校课桌椅设施设备配置上与学生生长发育需求不匹配，学校健康教育资源整合和健康教育效果不明显，体育活动课时难以保证等，上海市教委等五部门近日联合公布《上海市建设“健康校园”行动计划》。这一计划强调，教室内课桌椅高度应与就座学生身高相符合，每间教室内应至少设有两种不同型号的课桌椅。

（资料来源：陆梓华.上海中小学须配两种型号课桌椅 新民晚报，2010-2-25）

问题：你对教室内设有两种不同型号的课桌椅有何感想，还能提出哪些改进方案？

3. 实习题

考察实际生活中，由于消费对象不同，对商品使用价值要求不同的实例。

第2章

商品质量与商品标准

◇ **本章学习目标** ◇

知识目标：了解商品质量的构成和商品标准的分类，认识影响商品质量的主要因素，掌握商品质量的概念和基本要求，商品标准的分级和内容。

技能目标：按照商品质量的基本要求和商品标准，判断、鉴别日常商品的质量状况、主要影响因素。

能力目标：能够运用所学知识进一步认知商品质量，具有初步的商品质量评价知识。

引导案例

九阳豆浆机

九阳股份有限公司（以下简称九阳）从1994年的一个小企业发展成为中国小家电行业的知名品牌，2010年“九阳营养王豆浆机”荣获“中国小家电原创奖”行业最高殊荣，2013年营业额达53亿元。九阳的成功，与九阳豆浆机的质量理念密不可分。九阳董事长王旭宁说：卖产品先要卖理念，九阳要做的不仅仅是产品本身，而是要创立中国人的生活标志，要让九阳豆浆机走进每一个家庭，人人以之为日常生活的一部分，就像西方国家家家有咖啡壶一样。九阳在技术革新的同时，大力普及豆浆养生理念，通过豆浆文化传播来培育细分市场，并通过“食尚”理念扩充产品领域。九阳将1/3的费用放在研发推广豆浆机上，2/3的费用则用来普及豆浆养生知识。一方面，在国内成立“豆浆营养研究室”，收集民间经典豆浆配方，推出健康豆浆食谱；另一方面，积极联合超过500家媒体进行大豆与豆浆营养知识的宣传，在豆浆机广告中引入豆浆食谱，将健康理念通过食物内容输入消费者心中。技术革新和营养普及这两项工程造就了九阳豆浆机的今天。

这一案例说明，商品质量是一个动态的概念，在满足产品本身质量要求的同时，还要能满足消费者不断发展的其他方面需求。

商品学研究的中心内容是商品质量，商品质量是企业和消费者关注的热点，也是商品进入市场的通行证，而商品标准则是商品质量的基本依据。商品质量既是一个经济问题，又是一个社会政治问题，提高和保证商品质量是满足人们生活水平日益提高和社会不断发展的需要。

2.1 商品质量的概念和构成

2.1.1 商品质量的概念

商品质量是指商品满足规定或潜在要求（或需要）的特征和特性的总和。这里的规定是指国家或国际有关法规、质量标准或买卖双方的合同要求等方面的人为界定；潜在要求（或需要）是指人和社会对商品的适用性、安全性、卫生性、可靠性、耐久性、美观性、经济性、信息性等方面的人为期望；特征是指用来区分同类商品不同品种的特别显著的标志；特性是指不同类别商品所特有的性质，即品质特性。可以说，商品质量是商品具备适用功能，满足规定和消费者需求程度的一个综合性的概念。

例如，一台电视机不仅要求图像清晰、色彩逼真、伴音优美动听、安全可靠、有一定的使用寿命，还要求外形美观、操作方便、经济实惠、信誉好、牌子响、销售环境和售后服务良好等。

商品质量包括狭义的商品质量和广义的商品质量。狭义的商品质量主要指产品与其规定标准技术条件的符合程度，以国家或国际有关法规、商品标准或订购合同中的有关规定作为最低技术条件，是商品质量的最低要求和合格的依据。广义的商品质量指商品适合其用途所需的各种特性的综合及其满足消费者需求的程度，是市场商品质量的反映。

商品质量是一个动态的概念，其表现在具有时间性、空间性和消费对象性上。不同时代、不同地区、不同的消费对象，对同一商品有不同的质量要求，并随着科技进步、生活水平提高和社会的发展而不断变化。例如，我国消费者对商品的要求，以前注重实用价值，而现在对商品既要求实用价值又要求审美价值。人们在消费商品时，在满足物质享受的同时，要求能获得一定程度的精神享受的愿望越来越强烈。

相关链接 2-1

国际上质量观念的创新大体上经历了三个阶段：一是符合型质量阶段，即符合标准；二是适应型质量阶段；三是满意型质量阶段。满意型与适应型的区别在于适应型阶段企业是被动的，即市场和用户提出要求，然后企业去满足他们的要求，用户不提出来，市场不把这种信息反馈出来，企业就不知道做什么，不知道怎样去满足。满意型阶段就是要求企业主动地满足用户的要求，变被动为主动，甚至用户还没有想到，企业就应该想到和做到。

[资料来源：汪永太. 商品学概论（第4版）. 大连：东北财经大学出版社，2012]

2.1.2 商品质量的构成

1. 从表现形式看

在表现形式上，商品质量由外观质量、内在质量和附加质量构成。商品的外观质量主要是指商品的外部形态及通过感觉器官能直接感受的特性，如商品的式样、造型、结构、色泽、气味、食味、声响、规格（尺寸、大小、轻重）等。商品的内在质量是指通过仪器、实验手段能反映出来的商品特性或性质，如商品的物理性质、化学性质、机械性质及生物学性质等。商品的附加质量主要是指商品信誉、经济性、销售服务等。

商品的外观质量、内在质量和附加质量，对不同种类的商品各有侧重。商品外观质量往往可以反映商品的内在质量，并通过附加质量得到更充分的实现。

2. 从形成环节看

在形成环节上，商品质量由设计质量、制造质量和市场质量构成。设计质量是指在生产过程以前，设计部门对商品品种、规格、造型、花色、质地、装潢、包装等方面进行设计的过程中形成的质量因素；制造质量是指在生产过程中所形成的符合设计要求的质量因素；市场质量是指在整个流通过程中，对已在生产环节形成的质量的维护保证与附加的质量因素。

设计质量是商品质量形成的前提条件，是商品质量形成的起点；制造质量是商品质量形成的主要方面，它对商品质量的各种性质起着决定性作用；市场质量是商品质量实现的保证。

3. 从有机组成看

在有机组成上，商品质量由自然质量、社会质量和经济质量构成。自然质量是商品自然属性给商品带来的质量因素；社会质量是商品社会属性所要求的质量因素；经济质量是商品消费时投入方面所要考虑的因素。

自然质量是构成商品质量的基础，社会质量是商品质量满足社会需要的具体体现，经济质量则反映了人们对商品质量经济方面的要求。

案例分析 2-1

河南省焦作市闯狼实业有限公司（原天狼鞋业）以其先进的设计理念、国际化品牌运营、过硬的产品质量和良好的信誉赢得了国内外客户的信赖。生产的“天狼”和“超越”牌解放鞋，在欧美数十个国家热卖，每双售价 75 美元（约合人民币 500 元）。而在国内，其他品牌的解放鞋，最高售价也不过 6.6 元人民币。

[资料来源：邓小兰，邓森．75 美元，解放鞋涨疯了．市场营销，人大报刊复印资料，2009，(1)]

问题：上述案例说明了一个什么道理？

2.2 商品质量的基本要求

商品质量的基本要求是根据其用途、使用方法及消费者的期望和社会需求来确定的。

商品的种类很多，各有不同的用途，其质量的基本点也各不相同。一般可根据商品的用途，按吃、穿、用分为食品、纺织品和日用品三大类，再分别提出质量方面的基本要求。

2.2.1 食品商品质量的基本要求

食品是人类生活的必需品，是人体发育、健康和工作的物质基础，对食品商品质量的基本要求是具有营养价值和安全性，色、香、味、形俱佳。

1. 具有营养价值

食品的营养价值主要表现在：供给人体热量，形成细胞组织，调节人体各种生理代谢。因此，食品的营养价值包括食品的营养成分、可消化率和发热量三项指标。

（1）食品的营养成分。食品的营养成分主要有糖类、蛋白质、脂肪、矿物质、维生素和水分等，是食品营养价值的物质基础。不同食品，营养成分不同，其营养功能也不一样。各种主食品如粮食、食用油脂，是人体热量的主要来源，而蔬菜、水果、肉类、鱼类、蛋类、乳类及加工制品等副食品，则对人体发育、调节代谢起主要作用。

（2）可消化率。可消化率是指食品在食用后，能被人体消化和吸收的程度。食品中所含的营养素，除了水、无机盐、某些维生素和单糖等能够直接被人体吸收外，蛋白质、脂肪、多糖类等必须在消化道内进行分解，将结构复杂的大分子物质变成结构简单的小分子物质，才能被人体吸收利用。植物性食品中的粗纤维、不溶性果胶、本质素等物质，是人体不能消化也不能吸收的物质，但它们对肠襞有刺激作用，有利于食物的消化吸收。从可吸收利用程度来说，动物性食品的营养价值高于植物性食品，动物蛋白质人体消化吸收可高达 90%以上，而植物蛋白质（大豆蛋白除外）人体消化吸收只有 67%左右。

（3）发热量。发热量是指食品营养成分经人体消化吸收后，在人体内能够产生的热量。例如，三大营养素每克的发热量分别是碳水化合物 16 千焦耳，蛋白质 16 千～18 千焦耳，脂肪 38 千焦耳。一般来说，能量不足时，体重减少，严重时会贫血；能量过剩时，体重增加。所以，人体需要从多种食品中获取各种营养成分，以维护健康；人体还应吸收所需热量，以维持正常体重。

2. 具有安全性

食品安全性是指食品无毒、无害，符合应当有的营养要求，对人体健康不造成任何急性、亚急性或者慢性危害。食品的无毒、无害性是指食品中不应含有或不超过允许限量的有害物质和微生物等，这是食品商品最基本的质量要求。食品安全关系到人们的身体健康和生命安全，甚至会影响到子孙后代，因此，食品必须符合有关的安全规定和标准，若超过规定的安全要求，其他质量要求也随之失去了意义。食品有害物的来源，通常有食品自身产生的毒素、物质对食品的污染、加工中混入的毒素、保管不善产生的毒素、环境或化学药品造成的污染等。

3. 色、香、味、形俱佳

食品的色、香、味、形是指食品的颜色、香气、滋味、外观形状，它是评定食品新鲜程度、加工精度、品质特点及质量变化状况等的重要外观指标。这个指标是人们可以从直观上判断的感官指标，是选择食品时首先接触的重要问题。色、香、味、形俱佳的食品，能促进人们的食欲，有助于提高食品的可消化率。巴甫洛夫把食用前引起消化液分泌称为反射相分泌，当食品接触到消化器官后，所引起的消化液分泌称为化学相分泌。两者结合起来就能产生旺盛的食欲，从而使食品中各种营养成分得到比较充分的消化和吸收。

食品的色、香、味、形，也是食品美方面的基本要求，例如，食品具有悦目的颜色、诱人的香气、可口的滋味、赏心的形状，不但能满足人们的味觉享受，而且能同时作用于人的视觉、嗅觉，乃至人的听觉，给人以美的联想，启迪人们的美感，从而产生良好的心理效应。

小思考 2-1

食品的无毒、无害性是要求食品中不含有对人体有毒有害的物质。对吗？

2.2.2 纺织品商品质量的基本要求

纺织品是人们日常穿着的生活必需品，并对生活起着美化装饰作用。对纺织品的质量要求也是根据其用途来确定的。纺织品的主要用途是制作服饰，满足人们穿戴的需求，因此，对纺织品质量的基本要求是服用性、耐用性、卫生安全性及审美性等。

1. 服用性

服用性是指纺织品适合穿着的各种性能，如纺织品的起毛性、起球性、缩水性、刚挺度、悬垂性和舒适性等。要求纺织品不易起毛、起球，缩水率小，不然会造成纺织品变形和影响外观，同时要求纺织品具有较好的刚挺度、悬垂性和舒适性。刚挺度是指纺织品抵抗变形的能力，它能影响纺织品的手感风格和服装的挺括性；悬垂性是指从中心提起纺织品后，纺织品本身自然悬垂，产生匀称美观折裥的特性，悬垂性好的纺织品制成的服装很贴身，并能产生美观悦目的线条；舒适性是指人体着装后，纺织品具有满足人体要求并排除任何不舒适因素的性能。

纺织品的舒适性表现在触觉舒适性、热湿舒适性和运动舒适性三方面。触觉舒适性主要反映在纺织品和皮肤接触时的粗糙感、瘙痒感、温暖感或阴凉感等触觉感受上。试验研究表明，化纤纺丝过程中纤维黏结的硬头丝或珠子丝等疵点在内衣上将会产生显著的瘙痒感。热湿舒适性是指由于人体自身调节热平衡的能力有限，故需要通过穿着适当的服装来进行调节，使衣服内层空间形成舒适的小气候。服装的热舒适性是由服装面料的保温性、透气性、透湿性及服装的式样与组合等因素决定的，而湿舒适性则是由服装面料的吸湿性、透气性等因素决定的。运动舒适性是指由于人体运动的多方面、多角度和大弯曲性，要求纺织品有一定的延伸性，能自由地依顺人体活动。不同种类的纺织品要求延伸性不同，例如，西装的延伸性要求为15%～25%，内衣、运动装等的延伸性要求更高。

2. 耐用性

耐用性是指纺织品在穿用和洗涤过程中的抗外界各种破坏因素作用的能力，直接影响到纺织品的使用寿命。耐用性包括断裂强度、断裂伸长率、撕裂强度、耐磨强度、耐疲劳强度、耐日光性、耐热性、染色牢度和耐霉蛀性等。

3. 卫生安全性

纺织品的卫生安全性是指纺织品保证人体健康和人身安全所应具备的性质，主要包括纺织品的卫生无害性、抗静电性等。卫生无害性不仅要求纺织纤维对人体无害，还要求纺织品在加工和染色过程中使用的染料、防缩剂、防皱剂、柔软剂、增白剂等化学物质对人体无害。如果这些化学物质残留在纺织品表面，就可能造成对皮肤的刺激。吸湿性差的涤纶、腈纶、氯纶、丙纶等合成纤维容易形成静电。降低静电的方法，一是在纺织品中混入导电纤维，二是将静电剂加入合成纤维内部或固着在纤维表面。

4. 审美性

审美性要求纺织品和服装能满足消费者审美需要，达到精神与物质的统一、技术与艺术的结合。随着时代的发展，审美性已成为消费者购买衣着的首选特性。审美性是一种整体美，主要包括内在美和外在美。内在美是指纺织品蕴含的文化内涵；外在美是指纺织品呈现的外观、风格、色泽、装饰、图案等所体现的技术艺术性，其中外观包括平整、光滑、纹路及无疵点等。

2.2.3 日用商品质量的基本要求

日用商品种类繁多，用途极其广泛，不但能满足人们某种使用上的需要，而且还起着美化生活的作用，对日用商品质量的基本要求是适用性、坚固耐用性、卫生安全性、结构合理与外观完好和舒适美观性。

1. 适用性

适用性是指满足这种商品重要用途而必须具备的性能，它是构成这种商品使用价值的基本条件和评定其质量的重要方面。例如，钟表要求走时准确；保温瓶必须保温；电视机要求图像清晰、伴音优美动听。

2. 坚固耐用性

坚固耐用性是指商品在使用时抵抗各种外界因素对其破坏的能力和对其适用性的影响，它反映了日用商品的耐用程度。例如，皮革、橡胶常用强度和耐磨性来评定其坚固耐用性，电器商品往往用使用寿命、可靠性、可修复性来反映其坚固耐用性。要求商品坚固耐用是消费者的普遍愿望，但对某些商品和不同的消费水平有一定的弹性，只要达到物尽其用即可。

3. 卫生安全性

卫生安全性是指商品在使用时，有关保护人身安全和人体健康所需要的各种性质。例如，盛放食物的器皿、化妆品、玩具等商品应具有无毒性和无刺激性；电器商品应具有防人身触电、防引起火灾、防损害人身的安全措施。从现代观念来考虑，卫生安全性还包括不污染环境的低公害性。低公害性又称环境价值，是指商品在流通、消费、废弃和回收等环节，应不造成允许限度以上的环境恶化和污染。不符合低公害要求的商品，无论使用价值多大，也要限制使用，有的将逐步退出市场。在社会环境保护方面，各种有害人们身心健康的商品应限制使用，如管制刀具等。例如，近些年的无氟冰箱、无磷洗衣粉、可降解塑料、低噪声家用电器等商品备受欢迎，就是商品环境效应的一个缩影。

4. 结构合理与外观完好

结构造型主要是指商品的形状、大小、部件装配等。例如，结构造型不科学合理，直接影响着日用品的适用性和坚固耐用性。商品的外观疵点不仅严重破坏商品外观，还直接影响着商品的适用性和坚固耐用性。有些商品的外观疵点还反映了商品的变质情况。

5. 舒适美观性

商品的外观艺术性是通过商品的造型、款式、装饰、色泽、花纹、图案来体现的，它是日用商品美观性的基本要求。商品美观性方面的指标已成为人们评价质量的一个重要组成部分。例如，有些灯具，就其照明和美观来说，后者几乎成了这种商品的主要质量要求。实际工作中也往往由于商品的造型、式样不够新颖，外观不够美观，花纹图案不恰当，即使它们的适用性和耐用性都很好，也会造成滞销和积压。商品的舒适性是指商品造型、选材等满足人体运动生理学的要求，有益于人们的活动和健康。例如，运动鞋类根据运动项目要求和人体运动生理学原理，就有跑鞋、球鞋、登山鞋等。

案例分析 2-2

5号保温瓶胆的质量要求：

（1）容水量，一、二等品均为2 000±50毫升。

（2）质量，一、二等品均不小于500克。

（3）耐温急变性，温差95℃～100℃，一、二等品均反复5次不破裂。

（4）保温性，在室温10℃以上，灌入沸水24小时，一、二等品均不低于68℃。

（5）瓶口高低偏斜之差，一等品不大于2毫米，二等品不大于3毫米。

（6）瓶口缺角，一等品不允许有，二等品不大于2毫米。

（7）抽气尾管超出瓶底顶，一等品不允许，二等品不大于2毫米。

（8）银层，一等品不露光，二等品轻微露光。

（9）抽气尾管破裂、裂纹、冷爆、搭伤、石棉脱落、内外瓶相搭，一、二等品均不允许有。

问题：你认为5号保温瓶胆的质量要求是否科学？

商品质量除上述基本要求外，还包括商品经济质量的基本要求。商品经济质量是指人们按其真实的需要，希望以尽可能低的价格，获得尽可能优良性能的商品，并且在消费或使用中付出尽可能低的使用和维护成本，即物美价廉的统一程度。商品经济质量的基本要求，主要有商品成本、使用费用和商品寿命等。对消费者来说，商品成本包括商品价格、运输、鞋底费用、安装、配套等费用；使用费用包括水、电、气、煤、油的能耗，维修养护，学习操作，商品使用后放置与安装占用的地面和空间位置等费用；商品寿命包括商品的自然寿命和社会寿命，一般来说，商品寿命短则意味着商品经济质量低。有些商品的自然寿命越来越长，但社会寿命却越来越短，显现出商品质量的不经济，人们开始从关注商品自然寿命向关注社会寿命转化。传统商品质量观讲究商品的“质优价廉”、“经久耐用”，直到商品本身耗尽；现在则讲究商品是否流行、时尚，如“好”或“不好”、“喜欢”或“不喜欢”等基于消费者的心理感觉，注意商品的自然寿命和社会寿命的统一。

商品质量的各项基本要求，并不是独立静止的、绝对的，特别是对某种商品提出具体质量要求时，不仅要根据不同的用途进行具体分析，还必须与社会生产力的发展、国民经济水平及人们消费习惯相适应。

2.3 影响商品质量的主要因素

商品质量是商品生产、流通和消费全过程中诸多因素共同影响的产物，为了能够对商品质量实施控制并得到预想的商品质量，就要分析和掌握这些影响商品质量的因素。

2.3.1 生产过程

来自农业、林业、牧业、渔业等产业的天然商品，其质量主要取决于品种选择、栽培和饲养方法、生长的自然环境和收获季节及方法等因素。对于工业品商品来说，其生产过程中的市场调研、开发设计、原材料、生产工艺、成品检验与包装等环节都会影响其质量。

1. 市场调研

市场调研是商品开发设计的基础。在开发设计之前，首先要充分研究商品消费需求，因为满足消费需求是商品质量的出发点和归宿；其次要研究影响商品消费需要的因素，使商品开发设计具有前瞻性；最后必须收集、分析与比较国内外同行业不同生产者的商品质量信息，总结以往成功和失败的经验，通过市场预测以确定何种质量等级、品种规格、数量、价格的商品才能适应目标市场需要。

2. 开发设计

开发设计是形成商品质量的前提，开发设计包括使用原材料配方、商品的结构原理、性能、外观结构及包装装潢设计等。如果开发设计质量不好，就会给商品质量留下许多后遗症；设计出了差错，制造工艺再高超，生产操作再精细，也生产不出合格的商品来。

3. 原材料

原材料是构成商品的物质基础，主要表现在对商品成分、结构、性质方面所形成的影响。例如，用含蛋白质较多的大麦酿造啤酒，可使啤酒的稳定性降低；生产玻璃采用的硅砂中含铁量较高，就会影响玻璃制品的色泽和透明度；用不同长度的棉纤维纺出的纱线，其外观和强度都有明显的区别。因此，在研究商品质量时，应该了解这种商品所选用原料的成分、结构和性质对制品的影响，才能进一步分析商品质量的各种特点，寻求提高商品质量的途径。在分析原材料质量对商品质量影响的同时，还要考虑合理利用原材料的问题，但绝不能把节约原材料同保证和提高商品质量对立起来，只有在保证和提高商品质量的基础上，节约原材料才有意义。

4. 生产工艺

在很多情况下，虽然原材料相同，若采用不同的生产工艺，不仅商品数量可能出现差异，商品质量也会不同。例如，猪皮革孔粗大，若加以表面美化处理，就可能改进猪皮革制品的外观质量；酿酒时，同样的五谷杂粮，酿造方法不同，可以得到清香型、浓香型、酱香型等风味各异的白酒。科学的发展和技术革新可以使商品质量发生质的飞跃，这种变化很多是通过生产工艺的改进来实现的。例如，平板玻璃的生产，新式的浮法工艺是将玻璃熔体在金属液体上成形，其平整、光洁程度是老式垂直引上法工艺所无法比拟的。

5. 成品检验与包装

成品检验是根据商品标准和其他技术文件的规定，判断成品及其包装质量是否合格的工作。对大批量的商品来说，通常重要的质量特征、安全及外观项目要全部检验，其他项目可采用分批抽样或连续抽样的检验方法。对不合格返修的商品仍需重新检验。

成品包装是构成商品质量的重要因素，良好合理的包装不但有利于流通过程中对商品的储存养护，保护商品的质量，而且有利于商品的销售与使用，提高竞争能力，增加商品的价值。

2.3.2 流通过程

1. 商品运输

运输对商品的影响，与路程的远近、运输时间的长短、运输路线、方式、工具等有关。因此，要以最少的环节、走最近的路程、用最短的时间选择恰当的运输方式。合理地使用运输工具，安全地将商品运到目的地，是防止运输对商品质量造成不良影响的有效措施。

2. 商品储存与养护

商品在储存期间的质量变化与商品的特性、仓库内外环境条件、储存场所的适宜性、养护技术与措施、储存期的长短等因素有关。商品本身的性质是商品质量发生变化的内因，仓储环境是商品储存期间发生质量变化的外因，通过一系列保养和维护仓储商品质量的技术与措施，有效地控制适宜储存商品的环境因素，可以减少或减缓外界因素对仓储商品质量的不良影响。某些食品经过适宜的储藏还能改善其品质。

3. 销售服务

销售服务过程中的进货验收、入库短期存放、商品陈列、提货搬运、装配调试、包装服务、送货服务、技术咨询、维修和退换服务等工作的质量都是最终影响消费者所购商品质量的因素，商品良好的售前、售中、售后服务质量已逐渐被消费者视为商品质量的重要组成部分。商品销售服务中的技术咨询是指导消费者对复杂、耐用性新商品进行正确安装、使用和维护的有效措施。

2.3.3 消费过程

1. 消费心理与消费习惯

爱美之心，人皆有之。商品外观对商品质量的影响越来越重要。创造完美的商品形式，是为了满足人们的审美需要。人们的审美观有共同的一面，也有差异的一面，不同时代、民族、宗教、区域、阶层、环境、职业、年龄、性别的审美观是有差异的。因此，不同消费者对美的商品的认同和追求是不一样的。消费习惯对人们对某一商品质量的认可也有一定的影响。例如，我国素有南甜、北咸、东酸、西辣的饮食习惯。

2. 商品使用

商品的使用价值最终要在使用消费中才能得到实现。各种商品都有自己的特性，若在消费过程中安装不妥、使用不当、保管不善、环境不好、养护不及时等，也会直接影响到商品质量。例如，蔬菜中的维生素，若烹调不当，会损失殆尽。有的商品若不注意使用条件，甚至会带来灾难，例如，燃气热水器，若使用不善，会造成人身伤亡事故；农药敌百虫可以用于多种农作物防治病虫害，但如果用于高粱防虫，反而会造成药害。所以，对有些商品应认真细致地编制使用和养护说明书，并采取多种形式向消费者宣传、传授商品使用和养护知识，以保证商品的使用质量。随着环境保护重要性的日益凸显，使用后对环境造成污染的商品，将会逐渐退出市场。

2.4 商品标准概述

商品检验的主要依据是商品标准，商品标准是标准体系中的一个重要组成部分，是社会化工业大生产的一个必然产物。

2.4.1 商品标准的含义

1. 商品标准的概念

标准是对重复性事物和概念所做的统一规定。它以科学、技术和实践经验的综合成果为基础，经有关方面协商一致，由主管机构批准，以特定的形式发布，作为共同遵守的准则和依据。其特点是：制定标准的领域和对象是需要协调统一的重复性事物和概念；制定标准的依据是科学技术和实践经验的综合成果；标准经有关方面在充分协商的基础上产生；标准的本质特征是统一；标准文件有自己的一套格式和制定颁布程序。

标准按其性质可以分为技术标准、生产组织标准和经济管理标准三大类。商品标准是技术标准的一个组成部分，也叫产品标准。商品标准是对商品质量和与商品质量有关的各方面所做的技术规定。商品标准对商品的结构、化学组成、规格、等级、质量要求、试验方法、验收规则、标志、包装、运输、储存、使用及生产技术等方面均有统一的规定。商品标准是商品生产、检验、验收、监督、使用、维护和贸易洽谈的技术准则，也是发生商品质量争议时仲裁的技术依据。

2. 商品标准的分类

（1）商品标准按其存在形式，分为文件标准和实物标准两类。文件标准是用特定格式的文件，通过文字、表格、图样等形式，表达全部或部分商品质量有关方面技术内容的统一规定。目前，绝大多数商品标准是文件标准。实物标准是用实物作为标准样品，对某些难用文字准确表达的色、香、味、形、手感、质地等质量要求，由标准化机构或指定部门用实物做成与文件标准规定的质量标准完全或部分相同的标准样品，按一定的程序发布，作为文件标准的补充。

（2）商品标准按其约束性，分为强制性标准和推荐性标准两类。强制性标准是指标准制定之后，在需要使用此类标准的部分必须贯彻执行。《中华人民共和国标准化法》（以下简称《标准化法》) 规定，保障人身健康，人身、财产安全的标准及法律和行政法规强制执行的标准，均属于强制性标准。推荐性标准是除强制性标准以外的其他标准，企业自愿采用，国家采取优惠措施，鼓励企业采用推荐性标准。

3. 商品标准的构成

构成商品标准的全部要素可分为概述要素、标准要素和补充要素三类。概述要素包括识别标准、介绍标准内容、说明标准背景、标准的制定及与其他标准的关系等内容；标准要素规定了标准的要求和必须遵守的条文；补充要素提供有助于理解标准或使用标准的补充信息。商品标准要素的编排如表 2-1 所示。一个标准不需要包括表中所有的要素，但可以包括表中所示之外的其他要素。

表 2-1 商品标准要素的编排

要素的类型		要素	
概述要素		封面 目次 前言	引言 首页
标准要素	一般要素	标准名称 范围 引用标准	
	技术要素	定义 名词术语和符号代号 技术要求 抽样	试验方法 分类与命名 标志、标签和包装 标准的附录
补充要素		提示的附录 脚注、采用说明的注释	

4. 商品标准的内容

（1）封面。封面的主要内容有标准名称、标准的级别与代号、批准机构、发布与实施时间等。

（2）前言。前言由专用部分和附加说明两部分组成。专用部分内容主要有指明采用国际标准的程度，该标准废除或代替其他文件的全部或其中一部分的说明；实施标准过渡期的要求，哪些附录是标准的附录，哪些是提示的附录等；附加说明，包括本标准的提出部门，归口单位，主要起草人，首次发布、历次修订和复审确定的年、月，委托负责解释的单位等。

（3）范围。范围明确规定标准的主题及其所包括的方面，指明该标准或其他部分的使用限制，包括本标准适用何种原料、何种工艺生产、做何用途的何种商品等内容。

（4）名词术语和符号代号。有关该商品的名词术语和符号代号，凡在国家基础标准中未做统一规定的，都应在标准中做出规定。

（5）技术要求。技术要求是为了保证商品的使用要求而必须具备的产品技术性能方面的规定，是指导生产、使用及对商品质量检验的主要依据。主要内容有理化性能、质量等级、使用特性、稳定性、耗能指标、感官指标、材料要求、工艺要求及有关卫生、安全和环境保护等方面的要求。引入标准的技术要求应是决定商品质量和使用特性的关键性指标，并应该是可以测定和鉴定的。在规定技术要求时，必须同时规定产品的工作条件，在某些标准中还需要规定该商品必须附有注意事项、用户须知或安装指南等。

（6）试验方法。试验方法的内容包括试验项目、适用范围、试验原理与方法、仪器用具、试剂样品制备、操作程序、结果计算、平行试验允许误差、分析评价和试验报告等。

（7）标志、标签和包装。为了使商品在出厂到交付使用的整个过程中，质量不致受损，标准中必须对商品的标志、标签、包装制定合理的统一规定。内容包括：制造商或销售商的商标、牌号或型号；搬运说明、危险警告、制造日期等；包装材料、包装技术与方式，每件包装中商品的数量、质量和体积。

2.4.2 商品标准的分级

标准按照其适用领域和有效范围不同，可分为不同的层次、级别，其目的是适应不同技术水平、不同管理水平及满足不同的经济要求。根据《标准化法》，我国标准划分为国家标准、行业标准、地方标准和企业标准四级。从世界范围来说，标准通常被分为国际标准、区域标准、国家标准、行业或专业团体标准及公司（企业）标准五级。

1. 国内标准的分级

（1）国家标准。国家标准是对需要在全国范围内统一的技术要求所制定的标准。国家标准对全国经济、技术发展具有重大意义，凡是与人民生活密切、量大面广、跨部门生产的重要工农业产品，全国通用零部件及产品，与国防建设有关的重要产品和对合理利用国家资源关系重大的产品都应制定国家标准。

国家标准分为强制性国家标准和推荐性国家标准。强制性国家标准代号由“国标”二字的汉语拼音第一个字母组成，为“GB”；推荐性国家标准代号为“GB/T”。国家标准号由国家标准代号、发布顺序号和年号构成。强制性国家标准表示形式为GB（强制国标代号）×××××（标准顺序号）××××（标准发布年号）。推荐性国家标准的形式为GB/T×××××—××××。

（2）行业标准。行业标准是对没有国家标准而又需在全国某个行业范围内统一的技术要求所制定的标准。行业标准不得与有关国家标准相抵触，在相应的国家标准实施后，即行废止。有关行业标准之间应保持协调、统一，不得重复。

行业标准号由行业标准代号、标准顺序号及年号组成，各行业标准代号如表 2-2 所示。强制性行业标准的形式为—（强制性行业标准代号）××××（标准顺序号）××××（标准发布年号）。推荐性行业标准的形式为—/T××××—××××。

表 2-2 我国行业标准代号

行业标准名称	标准代号	主管部门	行业标准名称	标准代号	主管部门
农业	NY	农业部	劳动和劳动安全	LD	人力资源和社会保障部
水产	SC	农业部	电子	SJ	工业和信息化部

续表

行业 标准名称	标准 代号	主管部门	行业 标准名称	标准 代号	主管部门
水利	SL	水利部	通信	YD	工业和信息化部
林业	LY	国家林业局	广播电影电视	GY	国家新闻出版广电总局
轻工	QB	中国轻工业联合会	电力	DL	中国电力企业联合会
纺织	FZ	中国纺织工业协会	金融	JR	中国人民银行
医药	YY	国家食品药品监督管理局	海洋	HY	国家海洋局
民政	MZ	民政部	档案	DA	国家档案局
教育	JY	教育部	商检	SN	质量监督检验检疫总局
烟草	YC	国家烟草专卖局	文化	WH	文化部
黑色冶金	YB	中国钢铁工业协会	体育	TY	国家体育总局
有色冶金	YS	中国有色金属工业协会	商业	SB	中国商业联合会
石油天然气	SY	中国石油和化学工业协会	物资管理	WB	中国物资流通协会
化工	HG	中国石油和化学工业协会	环境保护	HJ	环境保护部
石油化工	SH	中国石油和化学工业协会	稀土	XB	计委稀土办公室
建材	JC	中国建筑材料工业协会	城镇建设	CJ	住房和城乡建设部
地质矿产	DZ	国土资源部	建筑工业	JG	住房和城乡建设部
土地管理	TD	国土资源部	新闻出版	CY	国家新闻出版广电总局
测绘	CH	国家测绘局	煤炭	MT	国家煤炭工业局
机械	JB	中国机械工业联合会	卫生	WS	卫生部
汽车	QC	中国汽车工业协会	公共安全	GA	公安部
民用航空	MH	中国民航管理总局	包装	BB	中国包装工业总公司
兵工民品	WJ	国防科工委	地震	DB	国家地震局
船舶	CB	国防科工委	旅游	LB	国家旅游局
航空	HB	国防科工委	气象	QX	中国气象局
航天	QJ	国防科工委	外经贸	WM	商务部
核工业	EJ	国防科工委	海关	HS	海关总署
铁路运输	TB	中国铁路总公司	邮政	YZ	国家邮政局
交通	JT	交通运输部			

（3）地方标准。对没有国家标准而又需要在省、自治区、直辖市范围内统一的工业产品的安全、卫生要求，可以制定地方标准。地方标准在相应的国家或行业标准实施后，自行废止。

强制性地方标准代号由汉语拼音字母“DB”加上省、自治区、直辖市行政区代码前两位数加斜线组成。全国各省、自治区、直辖市代码如表 2-3 所示。强制性地方标准形式为 DB××/（强制性地方标准代号）×××（标准顺序号）××××（年号）。推荐性地方标准代号为 DB××/T×××—××××。

表 2-3 全国各省、自治区、直辖市代码

名称	代码	名称	代码
北京市	110000	湖南省	430000
天津市	120000	广东省	440000
河北省	130000	广西壮族自治区	450000
山西省	140000	海南省	460000
内蒙古自治区	150000	重庆市	500000
辽宁省	210000	四川省	510000
吉林省	220000	贵州省	520000
黑龙江省	230000	云南省	530000
上海市	310000	西藏自治区	540000
江苏省	320000	陕西省	610000
浙江省	330000	甘肃省	620000
安徽省	340000	青海省	630000
福建省	350000	宁夏回族自治区	640000
江西省	360000	新疆维吾尔自治区	650000
山东省	370000	台湾省	710000
河南省	410000	香港	810000
湖北省	420000	澳门	820000

（4）企业标准。企业生产的产品没有国家标准、行业标准和地方标准的，应当制定相应的企业标准，作为组织生产的依据；已有国家标准、行业标准或地方标准的，国家鼓励企业制定严于国家标准、行业标准或地方标准的企业标准，在企业内部适用。随着经济的全球化，企业标准越来越受重视。企业标准代号的编号方法如图 2-1 所示。

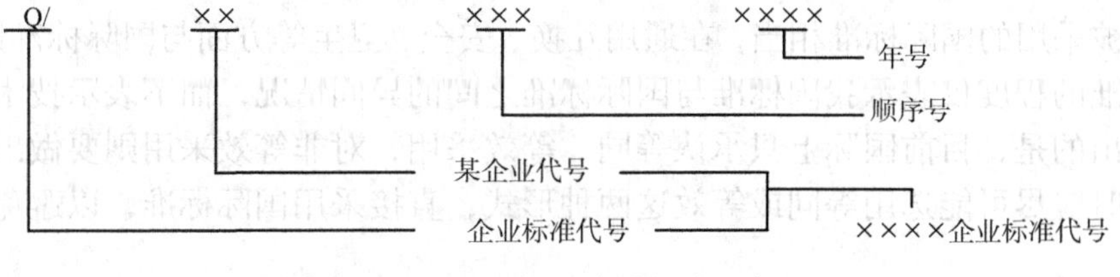

图 2-1 企业标准代号的编号方法

企业代号可用汉语拼音或阿拉伯数字或两者兼用组成。例如，Q/WBN21—2002 为安徽芜湖百年将相和食品有限公司的企业标准。

2. 国际标准与区域标准

（1）国际标准。国际标准是指由国际标准化组织（ISO）和国际电工委员会（IEC）制定的标准，以及经国际标准化组织认可，并收集到《国际标准题录索引》中加以公布的其他国际组织所制定的标准。它们已为大多数国家承认和不同程度地采用。国际标准化组织认可的国际组织有国际计量局（BIPM）、国际人造纤维标准化局（BISFA）、食品法典委员

会（CAC）、关税合作理事会（CCC）、国际电工委员会（IEC）、国际照明委员会（CIE）、国际无线电咨询委员会（CCIR）、国际原子能机构（IAEA）、国际劳工组织（ILO）、国际海事组织（IMO）、国际兽疾局（OIE）、国际法制计量组织（OIML）、国际葡萄与葡萄酒局（OIV）、联合国教科文组织（UNESCO）、世界卫生组织（WHO）、世界知识产权组织（WIPO）、联合国粮农组织（UNFAO）、国际羊毛局（IWS）等。

国际标准采用标准代号、标准顺序号及发布年号来表示：ISO×××××—××××，IEC×××××—××××。

在ISO/IEC中定义的标准可以是强制性的，也可以是自愿的。在WTO/TBT中标准定义为自愿性文件，技术法规为强制性文件。

（2）区域标准。区域标准是由世界某一区域性标准化组织制定的标准。区域标准的目的在于促进区域性标准化组织成员进行贸易，便于该地区的技术合作和技术交流，协调该地区与国际标准化组织的关系。国际上较为重要的区域标准有欧洲标准化委员会（CEN）制定的欧洲标准（EN）、欧洲电工标准化委员会（CENELEC）制定的标准、亚洲标准咨询委员会（ASAC）制定的标准、泛美技术标准委员会（COPANT）制定的标准、非洲地区标准化组织（ARSO）制定的标准等。

3. 我国采标情况

国际标准是世界各国均可采用的共享技术。通过采用国际标准，不但可以获得世界生产技术、商品质量水平的重要信息，而且可以为消除贸易技术壁垒、促进外贸事业的发展提供必要的条件。同时，对于促进本国的技术进步，提高商品质量，开发新商品和发展出口贸易都有十分重要的作用。因此，我国把积极采用国际标准作为重要的技术经济政策和技术引进的重要组成部分。

在采用国际标准的我国标准中，采用程度分为等同采用、等效采用和参照采用三种。等同采用是指技术内容完全相同，不做或稍做编辑性修改；等效采用是指技术内容有小的差异，编写上不完全相同；参照采用是指技术内容根据我国实际做了某些变动，但性能和质量水平与被采用的国际标准相当，在通用互换、安全、卫生等方面与国际标准协调一致。采用国际标准的程度仅表示我国标准与国际标准之间的异同情况，而不表示技术水平的高低。值得指出的是，目前国际上只承认等同、等效采用，对非等效采用则要做出说明。所以，在采标时应尽可能选用等同或等效这两种形式，直接采用国际标准，以避免造成技术壁垒。

相关链接 2-2

质检总局、国家标准委等五部委联袂为消费品安全标准“筑篱”

质检总局、国家标准委等5部委、7省（市）、35家单位于2014年10月在北京召开会议，启动消费品安全标准“筑篱”专项行动（以下简称标准“筑篱”专项行动）。

中国消费品工业服务着国内外消费者衣、食、住、行的方方面面。消费品质量安全事关人民群众切身利益，关系民生民心，关系内需外贸，时时刻刻塑造着中国制造、中国产品和中国质量的国际形象。目前，我国轻工、纺织、涂料、建筑卫生陶瓷等消费品领域，现有相关国家标准3 000余项、行业标准4 100余项，基本覆盖了消费品工业各方面，构成了门类相对齐备、结构相对合理的消费品标准体系。然而，相对于消费品工业快速发展、产品日新月异、人民群众对消费品质量安全要求的不断提高，标准化工作在局部范围内仍然存在不适应、跟不上的情况。

标准“筑篱”专项行动将用3年时间（2014—2016年），围绕保障消费品安全、提振消费信心、促进消费增长的总体目标，以保障消费者健康安全为宗旨，以市场为导向，集中开展消费品安全国内外标准对比行动、标准制定能力提升行动、标准实施监督联合行动、标准助企惠民行动4项具体行动。力争到2016年年底，构建适应新形势、新要求的消费品安全标准化体系和质量共治机制，系统提升消费品安全标准化工作能力，加快国际标准转化、推动与主要贸易国间的标准互认、提高国内外标准一致性，不断提高消费品标准安全水平和实施效益，增强标准化助企惠民的公共服务能力，在标准创制、实施应用、公共服务等环节筑好防线。

（资料来源：苏兰. 质检总局、国家标准委等五部委联袂为消费品安全标准“筑篱”.中国经济网，2014-10-11）

本章小结

商品质量是指商品满足规定或潜在要求（或需求）的特征和特性的总和，是商品具备适用功能，满足规定和消费者需求程度的一个动态的、综合性概念。商品质量在表现形式上，由外观质量、内在质量和附加质量构成；在形成环节上，由设计质量、制造质量和市场质量构成；在有机组成上，由自然质量、社会质量和经济质量构成。

商品质量的基本要求是根据其用途、使用方法及消费者的期望和社会需求来确定的。食品商品质量的基本要求是具有营养价值和安全性，色、香、味、形俱佳；纺织品商品质量的基本要求是服用性、耐用性、卫生安全性、审美性；日用商品质量的基本要求是适用性、坚固耐用性、卫生安全性、结构合理与外观完好、舒适美观性；商品经济质量的基本要求包括商品成本、使用费用和商品寿命三个方面。

影响商品质量的因素有生产过程的市场调研、开发设计、原材料、生产工艺、成品检验与包装等；流通过程的商品运输、商品储存与养护、销售服务等；消费过程的消费心理与消费习惯、商品使用等。

商品检验的主要依据是商品标准，商品标准是对商品质量和与质量有关的各方面所做的技术规定。商品标准按其适用领域和有效范围不同，通常分为国际标准、区域标准、国家标准，行业或专业团体标准和公司（企业）标准五级。商品标准的内容有封面，前言，范围，名词术语和符号代号，技术要求，试验方法，标志、标签和包装等。

主要概念

商品质量　食品安全　适用性　商品标准

课堂讨论题

1. 谈谈你对商品质量的理解，举例说明商品质量的概念。
2. 什么是商品标准？在我们的学习和生活中你常感到有哪些标准存在？

自测题

1. 判断题

（1）商品质量的本质是满足消费者需求的程度。（　）
（2）设计质量是商品质量形成的前提和基础。（　）
（3）农副产品质量主要取决于品种和栽培、饲养方法。（　）
（4）有了商品标准，商品质量就完全有了依据。（　）

2. 填空题

（1）在表现形式上，商品质量由外观、________和________质量构成。
（2）纺织品质量的基本要求是服用性、耐用性、________和________。
（3）日用商品质量的基本要求是适用性能好、________、________、________和________等。
（4）商品标准的内容有封面、前言、范围、________和________等。

3. 选择题

（1）不属于服用性质量指标的是（　）。
A. 起毛、起球性　B. 抗静电性
C. 舒适性　D. 缩水性
（2）日用工业商品使用价值的基本条件是（　）。
A. 适用性　B. 坚固耐用性
C. 卫生安全性　D. 美观性
（3）不属于商品使用中直接影响到商品质量的因素是（　）。
A. 安装不妥　B. 包装不好
C. 使用不当　D. 养护不及时
（4）国家标准的代号是（　）。
A. ISO　B. GB　C. DB　D. QB

4. 简答题

（1）什么是商品质量？

（2）食品质量的基本要求有哪些？

（3）决定和影响工业商品质量的因素有哪些？

（4）简述商品标准的分级与代号。

实训题

1. 技能题

（1）影响服装质量的因素有哪些？这些因素是怎样影响服装质量的？

（2）到商店考察商品标准，并写出各级标准的标准号和相对应的商品。

2. 案例分析题

有人说21世纪是方便化食品的时代，作为主食的方便面更是首当其冲。有资料表明，中国已成为世界上最大的方便面生产和销售国，2000年方便面销量达140亿包，平均每人消费11包。一些在校大学生、单身上班族更是把方便面当成了每日一餐，但有关专家提醒消费者，方便面只宜当作救急食品，而不应充当日常餐桌上的主角。

（资料来源：桑司文. 别拿方便面当干粮. 中国消费者报，2001-8-10）

问题：

（1）据国内首份《中国方便面营养健康趋势报告》显示，2011年中国大陆方便面销售500亿包，已成为世界最大的方便面生产国与消费国，你所在集体每人每月方便面消费量是多少？

（2）方便面符合食品质量的基本要求吗？为什么说方便面只宜当作救急食品，而不应充当日常餐桌上的主角？

3. 实习题

考察日常食品是否符合食品质量的基本要求，有没有例外？如有的话，是哪些食品？为什么？

第3章

商品检验与评价

◇ **本章学习目标** ◇

知识目标：了解商品检验的内容和形式、流通领域的商品质量管理，掌握商品检验、评价和监督管理的内容。

技能目标：掌握商品检验的方法，能够用感官检验法对日常商品进行初步质量检验，并结合所学知识，鉴别日常商品质量。

能力目标：能够运用所学知识和方法对常见商品进行初步检验、评价与管理。

引导案例

不卫生的卫生纸

您用的餐巾纸到底是不是卫生，到底安不安全呢？北京市消费者协会2013年2月组织的纸制品比较试验主要涉及了我们生活中常用的纸巾纸，也就是我们通常所说的餐巾纸和卫生纸。比较试验结果显示，30个样品的纸巾纸中有10个样品在卫生、质量方面不达标，主要表现在灰分超标、抗拉强度低、使用过程中易烂、样品包装标识数量缺失、菌落总数超标，30个卫生纸样品中有3个样品多项指标在卫生、质量方面存在问题，主要表现在样品的手感粗糙、洞眼、杂质、细菌总数超标。据了解，此次比较试验是北京市消费者协会委托国家纸张质量监督检验中心依据相关国家标准对样品的技术指标、微生物指标和产品标识进行了测试。其中也包括一再保证自己产品质量优秀的大品牌。不合格产品包括银雅、顺清柔、达意、波斯猫、小金人、IKEA、清风、小宝贝、羽飘、洁柔等多个知名品牌。

北京市消费者协会消费指导部主任罗刚提醒消费者在购买生活用纸时，要查看产品的标识，包括生产日期、保质期、产品名称、执行标准、质量等级等，不要盲目追求白度，不是越白越好，建议消费者不要用卫生纸来擦手、擦嘴、擦脸，特别是小吃店提供的卫生纸应慎用。北京市消费者协会的比较试验证实，相当一部分纸巾存在卫生不达标等安全隐患，纸巾的质量问题不容乐观。

这一案例说明，商品没有经过严格的质量检验就很难保证质量，质量监督检验是商品质量保证的一个重要组成部分。

商品质量是否符合规定的标准，只有经过检验才能确定，而商品质量能否保证满足消费者需求，则必须进行全面的商品质量评价，开展商品质量管理和监督活动。

3.1 商品检验的概念、形式和内容

3.1.1 商品检验的概念

商品检验是指商品的产方、买方或第三方在一定条件下，借助某种手段和方法，按照合同、标准或国际、国家的有关法律、法规、惯例，对商品的质量、规格、数量及包装等方面进行检查，并做出合格与否或通过验收与否的判定，或为维护买卖双方合法权益，避免或解决各种风险损失和责任划分的争议，便于商品交接结算而出具各种有关证书的业务活动。其中商品质量检验是商品检验的中心内容，狭义的商品检验即指商品质量检验。

商品检验在质量管理的早期发展阶段发挥了保证商品质量的把关作用。在全面质量管理不断发展、完善的今天，由于预防、控制并非总是有效的，所以商品检验仍然是商品质量保证工作的一项重要内容。

3.1.2 商品检验的形式

1. 按检验有无破坏性划分

根据检验有无破坏性，商品检验分为破坏性检验和非破坏性检验两种形式。

（1）破坏性检验。破坏性检验是指经测定、试验后的商品遭受破坏的检验。

（2）非破坏性检验。非破坏性检验是指经测定、试验后的商品仍能使用的检验，也称无损检验。

2. 按检验商品的相对数量划分

根据检验商品的相对数量，商品检验分为全数检验、抽样检验和免于检验三种。

（1）全数检验。全数检验是对被检批的商品逐个地进行检验，也称百分之百检验。其特点是能提供较多的质量信息，给人一种心理上的放心感。缺点是由于检验量大、费用高，易造成检验人员疲劳而导致漏检或错检现象。全数检验适用于批量小、价值高、质量特性少且不稳定的非破坏性检验，如照相机、手表、彩电、冰箱等。

（2）抽样检验。抽样检验是按照事先已确定的抽样方案，从被检批商品中随机抽取少量样品，组成样本，再对样品逐一测试，并将检验结果与标准或合同技术要求进行比较，最后由样本质量状况统计推断受检批商品整体质量是否合格的检验。其特点是检验的商品数量相对较少，节约费用，具有一定的科学性和准确性；缺点是提供的质量信息少。抽样检验适用于批量大、价值低、质量特性多且较为稳定的破坏性检验，如天然矿泉水、糕点、乳制品等。

（3）免于检验。免于检验是指对生产技术和检验条件较好，质量控制具有充分保证、成品质量长期稳定的生产企业的商品，在企业自检合格后，商业和外贸部门可以直接收货，免于检验。

3. **按商品内外销售情况划分**

根据商品内外销售情况，商品检验分为内贸商品检验和进出口商品检验两种，其具体形式如下。

（1）工厂签证，商业免检。工厂生产出来的产品，经工厂检验部门检验签证后，销售企业可以直接进货，免于检验程序。该形式多适用于生产技术条件好、工厂检测手段完善、产品质量管理制度健全的生产企业。

（2）商业监检，凭工厂签证收货。商业监检是指销售企业的检验人员对工厂生产的半成品、成品及包装，甚至原材料等，在工厂生产全过程中进行监督检验，销售企业可凭工厂检验签证验收。该形式适用于比较高档的商品质量检验。

（3）工厂签证交货，商业定期不定期抽验。对于某些工厂生产的质量稳定的产品、质量信得过的产品或优质产品，一般是工厂签证后便可交货。但为确保商品质量，销售企业可采取定期或不定期抽验的方法。

（4）商业批验。商业批验是指销售企业对厂方的每批产品都进行检验，否则不予收货。此种检验形式适用于质量不稳定的产品。

（5）行业会检。对于多个厂家生产的同一种产品，在同行业中由工商联合组织行业会检。一般是联合组成产品质量评比小组，定期或不定期地对行业产品进行检验。

（6）库存商品检验。它是指仓储部门对储存期内易发生质量变化的商品所进行的定期检验，目的是及时掌握库存商品的质量变化状况，达到安全储存目的。

（7）法定检验。法定检验是根据国家法令规定，对指定的重要进出口商品执行强制性检验。其方法是根据买卖双方签订的经济合同或标准进行检验，对合格商品签发检验证书，作为海关放行凭证。未经检验或检验不合格的商品，不准出口或进口。

（8）公证检验。公证检验是不带强制性的，完全根据对外贸易关系人的申请，接受办理的各项公证鉴定业务检验。商品检验机构以非当事人的身份和科学公正的态度，通过各种手段来检验与鉴定各种进出口商品是否符合贸易双方签订的合同要求或国际上有关规定，得出检验与鉴定结果、结论，或者提供有关数据，以便签发证书或其他有关证明等。

（9）委托业务检验。委托业务检验是我国商检机构与其他国家商检机构，开展相互委托检验业务和公证鉴定工作。目前，各国质量认证机构实行相互认证，大大方便了进出口贸易。

3.1.3 商品检验的内容

1. **商品质量检验**

商品质量检验包括成分、规格、等级、性能和外观质量等，是根据合同和有关检验标准规定或申请人的要求对商品的使用价值所表现出来的各种特性，运用人的感官或化学、物理等各种手段进行测试、鉴别。其目的就是判别、确定该商品的质量是否符合合同中规定的商品质量条件和标准。

案例分析 3-1

我国某外贸公司与欧洲G国签订了出口半漂布合同。根据双边贸易协定，凡从G国进口货物，均按G国国家标准进行验收，我方出口到对方的货物按我国的国家标准验收。但是这批出口漂布合同的品质条款规定交货品为一等品，每100米允许10个疵点，每个疵点让码10厘米。我国出口后即遭对方索赔，G国对我国出口的500多万米半漂布，认为不符合合同品质条款，提出高达110万美元的索赔要求。G国方也承认，这个合同的品质要求实际做不到，但已签订了合同，就要赔偿，最后我方公司赔偿相当金额后了结此案。

问题：出现上述问题的主要原因有哪些？对方也承认，这个合同的品质要求实际做不到，我们为什么还要赔偿？

2. 商品重量和数量的检验

商品的重量和数量是贸易双方成交商品的基本计量和计价单位。商品重量和数量的多少，与其质量的优劣一样，直接关系到买卖双方的经济利益，因此要求检验机构做出检验和鉴定。重量检验就是根据合同规定，采用不同的计量方式，对不同的商品计量出它们准确的重量。数量检验是按照发票、装箱单或尺码明细单等规定，对整批商品进行逐一清点，证明其实际装货和数量。

案例分析 3-2

某出口公司在某次交易会上与外商当面谈妥出口大米1万吨，每吨275美元，FOB中国口岸。但我方在签约时，合同上只笼统地写了1万吨（ton），我方当事人主观上认为合同上的吨就是公吨。后来，外商来证要求按长吨（long ton）供货，如我方照证办理则要多交大米160.5吨，折合44 137.5美元。

问题：这里的一字价值几万美元，你有何感想？

3. 商品包装检验

商品包装检验是根据贸易公司或契约规定，对商品的包装标志、包装材料、种类、包装方法等进行检验，查看商品包装是否完好、牢固等，商品包装检验就是对商品的销售包装和运输包装进行检验。

案例分析 3-3

我国某公司出口某种化工原料共500吨，合同规定以“单层新麻袋，每袋50千克”包装，但我方装船发货时发现新麻袋的货物只够450吨，于是就将剩余50吨货物用一种更结实、价格也比新麻袋贵的涂塑麻袋包装，结果被对方索赔。

问题：更好的包装，结果反而被对方索赔，原因何在？

4. 商品安全、卫生检验

商品安全检验主要是指电子电器类商品的漏电检验、绝缘性能检验和X光辐射等。商品的卫生检验是指商品中的有毒有害物质及微生物的检验，如食品添加剂中砷、铅、镉的检验，茶叶中的农药残留量检验等。

对于进出口商品的检验内容除上述内容外，还包括海损鉴定、集装箱检验、进出口商品的残损检验、出口商品的装运技术条件检验、货载衡量、产地证明、价值证明及其他业务的检验。

我国加入WTO后，可直接参与WTO成员国制定新的技术法规、标准和合格评定程序征求意见的全过程，这使我国的商品检验工作面临新的机遇，也带来了更大的挑战。

3.2 商品抽样与商品检验方法

进行商品检验时，必须遵守为保证检验结果准确性的各种规定，其中正确的商品抽样方法是保证获得准确检验结果的重要因素。

3.2.1 商品抽样

1. 抽样的概念

抽样是根据商品标准或合同所确定的方案，从商品被检批中抽取一定数量有代表性、用于检验的单位商品的过程，又称拣样或取样。

通常以一个订货合同为一批，如果同批质量差异较大或订货量很大或连续交货，也可分为若干批。被检验商品中所含的商品总数，叫作批量，以N表示；由被检验商品中抽取用于检验的单位商品（样品）的全体，称为样本；样本中所含的单位商品的数量称为样本大小，通常用n表示。

抽样应依据抽样对象的形态、性状，合理选用抽样工具与样品容器。抽样的同时应做好抽样记录。抽取的样品应妥善保存，保持样品原有的品质特点。抽样后应及时鉴定。

2. 抽样的方法

抽取具有代表性的样品的关键是确定科学的抽样方法，常用的抽样方法有百分比抽样、简单随机抽样和分层随机抽样三种。

（1）百分比抽样。从受检的批量商品中，按检验标准或合同规定的数量百分比从中抽取样品，称百分比抽样。此法抽样简便易行，易于操作，对受检批量大的商品较为适用。采用百分比抽样判断为合格的大批量商品质量，比抽样判断为合格的小批量商品质量的平均质量合格率与不合格率要准确得多。因此，检验小批量商品，一般不采用百分比抽样法。

（2）简单随机抽样。简单随机抽样是指从批量为N的被检批中抽取n个单位商品组成样本，共有C_N^n种组合，对于每种组合，被抽取的概率都相同的抽样方法。此法通常是利用随机数表或抽签进行抽样。例如，抽取前将被检验的样品逐一编号，编号次序与方法不受任何限制，然后用笔尖在随机数表中任意指定一点，从指定数开始，依次选取与样品相等的号码个数，按选取的号码抽取样品。这种方法的特点是可避免检验员的主观意识的影响，对发现这类商品的共同缺陷较为有效，批量不大的商品可采用此法。但当被检批商品批量较大时，操作起来就较复杂，因此大批量商品适宜采用分层随机抽样。

（3）分层随机抽样。分层随机抽样是把批量为 N 的被检批商品分成 N_1 个、N_2 个直至 N_i 单位商品组成的 i 层，使每层内商品质量尽可能均匀整齐，$N=N_1+N_2+\cdots+N_i$，然后在每层内分别按照简单随机抽样法取样，合在一起组成一个样本的抽样方法。这种方法的特点是比较科学，能克服简单随机抽样法可能错过的集中性缺陷，尤其适用于批量较大且质量也可能波动较大的商品。分层随机抽样的样本有很好的代表性，是目前使用最广、最多的一种抽样方法。

3.2.2 商品检验方法

商品检验的方法很多，根据其检验所用的器具、原理和条件，通常分为感官检验法和理化检验法两类，如图 3-1 所示。这两种检验方法在实际工作中，是按照商品的不同质量特性进行选择和相互配合使用的。

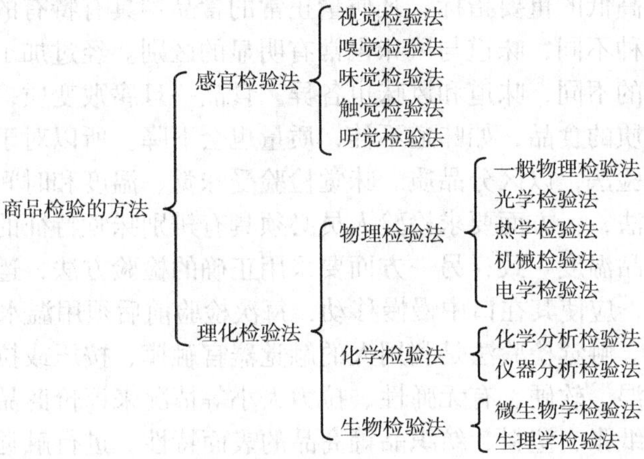

图 3-1 商品检验的方法

1. 感官检验法

感官检验法是指利用人的感觉器官作为检验器具，对商品的色、香、味、手感、音色等感官质量特性，在一定条件下进行判定或评价的检验方法。这是目前商品流通领域中应用较为广泛的一种检验方法。

感官检验法的范围是商品的外形结构、外观疵点、色泽、硬度、弹性、气味、声音、干鲜程度及包装物等。感官检验法的优点是不需要仪器、简便易行、快速灵活、成本较低，特别适用于目前还不能用仪器定量评价其感官指标的商品和不具备昂贵、复杂仪器检验的企业、部门和消费者。但感官检验法受检验人的生理条件、工作经验，以及外界环境的影响，难免带有主观性，而且检验结果在多数情况下只能用比较性的用词、专业术语和计分法来表示，更无法分析商品的内在质量，但它仍具有不可替代性。

按照人的感觉器官不同，感官检验法可分为视觉检验法、嗅觉检验法、味觉检验法、触觉检验法和听觉检验法等。

（1）视觉检验法。视觉检验法是利用人的视觉器官来检验商品的外形、结构、颜色、光泽及表面状态、疵点等质量特性的方法。视觉检验法应用范围最广，凡是能直接用眼分辨的质量指标都可以采用这种检验法。视觉检验法受光线强弱、照射方向、背景对比及检验人员的生理、心理和专业能力的影响很大，通常应在标准照明条件下和适宜的环境中进行，而且需要对检验人员进行必要的挑选和专门的培训。

（2）嗅觉检验法。嗅觉检验法是通过人的嗅觉器官检验商品的气味，来评价商品质量的方法。嗅觉检验法广泛用于食品、药品、洗化用品和香精、香料等商品质量检验，同时对鉴别纺织纤维、塑料等燃烧的气味差异也有重要意义。嗅觉检验受检验人员生理条件、检验经验及环境条件的影响很大，所以必须对检验人员进行测试、严格选择和培训。在检验中还应避免检验人员的嗅觉器官长时间与强烈的挥发物质接触。检验顺序从气味淡向气味浓的方向进行，并注意采取措施防止串味等现象。

（3）味觉检验法。味觉检验法是利用人的味觉器官，通过品尝食品的滋味和风味来检验食品质量的方法。食品的味觉主要有酸、甜、苦、咸、辣、涩等。食品味道和风味的好坏，是决定食品质量高低的重要指标。凡质量正常的食品均具有特有的味道和风味，同一类别的天然食品因品种不同，味道与风味也常有明显的区别。经过加工调制的食品，由于调制方法和使用调料的不同，味道和风味也各异。食品一旦腐败变质，就会改变原有的味道和风味。即使未变质的食品，如味道不佳，质量也会下降。所以对于各种食品的味道和风味必须采用味觉检验法，以区分品质。味觉检验受味觉、温度和时间等因素的影响。为了顺利采用味觉检验法，一方面要求检验人员必须具有辨别味觉特征的能力，并且被检样品的温度要与对照样品温度一致；另一方面要采用正确的检验方法，遵循统一的规程，如检验时不能吞咽食品，应使其在口中慢慢移动，每次检验前后须用温水漱口等。

（4）触觉检验法。触觉检验法是利用人的触觉器官触摸、按压或拉伸商品，根据商品的光滑细致程度、干湿、软硬、有无弹性、拉力大小等情况来评价商品质量的方法。触觉检验法主要用于检查纸张、塑料、纺织品等商品的表面特性。进行触觉检验时，应注意环境条件的稳定和保持手指皮肤处于正常状态，并加强对检验人员的专门培训。

（5）听觉检验法。听觉检验法是凭借人的听觉器官，根据商品发出的声音来检查商品质量的方法。如检查玻璃制品、瓷器、金属制品有无裂纹或内在的缺陷；评价以声音作为质量指标的乐器、家用电器等商品；评定食品成熟度、新鲜度、冷冻程度等。听觉检验至今尚无法用仪器来替代，其主要原因之一就是人的耳朵灵敏度高且范围广。但听觉检验法和其他感官检验法一样，需要适宜的环境条件，即力求安静，避免外界因素对听觉灵敏度的影响。

2. 理化检验法

理化检验法是在实验室的一定环境下，利用各种仪器器具和试剂作为手段，运用物理、化学及生物学的方法来测试商品质量的方法。它主要用于商品成分、结构、物理性质、化学性质、安全性、卫生性及对环境的污染和破坏性等方面的检验。在商品生产和流通中，理化检验法应用越来越广泛。

理化检验法的特点是能客观、准确地反映商品质量情况，而且能得到具体数据，深入阐明商品的化学组成、结构和性质，也能探明某些商品的内部疵点，对商品质量鉴定具有较强的科学性，较感官检验更为客观和精确。但对检验设备和检验条件要求严格，同时还要求检验员具有扎实的基础理论知识及熟练的操作实验技术。现代检测技术在检验仪器使用上与计算机联用，实现自动控制和数据处理，使理化检验走向快速、少损或无损及自动化。理化检验根据其原理可分为物理检验法、化学检验法和生物检验法。

（1）物理检验法。这是根据物理学原理，应用物理仪器测定商品物理性质的一种检验方法。常见的方法有以下几种。

1）一般物理检验法。一般物理检验法即通过各种量具、量仪、天平及专门仪器来测定商品的长度、细度、面积、体积、厚度、比重、黏度、渗水性、透气性等一般物理特性的方法，如棉纤维长度和细度的测定。

2）光学检验法。光学检验法是通过各种光学仪器来检验商品品质的一种方法。这种方法不仅可以用来检验商品的物理性质，还可以用来检验某些商品的成分和化学性质。常见的仪器有显微镜、折光仪、旋光仪、比色计等。例如，利用折光仪测定油脂的折光率，可判断油脂的新陈、掺假或变质；利用旋光仪测定糖的比旋光度，可确定糖中蔗糖的含量；利用比色计测定某些商品的颜色，确定其品质或等级。

3）热学检验法。热学检验法是指利用热学仪器测定商品的热学特性的一种检验方法。这种方法可用来检验商品的熔点、凝固点、沸点、耐热性、耐寒性等。玻璃和搪瓷制品、金属制品、化妆品、化工商品、塑料制品、橡胶制品及皮革制品等，它们的热学性质都与商品的质量有关。例如，将玻璃杯置于 0℃～5℃水中 5 分钟，取出后即投入沸水中，不炸裂者为合格。

4）机械检验法。机械检验法是利用各种力学仪器测定商品机械性能的一种检验方法。很多工业品、商品的质量指标，如抗拉力强度、抗压强度、硬度、弹性、塑性、脆性等，都采用这种检验方法。机械检验法所用的仪器很多，常见的有万能试验机、拉力试验机、冲击试验机、扭转试验机、硬度试验机等。例如，皮革的耐磨强度就用耐磨强度试验机测定，试验机上有成垂直相接的黏附皮革式样的直转盘和黏附金刚砂布的平转盘，测定时以 30 转/分的速度转动转盘，使皮革试样与平转盘上的金刚砂布相摩擦。皮革耐磨强度以磨损 1 克重的试样所用的转数来表示。

5）电学检验法。电学检验法是利用电学仪器测定商品电学特性的一种检验方法。检验的项目通常有电阻、介电系数、电容、电压、电流强度、静电性等。通过商品的某些电学特性的测定，如电阻、电容等的测定，往往还可以间接测定商品的其他特性，如吸湿性等。电学检验法可节省大量的材料，能迅速得出较准确的结果或数据，使用简便。

（2）化学检验法。化学检验法是利用化学试剂和各种仪器对商品的化学成分及其含量进行测定，进而判断商品品质是否合格的检验方法。根据其具体操作方法，可分为化学分析检验法和仪器分析检验法两种。

1）化学分析检验法。化学分析检验法是根据已知的、能定量完成的化学反应进行分析的一种检验方法。依其所有的测定方法的不同，又分为容量分析法和重量分析法。容量分析法是用一种已知准确浓度的标准溶液与被测试样发生作用，最后用滴定终点测出某一组合的含量，如酸碱滴定法。重量分析法是根据一定量的试样，利用相应的化学反应，使被测成分析出或转化为难溶的沉淀，再通过过滤、洗涤、干燥、灼烧等，使沉淀与其他成分分离，然后称取沉淀物的重量，由此计算出被测定成分的含量，如灼烧法测定原料中灰分等。此外，化学分析法还可根据试样重量不同，分为常量分析（试样量100毫克以上）、半微量分析（试样量10～100毫克）、微量分析（试样量0.01～10毫克）及超微量分析（试样量少于0.01毫克）。

2）仪器分析检验法。仪器分析检验法是采用光、电等方面比较特殊或复杂的仪器，通过测量商品的物理性质或物理化学性质来确定商品的化学成分的种类、含量和化学结构以判断商品质量的检验方法。它包括光学分析法和电学分析法。光学分析法是通过被测成分吸收或发射电磁辐射的特性差异来进行化学鉴定的，具体有比色法、分光光度法（原子吸收光谱、红外光谱等）、荧光光度法等。例如，用光量（计）光谱仪可在1～2分钟内分析出钢中20多种合金元素的含量。电学分析法是利用被测物的化学组成与电物理量（电极电位、电流等）之间的定量关系来确定被测物的组成和含量，具体有极谱法、电位滴定法、电解分析法等。仪器分析检验法适用于微量成分含量分析。仪器分析检验法因具有测定的灵敏度高、选择性好、操作简便、分析速度快的特点而应用广泛。但由于样品前处理费时，仪器价格昂贵，对操作人员要求高，故其应用有一定的局限性。

（3）生物检验法。生物检验法是食品类、药类和日常工业品商品质量检验常用的方法之一，包括微生物学检验法和生理学检验法两种。

1）微生物学检验法。微生物学检验法是利用显微镜观察法、培养法、分离法和形态观察法等，对商品中有害微生物存在与否及其存在的数量进行检验，并判断其是否超过允许限度的一种检验方法。这些有害微生物包括大肠杆菌、沙门氏菌、霉腐微生物、致病性微生物等。它们直接危害人体健康，危害商品的安全储存。微生物学检验法是判断商品卫生质量的重要手段。

2）生理学检验法。生理学检验法是用来检验食品的可消化率、发热量及营养素对机体的作用，以及食品和其他商品中某些成分的毒性等的一种检验方法。检验多用鼠、兔等动物进行试验，通过动物发育、体重的改变来检查食品的营养价值；通过观察动物健康状况变化、动物解剖结果来测定有害物质的毒性。只有经过无毒害试验后，视情况需要并经有关部门批准后，才能在人体上进行试验。

3.3 商品质量评价与管理

3.3.1 商品分级

1. 商品分级的概念

根据商品标准规定的质量指标，按一定的标志将同类商品分为若干个等级的工作，称为商品分级。商品种类不同，分级标准也不一样。如茶叶按色、香、味、外形等感官指标分级，糖、食盐按其化学成分含量分级，鸡蛋按10个重量分级。日用工业品的分级，一是根据商品外观疵点多少和这些疵点对质量的影响程度；二是根据商品理化性质与标准差的程度。

国家标准《工业产品质量分等导则》（GB/T 12707—1991）中规定：优等品的质量标准必须达到国际先进水平，且实物质量水平与国外同类商品相比达到5年内的先进水平；一等品的质量标准必须达到国际一般水平，且实物质量水平达到国际同类产品的一般水平；按我国现行标准组织生产，标准为国内一般水平，实物质量达到相应标准要求的为合格品。优等品、一等品的产销率要求在 90%以上，销售量在同类商品中占有一定比例。

商品分级常用等级的顺序表示，通常用几等、几级或甲、乙、丙来表示。等级顺序的高低具体地表示了商品质量的优次。对各种商品每一等级的具体要求及确定商品分级的方法，通常在标准中都有规定，凡不符合最低一级要求的商品称为等外品。许多商品还同时以特殊的标记来表明自身的质量等级。例如，瓷器就是以底部的印记来表示等级的，图形印记“○”为一等品，印记“□”为二等品，印记“△”为三等品，不合格品底部则印有“次品”字样。又如，布匹上字的颜色表示不同等级，红色字为一等品，绿色字为二等品，蓝色字为三等品，黑色字为等外品。

2. 商品分级的方法

商品分级的方法，常用的有计分法和限定法两种。

（1）计分法。常用的有百分计分法和限度计分法两种。

1）百分计分法。百分计分法将商品的各项质量指标规定为一定的分数，各质量指标分数之和为 100 分，其中重要指标所占的分数高，次要指标所占的分数低。如果商品质量符合标准规定的要求，其总分就能达到 100 分；若其中某些指标达不到标准要求，其总分相应降低，等级也相应降低。这种方法在食品和部分日用工业品中采用得较多。

2）限度计分法。限度计分法是以商品的每种疵点规定为一定的分数，由疵点总分来确定商品的等级。疵点越多，总分越高，商品等级就越低。这种方法一般在日用工业品和纺织品进行分等分级时采用。限度计分法在标准分数上规定的不是最低值，而是最高值。如棉质织布的外观质量，标准中将布面各种疵点分为 7 项，按疵点对布面影响程度确定各项疵点的分数，分数总和不大于 10 分为一等品，超过 40 分为等外品。

（2）限定法。限定法指在标准中规定商品每个等级限定疵点的种类数量、不能有哪些疵点，以及决定商品成为废品的疵点限度。限定法大多用于工业品分级。如全胶鞋 13 个外观指标中，就有鞋面起皱或麻点一级品稍有、二级品有；鞋面砂眼一级品不准有，二级品中砂眼直径不超过 1.5 毫米、深不超过鞋面厚度等规定。

案例分析 3-4

表 3-1 全脂乳粉感官检验评分表

项　目	特　征	扣分（分）	得分（分）
滋味和气味（65 分）	具有消毒牛乳的纯香味，无其他异味者	0	65
	滋味、气味稍淡，无异味者	2 ~ 5	63 ~ 60
	有过度消毒的滋味和气味者	3 ~ 7	62 ~ 58
	有焦粉味者	5 ~ 8	60 ~ 57
	有饲料味者	6 ~ 10	59 ~ 55
	滋味、气味平淡无乳香味者	7 ~ 12	58 ~ 53

续表

项目	特征	扣分（分）	得分（分）
滋味和气味（65分）	有不清洁或不新鲜滋味和气味者	8 ~ 13	57 ~ 52
	有脂肪氧化味者	14 ~ 17	51 ~ 48
	有其他异味者	12 ~ 20	53 ~ 45
组织状态（25分）	干燥粉末无结块者	0	25
	结块易松散或有少量硬粒者	2 ~ 4	23 ~ 21
	有焦粉粒或有小黑点者	2 ~ 5	23 ~ 20
	储藏时间长，凝块较结实者	8 ~ 12	17 ~ 13
	有肉眼可见杂质或异物者	5 ~ 15	20 ~ 10
色泽（5分）	全部一色，呈浅黄色者	0	5
	黄色特殊或带浅白色者	1 ~ 2	4 ~ 3
	色泽不正常者	2 ~ 5	3 ~ 0
冲调性（5分）	润湿下沉快，冲调后完全无团块，杯底无沉淀者	0	5
	冲调后有少量团块者	1 ~ 1	4 ~ 3
	冲调后团块较多者	2 ~ 3	3 ~ 2

（资料来源：国家标准 GB 5410）

问题：对照标准，试对全脂乳粉进行感官品评。

3.3.2 商品质量标志

1. 商品质量标志的含义

商品质量标志是按一定法定程序颁发给生产企业，以证明其商品达到一定水平的符号或标记。比较常见的质量标志有合格标志、认证标志、免检标志、环境标志、绿色食品标志、有机食品标志、QS 标志、原产地标志、纯羊毛标志、真皮标志、节能标志、名牌产品标志等。商品质量标志表明的是商品质量所达到的水平和质量状态，只有法定机构经过一定程序对达到一定条件的企业授权后，企业才能使用质量标志。

实行商品质量标志，不仅是保证商品质量的有效手段，还是维护消费者利益的一种有效方法。特别是对一些有关人身安全与健康的商品，国家必须强制实行质量标志，才能有效地防止粗制滥造，避免不合格产品投放市场。有了商品质量标志，对消费者来说，可以方便选购；对生产者来说，既是对商品质量的担保，又是一种荣誉和信任，还可带来经济效益。

2. 商品质量标志的种类

（1）质量合格标志。质量合格标志是商品出厂前经工厂质检部门检验，产品的各项质量指标均已达到要求而颁发的合格证标志，又称产品检验合格证。任何产品出厂前，都要经过合格检验。合格标志的形式根据产品的不同形状、性质等特点而异，一般用图案或代号表示，或者系挂，或者贴在包装上。不同等级的同类产品，可以用不同图案或颜色的标志来表示。

（2）质量认证标志。商品质量认证标志是认证机构为证明某个产品符合特定的标准和技术要求而设计、发布的一种专用标志。国内常见的认证标志有方圆标志和 PRC 标志等。方圆标志为中国方圆认证委员会产品质量认证标志，分为方圆合格认证标志和方圆安全认证标志（见图 3-2）。商品的全部性能要求依据标准或相应的技术要求进行认证，获准合格认证的产品使用合格认证标志；以安全标准依据进行认证或只对产品中有关安全的项目进行的认证，获准安全认证的产品使用安全认证标志。PRC 标志为中国电子元器件质量认证委员会电子元器件专用的合格认证标志。

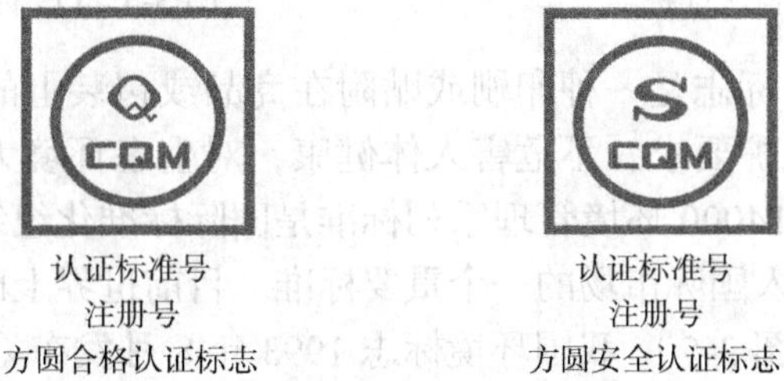

图 3-2　中国商品质量认证标志

商品质量认证标志作为一种质量标志，其基本作用在于向产品购买者传递正确可靠的质量信息。随着贸易的全球化，实行第三方产品质量认证制度是国际上保证商品质量的一种普遍做法，有利于提高产品的信誉度，减少重复检验，减少和消除技术壁垒，维护生产、经销和消费者各方面的权益。目前 ISO 和 IEC 的成员国和地区会员中，基本上都开展了产品质量认证工作。英国采用风筝标志，法国采用 NF 标志，德国为 VDF 标志，美国实行 UL 标志，日本是 JIS 标志，中国香港为 HK 标志等。

（3）CCC 标志。长期以来，我国强制性产品认证存在着对内、对外的两套认证标志，即长城认证标志和 CCIB 认证标志。为了解决对国内产品和进口产品认证不一致的问题，按照“入世”后的世贸组织国民待遇原则，国家质量检验检疫总局和国家认证认可监督管理委员会于 2001 年 12 月公布了国家强制性认证制度“四个统一”（实现统一目录，统一标准、技术法规和合格评定程序，统 标志，统 收费标准）的有关法规性文件。统一后的国家强制性认证标志为“中国强制认证”，英文名称为“China Compulsory Certification”，缩写为“CCC”（见图 3-3）。该标志从 2002 年 5 月 1 日起逐步取代原来的长城标志和 CCIB 标志，从 2003 年 8 月 1 日起强制执行。

（4）QS 标志。为贯彻落实食品安全法及其实施条例，做好企业食品生产许可工作，提高食品安全保障水平，按照有关法规，企业食品生产许可证标志以“企业食品生产许可”的拼音“Qiyeshipin Shengchanxuke”的缩写“QS”表示，并标注“生产许可”中文字样。企业食品生产许可证标志由食品生产加工企业自行加印（贴）。企业使用企业食品生产许可证标志时，可根据需要按式样比例放大或缩小，但不得变形、变色。工业产品生产许可证标志由“企业产品生产许可”拼音 Qiyechanpin Shengchanxuke 的缩写“QS”和“生产许可”中文字样组成。标志主色调为蓝色，字母“Q”与“生产许可”四个中文字样为蓝色，字母“S”为白色（见图 3-4）。

图 3-3　中国强制认证标志

图 3-4　QS 标志

（5）环境标志。环境标志是一种印刷或贴附在商品或包装上的图案，证明该种商品在其生命周期中符合环境保护要求，不危害人体健康，对生态环境无害或危害极少，有利于资源的节约和回收。ISO 14000 环境管理系列标准是国际标准化组织关于环境体系认证标准 ISO 14000 已成为商品进入国际市场的一个重要标准。目前世界上已有不少国家和区域性组织相继实施环境标志（见图 3-5），我国环境标志 1993 年 8 月发布（见图 3-6）。1994 年 5 月中国环境标志产品认证委员会（CCEL）正式成立，是代表国家对各类环境标志商品进行认证的唯一第三方认证机构。

图 3-5　某些国家和区域的环境标志

图 3-6　中国环境标志

相关链接 3-1

地理标志产品

地理标志产品是指产自特定地域，所具有的质量、声誉或其他特性本质取决于该产地的自然因素和人文因素，经审核批准以地理名称进行命名的产品。地理标志产品包括：来自本地区的种植、养殖产品；原材料全部来自本地区或部分来自其他地区，并在本地区按照特定工艺生产和加工的产品。

地理标志保护产品作为一项与国际接轨的知识产权保护制度，目前已被世界上许多国家所采用，是世界通行的国际品牌保护制度。

（资料来源：国家质量监督检验检疫总局. 地理标志产品保护规定. 国家质量监督检验检疫总局令第 78 号，2005-6-7）

3.3.3 商品质量评价的内容

商品质量的本质是满足消费者需要的程度，在日常的商品质量评价中，人们常用好吃、好用、好看、有品位来形容，用物美价廉来表示。因此，在评价商品质量时，既要注意商品质量符合标准的状况，又要考虑商品质量满足人和社会需求的程度；既要注意消费者的基本需求，又要考虑消费者对商品质量的特殊要求；既要用一般方法来评价商品质量，又要把商品质量放在社会大系统中，作为一个系统工程来研究。

1. 商品质量评价的一般内容

商品质量评价的一般内容有：① 检查商品质量是否符合标准，以评价商品质量技术指标的高低；② 考察商品的造型、花色、款式和包装是否具有时代感，以评价商品满足消费者审美需要的质量；③ 考察商品使用是否简便易学，说明书是否清楚易懂，以评价商品的使用方便性；④ 检查商品证件标志的齐全完整性，以评价商品质量的真实可靠性；⑤ 考察商品的售后服务性，以评价商品的附加质量；⑥ 考察商品品牌的知名度，以评价商品的美誉度和消费者的认可性；⑦ 考察商品各类消费群体的特殊要求性，以评价商品质量满足具体消费对象需求的程度；⑧ 考察商品与人、商品与社会、商品与环境的关系，把商品质量放在社会这个大系统中加以评价，以评价商品质量的全面性。

2. 顾客满意度

随着科学技术的发展和人类社会的进步，人类对商品质量的不懈追求，使顾客满意成为企业关注的焦点。商品的质量始于顾客需要，终于顾客的满意水平，谁最了解顾客的期望、及时掌握顾客的满意水平，谁的商品就会受到顾客欢迎。商品质量已从符合标准发展到使顾客完全满意。近些年来，一些发达的市场经济国家，正在积极研究和采用顾客满意度作为测定顾客对商品服务的质量指标，它对商品质量的评价着眼于顾客的实际感受，体现了一种全新的质量观念。

顾客满意度测评的基本要素为顾客预期质量、顾客感知质量、顾客感知价值、顾客满意程度、顾客忠诚度和顾客抱怨率等。顾客满意有三个前提，即顾客的预期质量、感知质量和感知价值。如果商品的感知质量超过顾客的预期质量，那么顾客感到有价值，从而达到顾客满意；如果商品的感知质量没有达到顾客的预期质量，那么顾客就不满意。顾客满意又与顾客抱怨率和顾客忠诚度有关，因此，顾客满意度客观地反映了商品质量满足消费者的程度。顾客满意度测评的基本要素如图 3-7 所示。

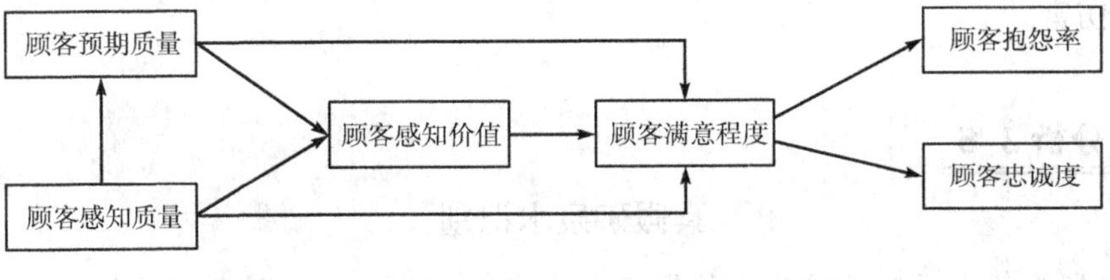

图 3-7 顾客满意度测评的基本要素

3. 假冒伪劣商品的识别

假冒伪劣商品是指含有某种足以导致普通大众误认的不真实因素的商品，也是人们对各种假货、次货的总称。识别假冒伪劣商品的方法很多，常见的方法有注册商标识别法、内在质量识别法、防伪标志识别法等。

（1）注册商标标志的识别。名优商品的外包装上都有注册商标标志，商标上打有“®”或“注”的标志，有的还粘贴了全息防伪商标。假冒伪劣商品有的有假商标，有的没有商标。假商标标志中，有的用废次商标标志，有些用相似或相近商标标志，有些使用旧标志或自行制版印刷，普遍存在制作粗糙、比例不符、镶贴不齐、容易脱落、颜色不正、无凹凸感、标志歪斜、有磨损痕迹等现象。

（2）查看外包装的标记。名优商品在外包装上印有商品名称、生产批号、产品合格证、厂名、厂址、优质产品标志、认证标志等，限时使用的还注有出厂日期、失效时间、保质期、保存期等。假冒商品，上述标志往往残缺不全，或乱用标记，有的无厂名或使用假名。

（3）注意装潢。多数名优产品的装潢，图案清晰，形象逼真，色彩鲜艳和谐，做工精致，包装用料质量好。假冒商品的装潢、色彩黯淡陈旧，图案模糊，包装物粗制滥造。

（4）注意生产厂家和售货单位。以地名为商品名称的名优产品，生产厂家很多，但正宗名优产品只有一家。因此，必须认准厂名，以防假冒。例如，正宗名优镇江香醋，生产厂家是江苏镇江市恒顺酱醋厂。有些高档名优商品，主要在大商场或专卖店出售，因此在市场上购买此类商品时，要注意选择售货单位。

（5）仔细查看商品包装的封口处。一般情况下，绝大部分名优商品采用机器包装，不论是箱装、盒装、袋装，均严格按装订线装订，封口处平整、笔直、松紧适度。不少伪劣商品采用手工包装，封口处往往不平整，有折皱及黏迹等。

（6）检查防伪标记。有些名优商品在商品或包装上的某些特定部位做标志。近些年来，许多名优商品的厂家采用特殊材料与技术制成一种能证明产品的真实身份，又不容他人假冒的防伪标记。常见的防伪标记有激光信息防伪、荧光材料、荧光纤维、水印纸、防伪油墨、双面对印、磁码、电码防伪等。电码防伪是在每一件产品上设置一个密码，一般为21位码，无重复。消费者可通过电话、上网或其他能够连接到防伪网络的工具，输入产品密码就可以进行防伪核对，辨别产品真伪。由于密码由计算机随机生成，查询后即刻记录在案，仿冒者无法仿冒，而且相对来说成本较低，是当前最为实用和有效的防伪技术。

（7）注意商品的内在质量。假冒伪劣商品内在质量低劣。如假冒自行车电镀部件粗糙、发白、少光泽，烤漆遇水浸、火烤时会自行剥落；伪劣化妆品可使皮肤红肿、发炎，甚至造成永久性伤害。

案例分析3-5

真假矿泉水识别

随着人们生活水平和保健意识的提高，矿泉水作为日常饮料已成趋势。有不少厂家经营者为了赚钱，用浅井水或自来水加糖精、水果香精、色素配制成“三精水”假冒天然矿泉水、果汁等。饮用天然矿泉水应无色、透明、无异物（允许有少量矿物盐沉淀）和无异味，并具有该矿泉水的特征口味。同时瓶身都必须标有品名、产地、厂名、注册商标、生产日期、批号、容量、主要成分及含量、保质期或保存期限，以及监制单位等。而假劣矿泉水大都加了着色添加剂，商标标志也比较简单，缺乏矿泉水甘甜无味、清凉爽口（碳酸型矿泉水略有苦涩味）的特征口味。

[资料来源：识别伪劣商品知识．上海标准化，2000（4）]

问题：在日常生活中，你是怎样识别各种瓶装饮用水真假的?

3.3.4 流通领域的商品质量管理

商品质量管理已不局限在具体的商品质量上，而是建立起了企业质量保证体系，ISO 9000系列就是质量管理和保证的国际标准。商品流通领域的质量管理主要表现在市场调研、采购、运输、储存、销售和售后服务等方面。

1. 市场调研质量管理

市场调研能有效地减少企业经营活动中的盲目性，有助于企业科学地制定购销计划，组织适销对路的商品。同时，也可以为促进工业企业产品更新换代、结构调整、改进和提高商品质量提供可靠依据。市场调研质量管理的内容主要包括：消费者需求调查，确定经营商品的质量要求、经营特色和经营管理费用。

2. 采购质量管理

严格把好进货关，防止不合格品和假冒伪劣商品进入流通领域，是商业企业搞好商品质量管理的重要环节，也是流通领域质量管理的基础。采购质量管理的内容包括：建立商品进货管理制度，编制采购计划；选择合格的货源单位，并签订商品质量合同；建立商品验收、检验制度和商品检验机构，培训检验人员；对经销商品进行分类管理。

3. 运输质量管理

保证运输质量是商品质量管理在流通领域的重要环节，商品运输质量管理要遵循“及时、准确、安全、经济”的原则。运输质量管理的内容包括：制定科学的运输计划；选择合理的运输路线；确定适宜的运输条件和运输工具；建立商品交接验收制度；采用先进合理的运输方法；科学堆放，文明装卸等。

4. 储存质量管理

商品储存质量管理应贯彻以防为主的原则，最大限度地减少商品在储存期间的质量变化和损失。储存质量管理的内容包括：制定商品储存计划；建立商品出入库验收制度和仓库管理制度；选择适宜的储存条件和科学的储存养护方法；认真管理仓库温湿度，做好防霉、防锈、防污染工作；认真做好商品的在库检查，及时发现和处理商品质量问题；加快商品出库速度，提高经济效益等。

5. 销售质量管理

销售质量直接影响着商业企业的信誉和消费者利益，也直接影响着商品质量。销售质量管理的主要内容包括：编制商品销售计划；制定合格营业员的条件；确定适宜的销售环境；规定销售过程及其质量要求；培训营业员，提高服务质量等。

6. 售后服务质量管理

商业企业应提供直接或间接的售后服务，给消费者提供质量保证，并收集质量信息。售后服务质量管理的内容包括：制定和实行三包规定；送货上门；免费安装调试；免费培训，开展质量咨询服务和质量信息反馈等。

3.3.5 商品质量监督

1. 商品质量监督的概念

商品质量监督是根据国家的质量法规和商品质量标准，由国家指定的商品质量监督机构对生产和流通领域的商品和质量保证体系进行监督的活动。因此，我们可以认为，商品质量监督是一种质量分析、评价和保证活动；商品质量监督的对象是实体，如产品、商品、质量保证体系等；商品质量监督的范围包括生产、流通到运输、储存和销售整个过程；商品质量监督的依据是国家质量法规和商品技术标准；商品质量监督的主体是用户或第三方。

2. 商品质量监督的种类

（1）国家的质量监督。国家的质量监督是指国家授权指定第三方专门机构以公正的立场对商品质量进行的监督检查。这种国家法定的监督以政府行政的形式，实行定期或经常监督抽查和检验，公开公布商品质量抽查检验结果，并根据国家有关法规及时处理质量问题，以维护社会经济生活的正常秩序和保护消费者合法权益。国家的商品质量监督由国家质量技术监督部门规划和组织。

（2）社会的质量监督。社会的质量监督是指社会团体和新闻机构根据用户和消费者的反映，对流通领域中的某些商品进行抽样检验，并公布检验商品的质量状况和企业名单，以造成强大的社会舆论压力，迫使企业改进质量，对用户和消费者承担质量责任。社会质量监督的主体还包括用户，用户的质量监督是指内外贸易部门和使用单位为确保商品质量而进行的监督检验。

3. 商品质量监督的形式

（1）抽查型质量监督。抽查型质量监督是指国家质量监督机构，通过从市场或生产企业或仓库等地随机抽取的样品，按照技术标准进行监督检验，判定其是否合格，从而采取强制措施，责成企业改进产品质量所进行的监督活动。抽查型质量监督的特点是：它是一种强制性的质量监督形式；抽查产品采用的地点不限，采用随机抽样检查的方式；抽查检测数据科学、准确，对产品质量的判断、评价公正；抽查产品的质量检验结果公开；对抽查检验不合格的单位限期整改。

（2）评价型质量监督。评价型质量监督是指国家质量监督机构通过对企业的产品质量和质量保证体系进行检验和检查，考核合格后，以颁发产品质量证书、标志等方法确认和证明产品已经达到某一质量水平，并向社会提供质量评价信息的一种质量监督活动。评价型质量监督是国家干预产品质量的手段之一，它的特点是按照国家规定标准，对产品进行检验，以确定其质量水平；对产品生产企业的生产条件、质量体系进行严格审查和评定，由政府和政府主管部门颁发相应的证书；允许在产品上、包装上、出厂合格证和广告上使用、宣传相应的质量标志；实行事后监督，使产品质量保持稳定和不断提高。

（3）仲裁型质量监督。仲裁型质量监督是对产品质量有争议而进行仲裁时使用的手段，是国家质量监督机构站在第三方的立场上，公正地处理质量争议，从而加强对质量不法行为的监督，促进产品质量提高的一种质量监督活动。仲裁型质量监督的特点是：仲裁监督的对象是有争议的产品；具有较强的法制性；根据监督检验的数据和全面调查情况，由受理仲裁的质量监督部门进行调解和裁决，质量责任由被诉方承担。

4. 我国商品质量监督管理模式

我国商品质量监督管理体制采用的是“集中与分散相结合”的模式，在全国形成了一个由多系统组成的质量监督管理网络，包括技术监督系统和专业监督系统的质量监督管理机构及质量监督检验机构。

（1）技术监督系统。技术监督系统是指由国务院授权统一管理和组织协调全国技术监督工作的国家质量监督检验检疫总局系统，县级以上地区技术监督部门负责行政区内的商品质量监督和管理工作。为适应商品质量监督检验工作的需要，国家在各省、市、自治区工业集中的城市建立和健全了产品质量检验机构，在国家质量技术监督部门统一领导和规划下，开展商品质量监督检验工作。对不按标准进行生产、产品质量低劣的企业，有权停止填发合格证，特别严重的，有权建议主管部门对企业和有关人员进行经济制裁等。

（2）专业监督系统。卫生系统、船检单位、农林牧系统等均根据国家颁布的有关法规，由各行业、部门相应的质量监督机构行使监督职权。如药品系统，国家食品药品监督管理局主管全国药品的质量检验工作，县级以上食品药品监督机构行使药品监督权，各药品检验所负责药品质量检验工作。

相关链接 3-2

运动鞋质量鉴定

运动鞋是根据人们参加运动或旅游的特点设计制造的。运动鞋的鞋底和普通皮鞋、胶鞋不同，一般都是柔软而富有弹性的，能起一定的缓冲作用，运动时能增强弹性，有的还能防止脚踝受伤，所以，在进行体育运动时，大都要穿运动鞋，如打篮球、跑步等。鉴定鞋质量的好坏，需要从外观和内在指标两方面着眼。由于内在指标往往需要借助检测仪器，对于一个消费者来讲，从外观上来鉴别鞋的质量更具实际意义。从外观上，主要通过对鞋的材料（包括鞋面、鞋底、鞋里）质量和做工两方面来鉴别鞋质量的好坏。尺码可以度量，工艺以目测，手摸、捏、推为主。

（1）鞋面（帮）：鞋帮是鞋主要构成部分之一。对于光面鞋，要看其是否柔软和丰满，用手按下鞋面后，是否出现松面现象，好的鞋面应该是丰满柔软，手感舒适，光泽均匀一致，无松面现象。对绒面皮鞋的鞋面，应注意检查其绒毛是否短而均匀，其色调也应一致。鞋里是鞋帮的一部分，它是为了补强鞋面、防止鞋帮延伸变形并改善脚感而使用的。所以，好的鞋里材料（如真皮革鞋里）应具有良好的触感、透气性和排湿性，且不易脱色。在缝制上，鞋里不应有皱纹和肥边。

（2）鞋垫：通常的男鞋用内底后半截垫或后跟垫。女鞋用覆盖内底的全垫。鞋垫具有保持鞋内底清洁、覆盖内底的凹凸不平，以改善脚感的作用。因此，鞋垫应具有良好的吸、排湿性。在做工上，鞋垫应平展地黏附在内底上，不能有褶皱现象。

(3)外底：从外表上来看，外底周边的结合状态应密切黏合而没有空隙，底面应平整。

(4)鞋跟：不论是低跟还是高跟，首先要看其与鞋的配合是否自然平齐。对于半高跟以上的女式鞋来讲，下面两点更为重要：一是鞋跟应牢固地装在内底上，不应摇晃；二是掌面应不小于鞋跟的底面。

(5)内底：一方面，看内底的材料，最好是真皮的。另一方面，要用手强力按压腰档，相当于穿鞋时脚背的部分，纹丝不动的较好。在这种力的作用下，如鞋的沿口有变形，说明该鞋的质量有问题。

(6)稳定性：将鞋放在平面上，鞋应马上静止不动，这样的鞋为稳定性好，这也是优质鞋的基本条件之一。

(资料来源：运动鞋. 百度百科，2014-11-25)

本章小结

商品检验是商品质量保证工作的一项重要内容，商品检验的内容主要有商品质量检验、重量和数量检验、包装检验和安全、卫生检验等。商品检验的形式有破坏性检验和非破坏性检验；全数检验、抽样检验和免于检验；工厂签证、商业免检、商业批检、法定检验、公证检验和委托业务检验等。

商品检验大多数为抽样检验，商品抽样有百分比抽样、简单随机抽样和分层随机抽样三种。商品检验的方法有感官检验法和理化检验法两类，在日常业务活动中，常用感官检验法来检查商品质量。

商品质量评价是一项综合性工作，既要根据商品检验的结果进行商品质量的分等定级，依据质量标志确定商品质量所达到的水平和质量状态，又要根据市场和消费者需求来全面考察和识别商品质量。在商品相对繁多的今天，顾客满意度已成为全社会关注商品质量的焦点。

流通领域的商品质量管理包括市场调研、采购、运输、储存、销售和售后服务方面的质量管理。商品质量监督是国家依法保证商品质量的一种有效活动。商品质量监督的种类有国家和社会的商品质量监督两种；商品质量监督的形式有抽查型、评价型和仲裁型三种；我国商品质量监督的管理模式由技术监督系统和专业监督系统构成。

主要概念

商品检验　感官检验法　商品质量认证标志　商品质量监督

课堂讨论题

1. 怎样检验商品的质量?

2. 如何评价商品的质量？

自测题

1. 判断题

（1）商品样本为被检验商品中抽取用于检验的单位商品的全体。（　）

（2）感官检验不允许使用简单的器具，如放大镜、尺子等进行辅助检验。（　）

（3）限度计分法中，疵点越多，总分越高，商品等级就越高。（　）

（4）商品质量监督是国家行为，用户不能参与商品质量监督。（　）

2. 填空题

（1）商品抽样的方法有百分比抽样、________随机抽样和________随机抽样等。

（2）商品分级的方法常用的有________和________两种。

（3）顾客满意的三个前提是顾客预期质量、________和________。

（4）商品质量监督的形式有抽查型、________和________质量监督三种。

3. 选择题

（1）不适宜感官检验的质量指标有（　）。

A. 气味　B. 弹性　C. 商品成分　D. 卫生性

（2）属于商品质量认证标志的有（　）。

A. 方圆标志　B. 合格标志

C. 绿色食品标志　D. 全羊毛标志

（3）仿冒者无法假冒的防伪标志是（　）。

A. 激光标志　B. 条形码标志　C. 电码标志　D. 水印纸

（4）防止不合格品和伪劣假冒商品进入流通领域的关键是（　）。

A. 采购质量管理　B. 储存质量管埋

C. 销售质量管理　D. 运输质量管理

4. 简答题

（1）什么是商品检验？其有何作用？

（2）商品检验的内容和形式有哪些？

（3）商品检验的方法有哪些？各有何特点？

（4）商品质量评价的一般内容是什么？

实训题

1. 技能题

（1）运用所学知识，结合自己的体验，对所熟悉的某一食品进行质量检验。

（2）考察某一日用工业品商品的质量标志，并对其质量做出评价。

2. 案例分析题

日用塑料外观鉴别

从各种塑料的外观特征如色泽、透明度、光滑性、手感、表面硬度、敲击声及将其放入沸水中和放入水中等来区分和判断塑料种类。有关塑料的外观特征如下。

(1) 聚乙烯。乳白色透明体，手摸有石蜡油腻感，质地柔软，能弯曲，放在水中能浮于水面，置于沸水中显著软化。

(2) 聚丙烯。本色为乳白色半透明体，手摸润滑但无油腻感，质地硬挺有韧性，放在水中能浮于水面，置于沸水中软化不显著。

(3) 聚氯乙烯。硬制品坚硬平滑，敲击时声音发闷，色泽较鲜艳。软制品柔软富弹性，薄膜透明度较高，而无蜡质感，放在水中不沉，遇冷变硬，有特殊气味。

(4) 聚苯乙烯。聚苯乙烯表面硬度与透明度较高，色泽鲜艳。其主要特点是敲击或轻掷时，有类似的清脆声，弯折时易碎裂，断口处呈银白色。

(5) 有机玻璃。外观似水晶，透明度高，色泽鲜艳，弯曲时有韧性，敲击时声音发闷，用柔软物摩擦制品，能产生芳香水果气味。

问题：请根据以上材料设计一套方案用来鉴别塑料，并将五种塑料的外观鉴别结果用文字叙述填在表3-2中。

表3-2 塑料制品的外观鉴别结果

塑料类别	外观鉴别项目							
	色泽	透明度	手感	表面硬度	气味	敲击	水中	沸水中
聚乙烯								
聚丙烯								
聚氯乙烯								
聚苯乙烯								
有机玻璃								

3. 实习题

(1) 考察本地市场商品质量，并谈谈你是如何识别假冒伪劣商品的。

(2) 考察某商贸企业商品质量管理实况，分析其特点，并提出改进建议。

第4章

商品分类与商品包装

◇ 本章学习目标 ◇

知识目标：了解商品分类的概念和标志，商品包装的概念和作用。

技能目标：认识常见商品目录及商品分类体系，商品运输包装的材料与技法；掌握商品分类和商品编码的方法，商品销售包装的要求与设计。

能力目标：能够运用所学知识进行常见商品的经营分类，对商品销售包装进行初步评价。

引导案例

超市商品分类

超级市场以满足消费者对基本生活用品一次性购足需要为经营宗旨，是一种经营品项较多的零售业态。对品种繁多的商品进行分类，是超市科学化、规范化管理的需要，它有利于将商品分门别类地进行采购、配送、销售、库存、核算，提高管理效率和经济效益。超市可以在商品分类基础上，根据目标顾客的需要，选择并形成有特色的商品组合，体现自身的个性化经营特色，求得超市经营的成功。而在超级市场实际商品管理中，商品分类一般采用综合分类标准，将所有商品划分成大分类、中分类、小分类和单品四个层次，目的是便于管理，提高管理效率。

商品种类繁多，据不完全统计，在市场上流通的商品有25万种以上。科学的商品分类应该以方便顾客购物，体现企业特点为目的。对商品进行科学、系统的分类，最终编制出各种简便实用的商品目录，以满足各方面需要，是商品经营管理的重要工作之一。

4.1 商品分类的概念、标志和基本方法

4.1.1 商品分类的概念和意义

1. 商品分类的概念

商品、材料、物质、现象等概念都是概括一定范围的集合总体。任何集合总体都可以根据一定的标志逐次归纳为若干范围较小的单元（局部集合体），直至划分为最小的单元。这种将集合总体科学地、系统地逐次划分的过程称为分类。分类具有普遍性，凡有物、有人、有一定管理职能的地方都存在分类。分类是我们认识事物、区分事物的重要方法。分类的结果给我们带来效率，使日常事务大大简化。

根据一定的目的，选择恰当的标志，将任何一个商品集合总体逐次进行划分的过程，即商品分类。商品分类一般将商品集合总体划分为大类、品类、品种或大类、中类、小类、品种、细目等范围逐渐缩小、特征更趋一致的局部集合体。

商品的大类一般根据商品生产和流通领域的行业来划分，既要同生产行业对口，又要与流通组织相适应。商品品类或中类等是指若干具有共同性质和特征的商品的总称，它们各自包括若干商品品种。商品品种是按商品特性、成分等方面特征进一步划分得到的商品类组。品种的名称即具体商品名称。

上述商品的局部集合体，可以继续划分至最小的单元——商品细目。细目是对品种的详尽区分，包括商品的规格、花色、型号、质量等级等。细目能更具体地反映商品的特征。

相关链接 4-1

虽然超市各种业态经营品种存在较大差异，如小的便利店经营品种不到3 000种，而超大型综合超市有30 000多种，但商品分类都包括下述四个层次，且每个层次的分类标准也基本相同，只不过便利店各层次类别相对较少，大型综合超市各层次类别相对较多而已。

1. 大分类

大分类是超级市场最粗线条的分类。大分类的主要标准是商品特征，如畜产、水产、果菜、日配加工食品、一般食品、日用杂货、日用百货、家用电器等。为了便于管理，超级市场的大分类一般以不超过10个为宜。

2. 中分类

中分类是大分类中细分出来的类别。其分类标准主要有以下几个。

（1）按商品功能与用途划分。如日配品这个大分类下，可分出牛奶、豆制品、冰品、冷冻食品等中分类。

（2）按商品制造方法划分。如畜产品这个大分类下，可细分出熟肉制品的中分类，包括咸肉、熏肉、火腿、香肠等。

（3）按商品产地划分。如水果蔬菜这个大分类下，可细分出国产水果与进口水果的中分类。

3. 小分类

小分类是中分类中进一步细分出来的类别。主要分类标准有以下几个。

（1）按功能用途划分。如“畜产”大分类中、“猪肉”中分类下，可进一步细分出“排骨”、“肉米”、“里脊肉”等小分类。

（2）按规格包装划分。如“一般食品”大分类中、“饮料”中分类下，可进一步细分出“听装饮料”、“瓶装饮料”、“盒装饮料”等小分类。

（3）按商品成分划分。如“日用百货”大分类中、“鞋”中分类下，可进一步细分出“皮鞋”、“人造革鞋”、“布鞋”、“塑料鞋”等小分类。

（4）按商品口味划分。如“糖果饼干”大分类中、“饼干”中分类下，可进一步细分出“甜味饼干”、“咸味饼干”、“奶油饼干”、“果味饼干”等小分类。

4. 单品

单品是商品分类中不能进一步细分的、完整独立的商品品项。如“355 毫升听装可口可乐”、“1.25 升瓶装可口可乐”、“2 升瓶装可口可乐”、“2 升瓶装雪碧”，就属于 4 个不同单品。

需要说明的是，商品分类并没有统一固定的标准，各超市可根据市场和自身的实际情况对商品进行分类。但商品分类应该以方便顾客购物、方便商品组合、体现企业特点为目的。

2. 商品分类的意义

商品分类既是商品学的重要研究内容，又是商品经营管理的一种手段。商品分类为国民经济各部门各企业实施各项管理活动奠定了科学基础，商品科学分类有助于商业经营管理，是实行现代化管理的前提，有利于开展商品研究和教学工作，便于消费者和用户选购商品。

案例分析 4-1

淘宝网以市场为分类标志，将商品分为：女装男装、鞋类箱包、内衣配饰、运动户外、珠宝手表、数码、家电办公、护肤彩妆、母婴用品、家居建材、美食特产、日用百货、汽车摩托、文化玩乐、本地生活等大类，在女装中分为女式上装、女式裤子、女式裙子、其他女装等，女式上装类包括的商品有羽绒服、毛呢外套、针织衫、短外套、雪纺衫/蕾丝衫、T 恤、风衣、皮草、真皮皮衣、衬衫、棉衣、卫衣、长袖 T 恤、针织开衫等（具体分类情况见淘宝网）。

问题：淘宝网的商品分类与超市的商品分类各有何特点，对你有何启迪？

4.1.2 商品分类的标志

1. 选择商品分类标志的基本原则

分类标志是编制商品分类体系和商品目录的重要依据和基准。对商品进行分类，可供选择的标志很多，在选择时应遵循如下原则。

（1）目的性。分类标志的选择必须保证在此基础上建立起的分类体系能满足分类的目的和要求。

（2）包容性。分类标志的选择必须保证在此基础上建立的分类体系能够包容拟分类的全部商品，并为不断纳入新商品留有余地。

（3）区分性。分类标志本身含义明确，必须保证能从本质上把不同类别的商品明显区分开来。

（4）唯一性。分类标志的选择必须保证每个商品只能在体系内的一个类别中出现，不得在不同类别中反复出现；体系内的同一层级范围只能采用同一种分类标志，不得同时采用几种分类标志。

（5）逻辑性。在唯一性原则得到强调的同时，还要兼顾到分类标志的选择必须保证使商品分类体系中的下一层级分类标志成为上一层级分类标志的合乎逻辑的继续和具体的自然延伸，从而使体系中不同商品类目间并列或互相隶属的逻辑关系明晰了然。

（6）简便性。分类标志的选择，须保证建立起的商品分类体系在实际运用中便于操作，易于使用，有利于采用数字编码和运用电子计算机进行处理。

2. 常用商品分类标志

商品分类标志实质是商品本身固有的种种属性。目前还未发现一种能贯穿商品分类体系始终，对所有商品类目直到品种和细目都适用的分类标志。因此，在一个分类体系中，常采用几种分类标志，往往在每个层次用一个适宜的分类标志。商品分类实践中，常见的分类标志有如下几种。

（1）以商品的用途作为分类标志。商品用途是体现商品使用价值的重要标志，以商品用途作为分类标志，不仅适合对商品大类的划分，还适合对商品类别、品种的进一步划分。例如，商品按用途可分为生活资料和生产资料。生活资料按用途的不同可分为食品、衣着类用品、日用品等。日用品按用途又可分为器皿类、玩具类、洗涤用品类、化妆品类等。化妆品按用途还可继续划分为护肤用品、美容美发用品等。

以商品的用途作为分类标志，便于分析和比较同一用途商品的质量和性能，从而有利于生产部门改进和提高商品质量，开发商品新品种，生产适销对路的商品，也便于商业部门经营管理和消费者按需要选择商品。但对于多用途的商品，不宜采用此分类标志。

（2）以原材料作为商品分类标志。商品的原材料是决定商品质量、使用性能、特征的重要因素之一。例如，纺织品按原料不同可分为棉织品、毛织品、麻织品、丝织品、化学纤维织品等；鞋类商品可分为布鞋、皮鞋、塑料鞋、人造皮革鞋等。以原材料作为商品分类标志，不但使商品分类清楚，而且能从本质上反映出每类商品的性能、特点、使用及保管要求。特别是对于那些原材料替代种类多，且原材料对性能影响较大的商品比较适用。但对那些由两种以上原材料所构成的商品，采用此标志进行分类会产生一定困难。

（3）以商品的加工方法作为分类标志。很多不同的商品，往往是用同一种原材料制造的，就是因为选用了不同的加工方法，最后便形成质量特征截然不同的商品种类。由此可见，生产加工方法也是商品分类的重要标志。这种分类标志对那些可以选用多种加工方法，且质量特征受加工工艺影响较大的商品最为适用。例如，按加工方法上的区别，茶叶有全发酵茶、半发酵茶和不发酵茶；酒则有配制酒、蒸馏酒和发酵原酒。那些加工方法虽不同，但对质量特征不会产生实质性影响的商品，则不宜采用此种标志来分类。

（4）以商品的主要成分或特殊成分作为分类标志。商品的很多性能取决于它的化学成分。很多情况下，商品的主要成分是决定其性能、质量、用途或储运条件的重要因素。对这些商品进行分类时，应以主要成分作为分类标志。例如，化肥可分为氮肥、磷肥、钾肥等。

有些商品的主要化学成分虽然相同，但是所含的特殊成分不同，可形成质量性质和用途完全不同的商品，对这类商品分类时，可以其中的特殊成分作为分类标志。例如，玻璃的主要成分是二氧化硅，但根据其中一些特殊成分，可将玻璃分类为钠玻璃、钾玻璃、铅玻璃、硼硅玻璃等。

以主要成分或特殊成分作为分类标志，适用于对化学成分已知，且成分对质量特性影响较大的商品。采用这种标志分类，便于研究商品的特性、包装、储运、使用方法、养护等问题，因此在生产管理、经营管理和教学科研中广泛应用。但对化学成分构成复杂，或容易发生变化，或区别不明显、成分不清楚的商品，不适宜采用这种分类标志。

除上述常见分类标志外，另有一些商品本身的属性、特征也在一些特殊场合下作为分类标志。例如，工业制成品以花色、规格、型号作为分类标志；农产品中的种植业产品以收获季节或产地作为分类标志；畜产品中的肉类可以采集部位作为分类标志；蜂蜜以花粉源作为分类标志等。

小思考 4-1

对纺织品，是否只能以原材料作为分类标志？

4.1.3 商品分类的基本方法

1. 线分类法及线分类体系

按线分类法所建立起的体系即线分类体系。图 4-1 就是一个线分类体系示例。线分类法也称层级分类法，它是将拟分类的商品集合总体，按选定的属性或特征作为划分基准或分类标志，逐次地分成相应的若干个层级类目，并编制成一个有层级的、逐级展开的分类体系。线分类体系的一般表现形式是大类、中类、小类等级别不同的类目逐级展开，如图 4-1 所示。这个体系中，各层级所选用的标志可以不同，各个类目之间构成并列或隶属关系。

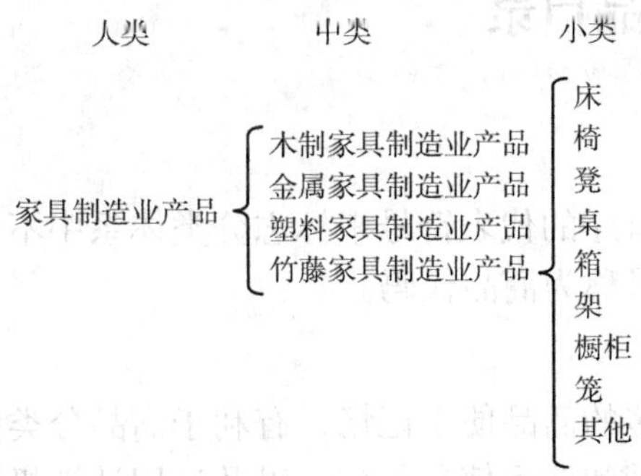

图 4-1 线分类体系示例

线分类法是商品分类中常采用的方法。线分类体系的主要优点是：层次性好，能较好地反映类目之间的逻辑关系；符合传统应用习惯，既适合手工处理，又便于计算机处理。但线分类体系也存在着分类结构弹性差的缺点。

2. 面分类法及面分类体系

按面分类法所建立起来的体系即面分类体系。面分类法又称平行分类法，它是把拟分类的商品集合总体，根据其本身固有的属性或特征，分成相互之间没有隶属关系的面，每个面都包含一组类目。将每个面中的一种类目与另一个面中的一种类目组合在一起，即组成一个复合类目。

服装的分类就是按面分类法组配的。把服装用的面料、式样和款式分为三个互相之间没有隶属关系的“面”，每个“面”又分成若干个类目。如表 4-1 所示，标出不同范畴的独立类目，使用时将有关类目组配起来，便成为一个复合类目，如纯毛男式中山装、中长纤维女式西装等。

表 4-1　面分类体系应用示例

面　料	式　样	款　式
纯棉 纯毛 涤棉 毛涤 中长纤维	男式 女式	中山装 西　装 猎　装 夹　克 连衣裙

目前，在实际运用中，一般把面分类法作为线分类法的补充。

面分类法所建立起的分类体系结构弹性好，可以较大量地扩充新类目，不必预先确定好最后的分组，适用于计算机管理。它的缺点是组配结构太复杂，不便于手工处理，其容量也不能充分利用。由表 4-1 提供的类目进行组配，就可发现其中会出现没有意义的商品复合类目。

我国在编制《全国工农业产品（商品、物资）分类与代码》国家标准时，采用的是线分类法和面分类法相结合、以线分类法为主的综合分类法。

4.2 商品编码和商品目录

4.2.1 商品编码

商品编码是指用一组有序的代表符号来标志分类体系中不同类目商品的过程。编码中所使用的标志性的代表符号称为商品代码。

1. 商品编码的作用

商品编码可使名目繁多的商品便于记忆，有利于商品分类体系的通用化、标准化，为建立统一的商品产、供、销和储运信息系统，以及运用计算机网络进行商流、物流的现代化科学管理创造条件。

2. 商品代码的种类

商品代码按其所用符号的不同分为数字代码、字母代码、字母—数字混合代码。目前使用最普遍的是数字代码。

3. 数字代码的含义及编码方法

数字代码是用一组阿拉伯数字表示的商品代码。数字代码结构简单、使用方便，易于推广，便于计算机处理。运用数字代码进行商品编码，常使用以下 3 种方法。

（1）层次编码。层次编码是按商品类目在分类体系中的层级顺序，依次赋予对应的数字代码。在此且以 GB7635《全国工农业产品（商品、物资）分类与代码》为例，分析、认识层次编码。其整个代码共 8 位数，分 4 个层次，每两位数为一层，从左往右分别代表分类体系中的大类、中类、小类、细类，如图 4-2 所示。由此可见，代码的层次结构反映了分类体系中不同类目间的层次关系。

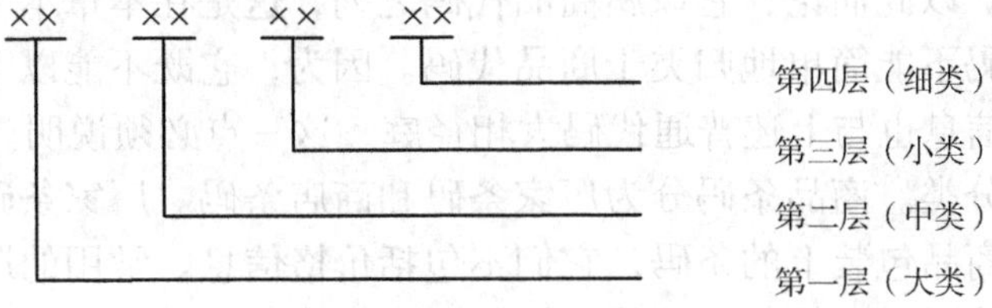

图 4-2 层次编码结构

相关链接 4-2

全国工农业产品（商品、物资）分类与代码（国家标准 GB7635）（见表 4-2）

表 4-2 电器机械及器械——家用电器分类与代码

代　码	名　称	计量单位	代　码	名　称	计量单位
78	家用电器		78011299	其他家用冷藏、冷冻箱	台
7801	家用制冷电器	台	78011400	冷饮水器具	台
78010100	单门电冰箱	台	78011600	家用制冰激凌器具	台
78010200	双门及多门电冰箱	台	78019900	其他家用制冷电器	台
780110	家用电冰箱	台	7803	家用空气调节器	台
78011001	压缩式电冰箱	台	780310	家用房间空气调节器	台
78011003	吸收式电冰箱	台	78031001	房间整体式空气调节器	台
78011007	半导体制冷式电冰箱	台	78031003	房间分体式空气调节器	台
78011099	其他家用电冰箱	台	78031005	房间移动式空气调节器	台
780112	家用冷藏、冷冻箱	台	78031099	其他家庭房间空气调节器	台
78011201	卧式冷藏箱	台	78031200	家用特种空气调节器	台
78011203	立式冷藏箱	台	78031400	家用房间空气调湿装置	台
78011205	卧式冷冻箱	台	78039900	其他家用空气调节器	台
78011207	立式冷冻箱	台			

（2）平行编码。平行编码多用于面分类体系中，具体方法是给每一个分类面确定一定数量的码位，代码标志各组数字之间是并列平行关系。

平行编码也用于线分类体系中。线分类体系中同一层级的不同类目之间是并列平行的关系。对于这种同一分类体系中同层级的类目，可以以平行编码的方法按顺序给出数字代码。

（3）混合编码。混合编码是层次编码和平行编码的合成。在实践中，编码方法和分类方法一样，通常不单独使用，而是混合使用的。GB7635《全国工农业产品（商品、物资）分类与代码》实际采用的就是混合编码。在同一级别中，按平行编码法给出代码；将不同级别中的代码按对应商品类目间固有的逻辑关系组配，有了8位数的代码。

4. 商品条码的概念及分类

（1）商品条码的概念。商品条码也是商品的一种代表符号，是由一组规则排列的“条”、“空”符号及其对应的数字代码组成的商品标志，是用光电扫描阅读设备识读并实现数据计算机处理的特殊代码。以此而论，它该属商品代码之列，这是在本章本节讨论商品条码的理由。然而，商品条码不能简单地归类于商品代码。因为，它既不能以上述普通编码方法获得，所蕴涵的商品信息也与上述普通代码大相径庭，这一点必须说明。

（2）商品条码的分类。商品条码分为厂家条码和商店条码。厂家条码是指生产厂家在生产过程中直接印在商品包装上的条码，它们不包括价格信息。常用的厂家条码主要有国际通用商品条码和北美通用产品条码两种，如图4-3所示。UPC码源于美国，是在美国和加拿大推广使用的通用产品条码（Universal Product Code，UPC）。EAN条码是欧洲物品编码协会在吸取UPC经验的基础上开发出的与UPC兼容的欧洲物品编码系统（European Article Numbering System，EAN）。为了在世界范围内推行条码系统，协调条码在各国的应用，1981年欧洲物品编码协会更名为国际物品编码协会。现在该协会的会员已超过50多个国家和地区。EAN码已在世界各国普及，国际通用。我国于1988年12月成立中国特别编码中心，1991年4月被国际物品编码协会接纳为会员，同年5月，我国颁布了推荐性国家标准《通用商品条码》，1998年和2003年两次修订，2008年再次修订为《GB12904—2008 商品条码 零售商品编码与条码表示》。

EAN-13　EAN-8　UPC-A　UPC-E

图4-3　条码示意图

再说商店条码。在自动扫描商店中，为便于POS系统对商品的自动扫描结算，商店对没有商品条码或商品条码不能识读的商品，自行编码和印制条码，并只限在自己店内部使用。通常将这类条码称为商店条码，又叫店内码，可分为两类。一类是用于变量消费单元的店内码，例如，鲜肉、水果、蔬菜、熟食品等商品是按基本计量单位计价，以随机数量销售的，其编码的任务不宜由厂家承担，只能由零售商完成。零售商进货后，要根据顾客需要包装商品，用专有设备对商品称重并自动编码和制成店内码，然后将其粘贴或悬挂到商品外包装上。另一类是用于定量消费单元的店内码。这类商品是按商品件数计价销售的，应由生产厂家编印条码，但因厂家生产的商品未申请使用条码或其印刷的条码不能被识读，为便于扫描结算，商店必须制作使用店内码。

4.2.2 商品目录

1. 商品目录的概念

商品目录又叫商品分类目录，是以特定方式系统记载相关商品集合总体类目、品种等方面信息的文件资料。从其内容结构分析，商品目录一般是商品名称、商品代码、商品分类体系三方面信息的有机结合；从其表现形式分析，商品目录是在商品分类和编码的基础上，用表格、文字、数码等全面记录和反映相关商品集合总体综合信息的文件。按其适用范围，商品目录可分为国际商品分类目录、国家商品分类目录、行业（部门）商品分类目录、企业商品分类目录；按其业务性质，商品目录可分为外贸商品目录、海关统计商品目录、内贸商品目录和企业商品目录等。

2. 常见商品分类目录简介

国内目前影响范围较广的商品分类目录主要有 3 类：全国主要产品分类（GB/T7635）、统计用产品分类目录、电子商务网站和企业根据经营需要所做的商品分类目录。

（1）我国国家标准商品分类目录。为了适应现代化经济管理的需要，许多工业发达国家如美、英、法、德、日等都制定和实施了商品分类国家标准，我国也发布和实施了商品分类国家标准《全国工农业产品（商品、物资）分类与代码》。该标准目录按照商品的基本属性分类，并适当兼顾部门管理的需要，把我国生产的所有商品划分为 99 个大类（其中有 12 大类留空，供增补用），1 000 多个中类、7 000 多个小类，总计 360 000 多个品种。考虑了各部门延拓和细分的需要，该分类体系采用 8 位数字编码、4 层代码结构，每层均以两位阿拉伯数字表示，各层代码一般从“01”开始，按顺序排列，最多编至“99”。为便于检索，该分类体系在大类前设置了以英文字母表示顺序的“门类”。

（2）《统计用产品分类目录》。《统计用产品分类目录》与《国民经济行业分类》一样是统计上最为基础、最为重要的两个分类标准，也是国际上广泛采用的分类标准。联合国统计司早于 1998 年颁布了《产品总分类》第 1 版，2008 年修订并颁布了第 2 版。《统计用产品分类目录》是对全社会经济活动的产品进行标准的分类和统一编码，它适用于以产品为对象的所有统计调查活动。《统计用产品分类目录》涉及国民经济行业活动的全部 36 142 个产品，其中，实物类产品 30 015 个，服务类产品 6 127 个。在实物类产品中，农、林、牧、渔业产品 1 527 个，工业产品 28 028 个，建筑业产品 450 个。

《统计用产品分类目录》是经国家统计局局长令 2010 年 2 月发布的，各部门、各专业统计要严格执行。《统计用产品分类目录》提供的是统计用的基本产品框架，各项统计调查可按照目录给出的产品和编码进行调查。对于涉及较细规格产品，当目录不能满足需求时，应首先执行本目录，并在本目录产品后面拓延出符合专业需求的产品子目录，作为配套的专业目录层。这样既不打乱分类目录和结构，同时也满足各方面的需求。

常见的商品分类目录还有国际贸易标准分类目录，对外贸易出口业务商品目录，我国海关进口税则和统计商品目录等。

4.3 商品包装的概念及作用

4.3.1 商品包装的概念

国家推荐性标准《包装术语》(GB/T 4122.1—2010)中，对包装所下的定义：为了在流通过程中保护商品、方便储运、促进销售，按一定的技术方法而采用的容器、材料及辅助物等的总体名称，也指为了达到上述目的而采用容器、材料及辅助料和辅助物的过程中施加的一定技术方法等的操作活动。这一定义表明现代商品包装具有下述特征：包装首先是一类特殊商品，它本身是具有价值和使用价值的物质实体；包装又是促使被包装商品实现其价值和使用价值的手段；包装同时是按一定技术要求操作的生产活动，是商品生产的重要组成部分。

本章对商品包装的研究，主要是围绕"物质实体"这一首要特征展开的。商品包装是依据一定的商品属性、数量、形态及储运条件和销售需要，采用特定包装材料和技术方法，按设计要求创造出来的造型和装饰相结合的实体。从实体构成来看，任何一个商品包装都是采用一定的包装材料，通过一定的技术方法制造的，都具有各自的结构、造型和外观装潢。包装材料、包装方法、包装结构造型和表面装潢构成包装实体的四大要素。此四大要素的完美结合，构成了成功的商品包装，实现了商品包装的自然保护和社会认识两大基本功能。

4.3.2 商品包装的作用

(1)保护商品。商品从生产领域到流通领域再到消费领域，需经多次、多种方式，不同时间和空间条件下的装卸、搬运、堆码、储存等。科学合理的包装能使商品抵抗各种外界因素的破坏，也可以把与内因有关的质量变化控制在合理、允许的范围之内，从而保证商品质量、数量的完好。

(2)便于流通。合理的商品包装，材料选用得当，容器的形状、尺寸恰当，标志明了清晰。这些将有利于商品的安全装卸、合理运输和最大限度地利用仓储空间，同时也便于企业对转移过程中的商品进行识别、验收、计量和清点。

(3)促进销售。装潢设计恰到好处的包装，是无声的推销员。它既能通过保持和维护商品质量提高商品的市场竞争力，又能以装潢中匠心独具的艺术性元素去吸引顾客，图文并茂的说明内容去指导消费。

(4)方便消费。成功的商品包装，不但依据商品的性质特征设计、形成，而且能以消费者为中心设计、形成。成功的商品包装，尤其是直接出售给消费者的销售包装，可通过充分研究消费者需求，以人为本，在包装造型的别致性、商品数量的适中性、使用方法的便利性，以及完成包装使命之后的可持续使用性或绿色环保易于处理性等方面做文章，最大限度地方便消费者。

(5)提高商品价值及使用价值。发挥上述几个方面作用的合理的商品包装，必然会促进商品使用价值的实现，也必然会促使商品价值的提高。另外，商品包装本身也是具有价值和使用价值的特殊商品。

4.3.3 商品包装合理化

商品包装合理化是其作用能否正常发挥的前提条件。我国商品包装的发展阶段可分为单纯考虑保护商品的大包装阶段、强调美化商品的小包装阶段、小包装发展为无声推销员三个阶段。合理的商品包装是随商品流通环境的变化、包装技术的进步而不断改进和发展的。合理的商品包装既要符合国情，又要满足消费者需要并取得最佳的经济效益和社会效益。市场经济形势下，商品已从卖方市场转为买方市场。如果使商品包装停留在第一阶段，那是包装不足，对商品生产者、经营者、消费者都不利，现在已很少有人犯这样的错误。然而，在现阶段，在国内市场上，使用材料、容器、技术等不合理的包装不当和追求奢华浮躁，甚至挂羊头卖狗肉，愚弄和欺诈消费者的过分包装与虚假包装等现象比比皆是。合理的商品包装，应符合以下要求。

（1）商品包装应适应商品特性。商品包装必须根据商品的特性，分别采用相应的材料与技术，使包装完全符合商品理化性质的要求。

（2）商品包装应适应运输条件。要确保商品在流通过程中的安全，商品包装应具有一定的强度，要坚实、牢固、耐用。对于不同运输方式和运输工具，还应有选择地利用相应的包装容器和技术处理。总之，整个包装应适应流通领域中的储存运输条件和强度要求。

（3）商品包装要适量、适度。对于销售包装而言，包装容器大小应与内装商品相宜，包装费用应与内装商品相吻合。预留空间过大、包装费用占商品总价值比例过高，都是有损消费者利益、误导消费者的过分包装。

（4）商品包装应标准化、通用化、系列化。商品包装必须推行标准化，即对商品包装的包装容（重）量、包装材料、结构造型、规格尺寸、印刷标志、名词术语、封装方法等加以统一，逐步形成系列化和通用化，以有利于包装容器的生产、提高包装生产效率、简化包装容器的规格、节约原材料、降低成本、易于识别和计量，有利于保证包装质量和商品安全。

（5）商品包装要做到绿色、环保。对商品包装的绿色、环保要求要从两个方面认识：首先，材料、容器、技术本身对商品、对消费者而言，是安全的和卫生的；其次，包装的方法、材料、容器等对环境而言，是安全的和绿色的，在选材料和制作上，遵循可持续发展原则，节能、低耗、高功能、防污染，可以持续性回收利用，或废弃之后能安全降解。

案例分析 4–2

绿色包装有人称作“环境之友包装”或“生态包装”，学术上还没有统一的定义。按照目前的认识，绿色包装应是对生态环境和人体健康无害，能循环使用和再生利用，可促进持续发展的包装。也就是说，包装产品从原材料的选择、产品制造到使用、回收和废弃整个过程均应符合环保的要求。它包括节省资源、能源，减量，避免废弃物产生，易回收复用，再循环利用，可焚烧或降解等具有生态环境保护要求的内容。

问题：你对绿色包装是如何理解的？请举出 3～5 种商品的绿色包装。

4.3.4 商品包装的分类

商品包装种类繁多。分类目的不同，选用标志不同，得出的分类结果就有区别。在此，我们选用以下几个不同标志，对商品包装进行分类。

1. 按包装在流通中的作用分类

以其在商品流通中的作用为分类标志，商品包装可分为运输包装和销售包装。这也是比较常见的包装分类法。本章以后的两节将分别做进一步介绍。

（1）运输包装。运输包装是用于安全运输、保护商品的较大单元的包装形式，又称外包装或大包装，如纸箱、木箱、桶，甚至包括集装箱、集装袋等。运输包装一般体积较大，外形尺寸标准化程度高，坚固耐用，表面印有明显识别标志，方便运输、装卸和储存，最主要的功能是保护商品。

（2）销售包装。销售包装是指以商品零售单元为包装个体的包装形式。既有单个商品式的，又有若干单个商品再组合式的。单个商品式的称为小包装，若干单个商品包装组合后再包装式的称为中包装。用来组合的商品可以是同种类的，也可以是不同种类的，但在用途上是互补的。销售包装的一般特点是包装件小、美观、新颖、卫生、安全、易于使用、便于携带等。销售包装一般随商品出售给消费者，除保护商品的基本功能外，宣传、美化、促销的功能也得到强化。

2. 按包装材料分类

以材料作为分类标志，商品包装一般可分为纸质、木材、金属、塑料、玻璃和陶瓷、纤维织品、复合材料等包装。

3. 按包装技术方法分类

以技术方法作为分类标志，商品包装一般可分为缓冲包装、防潮包装、防锈包装、收缩包装、充气包装、灭菌包装、贴体包装、组合包装和集合包装等。

4.4 运输包装和销售包装

4.4.1 商品运输包装

从其作用来看，商品运输包装与销售包装是有分工、有侧重的。充分保护商品、方便装卸搬运是运输包装的首要功能。

1. 商品运输包装的材料与容器

（1）纸质材料及其容器。纸质材料是支柱性的传统包装材料，分纸和纸板两种，用于运输包装的主要是纸板。纸质包装材料的优点是：具有适宜的强度、耐冲击性和耐摩擦性；密封性好，容易做到清洁卫生；具有优良的成型性和折叠性，便于采用各种加工方法，适合机械化、自动化的包装生产；与其他材料相比，具有最好的可印刷性，便于介绍商品；价格低、重量轻，可降低包装和运输成本；用后易于处理，对环境无害。纸质包装材料的缺点是气密性、防潮性、透明性差，不耐水等。目前多通过制作纸塑复合材料等来弥补其不足，扩大其应用范围。

用纸质材料制成的运输包装容器常见的有纸箱、纸盒、纸桶和纸袋。用量最多的是瓦楞纸箱。目前在运输包装中，瓦楞纸箱正在取代传统木箱，广泛用于包装日用百货、家用电器、服装鞋帽、水果蔬菜等。瓦楞纸箱正在向规格标准化、功能专业化、减轻重量、提高抗压强度等方向发展。除瓦楞纸箱外，纸浆模制包装物、牛皮纸包装袋也是商品运输包装中用量大的容器。

（2）塑料。塑料是 20 世纪蓬勃发展起来的新兴包装材料，它可以用于各种形式、各种品种，不同程度地替代迄今为止发现及常规使用的任意一种包装材料及容器。各种各样的塑料包装材料综合的优点是：物理机械性能优良，具有一定的强度和弹性，耐折叠、耐摩擦、耐冲击、抗震动、抗压、防潮、防水、气密性好；化学稳定性好，耐酸碱、耐油脂、耐化学药剂、耐腐蚀、耐光照等；比重小，是玻璃的 1/2、钢铁的 1/5，属于轻质包装材料；加工成形工艺简单；适合采用各种包装新技术，如真空、充气、拉伸、收缩、贴体等；具有优良的透明性，表面光泽好、印刷性能好；可与纸、金属等传统包装材料制成复合材料拓展应用范围。

塑料也有目前难以克服或不易克服的缺点，如机械强度比不过钢铁，化学稳定性比不过玻璃，易老化，不少塑料有异味，有毒副作用，包装废弃物不易甚至不能自然降解等。但塑料发展前景广阔，现代科学技术既然已赋予了塑料许多优点，也一定会逐渐改进和克服妨碍塑料在更广阔范围使用的缺点。

（3）金属材料及其容器。金属材料种类很多，包装用金属材料主要是钢材、铝材及其他合金材料。包装用钢材包括薄钢板、镀锌低碳薄铁板、镀锡低碳薄钢板（马口铁）；包装用铝材有纯铝板、合金铝板和铝箔。金属包装材料的优点是：具有良好的机械强度，牢固结实，耐冲撞，不破碎，能有效地保护内装商品；密封性能优良，阻隔性好，不透气，防潮、耐光；具有良好的延展性，易于加工成型；表面易于涂饰装饰；易于回收再利用，不污染环境。

作为包装材料，金属材料的缺点是化学稳定性差，易锈蚀、腐蚀等。金属运输包装容器有铁桶、铝桶、铁塑桶、铁罐、钢瓶、集装箱等，主要用于运装各种防泄漏、遮光、防潮、防水、密封性要求高的液态、气态或粉末状商品。

（4）陶瓷、玻璃及其容器。玻璃最突出的优点是：化学稳定性好、透明性好、无毒、无味、卫生、安全；密封性良好，不透气、不透湿；易于加工成型，原料来源丰富，制作成本低；易回收，能重复使用，利于环保。玻璃难以克服的缺点是耐冲击强度低、热稳定性不好、笨重，这些都给运输、装卸、储藏商品带来困难，所以很少以玻璃制成运输包装容器。

陶瓷与玻璃有许多共同之处，而且成本更低廉，具有很好的遮光性。陶瓷常被制成缸、罐、坛等运输包装容器，广泛用于包装运输各种化工产品、特色传统食品等。

（5）其他包装材料及其容器。其他包装材料及其容器有木材，纺织品，草、竹、柳、藤等天然、野生包装材料。

1）木材。木材具有特殊的耐压、耐冲击和耐气候能力，并有良好的加工性能，是商品运输包装的重要材料，常用来制成木箱或木桶。木箱按结构和用途不同，分为适于装笨重机械设备的框架形、装易碎商品的花格形和装轻质品、易碎品的胶合板箱。木桶形状有圆桶形和腰鼓形，多用于盛装一些专用性商品。木材虽适于做多种商品的包装材料，但因环境保护方面的原因，不宜多用，应以塑料等新型包装材料取而代之。

2）纺织品。纺织品有天然纤维类与化学纤维类及少量矿物纤维、金属纤维制成品。通常制成袋装运输容器。共同的特点是质轻透气，有一定牢度。各种编织袋广泛用于盛装粉末状、颗粒状商品，像食糖、食盐、食粮、化肥等。就发展趋势来看，各种塑料编织袋正在大范围取代天然纤维编织袋。

3）草、竹、柳、藤等天然、野生包装材料。它们共同的特点是：成本低廉、绿色安全、通风透气、耐用。一般用这些材料制成各种筐、篓、袋，用于运装蔬菜、水果、鲜蛋、鲜鱼及其他生鲜类商品。

上述种种运输包装材料，当然也是制作商品销售包装的材料。

相关链接 4-3

瓦楞纸箱

瓦楞纸箱具有轻便、牢固、减震及适合机械化生产的特点，多年来一直用于运输包装和销售包装。瓦楞纸箱以其精美的外观和内在优良质量赢得了市场。它除了保护商品，便于仓储、运输之外，还起到美化商品、宣传商品的作用。尤其是在当今世界各个国家都非常重视环境保护的情况下，瓦楞纸箱具有回收再利用的优点，它利于环保、利于装卸运输、利于节约木材等。

（1）瓦楞的形状：通常使用的瓦楞有U形和V形两种。

U形瓦楞——楞顶是圆的，它的结构富有弹性，压时手感柔软，在弹性变形范围内具有很强的弹性恢复力。V形瓦楞——整个楞由直线组合而成，所生产的瓦楞纸板坚硬，其平面压力强度比U形瓦楞纸板高。根据U形、V形瓦楞的优缺点，一种介于它们之间的“UV”形瓦楞应运而生，这种形状的瓦楞弥补了U形瓦楞和V瓦形楞的缺点。

（2）瓦楞的类型：作为运输包装用的瓦楞纸箱一般有A形、B形、C形三种，它们的楞长、楞高及每30cm瓦楞数目应符合表4-3中的要求。

表4-3 瓦楞的类型

瓦楞种类	楞高（mm）	每米瓦楞数目/每30cm瓦楞数（个）	瓦楞长度（mm）	瓦楞纸板厚度（mm）
A形楞	4.5～5	105～110/34±2	8.6	≥4.5
B形楞	2.5～3	150～156/50±2	6.1	≥2.5
C形楞	3.5～4	120～133/38±2	7.4	≥3.5

A形楞：单位长度内瓦楞数量最少，瓦楞最高，用于轻质产品包装时缓冲力很大，所以应用最普遍。B形楞：单位长度内瓦楞数量最多，瓦楞最低，其性能同A形楞相反，用B形楞纸板制作的瓦楞纸箱能承受较大的平面压力，适合做罐头和瓶类的包装。C形楞：单位长度内瓦楞数量及楞高介于A形和B形之间，性能也介于两者之间。根

据每种楞形的特点，可以两种或三种楞组合在一起形成1楞3层纸板、2楞5层纸板、3楞7层纸板。

（资料来源：http://jyjgs.aqsiq.gov.cn/qfcpjy/sprq/2006-10-27）

2. 集合包装

集合包装是介于商品运输方法与商品包装方法之间，兼有二者作用、功能的特殊运输包装方式。集合包装通常把若干商品包装件或散装商品通过一定方法和特制盛装器具组合成较大搬运单位，进行整体装卸、运输。采用集合包装便于机械化操作，可降低劳动强度，提高装卸效率；可促进商品包装标准化，提高商品运装安全系数。集合包装常用的器具既是商品运输的工具，又是商品包装的容器。按所用器具的不同，可把集合包装分为托盘、集装箱和集装袋三种。

（1）托盘。托盘在国内又叫集装板或垫板，可用木材、塑料、钢材及玻璃等材料制成。常见的有平托盘、箱式托盘、立柱式托盘等。无论何种材料或样式的托盘，其底部都设有便于铲车的铲叉插入的装置。托盘的使用不但大大提高了商品运装效率，而且可被设计成货架的形式，节省货架。货物分层陈列于内有隔层的箱式托盘内，外围用套桶屏蔽包装。托盘运至超市后，去掉套桶，就可展示和出售商品。托盘也可设计成折叠式或拼装式，即用即装，反复使用。

（2）集装箱。集装箱按材料可分为铝合金集装箱、钢制集装箱和玻璃制集装箱。按结构可分为柱式（箱体侧壁与四角设有加固、支撑之用的立柱）、折叠式和薄壳式。按使用目的可分为干货类集装箱、保湿类集装箱、框架类集装箱和散货类集装箱。其中框架类不设侧壁，便于装汽车、大牲畜等不便也不需密闭的商品；散货类集装箱可分为箱式、罐式及软罐式。

随着相关科学技术的应用，集装箱的功能日趋先进、复杂。能进行气调的、温调的、适于航空运输的集装箱已纷纷问世。大型、多功能的集装箱，可以充当移动的仓库和流动的商店。

（3）集装袋。集装袋主要有圆桶形和方形两种，以圆桶形居多。集装袋的四周有提吊带，有抽口式活口。这种袋子能把小型包装件和包装箱放在里面，由一定的运输工具运装，其载装量为1～5吨。最早的集装袋用棉、麻等天然纤维织造的帆布制成。随着新型合成材料的问世，现在多以更轻便、结实耐用的合成纤维织物制成。各种集装袋还进行了不同材料的涂层处理，使之具有防水性。所以集装袋不仅能装一般包装件，也可以盛装颗粒状、粉状、液态货物。集装袋既有可多次重复使用型的，也有一次应用型的。

3. 商品运输包装标志

运输包装标志是用简单文字或图形在运输包装外面印刷的特定记号和说明条款，是商品运输、装卸和储存过程中不可缺少的辅助措施。运输包装标志可分为收发货标志、包装储运图示标志、危险货物包装标志及国际海运标志等。

（1）收发货标志。商品运输收发货标志是指在商品外包装上的商品分类图示标志、文字说明、排列格式和其他标志的总称，也叫识别标志。国家标准GB 6388对运输包装收发货标志的具体内容做了详细规定，如表4-4所示。

表4-4　运输包装收发货标志的具体内容

序号	项目			含义
	代号	中文	英文	
1	FL	商品分类图示标志	CLASSIFICATION MARKS	表明商品类别的特定符号
2	GH	供货号	CONTRACT NO	供应该批货物的供货清单号码（出口商品用合同号码）
3	HH	货号	ART NO	商品顺序编号，以便出入库、收发货登记和核定商品价格
4	PG	品名规格	SPECIFICATIONS	商品名称或代号，标明单一商品的规格、型号、尺寸、花色等
5	SL	数量	QUANTITY	包装容器内含商品的数量
6	ZL	质量（毛重）（净重）	GBOSS WT NET WT	包装件的重量（kg） 包括毛重量和净重
7	CQ	生产日期	DATE OF	产品生产的年、月、日
8	CC	生产工厂	MANUFACTURER	生产该产品的工厂名称
9	TJ	体积	VOLUME	包装件的外尺寸：长（m）×宽（m）×高（m）=体积（m^3）
10	XQ	有效期限	TERM OF VALIDITY	商品有效期至×年×月
11	SH	收货地点和单位	PLACE OF DESTINATION AND CONSIGNEE	货物到达站、港和某单位（人）收（可用贴签和涂写）
12	FH	发货单位	CONSIGNOR	收货单位（人）
13	YH	运输号码	SHIPPING NO	运输单号码
14	JS	发运件数	SHIPPING PIECES	发运的件数

商品分类图示标志（代号FL）是按照国家统计目录分类，规定用几何图形加简单文字构成的特定符号（见图4-4），同时按商品类别规定用单色印刷。

图4-4　商品分类图示标志

（2）包装储运图示标志。包装储运图示标志是依据商品特性，以文字、图形构成的特殊标志符号，其作用在于警示人们在储运过程中规范操作、避免差错、保护商品，也叫指示标志。按国家标准《包装储运图示标志》（GB191—2008）规定，包装储运图示标志有 17 种，如图 4-5 所示。

图 4-5 包装储运图示标志

（3）危险货物包装标志。危险货物包装标志是为对易燃、易爆、易腐、有毒、放射性等危险性商品起警示作用而在运输包装上加印的特殊标记，也以文字与图形构成，如图 4-6 所示。国家标准 GB190《危险货物包装标志》，对危险货物包装标志的图形、适用范围、颜色、尺寸、使用方法均有明确规定。

（4）国际海运标志。联合国海运协商组织对国际海运货物规定了“国际海运指示标志”和“国际海运危险品标志”两种（见图 4-7 和图 4-8）。我国出口商品同时使用上述两套标志。

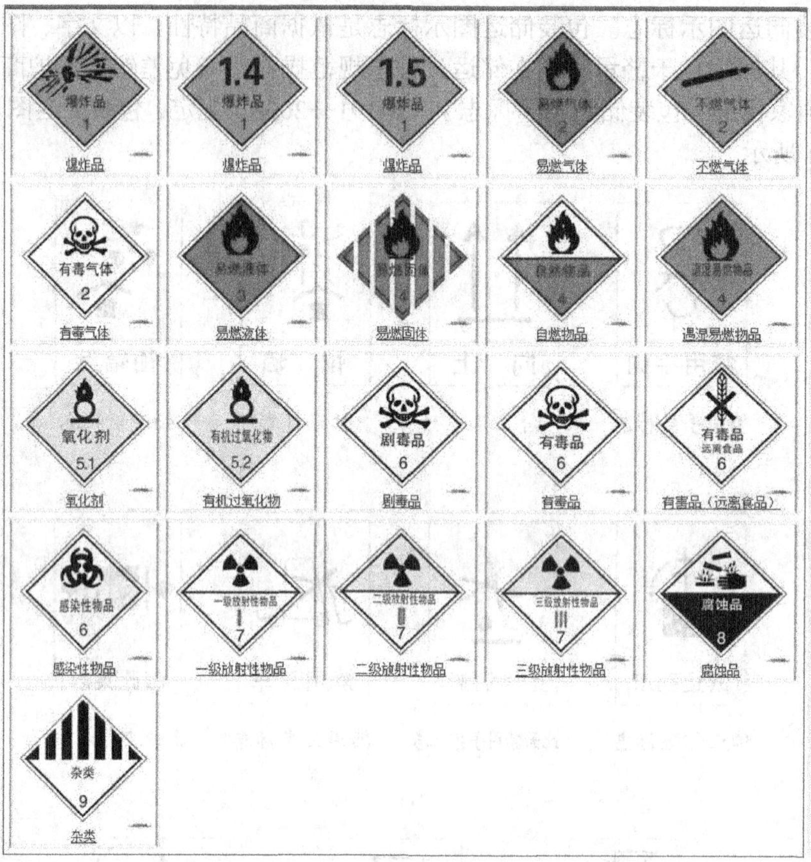

图 4-6　危险货物包装标志

图 4-7　国际海运指示标志

（1）（橘黄色底印黑色）（2）（绿色底印黑色）（3）（黄色底印黑色）（4）（红色底印黑色）

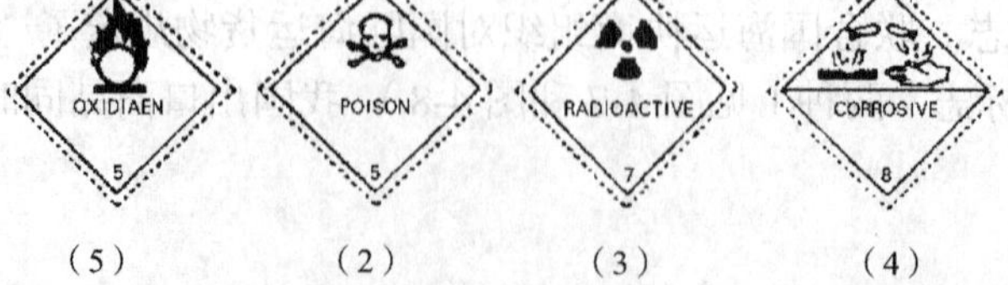

（5）（黄色底印黑色）（2）（白底印黑色）（3）（白底印黑色）（4）（上半部底印黑色 下半部黑底白字）

图 4-8　国际海运危险品标志

在商品运输包装上除上述标志外，有时也印有其他标志，如质量认证标志、商检标志、商品条码等。

案例分析 4-3

你到邮局寄过包裹吗？在包裹单和包裹皮上按规定要写上些什么内容？

收件人地址

收件人姓名

发件人地址、姓名

问题：这是否像一个小型包装运输件？

4.4.2 商品销售包装

1. 销售包装的功能

如前所述，在作用的发挥上，商品运输包装和销售包装各有分工和侧重。除了满足保护商品这一基本功能之外，其他如促进销售、便于消费、提高商品价值、促进使用价值的实现等作用，在销售包装中应得到最充分的显示和最丰富的演绎。

一般而言，商品销售包装的功能可归纳为容纳、保护、传达、方便、社会适应五大基本功能。

2. 商品销售包装的装潢

商品销售包装的装潢可简称包装装潢，是指对商品销售包装的装饰和美化。包装装潢的基本构成元素有选材与造型，图案的设计，色彩、文字的应用，以及其他具有标志意义的图文符号。

（1）包装装潢设计要求。本章已讨论过商品包装合理化的几点基本要求。这些基本点同样适用于包装装潢。在此有针对性地强调一下对装潢的几点要求。

1）装潢设计要突出内装商品，主题鲜明。包装装潢应以内装商品为中心、为主体，以洗练、准确地传递与商品质量特征、作用功能、使用保管方法等有关的信息为首要目的。图案应简洁醒目，色彩应明快悦目，文字说明应流畅、明确、易懂，选材应得当，造型应美观、实用。

2）装潢设计要风格独特，不落俗套。在商标、图案的设计，色彩的应用及整体造型等方面力求新颖、奇特、美观，以具独特个性见长。

3）装潢设计要寓意美好，且含蓄深远。整体设计效果，除必要的明示之外，应能巧妙运用图、文、形、彩的结合，给消费者以种种暗示、引发联想、诱导消费。

4）装潢设计要注意对不同文化背景的研究。包装装潢设计中的图案和色彩的应用，一定要注意遵从不同地区、不同民族、不同国家的风俗习惯、道德规范等文化背景，投其所好，避其禁忌。

5）装潢设计要注意美化与实用相结合。无论怎样去美化、装饰，始终不应忘了装潢设计要方便消费、要有利于促销等实用性目的。

6）装潢设计要注意各部分的协调一致。成功的销售包装装潢，应是材、形、文、图、色等方面的完美统一，在整体上形成抵挡不住的艺术冲击力和无法拒绝的情感亲和力，使消费者在其感染之下，接受内装商品。

（2）包装装潢的造型。这里的造型是指销售包装的外形设计。设计时是要兼顾三个方面的内容：一是造型应当与内装商品的形态、尺寸等相吻合；二是要满足消费者在识别、消费、审美方面的需求；三是要方便经营和销售。包装装潢造型设计的直接结果是形成各种各样美观又实用的包装用容器。

销售包装容器按使用功能可分为便于陈列展销式、便于消费者识别商品式及便于消费者携带和使用式等。

1）便于陈列展销的包装。这类包装包括挂式造型包装、展开式造型包装和堆叠式造型包装。① 挂式造型包装是适应自选销售的方式发展起来的，能充分利用货架的空间陈列展销商品。目前在服装行业被广泛应用。② 展开式造型包装，又可细分为不同种类。其中有一种摇盖盒式，造型很别致，盒盖打开后，按设计好的折线翻转，并把盒舌插入盒内，则盒盖内图案清晰可见，形成一个小型宣传广告牌，具有良好的陈列和装饰效果。③ 堆叠式造型包装是便于商品在货架上堆叠陈列、节省货位的包装，不同包装之间的上下有相互咬合的装置，可以堆叠陈列。

2）便于消费者识别商品的包装。这类包装主要是透明包装、开窗包装和惯用造型包装。① 透明包装有全透明和部分透明之分。② 开窗包装所开天窗也有大小之分，它们均能使消费者直接看清包装容器内的商品。③ 惯用造型包装是指这种商品的销售包装的造型已约定俗成，成了标明内装商品种类的标志，消费者一见到这种造型，就知道是何种商品，如牙膏用软管装、鱼类罐头用椭圆形金属盒装等。

3）便于消费者携带和使用的包装。这类包装造型的容器现在越来越多，越来越合理。主要有便携式、易开式和喷雾式等。

此外，还有配套包装、礼品包装、复用包装等多种使用功能的包装形式。

（3）包装装潢的组成。图案、文字、色彩及各种标志性的图文符号构成了包装装潢的主体。

1）图案。包装装潢图案可采用照片、漫画、装饰纹样、浮雕等形式表现。装潢图案能使人产生触景生情的种种联想，达到充分表现商品特征的目的。图案表现方法有三种：写实、抽象和象征表现法。

2）文字。文字是包装装潢画面设计的重要组成部分，它是采用视觉方式、最直观地传递商品信息的方法。包装装潢上的文字分主体文字和说明文字两种，主体文字是用以表示商品品牌、品名的标题字，是装潢画面的主体部分。主体文字设计应从各个方面考虑，如文字、字体的选择，画面面积、位置、色彩、明暗程度等，在画面中占有优势地位，表现出突出的视觉效果。说明文字用来说明商品的规格、品种、成分、产地、用途、使用方法等，它的作用是宣传商品、指导消费。说明文字不需要任何艺术加工，要求字体端正、规范，易于阅读识别，各种单位、术语要符合有关法规。

3）色彩。色彩是装潢画面中最富吸引力、诱惑力的无声语言，也是最富表现力、影响力的艺术表现方法，直接影响包装装潢的整体效果。最新研究表明，消费者对物体的感觉首先是色，其后才是形。在最初接触商品的 20 秒内，人的色感占 80%，形感占 20%；20 秒至 3 分钟内，色感占 60%，形感占 40%；5 分钟内色感与形感各占 50%。由此可见，色彩在包装装潢中的重要性居首位。

4）各种标志性的图文符号。商品销售包装作为一种载体，承载着对内装商品身份、身价、质量等有说明作用的各种图文符号。这些图文符号是在总体设计时应纳入装潢总画面之中的不可或缺的重要内容。它们主要是商标、商品条码、商品质量标志（合格标志、认证标志、商检标志）、各种识别标志和使用指导操作标志等。

本章小结

根据一定的目的，选择恰当的标志，将任何一个商品集合总体逐次进行划分的过程叫商品分类。商品分类基本方法有线分类法和面分类法。分类标志是编制商品分类体系和商品目录的重要依据和基准，常用的商品分类标志有商品用途、商品的加工方法、原材料、商品的主要成分等。商品分类标志的选择必须遵循相应的原则。

商品编码是赋予分类体系中不同类目的商品以统一的代表符号的过程。最常用的代码为数字型代码，常用编码方法有层次编码、平行编码和混合编码。商品条码也是一种商品代表符号，它是由一组规则排列的“条”、“空”符号及其对应的数字代码组成的商品标志，是用光电扫描阅读设备识读并实现数据计算机处理的特殊代码。

商品目录是以特定方式系统记载相关商品集合总体类目、品种等方面信息的文件资料。从其内容结构分析，商品目录一般是商品名称、商品代码、商品分类体系三方面信息的有机结合。按适用范围，商品目录有国际商品分类目录、国家商品分类目录、行业（部门）商品分类目录、企业商品分类目录；按业务性质，商品目录有统计用产品分类目录、外贸商品目录、海关统计商品目录、内贸商品目录和企业商品目录等。

“包装”既是物质实体，也是一种生产手段和活动。包装材料、包装方法、包装结构造型和表面装潢是包装的四大要素。商品包装的作用主要有保护商品、便于流通、促进销售、方便消费、提高商品价值及使用价值等。商品包装的作用能否体现和发挥，取决于包装是否合理。合理的商品包装应适应商品特性，适用运输条件，符合标准化要求，还应是绿色和环保的。

商品包装可分为运输包装和销售包装两大类。充分保护商品、方便装卸搬运是运输包装的首要功能；最大限度地发挥“无声推销员”作用，则是销售包装追求的目标。因此，两者在设计要求上，前者重防护，后者重装潢。研究商品运输包装，包装标志是重点研究内容之一。运输包装标志可分为收发货标志、包装储运图示标志、危险货物包装标志和国际海运标志等。商品销售包装有五大基本功能：容纳、保护、传达、方便、社会适应。为实现五大基本功能，装潢这一包装要素，在销售包装设计中应得到充分强调。

主要概念

商品分类　商品编码　商品目录　商品包装　销售包装　集合包装　包装装潢

课堂讨论题

1. 本校图书馆在图书分类上有无需要改进的地方？
2. 商品运输包装与销售包装在作用上有何异同？

自测题

1. 判断题

（1）我国是国际物品编码协会的成员国，没有 EAN 条码的商品，一律不允许上市。（　）

（2）层次性好是线分类法最突出的优点。（　）

（3）包装的基本作用就是美化商品。（　）

（4）木材是一种对商品没有污染作用的优质包装材料，应大量使用。（　）

（5）销售包装是“无声推销员”。（　）

2. 填空题

（1）________是编制商品分类体系和________的重要依据和基准。

（2）在代码体系中，应留有足够的________码，以便随时接纳新类目、新产品。

（3）包装的四要素是指包装材料、________、________和包装结构造型。

（4）商品运输包装标志有包装储运图示标志、________标志和________标志等。

（5）集合包装常用的器具既是商品运输的________，也是商品包装的________。

3. 选择题

（1）唯一性原则是在选择商品分类标志时必须遵循的原则之一，其含义主要是指在体系中的（　）范围内只能用一种分类标志。

A. 同一层级　B. 不同层级　C. 所有层级　D. 大类和中类

（2）商品分类和商品编码的关系是（　）。

A. 编码在前　B. 分类在前　C. 同时进行　D. 不分先后

（3）与销售包装不同的是运输包装（　）。

A. 重装潢　B. 重装饰　C. 重防护　D. 重流通

（4）牙膏和皮鞋油的包装属（　）。

A. 便携式　B. 贴体式　C. 惯用造型　D. 适用型

（5）玩具、床上用品等艺术性、实用性兼有的商品装潢宜采用（　）。

A. 抽象法　B. 写实法　C. 象征法　D. 夸张法

4. 简答题

（1）什么是商品分类？其有何意义？

（2）常见的商品分类标志有哪些？

（3）按适用范围划分，商品目录有哪些种类？

（4）简述商品合理包装的基本要求。

（5）运输包装和销售包装在功能的体现上各有何侧重？

实训题

1. 技能题

（1）根据表 4-1 所给资料，组配出相应的服装类商品分类目录。

（2）鲜牛奶与啤酒的销售包装在选材目标上有何异同？

2. 案例分析题

在饭店用餐后，用一次性塑料餐盒把剩菜打包带回家；到菜市场买熟食，用塑料袋提回家；到朋友家做客，用洁白发亮的纸杯喝水；透明耐用的太空杯，即使一个不小心摔在地上，也不会破……谁也不会想到，这些在日常生活中经常用到的东西，一旦选择不慎，就有可能买到劣质、有毒产品，危害到消费者的健康和安全。为提高消费者对这些产品的警惕，2010 年 1 月 28 日，国际食品包装协会公布了“2010 年度中国食品包装行业‘十大隐忧产品’”。这十大“隐忧产品”具体如下：一次性塑料餐饮具、食品用塑料袋、置物盘、食品包装材料及添加剂、纸杯、太空杯与婴儿奶瓶、PVC 保鲜膜、PVC 热收缩膜、奶制品包装袋、商品过度包装等。

问题：你对国际食品包装协会公布的“2010 年度中国食品包装行业‘十大隐忧产品’”有何感想？

3 实习题

（1）考察市内大、中型商场的商品经营分类情况，写出相应的考察报告。

（2）3～5 人一小组，对某商品销售包装进行综合分析与评价，写出分析评价报告。

第5章

商品的储存与养护

◇ **本章学习目标** ◇

知识目标：了解商品储存的一般形式，认识商品储存期间的质量变化，掌握商品养护的技术方法。

技能目标：能应用入库、在库和出库管理的基本技能，对日常商品进行储存管理；能应用商品养护的技术方法科学地养护商品。

能力目标：能够运用所学知识和方法对日常经营商品进行有效的养护。

引导案例

超市生鲜经营的损耗

由于生鲜经营的特殊性和复杂性，损耗在经营过程中极易发生，损耗控制取决于整个生鲜区的运作状况和经营管理水平。造成生鲜经营损耗的原因可能很多，但仓储管理不当无疑是其中的一个重要原因。① 有效期管理工作不当。生鲜商品和原料需要进行严格的有效期管理，做到“先进先出”，如果管理不当，就会出现较大的损失。② 仓管商品和原料保存不当而变质。由于生鲜和原料保存环境和温、湿度条件达不到要求，也会造成变质损失。③ 设备故障导致变质。因冷藏、冷冻陈列和储藏设备运转不正常出现故障而导致变质损失等。

上述案例表明，损耗控制涉及超市管理的许多方面，需要采购、仓储和各有关管理部门共同协作。商品的储存与养护是商品经营的重要工作，通过科学的储存管理和养护措施，能有效地降低损耗，保证商品质量。

商品尚未进入消费领域之前，为实现销售目的所出现的暂时停滞，称为商品储存。在储存过程中对商品进行的保养和维护工作，称为商品养护。商品储存期间，宏观上处于静止状态，但商品本身不断发生各种各样的运动变化，这些变化都会影响到商品的质量，如不加以控制，就会由量变发展到质变。商品储存与养护就是根据商品在贮存期间的质量变化规律，针对商品的不同特性，创造一个适宜商品储存的环境，控制外界因素的影响，达到防止或减弱商品的质量变化，降低商品的损耗，防止商品损失的目的。

5.1 商品储存管理

5.1.1 商品的入库管理

1. 商品的入库验收

商品的入库验收，实际上是对商品质量的一次严格检查，为保存商品打下一个良好的基础。商品入库验收的主要内容有以下几个。

（1）检验单、货是否相符。商品入库时，先点大数，再检查单据上所列的产地、货号、品名、规格、数量、单价等，与商品原包装货标标签上所列各项内容是否一致，即使有一项不符，也不能入库。

（2）检验包装是否符合要求。在清点商品数量的同时，还要检查包装，如木箱、塑料袋、纸盒等是否符合要求，有无玷污、残破、拆开等现象，有无受潮水湿的痕迹，包装上的文字图案是否清楚等，如包装不牢固影响堆垛的也不能入库。

（3）检验商品质量是否合格。商品验收时，除查看包装外部情况外，还要适当开箱拆包，查看内部商品是否有生霉、锈蚀、溶化、虫蛀、鼠咬等现象，同时还要测定商品的含水量是否正常、是否超过安全水分率等。对液体商品要检查有无沉淀，有时还需检验商品的内在质量是否合格，有质量问题的商品暂不入货区。

2. 分区、分类管理

储存商品的分区、分类，要以安全、方便、节约为原则，在商品性能一致、养护措施一致、消防方法一致的前提下进行管理。分区、分类管理方法一般有如下三种：一是按商品种类和性质进行分区、分类管理，具体有分类商品的同区储存和单一商品的专仓专储两种方法，前者适用于同性质的普通商品，后者适用于贵重商品和化工危险品；二是按发往地区进行分类管理，此法适用于储存期不长而进出数量较大的商品，但对化工危险品、性能相互抵触及运价不同的商品，应分别存放；三是按商品危险性质进行分类管理，此法适用于特种仓库，根据危险品本身具有不同程度的易燃、易爆、毒害等特性进行分类储存管理，以防止互相接触而发生燃烧、爆炸等。

3. 货位选择

这里的货位是指仓库中实际可以堆货的面积，货位的选择是在商品分区、分类管理的基础上进行的，分区、分类保管是对仓库商品的合理布局，货位选择则是具体落实每批入库商品的储存点。合理选择货位必须遵守商品安全、方便吞吐发运、力求节约库容的原则。在选择货位时，既要掌握不同的商品特性，又要认真考虑存货区的温湿度、风吹、日晒、光照等条件是否适应商品性能的储存。对怕潮、易霉、易锈的商品，宜选择干燥或密封的货位；对怕光、怕热、易溶的商品，应选择低温干燥的货位；对怕冻的商品应选择高于 0℃的货位；对各种化工危险品，应存放在郊区仓库分类专存；对性能互相抵触和挥发串味的商品，不能同区储存；对外包装含水量过高而影响邻垛商品安全的商品，不能同区储存；在同一货区储存的商品中，应无虫害感染。

4. 商品堆垛

货垛应堆几层高，一是看商品包装允许的层数；二是库房地坪负载范围内不超重；三是库房高度范围内不超高。货垛与墙壁之间的必要距离一般规定为：库房外墙 0.3～0.5 米，内墙 0.1～0.2 米；货场间距离不分内外，一般 0.8～3 米。顶距一般规定为：平房 0.2～0.5 米，多层建筑库房底层与中层 0.2～0.5 米，顶层不低于 0.5 米，灯距不少于 0.5 米。

堆垛的方法取决于商品性能、包装质量和仓储设备等条件，根据包装形状、批量的大小和仓库的装搬运机械化程度不同，大体可分为整体商品堆垛法、货架堆垛法和散商品堆垛法三种。在具体堆垛时，对含水量高、易霉腐变质，但适合通风的商品，在梅雨季节应堆通风垛，堆垛不宜过高；对易渗漏商品，应堆成间隔式行列垛，以便于及时检查；对易弯曲变形的商品，应堆成平直交叉式实心垛等。

地面潮湿是引起商品变质的一个主要原因，因此，商品在堆垛时要注意做好地面的防潮工作。底层库房、货棚堆垛商品时，一定要垫底，并用苇席、油毡或塑料薄膜等铺垫隔潮。垛底距地面一般为 30～50 厘米，以便垛下通风散热。

5.1.2 商品的在库和出库管理

1. 环境卫生管理

储存环境不卫生，往往会引起微生物、害虫和鼠类的滋生和繁殖，还会使商品被灰尘、油污、垃圾玷污，进而影响商品质量。因此，要经常对库内进行彻底清扫，库外要达到杂草、污水、垃圾三不留。必要时使用药剂消毒杀菌、杀虫灭鼠，以确保商品安全。

2. 商品在库检查

储存商品要发生质量变化是需要一定时间的，不同商品由于性质不同，发生质量变化的时间也是不同的。有的商品在一夜之间全部腐烂变质，有的商品则需要几个月甚至几年的时间才逐步锈蚀或老化，因而要根据不同的商品、不同的保管条件，制定相应的抽查检验制度。

商品在库期间，要经常进行定期或不定期、定点或不定点的检查，检查时间和方法应根据商品的性能及其变化规律，结合季节、储存环境和时间等因素掌握。检查时，主要以眼看、耳听、鼻闻、手摸等感官检验为主，必要时可配合仪器进行检查，如发现问题，应立即分析原因，并采取补救措施。如翻堆倒垛、加工整理、施放药剂或采取晾晒、密封通风、吸潮等方法，来改善保管条件，保证商品安全。

3. 仓库温度、湿度管理

商品储存期间，在各种外界影响因素中，以空气温度、湿度的影响最为主要。可以这样说，商品储存中所有的质量变化都与温度、湿度有关。因此，必须根据商品的特性、质量变化规律及本地区气候情况与库内温度、湿度的关系，加强库内温度、湿度的管理，采取切实可行的措施，创造适宜商品储存的温度、湿度条件。

空气温度表示空气的冷热程度，常用符号“t”或“T”来表示。常见的温标有摄氏温标、华氏温标和绝对温标，它们的表示符号为“C”、“F”、“K”。

空气湿度是指空气中水蒸气含量的多少或大气的干湿程度。表示湿度大小的方法有水汽压、绝对湿度、饱和湿度、相对湿度等。

绝对湿度是指每立方米空气中所含的水蒸气克数。饱和湿度是指在一定温度条件下，每立方米空气中最大限度所能容纳的水蒸气量。空气的饱和湿度随温度的升高而加大，随温度的降低而减少。相对湿度是指每立方米水蒸气含量与同温度同体积的空气饱和水蒸气含量之比，说明了空气中的水汽距离饱和水汽量的程度。其表达式为：

$$相对湿度(r)=\frac{实际水汽压(e)}{饱和水汽压(E)}\times 100\%=\frac{绝对湿度}{饱和湿度}\times 100\%$$

仓库温、湿度的测定，一般采用干湿球温湿度计。干球为库内气温，根据干湿球温差，转动中间刻有干湿差的表盘，就可读出表盘中的相对湿度，即库内相对湿度。现在采用指针式温湿度计的为多。

控制和调节仓库温、湿度的措施主要有密封、通风及吸湿、加湿、提温、降湿等。

（1）密封。密封就是利用密封材料，对库房或商品严密封闭，从而消除外界环境不良因素的影响，保证商品安全储存的方法。密封的形式有多种，如整库密封、货垛密封、货架密封和按件密封等。密封不仅能防潮、防热、防干裂、防溶化，还能收到防霉、防蛀、防老化等多方面的效果。密封是仓库温、湿度管理的基础工作，没有密封措施，就无法运用通风、吸湿等方法调节库内的温、湿度。

（2）通风。通风是利用空气自然流动规律或借助机械形成的空气定向流动，有目的地使仓库的内外空气部分或全部流通，从而调节库内温、湿度的方法。通风应根据各种商品的性能和对温、湿度的不同要求来进行。如五金商品怕湿、不怕热，只要库外湿度低于库内湿度，就可以通风；皮革怕湿又怕热，通风时应尽可能地同时达到降低库内温、湿度的目的。

（3）吸湿、加湿。若库内相对湿度超过储存商品的安全范围，而库外气候又不具备通风条件时，可在密封库内用吸湿剂或空气去湿机来吸收空气中的水分，降低库内相对湿度。常用的吸湿剂有生石灰、氯化钙和硅胶。氯化钙又有无水氯化钙和工业氯化钙之分，每千克的吸水量分别为 1 ~ 1.2 千克和 0.7 ~ 0.8 千克；硅胶每千克吸水量为 0.4 ~ 0.5 千克。氯化钙吸潮后会溶化，有较强的腐蚀性，使用时应注意商品安全；硅胶吸潮后仍为固体，不污染，也没有腐蚀性，而且烘干后可继续使用。若库内相对湿度过低，而库外相对湿度也不高，对于易干缩、脆裂的商品来说，应采用喷蒸汽、直接喷水等加湿措施，使库内相对湿度增加。在库内绝对温度变化不大的情况下，利用空气温度与湿度之间的关系，适当提高库内温度，以扩大空气的饱和湿度，也能达到降低相对湿度的目的。

（4）提温、降湿。空调器调节是利用制冷及制暖的空气调节系统，调节库内的温、湿度，加速空气流动及空气净化处理等，创造一个适宜商品储存的环境。空调器与去湿机配套使用，可形成恒温、恒湿的小气候环境，可以说，空调器和去湿机应用于仓库，提高了仓库科学调控温、湿度的水平。仓库使用的空调器有窗式、分体式和大型集供式三种。

案例分析 5-1

仓库温、湿度的调节和控制

对于仓库温度的调节和控制：当仓库温度过高时，通常采取自然通风和机械通风方法降温；当冬季储存防冻商品时，在北方常采用暖气设备来提高温度，在南方一般采用自然通风的办法来提高温度。

对于仓库湿度的调节控制：当需要降低相对湿度时，通常采用吸潮剂吸潮、生石灰吸潮、硅胶吸潮和吸潮机吸潮等方法；当需要加湿时，一般采用加湿器加湿等方法。

（资料来源：2008年物流师资格考试：第4章商品储存，http://xwl.thea.cn/，物流师频道，2008-8-2）

问题：你所处的地区一般采用哪些方法来调节和控制仓库温、湿度？

4．商品出库管理

商品出库必须做到单随货行，单、货数量当面点清，商品质量要当面检验。包装不牢或破损及标签脱落或不清的，应经复核后交付货主。出库的商品一般应贯彻“先产先出”、“易坏先出”、“接近失效期的先出”，质量不合格、包装不牢固、内有破损、标记不清楚的不出的原则。

案例分析 5-2

从商品样品室或某仓库中选5～10种商品，按入库验收的要求进行实际操作，完成表5-1的入库验收商品登记表，并提出相应的储存管理方案。

表5-1　某库某组入库验收商品登记表

进仓时间	车（船）航次	进仓清单号	验收时间	品名	规格厂牌	单位	数量	批号及有效期	包装情况	件数	抽查件数	数量情况	备注	验收人

5.2　商品储存期间的质量变化

商品储存期间发生质量变化的内因是商品的成分、结构及性质，外因是大气的温度、湿度、日光、氧气、微生物、虫鼠等。商品通常发生的质量变化有霉变、虫蛀、锈蚀、老化、溶化、干裂、退色、挥发、呼吸、后熟、僵直、成熟和自溶等。其中霉变、虫蛀、鼠咬、锈蚀、老化、呼吸和后熟是商品储存中最易发生的质量变化。

5.2.1 霉变、虫蛀和鼠咬

1. 霉变

商品霉变是由于霉菌在商品上生长繁殖而导致的商品变质现象。霉菌是一种低等植物，无叶绿素，菌体为丝状，主要靠孢子进行无性繁殖。空气中含有很多肉眼看不到的霉菌孢子，商品在生产、储运过程中，它们落在商品表面，一旦外界温度、湿度适合其生长，商品上又有它们需要的营养物质时，就会生长菌丝。其中，一部分菌丝浮在商品表面或深入商品内部，有汲取营养物质、排泄代谢产物的功能，称为营养菌丝；另一部分菌丝竖立于商品表面，在顶端形成子实体或产生孢子，称为全生菌丝。菌丝集合体的形成过程，就是商品出现“长毛”或有霉味的变质现象。

霉菌大约有3万种，对商品危害较大的除毛霉外，还有根霉、曲霉和青菌。霉菌在生长和繁殖中所需的营养物质有水分、碳源、氮源和无机盐等。水分是霉菌机体的重要组成成分，是其吸收其他营养物质的载体，水分约占霉菌体重的75%~85%。碳源即含碳物质，如糖类、有机酸、纤维素、醇类和酯类等，是构成霉菌细胞和代谢产物中碳素来源的营养物质，也是霉菌能量的主要来源。氮源是指含氮物质，如蛋白质、氨基酸、铵盐、硝酸等，是构成霉菌细胞和代谢产物中氮素来源的营养物质，也是合成霉菌原生质和细胞结构的元素。无机盐是霉菌所需的灰分营养，即为霉菌提供其生命活动所必需的硫、磷、钾、镁、钙、铁等元素。而具有上述营养物质的商品种类很多，如粮食加工制品、水果、蔬菜及蔬菜干制品、茶叶、酒类、皮革制品、纺织品、鞋帽、卷烟等，所以它们非常容易发生霉变。

霉菌能在商品体上生长、繁殖，除商品上有它们需要的营养物质外，还与水分、温度、日照、酸碱度有关。多数霉菌是中湿性的，最适合的生长温度是20℃~30℃，属好氧性微生物，适宜在酸性环境中生长。光对霉菌的影响也很大，霉菌在日光下暴晒数小时，大多会死亡。

商品霉变是霉菌在商品上吸取营养物质与产生排泄物的结果，不但会导致商品变糟、发脆或强度下降等变质现象，还会产生霉斑、霉味及毒素。

2. 虫蛀和鼠咬

仓库害虫和鼠类对于商品的储存具有很大危害性，它不但是某些商品损耗的直接原因，而且可能污染商品，甚至传播病菌。

仓虫大部分属于昆虫，也包括螨类微小动物。由于仓虫种类很多、食性杂、传播途径广，所以在一般仓库中都可能有仓虫存在。对商品危害较大的仓虫主要有甲虫类、蛾类、蟑螂类和螨类。仓虫与其他动物不同，一般都具有较强的适应性，在恶劣环境下仍能生存，并且食性杂，繁殖性强，繁殖期长，对温度、光线、化学药剂等外界环境的刺激有一定的趋向性，正是由于仓虫的这些习性，对商品储存造成了极大危害。

鼠类属于啮齿动物，在库房中常见的是小家鼠、黄胸鼠和褐家鼠三种。鼠类繁殖强，一年可繁殖5~6次，每次产8~9只，一般寿命1~3年。鼠类食性杂且具有咬啮特性，记忆力强，嗅觉和听觉都很灵敏，一般在夜间活动。

5.2.2 锈蚀和老化

1. 锈蚀

金属商品与周围环境（主要是空气）发生化学反应或电化反应所引起的破坏现象，即金属锈蚀。由于金属所处环境差异，所引起的化学反应也不相同，主要有化学锈蚀和电化学锈蚀。

在干燥的环境中或无电解质存在的条件下，金属制品遇到空气中的氧而引起氧化反应，叫化学锈蚀。化学锈蚀的结果是在其表面形成一层薄薄的氧化膜，可使金属表面变暗。有些金属氧化膜对金属还能起保护作用，如铝制品表面的氧化膜。化学锈蚀约占腐蚀总量的10%~20%。

在潮湿的环境中，金属制品表面通过表面吸附毛细管凝聚，特别是结露作用，水蒸气可在金属表面形成水膜，水膜溶解表面的水溶性黏附物或沉淀物（多为盐类）和空气中的二氧化碳、二氧化硫等可溶性气体，最终成为一种具有导电性的电解液。金属制品接触这种电解液后，电位较低的金属成分成为负极（阳极），电位较高的杂质或其他金属成分成为正极（阴极），从而引起电化学反应。反应中金属以离子形式不断进入电解液而被溶解，这种锈蚀称为电化学锈蚀。电化学锈蚀的结果是使金属制品表面出现凹陷、斑点等现象，然后使破坏掉的金属转变成金属氧化物或氢氧化物而附于金属表面，最后或快或慢地往里深入，最终成片往下脱落。锈蚀严重的，使商品内部结构松弛，机械强度降低，甚至完全失去使用价值。所以，电化学锈蚀是金属商品的主要破坏形式。电化学锈蚀取决于金属电位的高低，电位越低的金属越容易发生腐蚀。另外，环境因素中最主要的是湿度、温度和氧，同时还与金属表面附着的尘埃、污物和空气中的二氧化碳、二氧化硫等气体有关。

2. 老化

老化是指某些以高分子化合物为主要成分的商品，如橡胶制品、塑料制品及纤维织品等，受日光、热和空气中氧等环境因素作用而失去原有优良性能，以致最后丧失其使用价值的化学变化。上述商品的老化变质，主要是高分子化合物在光、热等因素作用下，引起大分子链断裂、高聚物分子量下降，或者引起分子链相互联结，形成网状体型结构。前者称为降解反应，使高分子材料变软、发黏、机械强度降低；后者称为交联反应，使高分子材料变硬、发脆、丧失弹性。

5.2.3 呼吸和后熟

1. 呼吸

呼吸是指生物体中的能源物质（主要是糖类），在氧化还原酶作用下，逐步降解为简单物质和放出能量的过程。呼吸作用是生物有机体最普遍的生理现象，也是鲜活食品最基本的生理活动。

呼吸作用有两种类型：一种是有氧呼吸，指鲜活食品在储运中，为了维持生命需要，在体内氧化还原酶作用下，其体内葡萄糖和其他简单有机物与吸入的氧发生氧化反应，即$C_6H_{12}O_6+6O_2 \rightarrow 6CO_2+6H_2O+674$ 千卡；另一种是缺氧呼吸，指在无氧或缺氧情况下的呼吸，

即 $C_6H_{12}O_6 \rightarrow 2C_2H_5OH + 2CO_2 + 28$ 千卡。

从上述两种呼吸类型可以看出，它们的呼吸基质是一样的，最终都是消耗了有机体内的营养成分并产生热量。有氧呼吸产生的热量，部分转化为鲜活食品生理活动的能量，部分释放到外界环境中，可使储存环境的温度升高，加速鲜活食品的腐烂变质，同时还会促使霉腐微生物生长繁衍，这对维护储运的鲜活食品，如粮、水果、蔬菜等的质量是十分不利的。缺氧呼吸实质上是酒精发酵，其最终产生的酒精和中间产物乙醛等，会破坏鲜活食品的组织，使其腐烂。如积累过多，还会引起鲜活食品中毒，其后果比有氧呼吸更为严重。但正常的有氧呼吸，不仅可以使鲜活食品获得必要的能量，维持生命活动，还是一种自卫手段，有利于抵抗微生物的侵害，防止生理病害的发生。若呼吸过于旺盛，也会很快消耗食品的营养成分。因此，储存鲜活食品时，要防止缺氧呼吸，保持最低限度的有氧呼吸。

鲜活食品的呼吸强度与其种类、品种、成熟度、不同器官和组织，以及不同的发育时期等生物学特性有关。如蔬菜的呼吸强度以叶菜最高，果菜次之，块根菜和块茎菜最低；果实呼吸强度以浆果最大，仁果次之，核果再次之，柑橘类最小。影响鲜活食品呼吸强度的外界因素，主要由温度和空气中的气体组成。一般而言，环境温度升高时呼吸强度也随之加强，当环境温度低于 0℃时，因酶的活性受到抑制，呼吸强度急剧下降。鲜活食品进行呼吸作用最适宜的温度为 25℃～35℃，因此，降低环境温度是储存鲜活食品的重要措施。空气中的氧含量降低和二氧化碳含量升高，也会明显抑制呼吸作用。目前采用的气调储存法，就是利用改变空气成分，达到抑制鲜活食品呼吸强度的一种较适宜的储存方法。

2. 后熟

后熟是植物性鲜活食品采收以后，其成熟过程的继续，主要发生在果品、瓜类及果菜类商品的储运中。因上述这些食品成熟后再采摘，储运时容易腐败变质，所以必须在成熟前采摘。它们脱离母体后，物质的积累被迫停止，但食品中有机成分的合成——水解平衡更趋向于水解作用方向，呼吸作用更趋向于缺氧呼吸类型，使商品质量和生理特性发生一系列变化，而后逐渐达到使用成熟度。后熟对这类食品在色泽、香气、口味及口感等方面有明显的提高，食用质量也得以改进。如香蕉、柿子、西瓜和甜瓜等，只有达到后熟时，才具有良好的食用价值。

促进食品后熟的因素主要是高温、氧气和某些刺激性气体的成分，如乙烯、酒精等。如苹果组织中产生的乙烯，虽然数量极微，却能大大加快苹果的后熟和衰老的进程，所以苹果在储运中，为延长或推迟后熟和衰老过程，除采用适宜的低温和适量的通风条件外，还可采取放置活性炭、焦炭分子筛等吸收剂排除苹果库房中的乙烯成分。有时为了及早上市，对某些菜果如番茄、香蕉、柿子、猕猴桃等，可利用人工催熟的方法加速其后熟过程，以适应市场消费需要。

小思考 5-1

只要商品在储存期间发生了质量变化，就会导致商品质量下降吗？

5.3 商品的养护措施

5.3.1 防霉腐方法

商品的成分结构和环境因素，是霉腐微生物生长繁殖的营养来源和生活的环境条件。因此，商品的防霉腐工作必须根据微生物的生理特性，采取适宜的措施进行防治。首先立足于改善商品组成、结构和储运的环境条件，使它不利于微生物的生理活动，从而达到抑制或杀灭微生物的目的。

1. 药剂防霉腐

药剂防霉腐是利用化学药剂使霉腐微生物的细胞和新陈代谢活动受到破坏或抑制，进而达到杀菌或抑菌、防止商品霉腐的目的。药剂防霉腐要和生产部门密切配合，在生产过程中就把防霉剂、防腐剂加到商品中，这样既方便又可收到良好的防霉腐效果。此外，对批量小的易霉腐的工业品商品如皮革制品等，也可在储运时把防霉腐药剂加到商品表面。例如，用于工业品防霉腐的药剂有三氯酚钠、水杨酷苯胺、多菌灵及洁尔灭、福尔马林等，它们常用于纺织品、鞋帽、皮革、纸张、竹木制品及纱线等商品的防霉腐；用于食品的防霉腐药剂有苯甲酸及其钠盐、山梨酸及其钾盐等，常用于汽酒、汽水、面酱、蜜饯、山楂糕、果味露、罐头等食品的防霉腐。防霉腐药剂的选用，应遵循低毒、高效、无副作用、价格低廉等原则，而且在使用时还必须考虑对使用人员的身体健康无不良影响和对环境不造成污染等因素。

2. 气相防霉腐

气相防霉腐是通过药剂挥发出来的气体渗透到商品中，杀死霉菌或抑制其生长和繁殖的方法。这种方法效果较好，应用面广。常用的气相防霉剂有环氧乙烯、甲醛和多聚甲醛等，主要用于皮革制品等日用工业品的防霉。应注意的是，气相防霉剂应与密封仓库、大型塑料膜罩或其他密封包装配合使用，才能获得理想效果。另外，使用中要注意安全，严防毒气对人体的伤害。

3. 气调防霉腐

气调防霉腐是根据好氧性微生物需氧化代谢的特性，通过调节密封环境（如气调库、商品包装等）中气体的组成成分，降低氧气浓度，来抑制霉腐微生物的生理活动、酶的活性和鲜活食品的呼吸强度，达到防霉腐和保鲜目的的一种方法。

气调防霉腐有两种方法：一种是靠鲜活食品本身的呼吸作用释放出的二氧化碳来降低塑料薄膜罩内的氧气含量，从而起到气调作用，叫自发气调；另一种是将塑料薄膜罩内的空气抽至一定的真空度（$8.0\times10^3 \sim 2.1\times10^4$ 帕），然后再充入氮气或二氧化碳气，从而起到气调作用，叫机械气调。据研究，塑料薄膜罩内的二氧化碳含量达到 50%时，对霉腐微生物就有强烈的抑制和杀灭作用。气调还需要有适当低温条件的配合，才能较长时间地保持鲜活食品的新鲜度。气调防霉腐可用于水果、蔬菜的保鲜，近年来也开始用于粮食、油料、肉及肉制品、鱼类、鲜蛋和茶叶等多种食品的保鲜。

4. 低温防霉腐

含水量大的商品尤其是生鲜食品，如鲜肉、鲜鱼、鲜蛋、水果和蔬菜等，多利用低温抑制霉腐微生物繁殖和酶的活性，以达到防霉、防腐的目的。按降低温度的范围，分为冷却和冷冻两种。冷却法又称冷藏法，其温度控制在 0℃ ~ 10℃，此时商品并不结冰。此法适用于不耐冰冻的商品，尤其是水分含量大的生鲜食品和短期储存的食品。冷冻法其温度经过两个阶段的控制，先经过速冻阶段，即在短时间内将温度降到−25℃ ~ −30℃，当商品深层温度达到−10℃时，再移至−18℃左右的温度下存放。此法适用于长期存放或远距离运输的生鲜动物性食品。

5. 干燥防霉腐

干燥防霉腐是通过各种措施降低商品的含水量，使其水分含量在安全储运水分之下，抑制霉腐微生物的生命活动。这种方法可较长时间地保持商品质量，且商品成分的化学变化也较小。干燥防霉腐有自然干燥法和人工干燥法两种。自然干燥法是利用自然界的能量，如日晒、风吹、阴凉等，使商品干燥的方法。该法经济方便，广泛应用于原粮、干果、干菜、水产海味干制品和某些粉类制品。人工干燥法是在人工控制环境条件下对商品进行脱水干燥的方法。比较常用的方法有热风干燥、喷雾干燥、真空干燥、冷冻干燥及远红外和微波干燥等。该法因要用一定的设备、技术，故费用较高，耗能也较大，在应用上受到一定的限制。

6. 辐射防霉腐

辐射防霉腐是利用放射性同位素（钴−60 或铯−137）产生的 γ 射线辐射状照射商品的方法。γ 射线是一种波长极短的电磁波，能穿透数米厚的固体物，能杀死商品上的微生物和害虫，抑制蔬菜、水果的发芽或后熟，而对商品本身的营养价值并无明显影响。针对不同商品的特性和各种储存目的，辐射防霉腐有低剂量、中剂量和大剂量辐照三种类型。

对于已发生霉腐的商品，为避免进一步变化造成更大的损失，应及时采取措施救治。霉腐商品的救治方法很多，常用的方法有晾晒、烘烤、熏蒸、机械除霉及加热灭菌等，使用时应根据实际情况合理选择。

相关链接 5-1

健康提示：专家支招保证家庭食品安全

食物储藏不当会造成各种毒素的产生。不要用塑料桶长期存放食用油，塑料桶中的各种高分子物质由于和油脂长期接触，会使化学物质溶出，危害人体，因此，要选用玻璃、陶瓷或搪瓷容器盛油。此外，食用油的储存也不宜超过一年，因为油脂容易发生酸化，储存时间越长，酸化越严重，产生的醛类和酮类物质也越多，且影响感官，人食用后常会出现胃部不适、恶心、呕吐等症状。不要用不锈钢容器存放盐、酱油、醋。不锈钢和其他金属一样，容易和电解质发生化学反应，长期存放时，容易发生化学反应，有毒金属元素溶出，使人中毒。

冰箱使用不当不仅会成为滋生细菌的温床，还会导致各种食源性疾病。因此，冰箱内存放的食物要尽快吃完，冷冻食品进食前要加热。将冰箱塞得过满会导致冰箱内温度不均和霜状物的形成，而去掉食品外的大包装袋，会增加食品间的相互接触和弄脏食品。要分开包装不同的食品，以避免食品的细菌交叉感染。至少每三个月，将整个冰箱进行消毒除霜和清洗一次。

（资料来源：健康提示：专家支招保证家庭食品安全. 中央政府门户网站，2008-4-8）

5.3.2 防治虫鼠的方法

储运中害虫的防治工作应贯彻“以防为主，防治结合”的方法。对某些易生虫的商品和原材料，必须积极地向厂方提出建议和要求，在生产过程中，对原材料采取杀虫措施，如竹、木、藤原料，可采取沸水烫煮、汽蒸、火烤等方法杀灭隐藏的害虫。对某些易遭虫蛀的商品，在其包装或货架内投入驱避药剂，如天然樟脑或合成樟脑等。此外，储运中害虫的防治还常采用化学、物理、生理等方法，杀灭害虫或使其不育，以维护储运商品的质量。

1. 化学杀虫法

化学杀虫法是利用化学药剂来防治害虫的方法。在实施时，应考虑害虫、药剂和环境三者之间的关系。例如，针对害虫的生活习性，要选择在其抵抗力最弱的虫期施药，药剂应低毒、高效和低残留，且对环境无污染。在环境温度较高时施药，可获得满意的杀虫效果。化学杀虫法按其作用于害虫的方式，主要有熏蒸法、触杀杀虫法和胃毒杀虫法三种。

2. 物理杀虫法

物理杀虫法是利用各种物理因素，如热、光、射线等破坏储运商品上的害虫的生理活动和机体结构，使其不能生存或繁殖的方法。主要有高、低温杀虫法，射线杀虫与射线不育法，远红外线与微波杀虫法、充氮降氧杀虫法等。

3. 生物防治法

利用害虫的天敌（寄生物、捕食者、病原微生物）来防治害虫，以及利用昆虫的性引诱剂来诱集害虫或干扰成虫的交配繁殖等，都属于生物防治方法。

生物农药既杀虫又环保。生物农药主要是指自然界存在的、对农作物病虫害具有抑制作用的各种具有生物活性的天然物质，包括对这些活性物质进行开发所获得的、对环境安全友好、不易产生抗药性的生物制品，以及各种抑制病虫害的真菌、细菌、病毒等病原微生物。

生物农药最大的特点是以生物群治生物群。最初人们主要依靠“天敌”减少有害生物群密度。近年来，随着“天敌”对害虫致病、寄生的研究进展，已能通过提取这些发挥作用的物质，制成生物农药来防治病虫害，或者使“天敌”能够在体内合成致毒物质等，用作生物农药来防治病虫害。随着最新分子生物学手段的应用，转基因生物农药新品种不断涌现，向更安全和更环保的方向发展，而且产品更新换代速度也在加快。利用生物农药的思路和转基因技术，能够生产出杀虫广、毒性强的微生物菌株，扩大了防治对象，增强了防治效果，只要把其喷洒在害虫上便可达到“以菌治虫”的目的。

使用生物农药杀虫已成为更有效、无化学品污染的防治病虫害新理念。虽然目前生物农药生产成本稍高于化学农药，但它减少了农药用量，又节约了成本，而且还保护环境，值得进一步开发和推广。

4．防鼠与灭鼠的方法

防鼠与灭鼠要针对鼠类的特性和危害规律，采取防治与突击围剿相结合的方法，要揭其巢穴，断其来路，消其疑忌，投其所好，进行诱捕。防鼠的主要方法是保持库房内外清洁卫生，清除垃圾，及时处理堆积包装物料及杂乱物品，不给鼠类造成藏身的活动场所。灭鼠有多种方法，一般有机械捕杀法、毒饵诱杀法、生物法、驱除法等。

5.3.3 防锈蚀与老化的方法

金属商品的电化学锈蚀是造成商品损失的重要因素之一，所以做好金属商品的防锈蚀工作非常重要，也是仓储过程中商品养护的一项重要任务。金属商品的电化学锈蚀除内在因素如金属及其制品本身的组成成分、电位高低、表面状况外，还主要决定于金属表面电解液膜的存在。因此，在防止金属商品电化学锈蚀的方法中，相当多的方法是围绕防止金属表面生成水膜而进行的。在生产部门，为了提高金属的耐腐蚀性能，最常采用的方法是在金属表面涂盖防护层，如喷漆、搪瓷涂层、电镀等，把金属与促使金属锈蚀的外界条件隔离开来，从而达到防锈蚀的目的。在仓储过程中使用的主要防锈蚀方法是涂油防锈、气相防锈和可剥性塑料封存等。

1．涂油防锈

涂油防锈是流通中常用的一种简便有效的防腐方法。它是在金属表面涂覆一层油脂薄膜，在一定程度上使大气中的氧、水分及其他有害气体与金属表面隔离，从而达到防止或减缓金属制品生锈的方法。此法属于短期的防锈法，随着时间的推移，防锈油会逐渐消耗，或由于防锈油的变质，而使金属商品又有重新生锈的危险。根据防锈油形成膜的性质，可分为软膏防锈油、硬膜防锈油、油膜防锈油三类。除防锈油外，凡士林、黄蜡油、机油等也可做防锈油脂。

2．气相防锈

气相防锈是利用挥发性气相防锈剂在金属制品周围挥发出缓蚀气体，来阻隔空气中的氧、水分等有害因素的腐蚀作用，以达到防锈目的的一种方法。这是一种较新的防锈方法，具有使用方便、封存期较长、使用范围广泛的特点。它适用于结构复杂、不易为其他防锈涂层所保护的金属制品的防锈。常用的气相防锈剂有亚硝酸二环已胺、肉桂酸二环已胺、肉桂酸、福尔马林等。

3．可剥性塑料封存

可剥性塑料是用高分子合成树脂为基础原料，加入矿物油、增塑剂、防锈剂、稳定剂及防腐剂等，加热溶解后制成的。这种塑料液喷涂于金属制品表面，能形成可以剥落的一层特殊的塑料薄膜，像给金属制品穿上一件密不透风的外衣，它有阻隔腐蚀介质对金属制品的作用，可以达到防锈目的。可剥性塑料中，常用的树脂有乙基纤维素、醋酸丁酸纤维素、聚氯乙烯树脂、过氧乙烯树脂和改性酚醛树脂等。

4. 防老化方法

防老化是根据高分子材料性能的变化规律，采取各种有效措施以减缓其老化的速度，达到提高材料的抗老化性能，延长其使用寿命的目的。高分子商品的老化有其内因和外因，所以防老化应从两方面着手。

（1）提高商品本身的抗老化作用。高分子材料防老化，首先应提高高分子材料本身对外界因素作用的抵抗能力。例如，通过改变分子构型，减少不稳定结构，或者除去杂质，可提高高分子材料本身对外界因素作用的抵抗能力。还可以在加工生产中，用添加防老剂（抗氧剂、热稳定剂、光稳定剂、紫外线吸收剂等）的方法来抑制光、热、氧等外界因素的作用，提高其耐老化性能。此外，还可以在高分子材料商品的外表涂以漆、胶、塑料、油等保护层，有显著的防老化作用。例如，塑料商品可用某些塑料粉末在其表面涂一层薄膜，可提高耐磨、耐热和耐气候等性能。

在上述防老化方法中，其中添加防老化剂是常用而又有效的一种方法。防老化剂是一种提高高分子材料和制品的热加工性能和储运、使用寿命的化学物质，其添加量很小，但能使材料和成品的耐老化性能提高数倍乃至数千倍。

（2）控制储运中引起老化的因素。主要是根据高分子材料的质量变化规律，控制温度，妥善包装，合理堆码，防止阳光直接照射，加强入库验收与检查等。

案例分析 5-3

纪念币六招防氧化

流通纪念币使用过的金属材料有铜镍合金、铜合金、钢合金、钢芯镀金镍、紫铜合金、黄金铜合金六种。金属材料抗氧化性不同，按由高到低顺序排列为：钢芯镀金镍、铜镍合金、黄金铜合金、紫铜合金、铜合金、钢合金。因此，流通纪念币的抗氧化性能是不同的，表面氧化影响了观感和品相，从而影响其价值。

表面氧化程度是钱币品相鉴定的一个参数，一般同一品相中，表面基本未氧化的流通纪念币在市场上的价格比轻微氧化的高，而表面已被氧化的纪念币则无人问津。收藏钱币的保护方法有以下几种。

一是纪念币不宜用手触摸。流通纪念币制造得十分精美，经常用手触摸，纪念币表面会留下汗渍及其他物质，容易引起氧化。因此，收藏者把玩时应该戴上干净柔软的布手套，或者用集邮镊子来夹取纪念币。

二是不宜将纪念币长时间放在空气不流通的地方，如纪念币册中。流通纪念币册并不能将纪念币与外界空气隔绝，在潮湿的天气中，纪念币表面的水汽更难挥发，因此，放在册中的纪念币不到两年就会全部氧化成灰色的了。

三是避免接触潮湿或者有害气体，南方的雨季、高温天气、污浊的环境，如厨房等，都容易对其形成腐蚀。

四是可以用纸质护套将纪念币逐个装好密封，再将其放入铁制饼干盒中并盖好，里面放一点干燥剂。

五是珍贵的流通纪念币都应单枚包装、单独保存。有些纪念币容易氧化，如“第六届全运会”，发行量虽多，但是现在全品相的已经很少见，应单独保存。

六是对已经氧化的纪念币，可用布加少量的牙膏轻轻擦洗，去除其氧化层后，放入密封容器中收藏好。

（资料来源：吏春生. 纪念币六招防氧化. 中国商报，2004-4-22）

问题：试分析纪念币六招防氧化的原理。

本章小结

商品储存是指商品尚未进入消费领域之前，为实现销售目的所出现的暂时停滞。商品储存管理包括商品的入库、在库和出库管理，入库管理主要有商品的入库验收、分区分类管理和妥善堆码，在库管理最为重要的是仓库温、湿度的控制和调节，出库管理必须贯彻“三先出”和“三不出”的原则。

商品在储存期间的质量变化多种多样，最常见的质量变化是霉变、锈蚀、虫蛀、老化、呼吸和后熟等。这些变化既与商品的成分、结构及性质有关，也与外界温湿度、氧气、微生物等综合作用的结果有关，掌握商品储存期间的质量变化规律，就能进行合理的商品养护。

为了保证商品安全储存，保持商品质量，除做好商品的储存管理工作外，还必须掌握防霉腐、防虫害鼠咬、防锈蚀和防老化的养护技术与方法。

主要概念

商品储存　相对湿度　呼吸作用　气调防霉腐　气相防锈

课堂讨论题

1. 如何利用呼吸作用来进行水果蔬菜的储存保鲜？
2. 简述虫蛀的原因及防治措施。

自 测 题

1. 判断题

（1）货位是指仓库中实际可以堆货的面积。（　）

（2）呼吸作用对水果蔬菜的储存不利。（　）

（3）在商品储藏期间，只要发生商品质量变化，就会导致商品质量下降。（　）

（4）生物防虫就是利用微生物来防治害虫。（　）

2. 填空题

（1）出库商品应贯彻________、________和接近失效期的先出等原则。

(2)商品在储存期间主要的质量变化有霉变、虫蛀、后熟、________和________等。
(3)高分子物老化发生的两个反应是________和________。
(4)化学杀虫按其作用于害虫的方式,主要有触杀杀虫法、________法和________法三种。

3. 选择题

(1)不属于商品分区分类管理的前提条件的是(   )。

A. 商品性能一致　　B. 发货地区一致
C. 养护措施一致　　D. 消防方法一致

(2)常用来表示空气潮湿程度的是(   )。

A. 绝对湿度　B. 相对湿度　C. 蒸汽压　D. 饱和湿度

(3)多数霉菌属于(   )。

A. 低温性　B. 中湿性　C. 高湿性　D. 高温性

(4)在下列防老化措施中,最有效的是(   )。

A. 添加防老化剂　　B. 控制温度
C. 妥善包装　　D. 合理堆垛

4. 简答题

(1)怎样做好商品的入库、在库和出库工作?
(2)为什么在实际养护工作中,是以相对湿度来表示空气潮湿程度的?
(3)金属的锈蚀机制是什么?其防锈蚀措施有哪些?

实训题

1. 技能题

(1)怎样控制和调节仓库的温、湿度?
(2)对日常商品的防霉措施有哪些?为什么能起到防霉变作用?

2. 案例分析题

参照表5-2,制作皮鞋、书籍、小五金商品的养护方法一览表。

表5-2 常见商品的养护方法

序号	商品	包装形式	存储特性	保管措施	消防方法	备注
1	护肤霜		不耐低温和高温,怕潮湿和过分干燥,不能与异味商品混存	1. 储存在清洁、干燥、冬暖夏凉的库房内,不得在简易货棚或露天货场存放。要避免光照射、暴晒,勿接近热源 2. 储存温度在5℃~30℃,最低不低于0℃,最高不超过35℃;相对湿度在60%~75%,最低不得低于50%,最高不宜超过80%	一般含有一定量脂类物品,又用可燃的纸盒、纸箱外包装,着火时可用水和各种灭火器	保管期限,瓶装为1年,塑料袋装为9个月

续表

序号	商品	包装形式	存储特性	保管措施	消防方法	备注
1	护肤霜			3. 护肤霜可与化妆品储存在一起，不得与含水量高的商品（如肥皂）混存一库，也不能与有异味的商品和施放防虫剂的商品一起存放，还不能与具有吸附性的食品（如茶叶）混存一库 4. 堆码搬运要轻拿轻放，标志箭头向上，不得倒置	扑救	
2	聚乙烯	常用塑料编织袋包装	易氧化，易燃，怕日晒，怕潮	1. 储存在阴凉、干燥、通风、清洁的库房内，窗户要遮光，温度要在35℃以下，相对湿度在80%以下 2. 不能与有机溶剂、矿物油、油溶性染料、油墨等混存 3. 远离火种和热源	初起火时，可用各种灭火器、沙土、水扑救；火灾用雾状水流灭火	商品安全储存期为4年
3	真丝绸	分布包装和箱装两种，箱装又分木箱和纸箱	怕潮，不耐高温日晒，不能接触碱性物质，易遭虫蛀	1. 储存在清洁、干燥、阴凉的楼库中层仓间，仓间要具备通风、防潮、排潮、降温、密闭、遮光等条件和设施，要专库储存 2. 不宜在简易货棚储存，不得在露天货场存放，不要在有害气体和尘埃严重地区设置丝绸专库。 3. 适宜温度在25℃以下，最高不超过30℃，适宜相对湿度在60%～75%，最高不超过80%	应远离火源火种，起火时，可用水、二氧化碳灭火器扑救	保管期限一般为1年，最长不超过2年
4	家用电器	家用电器每件都由塑料罩套装，装入纸箱，箱内用软塑料泡沫加固，外部各种标志明显	怕潮湿、怕碰撞，怕震，怕侧置、倒置	1. 应储存在库房内，保持干燥、低温、通风；不可露天存放 2. 加强库房温、湿度管理，温度宜控制在30℃以下，相对湿度在75%以下 3. 不可与含水量大或有腐蚀性的物品混存 4. 堆码应牢固，不宜过高，轻装卸，防止碰撞，注意标志，防止包装破裂	初起火时，可用二氧化碳、干粉、1211灭火器扑救，尽量不用水；发生火灾时，可用水灭火	

（资料来源：窦志铭，白世贞. 物流商品养护技术. 北京：人民交通出版社，2004.）

3. 实习题

调查一个仓库的商品入库管理全过程，并撰写调研报告。

第 6 章

食品商品

◇ 本章学习目标 ◇

知识目标：认识食品知识对工作和生活的重要意义；了解食品概念和营养卫生及储藏知识，合理膳食。

技能目标：掌握常见食品的品种、品质特征，感官审评。

能力目标：能运用所学知识和方法对日常经营的食品进行质量评价、储藏管理和咨询服务。

引导案例

中国居民膳食指南

《中国居民膳食指南》（2011）强调“食物多样，谷类为主，粗细搭配”，建议“每天吃奶类、大豆或其制品”，还提出“常吃适量的鱼、禽、蛋和瘦肉”，这都是根据近年营养学的研究成果，为改善中国居民营养状况而提出的膳食措施。上述食物都是人体能量、蛋白质、多种维生素和矿物质的主要食物来源，缺少了这些食物，就必然造成居民营养素摄入不足或缺乏，如此则少年儿童的生长发育以及成人的营养状况将无从保证！所以，在有关平衡膳食的宣传中，应当按照《中国居民膳食指南》的要求，大力提倡“食物多样，谷类为主，粗细搭配”的平衡膳食原则，使人们在享受丰富食物的同时，汲取充足而合理的营养。

这一案例表明，人类为了维持正常的生命活动，保证生长发育和从事生产活动，必须摄取一定量的食物，这是人体健康的物质保证。食物多样，谷类为主，粗细搭配是根据中国民居营养状况而提出的膳食措施。因此，了解食品的有关知识，对工作和生活都具有重要的意义。

6.1 食品营养卫生

食品是指供人食用，具有人体所需的营养成分或能满足人们某种嗜好的天然产物及其加工制成品。像谷物、肉类、蛋类、乳及乳制品、果蔬等生活必需品，能给人提供各种营养成分，像茶、烟、酒等消费品能满足人们各种嗜好（茶、酒也具丰富营养），它们都是最常见的食品。

食品的使用价值是给人体提供营养或满足人们的某种嗜好。

6.1.1 食品的成分及营养

人体为了维持正常的生命活力，需要的营养成分很多，而这些成分人体不能合成和制造，必须从食物中摄取。所以，了解这些成分的类型、功能、来源等，对维持人体健康和延长人体寿命均是至关重要的。

食品中的成分主要是五大营养成分（糖类、蛋白质、脂肪、维生素、矿物质）和水。

1. 糖类

糖类是人体从食物中取得热量最经济和主要的来源，也是构成食品甜味的主要物质。人体摄入的各种成分，除水以外，以糖类的数量最多。但糖类在体内储存较少，约占人体比重的 2%，大多数糖类以能量形式被消耗掉。糖类的分子是由 C、H、O 三种元素组成的，且 H：O=2：1，与水的组成相同，故又称为碳水化合物。糖类按其化学结构的繁简，以及分子的大小和能否被水分解，可分为单糖、双糖和多糖 3 大类。

（1）单糖。它是分子结构最简单而且不能水解的糖类。单糖为结晶物质，一般无色，有甜味和还原性，易溶于水，不经消化过程就可被人体直接吸收利用。其分子式为 $C_6H_{12}O_6$，其中以葡萄糖、果糖和半乳糖对人体最为重要。

（2）双糖。它是由两个分子的单糖缩去了一个水分子后得到的化合物，水解后能生成两个分子的单糖。其多为结晶体而易溶于水，不能被人体直接消化吸收，必须经过酸和酶的作用分解成单糖后才能被人体吸收利用。和人们日常生活关系密切的有蔗糖、麦芽糖和乳糖，双糖分子式为 $C_{12}H_{22}O_{11}$。

（3）多糖。它是由若干单糖分子脱去水缩合而成的高分子化合物。一般不溶于水，无甜味。在酸和酶的作用下水解为单糖。多糖有能被人体消化吸收的，如淀粉、糊精、糖元等；也有不能被人体吸收的，如纤维素、半纤维素、果酸等。多糖的分子式为 $(C_6H_{10}O_5)_n$ 。

医学研究表明，糖类中的纤维素，虽不能被人体吸收，但能促进人体肠胃蠕动和消化腺的分泌，有助于正常的消化和排泄功能，使粪便在肠道中的滞留时间缩短，减少细菌及其毒素对肠壁的刺激。多吃含纤维素的食品（水果、蔬菜等），有利于防止痔疮、阑尾炎、大肠癌等。据报道，非洲人大多取食富含纤维素的食物，很少患有上述疾病；而欧洲人膳食中纤维素少，患上述疾病较普遍。纤维素还能以某种方式同饱和脂肪酸结合，从而阻止血浆中血胆固醇的形成。糖类一般存在于谷类、薯类等植物性食品中，而动物性食品中含量较少。

2. 蛋白质

蛋白质是构成生命的基础物质，“没有蛋白质就没有生命现象”。蛋白质是一种高分子化合物，组成蛋白质的主要元素是 C、H、O、N、S 等。由于蛋白质种类不同，其元素的组成与含量也不完全相同，蛋白质中含氮的比例一般为16%，故又称为含氮物。

蛋白质分子结构复杂，其水解后的最终产物为氨基酸，故蛋白质是由许多氨基酸分子缩合而成的高分子化合物。通常人体摄入各种植物、动物蛋白质后，先在体内分解为氨基酸，然后这些氨基酸再合成人体所需的蛋白质。

食品中的天然蛋白质含有20多种氨基酸，其中有8种（婴儿9种）在人体内无法合成或转化，必须从食物中摄取。若食物中缺乏这些氨基酸，人就得不到全面的营养，就会影响肌体的正常发育，因此这些氨基酸被称为人体必需氨基酸。人体必需氨基酸有色氨酸、赖氨酸、苯丙氨酸、亮氨酸、异亮氨酸、苏氨酸、蛋氨酸、缬氨酸（婴儿外加组氨酸）等。按蛋白质中所含氨基酸的不同，蛋白质可分为以下几种。

（1）完全蛋白质。完全蛋白质含有人体所需的全部必需氨基酸，且各种氨基酸的比例适当，符合人体需要的蛋白质。膳食中有了此类蛋白质，就可维持身体健康和促进生长发育。如乳、蛋、大豆、瘦肉、鱼、虾中所含蛋白质。

（2）半完全蛋白质。半完全蛋白质含有人体所需全部必需氨基酸，但氨基酸的比例不大适合人体需要的蛋白质。其营养价值稍低，若膳食中只有此种蛋白质，则只能维持生命，不能促进人体的正常生长发育，使人体的身高、体重，甚至智力都低于正常水平。如麦、米、土豆、干果中所含蛋白质。

（3）不完全蛋白质。不完全蛋白质是所含必需氨基酸种类不全的蛋白质。若只摄入此类蛋白质，则会危及健康。如玉米、豌豆、肉皮、蹄筋、鱼翅中所含蛋白质。

一般来说，动物性食品比植物性食品中所含完全蛋白质多。因此，为了获得完全蛋白质，必须发挥蛋白质的“互补作用”，即将两种以上食物混合或先后（相隔不超过5小时）食用，则食物中的蛋白质可以相互补充所缺乏的或含量不足的氨基酸，从而提高混合食物中蛋白质的营养价值。发挥蛋白质“互补作用”的原则是：食物的种类要多；食物的种属越远越好，如荤素搭配比单纯素食好；最好混合食用，先后食用时间间隔要短。

3. 脂肪

脂肪是一种高能量的营养成分，也是人体重要的组成部分，是由 C、H、O 三种元素化合而成的高分子物，但脂肪所含C、H的比例高于糖类，而O的比例要少。脂肪不溶于水，在酸、碱或酶的作用下可分解为一个甘油分子和三个脂肪酸分子，故又被称为“三酸甘油酯”或“甘油三酸”。甘油对于人体无营养价值，对人体有用的部分为脂肪酸。

（1）脂肪酸的分类。脂肪酸可分为饱和脂肪酸和不饱和脂肪酸。

1）饱和脂肪酸，其碳链上不存在不饱和双键，性能较为稳定。

2）不饱和脂肪酸，其碳链上存在一个至若干个不饱和双键，性能不稳定，易发生化学反应。

在油脂中，凡含不饱和脂肪酸较多的，常温下呈液态，通常称为油；含饱和脂肪较多的，常温下呈固态，则称为脂。一般植物油在常温下呈液态，含不饱和脂肪酸较多，故营养价值高于动物油。脂肪的消化率与其熔点有关，若熔点低于人体体温，则易吸收；反之则难吸收，即脂肪的熔点越低，消化率就越大。

（2）脂肪的营养功能。提供热能，储藏能量；构成体脂及保护作用；提供必需脂肪酸，调节生理机能；促进脂溶性维生素的吸收。

脂肪中含有30多种脂肪酸，其中有3种是人体必需且人体内不能自行合成的，必须从食物中摄取，称为必需脂肪酸。必需脂肪酸有3种，即亚油酸、亚麻酸和花生四烯酸，均为不饱和脂肪酸。不饱和的必需脂肪酸，是构成人体细胞膜和细胞内结构的必要成分，对人体有重要的生理功能。一般成人每天需要能产生1 000卡路里热量的必需脂肪酸2克，缺少后会发生皮肤病、鳞屑性皮炎、毛发脱落、抵抗力减弱、伤口愈合慢，婴幼儿则会生长发育迟缓。体内缺少必需脂肪酸，易造成胆固醇与饱和脂肪酸结合，沉积在体内组织器官与血管壁，引起动脉粥样硬化。

需要指出的是，脂肪摄入量过多，会抑制胃液分泌和胃的蠕动，引起食欲不振和胃部不舒服；肠内脂肪过多会刺激肠壁，妨碍吸收功能而引起腹泻；同时体内脂肪过多易得肥胖病。

脂肪的来源主要是动、植物油脂，肥肉和坚果，如核桃、花生、瓜子。部分油料，如大豆、芝麻也是脂肪的部分来源。脂肪吸湿后或在日光和氧的作用下，会发生酸败现象，使脂肪失去食用价值。

4．维生素

维生素的英文名称为“Vitamin”，来自拉丁文的“Vita”，即“生命”之意，又音译为“维他命”。维生素是人和动物维持生命和生长发育所必需的一类营养物质，是活细胞维持正常生理功能所必需而需要量又极微的天然低分子有机物。

维生素虽不能为人体提供热量，在生理上需要量也很少，但它们对体内营养成分的消化和吸收，对体内能量的转变和正常的生理活动都具有十分重要的功能。当肌体缺乏某种维生素时，就会导致新陈代谢某个环节的障碍，影响正常生理功能，甚至引起“维生素缺乏症”。故缺少哪一种维生素，都会给健康带来危害，但摄入量过多，反而会引起中毒。绝大多数维生素均存在于天然食物中，在人体内不能自行合成，必须从饮食中摄取。

维生素是一类化学性质极不相同的低分子有机物，可以分为以下两类。

（1）脂溶性维生素。其不溶于脂肪和有机溶剂中，多存在于食品的脂肪组织中。脂溶性维生素超过人体的需要量，就会在体内储存起来，故其既有缺乏症，又有过多症。脂溶性维生素主要有维生素A及A原、维生素D、维生素E、维生素K等。

（2）水溶性维生素。其溶于水而不溶于脂肪，吸收后在体内储存很少，过量的维生素从尿中排出，故水溶性维生素需随时提供。其一般只有缺乏症而无过多症。水溶性维生素在许多食品中广泛存在，主要有B族维生素，如维生素B_1、维生素B_2、维生素B_3、维生素B_6、维生素B_{12}、维生素B_{15}和维生素H、维生素P、维生素C等。

目前，已知人体所需的维生素约30种，除某些B族维生素和维生素K能在体内合成外，大多数必须由食品中摄取。我国传统的膳食以谷类和蔬菜为主，动物性食品摄入较少，故容易引起维生素A、D、B_2的缺乏。不良的饮食习惯会导致各种维生素缺乏，不合理的烹调方法会使食品中的维生素损失或丧失，引起各种维生素缺乏。因此，日常生活中人们应从各个方面努力，确保摄入各类和数量充足的维生素。

5. 矿物质

矿物质属无机成分，又称无机盐，食品经高温煅烧而残留的灰分中所含的各种元素，均称为矿物质。矿物质也是人体所需营养素之一。

矿物质，按其在人体组织中所占的比例大小可分为：① 常量元素，含量占0.01%以上，如钙、镁、钾、钠、磷、氯、硫等；② 微量元素，含量占0.01%以下，如铁、碘、铜、锌等；③ 超微量元素，含量极微，以微克（μg）表示，如铅、汞、金、镭等。

常量元素人体需要得最多。某些微量和超微量元素，虽为人体生理所必需，但超过一定量却有害于健康。矿物质是调节人体生理功能和维持体内酸碱平衡的成分之一。矿物质在人体内含量并不多，占人体重量的4%～5%，但对人体有重要作用。

相关链接 6-1

健康提示：饮食补钙有讲究 四个误区要避免

饮食补钙有讲究

（1）喝牛奶。牛奶、奶粉、乳酪和豆类及豆制品中钙含量最为丰富，人体也容易吸收，是补钙的最佳食物来源，但要注意：饮用牛奶若要加热，至70℃即可。加温时间长、温度过高不利于保存营养，另外，还会造成钙质沉淀，影响吸收。喝牛奶时，最好少加糖。早晨不要空腹喝牛奶，否则，牛奶蛋白质会代替碳水化合物而被消耗掉。牛奶与巧克力不宜混吃。晚上喝牛奶较为适宜，因午夜时人体处于低血钙状态，晚上喝牛奶可以补充血钙不足，预防骨质疏松。

（2）加点醋。烹饪富含钙的食物如虾皮、骨头、牡蛎、海藻类、田螺、泥鳅、黑木耳、金针菜等时，应适当放点醋，有助钙质溶解，利于人体吸收与利用。烹饪时还应该注意的一个问题是植物中的草酸和植酸会与钙质结合形成不溶性的钙盐，使钙无法吸收。事实上，膳食中的草酸和植酸是很容易溶于开水的，像菠菜、苋菜、茭白等，烹调前应该事先焯水，这样做可以除去80%左右的草酸和植酸。另外，常吃点含柠檬酸的水果，如柠檬、柑橘、梅子等，也有助于钙的吸收。

（3）多吃鱼。补钙宜配合富含维生素D的食物，如海鱼、动物肝脏、蛋黄和瘦肉。如果没有维生素D参与，人体对膳食中钙的吸收还达不到10%。

（4）低油、少盐。高脂肪食物，如较肥的畜禽肉、油炸食品等会抑制钙吸收。钠摄入量高，人体就会减少对钙的吸收，因此，补钙时应该控制食盐的摄入。

补钙误区要避免

人生的每个阶段都需要钙质的支持。补钙，既可以从食物中摄取，也可以从补钙产品中摄取。下面介绍如何分清补钙误区。

（1）选择保健品补钙更安全。

专家：保健品没标不良反应≠无不良反应。

作为具有治疗和预防作用的药品，它一定要标明适应症，明确治疗的作用，以及不良反应。建议选择钙剂时，选择标有（OTC）非处方药的比较安全。相对药品而言，保健品只能起到保健、辅助治疗的作用。同时，保健品一般没有标明不良反应的症状，但并不代表完全没有不良反应。

（2）液体钙更利于吸收。

专家：钙剂溶解度高≠吸收快。

液体钙剂溶解度好并不代表吸收快，主要看钙剂里维生素D的含量，维生素D能促进小肠黏膜吸收钙和肾小管对钙的重吸收。不同形态的钙，最终均以钙离子的形式被肠道吸收，钙剂溶解度高并不代表吸收快。

（3）补钙引起便秘是通病。

专家：补钙安排在两餐之间最合理。

补钙容易便秘的人，可以多喝水。补钙的时间最好安排在两餐之间，此时，食物对它的影响较小。适当的运动，增加胃肠蠕动也有效减少便秘。

（4）补钙同时多进食蔬菜。

专家：大量摄入纤维素会抑制钙吸收。

需要注意的是，钙与纤维素容易结合成不易吸收的化合物。过多进食富含纤维素的食物会抑制钙的吸收。

牛奶、鸡蛋含有丰富的蛋白质、钙质，两者都是补钙佳品。但是如果两者同时进食，却会妨碍钙的吸收，长期食用还会诱发乳碱综合征。服用钙剂时应避免进食过于油腻的食物，大量饮用含酒精或咖啡因的饮料，以及大量吸烟也会抑制钙剂的吸收。

很多人很重视从摄入的食物中补钙，但是，有的人补钙效果却不理想。其中，很大一部分原因是人们不懂得补钙的诀窍。因为要提高膳食钙的吸收率，烹饪是非常重要的因素。

（资料来源：健康提示：饮食补钙有讲究 四个误区要避免. 中央政府门户网站，2010-2-9）

6. 水

水是人体的重要组成部分。水对人体无直接营养，但人的一切生理活动均离不开水。普通成人中的水分含量占体重的 55%～65%，分布在人体的各组织器官中。人体中如果损失了 20%的水，便无法维持生命。

（1）食品中的水分。各种食品都有其特定的水分含量，因此才显示出它们各自的色、香、味、形等特征。水对食品的新鲜度、硬度、流动性、呈味性、保藏性、加工等方面均有重要影响，水也是微生物繁殖的因素。水的溶解力强，大多数有机物均能溶于水中，即使不能溶于水的物质（如脂肪等）也能在适当条件下分散在水中。

（2）食品中水的存在形态。食品中水的存在形态有两种：结合水（束缚水）、自由水（游离水）。

1）结合水（束缚水）。其与食品中的胶体物质（蛋白质、脂肪等）以氢键相结合，受胶体物束缚，一般很少发生变化，其性质不同于普通水。结合水比重大于普通水，不易结冰，冰点为–40℃；不能溶解可溶性物质；蒸汽压低，在 100℃以下不能从食物中分离出来；不能被微生物所利用。当结合水被强行与食物分离时，则食品的风味、质量就会改变。

2）自由水（游离水）。它是食品中不与胶体物质结合的水，以游离状态存在于食品细胞内外，可用简单的加热方式把它从食品中分离出来。自由水性质同普通水，冰点为 0℃，

100℃沸腾，在干燥情况下通过毛细管的作用可以散发而减少；在潮湿环境下可因吸水而增加。能被微生物所利用，食品重量损耗即其所致。含有大量自由水的食物（水果、菜、肉等），在冻结后细胞结构被冰晶所破坏，解冻后组织立即崩溃而放出大量自由水。

由于自由水能给食物中的微生物繁殖提供合适的环境，因而为防止食物的腐败，延长保存期，就要设法减少食品中的自由水的含量，以获得良好的储存效果。通常，人们用水分活度（Aw）直接反映食品储存的安全条件，即

$$Aw = \frac{P}{P_0}$$

式中，P 为溶液中水的蒸汽压；P_0 为纯水的蒸汽压。由于自由水中含有有机物和无机盐，故 $P<P_0$，即 $Aw<1$。某些食品适合微生物发育的 Aw 值如表 6-1 所示。

表 6-1　某些食品适合微生物发育的 Aw 值

食品名称	Aw	微生物名称
鲜鱼、水果	0.98	
灌肠	0.90	一般细菌
15%腌制品	0.88	酵母菌
含有 15%～17%的豆类、米等	0.80	霉菌、金黄色葡萄菌
果酱、某些点心	0.75	好盐性细菌
面粉	0.65	耐干性霉菌
干果、蜜饯	0.60	耐浸透性酵母菌
饼干	0.33	

Aw 的大小反映了食品中自由水可被微生物利用的程度，Aw 越大，越易被微生物利用，则食品易腐败变质。可通过干燥或人工冷藏降低食品的 Aw 值。

案例分析 6-1

营养标签标准

食品营养标签是向消费者提供食品营养信息和特性的说明，也是消费者直观了解食品营养组分、特征的有效方式。根据《食品安全法》有关规定，为指导和规范我国食品营养标签标示，引导消费者合理选择预包装食品，促进公众膳食营养平衡和身体健康，保护消费者知情权、选择权和监督权，卫生部在参考国际食品法典委员会和国内外管理经验的基础上，组织制定了《预包装食品营养标签通则》（GB 28050—2011，以下简称“营养标签标准”），于 2013 年 1 月 1 日起正式实施。

（资料来源：《预包装食品营养标签通则》（GB 28050—2011 ）问答.中华人民共和国卫生部网站，2012-7-9）

问题：预包装食品实施营养标签标准与食品质量和帮助消费者科学选购食品有何关系？对你科学安排日常膳食有哪些帮助？

6.1.2 食品安全

《食品安全法》第二十八条规定 禁止生产经营下列食品：用非食品原料生产的食品或者添加食品添加剂以外的化学物质和其他可能危害人体健康物质的食品，或者用回收食品作为原料生产的食品；致病性微生物、农药残留、兽药残留、重金属、污染物质及其他危害人体健康的物质含量超过食品安全标准限量的食品；营养成分不符合食品安全标准的专供婴幼儿和其他特定人群的主辅食品；腐败变质、油脂酸败、霉变生虫、污秽不洁、混有异物、掺假掺杂或者感官性状异常的食品；病死、毒死或者死因不明的禽、畜、兽、水产动物肉类及其制品；未经动物卫生监督机构检疫或者检疫不合格的肉类，或者未经检验或者检验不合格的肉类制品；被包装材料、容器、运输工具等污染的食品；超过保质期的食品；无标签的预包装食品；国家为防病等特殊需要明令禁止生产经营的食品；其他不符合食品安全标准或者要求的食品。

预包装食品包装上的标签应当标明食品名称、规格、净含量、生产日期；成分或者配料表；生产者的名称、地址、联系方式；保质期；产品标准代号；储存条件；所使用的食品添加剂在国家标准中的通用名称；生产许可证编号；法律、法规或者食品安全标准规定必须标明的其他事项。天然食品本身所含的有害物质很少，对人体危害不大，但食品从种植、生长到收获，从生产、加工、储存、运输、销售到食用前的各个环节中都有可能使某些有毒有害物质进入食品，从而导致食品的卫生质量降低，对人体造成极大的危害。食品中的有毒有害物质，一般分为两类：一类是有毒物质，另一类是病原微生物。食品中有毒有害的物质，有的来源于食品本身，有的来源于各种污染。

1. 食品自身产生的毒素

有的天然食品，本身就含有毒素，如河豚的肝、血、卵等含有河豚毒素；苦杏仁、木薯块根中含有氰甙类毒素；土豆发芽后会产生龙葵素；死亡后的鳝鱼、鳖、河蟹的体内含有组胺毒素等。故食用时一定要加以注意。

小思考 6-1

食品中的有毒有害物质均来源于各种污染吗？

2. 食品的各种污染

污染食品的有害物质按其性质大体上可分为生物性污染、化学性污染及放射性污染三种。

（1）生物性污染。食品的生物性污染，是指食品在生产、运输、储藏、销售等各个环节中，受到致病微生物和寄生虫、卵的污染。污染食品的微生物主要是细菌及其毒素、霉菌及其毒素。微生物污染食品后，在适宜的条件下大量繁殖，使食品产生一系列复杂的变化，降低或失去食用价值。某些微生物还可能产生各种危害人体健康的代谢产物即毒素，导致人体患上各种疾病，严重时导致人体死亡。如黄曲霉毒素就是一种常见的霉菌代谢产物，它的毒性极大，会破坏人体肝脏的功能，诱发各种癌症，是人类的大敌。

通过污染食品而危害人体的寄生虫及虫卵主要有囊虫、蛔虫、绦虫、肝吸虫、肺吸虫、旋毛虫等。病人、病畜排出的带有寄生虫卵的粪便污染水源或土壤，由此再使家畜等动物及水果、蔬菜受到感染或污染，或直接污染食品，导致人类患上寄生虫病。

能造成污染的昆虫主要有粮食中的甲虫、螨类和蛾类，以及动物性食品和某些发酵食品中的蝇、蛆等。在储藏条件差、缺少防虫设备时，食品很容易受到昆虫污染，滋生出各种有害物质，使食品的营养价值降低或丧失。

防止食品生物性污染，主要是加强食品的卫生管理和监督，提高食品卫生的科学管理水平，创造一个适宜的食品储藏环境。

（2）化学性污染。化学性污染是指食品在生产、加工、运输、储藏、销售等各个环节中被某些化学有害物质污染。主要有以下几种。

1）农药污染。适当地使用农药，是消灭农作物病虫害和杂草、保证农产品丰收的一项重要措施。但是，广泛、过量使用农药、化肥、杀虫剂、除草剂、动植物生长剂等致使一些有害成分进入食品中而对食品造成了污染。

农药对食品的污染主要通过如下途径：农药喷洒于农作物后渗入植物体内；农药散落在土壤中后通过农作物根部吸入植物体内；农药污染农作物茎秆和牧草，再做饲料喂养家畜和家禽；农药通过水源进入农作物或人体内。目前，对人体危害最大的农药为有机氯农药，尽管许多国家已停止使用这类农药，但因其不易分解、残效期长而在土壤和人体中积累，故仍可能污染食品。为了防止农药对食品的污染，国家对农药使用的种类和用量都有严格的限制，有效地控制了食品的污染。

2）重金属对食品的污染。重金属是污染食品的又一途径，重金属主要是工业生产中不适当地排出的废气、废水和废渣即工业的“三废”，对人体危害较大的重金属有汞、镉、砷、铅等。

重金属进入人体后，与蛋白质结合形成不溶性盐而使蛋白质变性，使人体出现各种中毒症状。汞化合物会进入人体血液中，并与血红素结合，然后进入脑组织而引起脑中毒，使人乏力、头晕、失眠，肢体末梢、嘴唇、牙根麻木和刺痛，语言不清，视力模糊，记忆力衰退，严重时会导致痉挛而死亡。镉对人体的危害主要是损害肾小管上皮细胞，减弱人体呼吸功能，使钙及其他成分从尿中排出，导致骨钙析出，骨质疏松。砷对人体的危害是破坏体内酶的活性而引起代谢紊乱，从而导致神经系统、微血管及其他系统功能病变。铅对人体的危害主要是对神经系统、造血系统和消化系统造成不良影响。

3）添加剂对食品的污染。食品添加剂是为改善食品品质和色、香、味，以及为防腐和加工工艺的需要而加入食品中的化学或天然物质。

由于添加剂多系化学物质，这些物质不一定具有营养价值，有的还具有一定的毒性，对添加剂使用不当或采用不合乎卫生要求的食品添加剂会使有害物质进入食品中，如长期大量摄入，可能会产生一定的毒害作用。如防腐剂苯甲酸可引起过敏性哮喘；发色剂亚硝酸盐可与蛋白质代谢的中间产物——仲胺生成亚硝胺，亚硝胺是一种强致癌物。

食品中的添加剂主要有防腐剂、抗氧化剂、发色剂、漂白剂、凝固剂、疏松剂、着色剂、香精等。食品中的添加剂有天然与人工合成两种，对于食品添加剂允许使用的种类，我国有严格的国家标准。

（3）放射性污染。放射性污染的主要来源有两种：一是来自宇宙射线和地壳中的放射性物质，即天然的放射性污染；二是来自核试验及和平利用原子能产生的放射性物质，即人为的污染。目前食品中放射性物质的实际污染情况，以铯^{137}和锶^{90}最为严重。特别是锶^{90}，半衰期较长，多蓄积于骨内，影响造血器官，且不易排出，对人体有严重危害。某些海产动物，如软体动物能蓄积特别危险的锶^{90}。

案例分析 6-2

绿色食品

绿色食品是指无污染、安全、优质、营养类的食品。绿色食品分为 A 级和 AA 级。食品若要冠以“绿色”二字，在生产、加工食品的过程中，必须具备以下条件和要求。

（1）产品或产品原料的生产地必须符合绿色食品的生态环境标准，如大气、土壤、水源需由省级环境检测部门检测。大气质量达到国家一级标准，水源的水质达到国家二级标准，土壤达到国家卫生标准。

（2）农作物种植、畜禽饲养、水产养殖及食品加工必须符合绿色食品的生产操作规程。如农作物栽培过程中，农药和化学肥料的使用量，必须限制在不对环境和农产品质量产生不良后果的用量以内，不使农副产品中毒残留进入人体；食品加工过程中，防止二次污染，不得使用添加剂、化学色素等。

（3）产品必须符合绿色食品质量标准和国家卫生标准。如粮食类，国家卫生标准只检测 10 项指标，而绿色食品要检测农药残留量、重金属含量等 21 项指标。

问题：查阅有关资料，分析比较绿色食品、有机食品、无公害农产品三者的特点。

相关链接 6-2

食品安全溯源体系

食品安全溯源体系，最早是 1997 年欧盟为应对“疯牛病”问题而逐步建立并完善起来的食品安全管理制度。这套食品安全管理制度由政府进行推动，覆盖食品生产基地、食品加工企业、食品终端销售等整个食品产业链条的上下游，通过类似银行取款机系统的专用硬件设备进行信息共享，服务于最终消费者。一旦食品质量在消费者端出现问题，可以通过食品标签上的溯源码进行联网查询，查出该食品的生产企业、食品的产地、具体农户等全部流通信息，明确事故方相应的法律责任。此项制度对食品安全与食品行业自我约束具有相当重要的意义。

食品安全溯源体系的建立有赖于物联网相关的信息技术。具体是通过开发出食品溯源专用的各类硬件设备应用于参与市场的各方并且进行联网互动，对众多的异构信息进行转换、融合和挖掘，实现食品安全追溯信息管理，完成食品供应、流通、消费等诸多环节的信息采集、记录与交换。相关技术。国内现行的食品安全溯源技术大致有三种：一种是 RFID 无线射频技术，在食品包装上加贴一个带芯片的标识，产品进出仓库和运输就可以自动采集和读取相关的信息，产品的流向都可以记录在芯片上；一种是二维码，消费者只需要通过带摄像头的手机拍摄二维码，就能查询到产品的相关信息，查询的记录都会保留在系统内，一旦产品需要召回就可以直接发送短信给消费者，实现精准召回；还有一种是条码加上产品批次信息（如生产日期、生产时间、批号等），采用这种方式食品生产企业基本不增加生产成本。

国内状况。我国食品安全问题不断爆发，食品溯源体系建设在我国越来越受到关注和重视，被公认是管理和控制食品安全问题的重要手段，它最显著的特点应该说就是事前防范监管重于事后惩罚。我国已开始在食品种养殖和生产加工领域逐渐推广应用“危害关键控制点分析（HACCP）”、“良好农业规范（GAP）”、“良好生产规范（GMP）”等食品安全控制技术，以此来提高食品安全监控水平。在食品溯源体系中，资料的完整、系统地记录对于实现可追溯特别重要，比如乡土乡亲为农产品的整个生长过程建立的完整地生长履历，详细记录农药、化肥使用及一些重要农事操作，并真实透明地展现给消费者，改善食品的信息不对称现状，有助于促进食品安全。但目前我国整体上食品安全追溯技术体系仍然不尽完善，一旦食品安全出现问题，很难实施有效跟踪与追溯，进行控制和召回，这一问题有待进一步解决

国外状况。食品溯源制度是食品安全管理的一个重要手段。由于现代食品种养殖、生产等环节繁复，食品生产加工程序多、配料多，食品流通进销渠道复杂，食品生产、加工、包装、储运、销售等环节都可能引起食品卫生安全问题，出现食品安全问题的概率大大增加。为了严格控制食品质量，发达国家的食品安全监管强调从农田到餐桌的整个过程的有效控制，并且在全程监管的基础上实行食品溯源制度。全球已有40多个国家采用相关系统进行食品溯源，特别是英国、日本、法国、美国、澳大利亚等国，均取得了显著成效。

6.2 粮油商品

6.2.1 粮油商品的特征与分类

1. 粮油商品的特征

粮食是人类生存和发展的最基本的生活资料。粮油子粒在脱离植株之后仍然保持一定的生命活动。在储藏与经营过程中，要发生生理性、生化性变化，如有氧呼吸、后熟、生芽、陈化等。一方面，这些变化对维持粮油商品的新鲜度、改善粮油商品的品质有利；另一方面，这种生命力的维持，又是以消耗粮油商品本身的营养物质为基础的，因此会造成粮油子粒干物质的损耗，也易引起发热霉变。要做到既能维持粮油子粒的生命力，为广大消费者提供新鲜可口的粮油食品，又能控制其生命力的活动，保持粮油商品的相对稳定状态，减少粮油损失，这是粮油商品经营工作的重要任务。

2. 粮油商品的分类

粮油商品分类方法很多，一般根据商业经营情况，按粮油植物学科属或主要性状、用途分为七大类。

（1）原粮。原粮也称自然粮。一般是指经过收割、脱粒，而尚未碾磨加工带有皮壳的粮谷，包括禾谷类、豆类和薯类，也包括甘薯、马铃薯、木薯等。

（2）成品粮。成品粮是将原粮经过加工后脱去皮壳或磨成粉状的粮食，主要包括大米、

小麦粉、燕麦粉、黑麦粉、玉米粉、高粱米、小米、黍米、稷米、荞麦粉、薯干等。

（3）油料。油料是指抽取植物油脂的原料，按原料来源分为草本油料和木本油料两类。

（4）油脂。油脂即用植物油料制取的油脂。通常按是否可供食用分为食用油脂和非食用油脂两类。

（5）粮油加工副产品。粮油加工副产品主要指粮食、油料在加工成品过程中分离出的非成品部分。

（6）粮食制品。粮食制品主要指以粮食为主要原料加工制作的食品，一般可分为普通米面制品、方便食品、强化食品、膨化食品、熟食品等。

（7）综合利用产品。综合利用产品主要指利用粮食加工副产品生产的产品。利用粮食加工副产品可以生产糖、酒、油及多种化工用品、医药等；利用油料加工副产品可以生产高蛋白质食品、磷脂类食品及多种化学用品和医药等。

另外，粮食还可以按习惯分为主粮和杂粮、粗粮和细粮、夏粮和秋粮、贸易粮等。

6.2.2 稻谷

稻是禾本科、稻属的作物，稻的果实称为稻谷，稻谷是世界上重要的谷物和商品粮之一。

1. 分类

（1）按生长要求的水分条件分类。按稻谷生长要求的水分条件分为水稻和陆稻（旱稻）。水稻适于水田生长，陆稻适于旱地生长，水稻比陆稻产量高、口味好。我国栽培的主要是水稻，陆稻栽培面积不到稻谷面积的 2%。

（2）按生长期和收获季节分类。按稻谷生长期和收获季节分为早稻、中稻和晚稻。早稻生长期为 80～120 天，多在 7 月收获；晚稻生长期为 150～180 天，多在 11 月收获。两者米粒特征相差较大，早稻腹白较大，硬质粒少；晚稻则腹白较小或无腹白，硬质粒较多，粒质优于早稻。中稻生长期为 120～150 天，初秋收获，米质介于早、晚稻之间。

（3）按米形和粒质分类。国家标准 GB 1350—2009 中，稻谷按粒形和粒质分为早籼稻谷、晚籼稻谷、粳稻谷、籼糯稻谷、粳糯稻谷五类。

1）早籼稻谷。生长期较短、收获期较早的籼稻谷，一般米粒腹白较大，角质粒较少。

2）晚籼稻谷。生长期较长、收获期较晚的籼稻谷，一般米粒腹白较小或无腹白，角质粒较多。

3）粳稻谷。粳型非糯性稻谷的果实，子粒一般呈椭圆形，米质黏性较大、胀性较小。

4）籼糯稻谷。籼型糯性稻的果实，糙米一般呈长椭圆形和细长形，米粒呈乳白色，不透明，也有呈半透明状（俗称阴糯）的，黏性大。

5）粳糯稻谷。粳型糯性稻的果实，糙米一般呈椭圆形，米粒呈乳白色，不透明，也有呈半透明状（俗称阴糯）的，黏性大。

籼稻和粳稻是不同生态类型的稻谷品种，耐寒性差别较大，一般粳稻比籼稻耐寒。籼、粳、糯稻谷在外形及米粒特征上有许多不同（见表 6-2）。

表 6-2　籼、粳、糯稻谷特征比较

种类＼项目特征	粒形	茸毛	芒	米外观	饭的胀性	饭的黏性	直链淀粉含量（%）
籼稻	长椭圆 细长	稀短	无或短	灰白无光	大	小	25%以上
粳稻	椭圆	密长	常有	蜡白有光透明 半透明	小	较大	20%以下
糯稻	长椭圆/椭圆或细长	稀短 密长	无或有	不透明/乳白 无光	小	大	无

稻谷的国家标准中，各类稻谷允许混有其他类稻谷的限度为 5.0%；各类稻谷中黄粒米不超过 1.0%；各类稻谷中谷外糙米不超过 2.0%。

2．质量指标

（1）国家标准。国家标准 GB 1350—2009 规定，各类商品稻谷共分五个等级，出糙率低于 5 等的稻谷为等外级。早籼稻谷、晚籼稻谷、籼糯稻谷、粳稻谷、粳糯稻谷的具体质量指标，如表 6-3 和表 6-4 所示。

表 6-3　早籼稻谷、晚籼稻谷、籼糯稻谷质量指标

等级	出糊率（%）	整精米率（%）	杂质含量（%）	水分含量（%）	黄粒米含量（%）	谷外糙米含量（%）	互混率（%）	色泽气味
1	≥79.0	≥50.0	≤1.0	≤13.5	≤1.0	≤2.0	≤5.0	正常
2	≥77.0	≥47.0						
3	≥75.0	≥44.0						
4	≥73.0	≥41.0						
5	≥71.0	≥38.0						
等外	<71.0	不要求						

表 6-4　粳稻谷、粳糯稻谷质量指标

等级	出糊率（%）	整精米率（%）	杂质含量（%）	水分含量（%）	黄粒米含量（%）	谷外糙米含量（%）	互混率（%）	色泽气味
1	≥81.0	≥61.0	≤1.0	≤14.5	≤1.0	≤2.0	≤5.0	正常
2	≥79.0	≥58.0						
3	≥77.0	≥55.0						
4	≥75.0	≥52.0						
5	≥73.0	≥49.0						
等外	<73.0	不要求						

（2）项目解释。

1）出糙率。稻谷出糙率是指稻谷脱胎壳后的糙米质量（其中不完善粒折半计算）占试

样重量的百分率。出糙率体现稻谷的主要使用价值。成熟、饱满、壳薄的稻谷，出糙率较高。

2）整精米。糙米碾磨成精度为国家标准一等大米时，米粒产生破碎，其中长度仍达到完整精米粒平均长度的 4/5 以上（含 4/5）的米粒。

3）杂质。稻谷中的杂质是指通过 2.0 圆孔筛的筛下物，包括泥土、沙石、砖瓦块及其他无机杂质，以及无使用价值的稻谷粒、异种粮粒及其他有机杂质。

4）黄粒米。黄粒米是指胚乳呈黄色，与正常米粒色泽明显不同的颗粒。黄粒米形成的原因是多方面的，微生物作用及粮食陈化中的生化变化等均可引起米粒变黄。黄粒米不但影响商品的外观品质，而且营养品质差，还可能带有真菌毒素。

5）谷外糙米。稻谷由于机械损伤等原因形成的糙米粒。

6）互混：籼粳稻谷互混，籼糯稻谷互混。

7）色泽、气味。色泽、气味是指一批稻谷固有的综合色泽和气味，它是稻谷正常品质的体现。稻谷国家标准中，均要求色泽、气味正常。

（3）相关规定。

1）食用稻谷按《粮食卫生标准》、饲料用稻谷按《饲料卫生标准》有关规定执行。

2）应在包装物上或随行文件中注明产品的名称、类别、等级、产地、收获年度和月份。

3）包装应清洁、牢固、无破损，缝口严密、结实，不应撒漏，不应带污染或异常气味。

4）应储存在清洁、干燥、防雨、防潮、防虫、防鼠、无异味的仓库内，不应与有毒有害物质或水分较高的物质混存。

5）应使用符合卫生要求的运输工具和容器运送，运输过程中应注意防止雨淋和被污染。

本标准适用于稻谷的收购、销售、调拨、储存、加工和出口。

案例分析 6-3

大米的储藏特性

大米不耐储藏。因无皮层保护，胚乳外露，易受外界湿热影响和虫霉危害，陈化速度快。所以，我国大米一般以销定产或短期储藏。含糠粉和碎米多的大米，极易吸湿生霉、发热，特别是夏季加工的大米更难储藏。大米陈化后，外观有明显变化，粒面残留皮层浮起（脱糠），胚部变色，两侧沟纹呈白色或灰白色（起筋）、无光泽，有陈米气，蒸煮米饭松散，发酸变苦等。

问题：针对大米储藏特性，讨论大米安全储藏的措施。

6.2.3 小麦

1. 小麦分类

（1）按播种期分类，可分为冬小麦和春小麦。

1）冬小麦。秋后播种，来年夏季收获，生长期一般为 180 ~ 280 天。冬小麦的粒形多为短圆丰满，麦毛较细，腹沟较浅，皮色较淡，工艺品质好。

2）春小麦。春季播种，当年夏季或秋季收割。春小麦粒形较瘦长，腹沟较深，麦毛较长，皮色较深，工艺品质较差。

（2）按粒质分类，可分为硬质麦、软质麦和混合麦。硬度指数大于等于60的为硬质麦，小于等于45的为软质麦，介于两者之间的为混合麦。硬质麦的皮薄易脱落，麦毛短细不明显，出粉率高，蛋白质含量高，筋力大。软质麦的皮较厚，麦毛粗长且明显，出粉率低，蛋白质含量低，筋力小。

（3）按粒色分类，可分为白麦和红麦两类。白麦种皮为白色、乳白色或黄白色，一般种皮较薄，出粉率高，品质较好。红麦种皮为深红色或红褐色，种皮较厚，出粉率较低，品质较差。

（4）根据小麦的皮色、粒质分类。国家标准 GB1351—2009 规定，根据小麦的皮色、粒质分为5类：① 硬质白小麦，即种皮为白色或黄白色的麦粒不低于90%，角质率不低于70%的小麦；② 软质白小麦，即种皮为白色或黄白色的麦粒不低于 90%，粉质率不低于70%的小麦；③ 硬质红小麦，即种皮为深红色或红褐色的麦粒不低于90%，角质率不低于70%的小麦；④ 软质红小麦，即种皮为深红色或红褐色的麦粒不低于90%，粉质率不低于70%的小麦；⑤ 混合小麦，即不符合上述各条规定的小麦。⑥ 其他类型小麦的分类方法另行规定。

2. 质量指标

（1）国家标准。国家标准（GB1351—2009）规定，各类小麦按容重分为五等，低于五等的小麦为等外小麦。等级指标及其他质量指标如表6-5所示。

表6-5 小麦质量指标

等 级	容重（g/L）	不完善粒（%）	杂质（%）		水分（%）	色泽、气味
			总量	其中：矿物质		
1	≥790	≤8.0	≤1.0	≤0.5	≤12.5	正常
2	≥770	≤8.0				
3	≥750	≤8.0				
4	≥730	≤8.0				
5	≥710	≤10.0				

注：水分含量大于表6-5规定的小麦的收购，按国家有关规定执行。

（2）小麦赤霉病粒最大允许含量为4.0%，单立赤霉病项目，按不完善粒归属。小麦赤霉病粒超过4.0%的，是否收购由省、自治区、直辖市规定。收购超过规定的赤霉病麦，要就地妥善处理。

（3）黑胚小麦由省、自治区、直辖市规定是否收购或限量收购。收购的黑胚小麦就地处理。

（4）卫生检验和植物检疫按照国家有关标准和规定执行。

（5）项目解释。从容重、不完善粒、杂质、色泽、气味等几个方面考虑。

1）容重。容重是指小麦子粒在单位容积内的质量，以克/升（g/L）表示。容重是小麦质量的综合标志，在同一种类、子粒大小相同的小麦中，子粒成熟度高、健康饱满、结构坚实、水分较低的小麦容量大，则出粉率高，工艺品质好；反之，则容重小，出粉率低，工艺品质差。但小麦的蛋白质含量与其容重并不存在必然联系，所以容重作为小麦的分等标准，并不反映小麦的内在品质。

2）不完善粒。小麦不完善粒包括虫蚀粒、病斑粒、霉变粒、生芽粒和破损粒等伤及胚或胚乳的麦粒。

3）杂质。杂质是指通过直径 1.5 毫米圆孔筛的筛下物，包括矿物质（指沙、石、煤渣、砖瓦块及其他矿物质）及无使用价值的小麦粒，生芽粒中芽超过本颗粒长度的小麦粒，毒麦、麦角、小麦线虫病、小麦腥黑穗病等麦粒，异种粮粒及其他杂质。

4）色泽、气味。色泽、气味是指一批小麦的综合色泽、气味。

（6）相关规定。规定在包装物上或随行文件中注明小麦的品种名称、类别、等级、产地、收获时间等，以便于小麦产品的溯源。

3. 小麦的储藏

（1）储藏特性。一般小麦的后熟期 2 ~ 2.5 个月，在后熟期间，小麦的呼吸强度大，生理旺盛，呼吸作用释放的热量和水分较多，在粮堆上层易出现“出汗”、发热和生霉现象。

小麦耐高温能力强，一般水分在 17%以下的小麦，在温度不超过 54℃时暴晒，发芽率不会下降，由于促进了工艺成熟，磨出的面粉品质反而有所提高。另外，小麦耐低温能力也很强，水分不超过 18%的小麦，在–15℃的低温下储藏半年之久，仍能保持其原有品质。小麦这种较强的耐温变能力，为小麦采用低温防霉和高温杀虫提供了理论依据。

但是小麦无外壳保护，皮层较薄，组织松散，并含有大量的亲水物质，胚部外露，其吸湿性很强。同时，小麦的子粒结构和营养素对大多数储粮害虫比较适合，而且小麦收获、入库正值高温季节，害虫繁殖旺盛，因此小麦收获入库时最易受虫害感染，应加强管理。

（2）储藏措施。包括以下几个环节。

1）严格控制水分。严格控制小麦入库水分，做好防潮工作是小麦安全储藏的主要环节，小麦的相对安全水分核算标准如表 6-6 所示。小麦收割脱粒后要充分暴晒，再行入库。入库后则应做好防潮工作。

表 6-6 小麦的相对安全水分标准

温度（℃）	0	5	10	15	20	25	30
相对安全水分（%）	18	17	16	15	14	13	12

2）趁热入库密闭。在盛夏高温季节，选择晴朗、高温的天气将小麦晒至 50℃左右，延续 2 小时以上，趁热入库，密闭储藏。此法不但治虫、防治蛾类效果好，而且能促进小麦后熟。

3）低温密闭。需要长期储藏的小麦，入库时若小麦水分在安全标准以内，无虫、无霉，可及时采取密闭储藏，待秋凉以后对小麦进行通风冷冻，使小麦温度降至 10℃左右，春暖前趁冷密闭。此法能使小麦安全度夏，有利于保持小麦的原有品质。

4）自然缺氧，双低储藏。利用小麦后热期长的特点，对粮质好的小麦，入库后及时采用自然缺氧储藏或“双低储藏”，可收到良好的防虫防霉效果。

5）加强粮情检查。小麦入库后要加强检查，及时散温散湿，发现害虫活动，及时做杀虫处理。在梅雨季节应着重防潮方面的检查，防止小麦吸湿生霉。

6.2.4 玉米

1. 玉米的分类

（1）按播种期分类，有春玉米、夏玉米、秋玉米和冬玉米4种。东北、西北及南方的高山区因气温低，主要生产春玉米；华北及长江流域各省，气温较暖，多生产夏玉米；广西、广东、云南南部气温高，一年四季都有玉米种植。总之，我国以夏玉米最多，其次是春玉米。

（2）按种皮颜色分类，国家标准（GB1353—2009）规定，根据玉米种皮颜色分为黄玉米、白玉米和混合玉米三类，以黄玉米最多。黄玉米是种皮为黄色，并包括略带红色的黄色玉米；白玉米是种皮为白色，并包括略带淡黄色或粉红色的白色玉米；混合玉米是混入本类以外玉米超过5.0%的玉米。玉米的特殊品种由省、自治区、直辖市另定标准。

（3）按粒型和粒质分类，有硬粒型、马齿型、半马齿型、糯质型、粉质型、甜质型和爆裂型等类型。目前在生产上大面积种植的玉米有以下几类，其子粒的特征如表6-7所示。

表6-7 几类玉米子粒的特征

类型	形态	角质胚乳部位	粉质胚乳部位	其他
硬粒型	粒小、坚硬有光泽，顶部圆形	顶部及四周	中央	食味香甜，宜食用
马齿型	粒大，顶端凹陷，呈马齿型	子粒两侧	顶部及中央	食味较次，宜制粉
糯质型	粒小、坚硬，断面呈蜡状	胚乳全部		有黏性，可代糯米粉
半马齿型	粒型大小复杂、顶端稍凹陷	两侧多，顶部少	顶部及中央	食用或制粉

2. 质量指标

（1）国家标准（GB1353—2009）规定了玉米质量指标，如表6-8所示。

表6-8 玉米质量指标

等级	容重（g/L）	杂质（%）	不完善粒（%）	水分（%）	色泽、气味
1	≥720		≤4.0		
2	≥685		≤6		
3	≥650	≤1.0	≤8	≤18.0	正常
4	≥620		≤10		
5	≥590		≤15		

注：容重<590g/L指标不符合第5等要求，但其他指标符合标准规定的玉米为等外级。

（2）项目解释。

1）容重。容重是指粮食子粒在单位容积内的质量，以克/升（g/L）表示。

2）不完善粒。不完善粒是指受到损伤但尚有使用价值的颗粒，包括下列几种：① 虫蚀粒，指被虫蛀蚀，伤及胚或胚乳的颗粒；② 病斑粒，指粒面带有病斑，伤及胚或胚乳的颗粒；③ 破损粒，指子粒破损达本颗粒体积1/5（含）以上的颗粒；④ 生芽粒，指芽或幼根突破表皮的颗粒；⑤ 生霉粒，指粒面生霉的颗粒；⑥ 热损伤粒，指受热后外表或胚显著变色和损伤的颗粒。

3）杂质。杂质是指通过规定筛层和无使用价值的物质，包括下列几种：① 筛下物，指通过直径3.0毫米圆孔筛的物质；② 无机杂质，包括泥土、沙石、砖瓦块及其他无机物质；③ 有机杂质，指无食用价值的玉米粒、异品种粮及其他有机物质。

4）色泽、气味。色泽、气味是指一批玉米固有的综合色泽和气味。

（3）相关规定。为加强商品玉米的可追溯性，满足消费者的知情权，要求在包装物上或随行文件中注明标签标识以及转基因标识的规定。

3. 玉米的储藏

（1）储藏特性。玉米胚大，结构松散，含有较多的糖分、脂肪和蛋白质，所以在储藏过程中，极易吸湿、生虫、发霉、酸败变苦。夏季收获的玉米原始水分大，成熟度不均匀，不实粒，易受机械损伤，更易吸湿、发霉、"点翠"。针对上述特点，玉米必须采取适当的储藏方法。

（2）储藏措施。储藏措施有带穗储藏和粒储两种。

1）带穗储藏。玉米收获后，在农家储藏中可采用穗藏法，即用木架、高粱秆等物构成有苫盖的围囤（又叫玉米楼），里面堆放玉米穗。这种方法通风降水快，且对虫霉危害有一定保护作用。在北方干燥低温地区比较适用。

2）粒储。粒储是玉米储藏的主要措施，具体做法如下。① 分级储存。玉米入库时要做到分级储存，严格执行干、湿分开，有虫、无虫分开，好、次分开；对水分大、有虫的危险粮及时干燥降水和杀虫。② 低温密闭储藏。玉米收获后尽量利用暴晒或用机械烘干进行降水处理，入库后趁寒冷的冬天采用自然通风或机械通风等措施进行冷冻降温散湿，在春暖前进行低温密闭储藏，一般可安全度夏。③ 严防虫霉。玉米入库后，要加强管理，切实做好隔热防潮工作，并要加强粮情检查，发现玉米有"出汗"、"点翠"或散发甜酸味等异常现象时，要查明原因及时处理，发现害虫危害要及时采取过筛除虫或化学熏蒸杀虫等措施进行处理。

6.2.5 食用植物油

食用油脂分为植物油脂和动物油脂。食用植物油脂产品又可分为原油和成品油。原油是指未经精炼等工艺处理的油脂（又称毛油），不能直接用于食用，只能作为加工成品油的原料。成品油则是指经过精炼加工达到了食用标准的油脂产品。成品油分一级、二级、三级、四级四个质量等级，分别相当于原来的色拉油、高级烹调油、一级油、二级油。规定转基因、压榨、浸出产品和原料原产国必须标明，以维护消费者的知情权和选择权。芝麻油（香油）、花生油、大豆油、菜籽油、葵花籽油属于高级食用油，都有包装，色泽透明，无腥辣气味和异味，加温时烟极少。

1. 花生油

从花生仁中提取的油脂称为花生油。花生油淡黄透明，芳香味美，是一种优质食用油。花生油质量的国家标准见GB1534—2003。

花生油含不饱和脂肪酸80%以上（其中含油酸41.2%，亚油酸37.6%），另外，还含有软脂酸、硬脂酸和花生酸等饱和脂肪酸 19.9%。花生油的脂肪酸构成比较好，易于人体消化吸收。另外，花生油中还含有甾醇、麦胚酚、磷脂、维生素 E、胆碱等对人体有益的物质。经常食用花生油，可防止皮肤皱裂老化，保护血管壁，阻止血栓形成，有助于预防动脉硬化和冠心病，还可以改善人脑的记忆力，延缓脑功能衰退。

花生油的皂化价是188～197，碘价是94～96，属于不干性油。在工业上可用于生产香皂和高级硬化油，也可做其他工业用油，但因花生油食用价值高，所以较少用于工业。

2. 大豆油

从大豆中提取的油脂称为大豆油。大豆油一直是东北、华北地区消费者的主要食用油。近十几年来，世界大豆生产发展迅速，豆油约占食用植物油总量的1/3，居各种动植物油脂的首位。大豆油质量的国家标准见GB1535—2003。

大豆油中含棕榈酸7%～10%，硬脂酸2%～5%，花生酸1%～3%，油酸22%～30%，亚油酸50%～60%，亚麻油酸5%～9%。大豆油的脂肪酸构成较好，含有丰富的亚油酸，还含有大量的维生素E、维生素D及丰富的卵磷脂，对人体健康均非常有益，人体消化吸收率高达98%，所以大豆油也是一种营养价值很高的食用油。但是，大豆油的色泽较深，有特殊的豆腥味，热稳定性较差，加热时会产生较多的泡沫。

大豆油的皂化价是188～195，碘价是120～137，属于半干性油。在工业上，主要用于生产甘油、润滑油、油漆、合成树脂等。

3. 菜籽油

菜籽油简称菜油。毛菜油呈深黄略带绿色，具有令人不快的气味和辣味。精炼菜油澄清透明，颜色淡黄，无异味。菜籽油质量的国家标准见GB1536—2004。

菜籽油中含花生酸0.4%～1.0%，油酸14%～19%，亚油酸12%～24%，芥酸31%～55%，亚麻酸1%～10%。从营养价值方面看，菜籽油具有利胆功能。其脂肪酸构成不平衡，亚油酸等人体必需脂肪酸含量不高，含大量芥酸，所以营养价值比一般植物油低。另外，菜籽油中还含有少量芥子甙，经常吃未精炼的毛菜油，对人体健康有一定影响。将菜籽油与富含亚油酸的油配合食用，能提高营养价值。

菜籽油的皂化价是167～180，碘价是97～108，属于半干性油。菜籽油含大量芥酸，含芥酸多的油脂熔点较高，在工业上有特殊的用途，如适合做机械的润滑油、机械制造工业的淬火用油和金属防腐剂等。菜籽油还是橡胶工业的良好添加剂，是生产尼龙、聚酰胺纤维、醇酸树脂、聚酯、肥皂、药膏等的重要原料。从用途上看，高芥酸油的经济价值明显高于低芥酸菜油。

4. 芝麻油

芝麻含油量居食用植物油料之首，一般为50%～53%，最高的超过60%。用压榨法制取的芝麻油称为麻油或大槽油，呈黄色，香味较淡。用水代法制取的芝麻油又称小磨麻油、香油，呈黄棕色，具有特殊的香味。水代法的主要工艺流程有炒芝麻、磨糊、加开水搅拌、振荡出油和油水分离等几个环节。

芝麻油含油酸36.9%～50.0%，亚油酸36.8%～49.1%，花生酸0.4%～1.4%，其消化吸收率达98%。芝麻油中不含对人体有害的成分，含有特别丰富的维生素E和比较丰富的亚油酸，还由于含有天然抗氧化剂——芝麻酚，所以化学性质较稳定。同时，由于芝麻的存在使芝麻油带有诱人的香味。尤其是小磨麻油比大槽油香味更浓，是人们非常喜欢的一种食用植物油，生食、熟食皆可，为上等烹饪油、调味油和凉拌油。所以芝麻油是食用品质好、营养价值高的优良食用油。

芝麻油的皂化价是 185～197，碘价是 102～117，属于半干性油，在工业上是生产生漆、肥皂、香精的上等原料。

5. 葵花籽油

葵花籽油未精炼时呈淡琥珀色，精炼后呈清亮透明的淡黄色，滋味纯正，特别是炒籽榨出的油，其香味可与小磨麻油媲美。

葵花籽油含饱和脂肪酸 7.5%～12.5%，油酸 21%～34%，亚油酸 57.5%～66.2%，其中油酸与亚油酸的含量比例受产地气候条件影响极大。葵花籽油的不饱和脂肪酸含量高，人体消化吸收率为 96.5%，熔点低。葵花籽油适合做色拉油、蛋黄酱油，含有丰富的亚油酸，有显著降低胆固醇、防止血管硬化和预防冠心病的作用，国外把它称为高级营养油或健康油。

葵花籽油的皂化价是 186～194，碘价是 122～136，属于半干性油，可用于生产人造奶油、优质涂料、油墨、液体肥皂、蜡烛及香料等。

小思考 6-2

在食用植物油中，花生油的营养价值最高吗？

6.3 乳制品和酒

6.3.1 乳制品

乳是营养丰富的食品，含有人体生长发育及代谢所必需的营养成分，所含营养价值几乎全部能被人体消化吸收，被人们称作完全营养食物。世界卫生组织也把人均乳品量列为衡量一个国家人民生活水平的主要指标。

一个人每天喝两杯牛乳，即 500 毫升，能获得优质蛋白 16.5 克，脂肪 17.5 克，糖 22.5 克，钙 600 毫克，维生素 A 约 20 国际单位，维生素 D 约 10 国际单位，维生素 B_1 约 0.5 毫克，维生素 B_2 约 0.8 毫克；能满足人体每天需要的动物蛋白质约 50%、热能约 30%、钙约 50%，以及可满足每天所必需的氨基酸。

乳是乳畜生产犊（羔）后由乳腺分泌的一种具有乳胶特性的生物学液体，其色泽呈白色或略带黄色，不透明，味微甜并具有特有的香味。乳有牛乳、羊乳、马乳等，最常见的是牛乳。

1. 乳的基本成分及其性质

乳主要由水、蛋白质、脂肪、乳糖及以钙为主的矿物质和一些维生素组成。乳的基本组成为：水 87.5%～89%，总乳干物质（乳固体）11.0%～13.0%。其中，脂肪 3%～5%，乳糖 4.5%～5%，蛋白质 3.3%～5%，无机盐（灰分）0.6%～0.75%。牛乳含有以下五大营养成分。

（1）蛋白质。蛋白质是牛乳的重要营养物质，鲜牛乳的蛋白质含量为3.4%，主要包括酪蛋白、乳清蛋白和脂肪球膜蛋白3种。乳蛋白的消化吸收率一般为97%～98%，属完全蛋白质。牛乳中还含有人体必需的8种氨基酸，且比例适当。一个人每天摄入500克牛乳，就可以拥有每日推荐量的全部必需氨基酸。它能供给机体营养，执行保护功能，负责机械运行，控制代谢过程，输送氧气，防御病菌的侵袭，传递遗传信息。

（2）乳脂肪。牛乳中脂肪含量约占3.6%，且呈乳糜化状态，以极小脂肪球的形式存在，均匀地分布在乳汁中，易被人体消化吸收。摄入人体后可经胃壁直接吸收，这对婴儿的生长特别有利。乳脂肪是一种消化率很高的食用脂肪，能为机体提供能量，保护机体。乳脂肪不仅使牛奶具备特有的奶香味，还含有多种脂肪酸和少量磷脂，脂肪酸中的不饱和脂肪酸和磷脂中的卵磷脂、脑磷脂、神经磷脂等都具有保健作用。

（3）乳糖。乳糖是牛乳中特有的碳水化合物，含量为4.9%左右，较人乳（7%左右）少，其他食物中不含乳糖。乳糖的营养功能是提供热能和促进金属离子如钙、镁、铁、锌等的吸收，调节胃肠蠕动和促进消化腺分泌等，对于婴儿智力发育非常重要。另外，钙的吸收程度与乳糖数量成正比，丰富的乳糖含量能起到预防佝偻病的作用。

乳糖是经乳糖酶分解成单糖后被人体吸收的。婴儿在出生时体内含有很多乳糖酶，以后逐渐减少。因此，如果人体长期不喝牛奶，就会造成消化道内缺乏乳糖酶，这时饮用牛奶后就会发生乳糖不耐受症，引起腹泻。解决的办法有：在乳品加工过程中利用乳糖酶使乳中乳糖预先分解；改一次饮用250克为一次饮用100克，即少量多次饮用。

（4）无机盐。牛乳中含无机盐0.7%左右，以钙、磷、镁、钾、钠为多。牛乳中含有丰富的钙，每100克牛乳中含120毫克钙，且钙、磷比例适当，有利于钙的吸收，所以牛奶是钙质的最好来源。如果每天饮用250克牛奶，就可以补充300毫克左右的钙，达到推荐供给量的35%，这对解决中国人膳食钙缺乏具有重要意义。此外，牛乳中含碱性元素多于呈酸性元素，有助于调节体内酸碱平衡。

（5）维生素。维生素对维持人体正常生长及调节多种机能具有重要作用，人体是不能自行合成维生素的，必须从食物中摄取。而牛乳中含有几乎已知的所有维生素，如维生素A、维生素D、维生素E、维生素K、维生素B_1、维生素B_2、维生素B_{12}、泛酸等。

所以，牛乳营养成分全面，营养价值高，是一种良好的滋补食品。

2. 乳的消毒

供直接饮用的全乳汁，也称为生乳。生乳可能含有病原体，因此市场上销售的鲜乳都进行了消毒处理，常用的消毒方式有以下3种。

（1）煮沸消毒法。此法将乳直接煮沸即可，不需要特殊设备。但对乳的理化性质改变较大，营养成分损失较多。

（2）瓶装蒸汽消毒法。将生乳装瓶内加盖后，置蒸笼内加热消毒。加热的时间视设备条件而定。加热至80℃～85℃，维持15分钟，或蒸汽上升时起再加热10分钟即可。此法简单可靠，还可避免消毒后再污染。

（3）巴氏消毒法。其操作方法有多种，设备、时间和温度各不相同，但都能达到消毒的目的。一般可分为：① 低温长时间消毒法，是将牛乳置于62℃～65℃下保持30分钟；② 超高温短时间消毒法，是将牛乳置于130℃～150℃下加热3秒钟。

乳的消毒一般可使乳中的细菌含量减少到最低程度，但仍残留耐热的微生物，因此不能长时间储存。

3. 乳的质量要求

衡量乳的质量指标主要有 3 个方面：一是感官指标；二是理化指标，主要取决于总干物质，如表 6-9 所示；三是微生物指标，要求尽可能减少微生物，如表 6-10 所示。

表 6-9 鲜乳的理化指标

项 目	指 标
比重	1.28～1.032
脂肪（%）	≥3.00
酸度（°T）	≤16
汞（mg/kg）	≤0.01
六六六（mg/kg）	≤0.10
滴滴涕（mg/kg）	≤0.10

表 6-10 鲜乳的微生物指标

项 目	指 标
细菌总数（个/ml）	≤30 000
大肠菌群（最可能数）（个/100ml）	≤90
致病菌	不得检出

牛乳质量感官鉴别可从色泽、状态、气味、滋味四方面入手。① 色泽。正常的新鲜牛乳应呈乳白色或稍带微黄色，如果牛乳色泽灰白发暗，或带有浅粉红色、黄色斑点，则说明牛乳已经变质或掺杂质。② 状态。正常的新鲜牛乳是均匀的乳浊液，有一定黏度，无上浮物和沉淀，无凝块、杂质；如果发现牛乳呈稠而不匀的溶液状，或上部出现清液，下层有豆腐脑状物质沉淀在瓶（袋）底，说明牛乳已变质。③ 气味和滋味。正常的新鲜牛乳应有一种天然的乳香，其香味平和、清香、自然、不强烈。此香来源于乳脂肪，香气的浓淡取决于乳脂肪含量的多少，如果是部分脱乳脂肪的牛乳，其乳香味稍淡薄。新鲜的牛乳不应有酸味、鱼腥味、饲料味、酸败臭味等异常气味。

鉴别牛乳的新鲜度，最简易的方法是：往盛清水的碗内滴几滴牛乳，如果乳汁凝固沉淀，说明是新鲜牛乳；如果乳汁浮在水面上且分散开，说明其质量差。鲜牛乳呈乳白色或微黄色的均匀胶态流体，无沉淀、无凝块、无杂质、无淀粉感、无异味，具有新鲜牛奶固有的香味。将牛奶倒入杯中晃动，奶液易挂壁。滴一滴牛奶在玻璃上，乳滴成圆形，不易流散。煮制后，无凝结和絮状物。

生鲜牛乳微生物的来源是牛体污染、外界污染、疾病。牛体污染是指挤乳的环境（牛舍空气、垫草、尘埃及乳牛本身的排泄物）、清洗程度、乳房的污染；外界污染是指空气质量、挤乳用具和盛乳容器、饲料的污染，以及挤乳的手、蚊子、苍蝇带来的污染；疾病主要是指乳腺炎。常见的微生物包括细菌、酵母、霉菌等。

小思考 6-3

乳糖不耐受者如何饮用牛奶?

4. 乳粉

乳粉是以牛乳为原料经过杀菌、蒸发水分，而后干燥成脱水粉粒状的乳制品。成品呈极淡的黄色，含有少量水分，用水冲调后基本上和鲜乳相同。

（1）性质。比鲜乳耐存放，保存期限少则几个月，多则可达几年；便于携带，运输方便；成品乳粉体积仅为鲜乳的 1/8 左右，重量也大大减轻；食用方便，冲调便利，可随时冲饮。

（2）种类。由于加工方式和原料处理的不同，乳粉可分为下列几种：全脂乳粉，以鲜乳直接加工而成；脱脂乳粉，将鲜乳中的脂肪分离出去，再用脱脂乳加工而成；全脂加糖乳粉，在鲜乳中添加 20%的蔗糖或乳糖加工而成；婴儿乳粉，在鲜乳中添加儿童所需的营养成分而成。

（3）质量要求。全脂乳粉的感官指标应为淡黄色粉状，颗粒均匀，无结块，无异味。若乳粉出现苦味、腐败味、发霉等异味，应做废品处理。各项指标中，水分应小于 3%，脂肪应大于 25%，溶解度应大于 97%，含铅量小于 0.5ppm（百万分之一），含铜量小于 4ppm，含汞量小于 0.01ppm，菌落总数不大于 50 000 个/克，大肠菌群不大于 90 个/100 克，致病菌不得检出。

脱脂乳粉的感官指标应为浅白色。色泽均匀，有光泽，干燥粉末无结块，具有脱脂消毒牛乳的纯香味，无其他异味。凡出现苦味、腐败味、发霉等异味，应做废品处理。各项指标中，水分应小于 4%，脂肪不少于 1.5%，溶解度应大于 97%，含铅量小于 0.5ppm，含铜量小于 4ppm，含汞量小于 0.01 ppm，菌落总数不大于 20 000 个/克，大肠菌群不大于 40 个/100 克，致病菌不得检出。

案例分析 6-4

生活提示：购买乳制品要记住营养成分含量标准

任何一种食物的营养价值都是相对的，乳制品也是一样。没有“最好的”，只有“最适合”的。因此，在购买乳制品时，要记住营养成分含量的标准，再对照包装上营养标签里所提供的产品营养成分含量，然后做出明智的选择，选择最适合自己体质的乳制品。

牛奶的营养成分主要是蛋白质，新鲜牛奶的蛋白质含量为每 100 毫升 3.0 克左右。此项指标非常重要，这是鉴别是液体乳还是含乳饮料的最重要指标。含乳饮料的蛋白质含量每 100 毫升仅为 1.0 克，其他营养素如钙含量也低于新鲜牛奶。因此，万万不能用含乳饮料代替牛奶。发酵乳即酸奶在生产过程中添加了其他成分，蛋白质含量略有下降。

记住脂肪含量也很重要。为了满足不同消费者的需要，市场上乳制品的脂肪含量可分为 3 种：全脂奶、部分脱脂奶和脱脂奶。以液体乳为例，脂肪含量一般为每 100 毫升

3.0～3.3 克。部分脱脂奶的脂肪含量约为去除 2/3，保留 1/3，即约为每 100 毫升 1.0 克；脱脂奶的脂肪含量很少，几乎为零。因此，我们可以根据自己的健康状况和膳食结构选择不同脂肪含量的牛奶。

（资料来源：万亮亮. 生活提示：购买乳制品要记住营养成分含量标准. 中央政府门户网站，2008-11-3）

问题：你在日常生活中是如何选购乳制品的？

6.3.2 酒类商品

1. 酒的概述

酒是一种含有酒精的饮料，与人民的生活关系密切。自古以来，人们就以酒作为饮料。酒是我国广大人民长期以来习惯性的消费品，适量饮酒有益健康，过度饮酒则有害健康。同时，酒也是一种高税商品，在国民经济中也有重要作用。

我国有悠久的酿酒历史，远在五千年前龙山文化时期，就已经开始酿酒。我国的酒类品种繁多，质量优异，载誉中外。1952 年，我国评出了著名的“八大名酒”，即茅台、汾酒、泸州老窖特曲、西凤酒、绍兴黄酒、金奖白兰地、玫瑰香红葡萄酒、味美思酒。

（1）酿酒的基本原理。酿酒是用含糖的原料，加水分解后，逐步地转化为单糖，然后在不同的酵母所分泌的酶的作用下，引起酒精发酵，从而得到具有色、香、味、形的产品。酿酒的原理可分为如下两个步骤。

1）淀粉的糖化作用。利用曲霉菌或谷物的芽所分泌的淀粉酶，将淀粉水解为糊精、麦芽糖、葡萄糖的过程。糖化过程可表示为：

$$(C_6H_{10}O_5)_n + nH_2O \xrightarrow{\text{淀粉酶}} nC_{12}H_{22}O_{11}$$

$$C_{12}H_{22}O_{11} + H_2O \xrightarrow{\text{麦芽糖酶}} 2C_6H_{10}O_5$$

糖化过程一般需要 4～6 小时，糖化后的原料即可用来进行酒精发酵。

2）酒精的发酵作用。淀粉在淀粉酶的作用下转化为葡萄糖后，进入发酵阶段。发酵是利用酵母菌所分泌的酒化酶系统，将葡萄糖转化为酒精的过程可表示为：

$$C_6H_{10}O_5 \xrightarrow{\text{酒化酶}} 2C_2H_5OH + 2CO_2 + \text{热量（24 千卡）}$$

但是在发酵过程中，不可能像公式表示得那么简单，而是会生成不少中间产物，正是这些微量的中间产物，才使酒具有特殊的风味。

（2）酒的分类。酒按不同标准划分如下。

1）按生产方式分，有蒸馏酒、发酵原酒、配制酒。① 蒸馏酒。原料经发酵后，用蒸馏的方法使酒糟和酒液分离而制得的酒。其酒精含量较高，刺激性较大。世界上蒸馏酒有 6 种，除我国的白酒外，还有白兰地、伏特加、威士忌、朗姆酒、金酒等。② 发酵原酒。又称压榨酒，原料经发酵后用压榨的方法直接使酒糟和酒液分离得到的酒。其酒精含量低，且保留了原料的风味和营养，刺激性小，如黄酒、啤酒、果酒。③ 配制酒。采用成品酒或食用酒精，与糖料、香料、药料等，按一定比例配制而成的酒，酒精含量因品种不同而异。未加药材的称为露酒，加入药材的称为药酒。

2）按酒精含量分。酒精是酒的主要成分。酒度是指 20℃时，酒精与酒体的容积百分比。如 100 毫升酒，含酒精 38 毫升，则其酒度为 38 度。① 高度酒。酒度 40 度以上，如白酒。② 中度酒。酒度为 20～40 度，如露酒、药酒。③ 低度酒。酒度 20 度以下，如啤酒、黄酒、果酒。

3）按商业习惯分，有白酒、啤酒、黄酒、果酒、露酒、药酒等。其中葡萄酒、果露酒和药酒统称为色酒。

（3）白酒。以含糖或含淀粉的物质为原料，经糖化、发酵、蒸馏等工艺而制成的一种蒸馏酒，是我国传统的饮用酒。生产工艺独特，品种繁多。

1）白酒的原料。酿造白酒的主要原料有含糖和含淀粉的原料、辅料、酒曲、酒母、水等。含糖和含淀粉的原料主要是谷物、薯类等，如高粱、玉米、大米、白薯、野生原料。辅料主要是一些农副产品。

酒曲是淀粉原料的糖化剂，酒曲中存在的酒化菌，能把淀粉水解为单糖，同时有一定的发酵作用。不同的酒曲，不仅关系原料的出酒率，同时对酒的风味也影响很大。目前常用的主要有大曲、小曲、麸曲等。大曲酿造的酒浓郁多香，但成本较高；小曲酒一般香味淡薄；而麸曲酒成本最低，但不如大曲酒风味好。酒母是酒的发酵剂。水对白酒的影响极大，必须符合生活用水的卫生标准。

2）白酒的主要成分。白酒的主要成分有酒精、酸、醛、酯等。① 酒精。为酵母发酵葡萄糖的产物，有强烈的口味，对嘴唇有烧灼感，还有一点爽快的香气。其含量的高低决定了白酒刺激性的强弱。过高的酒度口感辛辣；过低则滋味淡薄；酒度适中，口感醇和。② 酸。白酒中各种脂肪酸的总量，是重要的呈味物质。含酸过少，口味寡淡，后味短；含酸过多，酸味露头，掩盖甜味，口感粗糙；含酸适中，酒味醇厚。一般含酸在 0.05 克/100 毫升以下。③ 醛。主要是乙醛。微量的乙醛使酒香突出，但醛有较强的刺激性和辛辣味，饮后易引起头晕，有害健康。故含量越少越好。④ 酯。白酒中的酯，已分析出的有 30 多种，是白酒中重要的呈味物质。白酒香型的划分，就是取决于酯的成分。⑤ 高级醇。又名杂醇油，指碳原子多于酒精的醇类。它们是酒的芳香组分之一，又是酯的前驱物质，但若含量过多，使酒有刺鼻气味和苦涩味，饮后头晕，为恶醉之本，有害人体健康。⑥ 甲醇。为一种无色液体，在人体内氧化成甲醛，是有毒的成分，尤其对视神经危害极大（100 毫升甲醇就会使人失明）。⑦ 铅。主要来自酿造设备容器，对人体有害，一般不能超过 1ppm。

此外，白酒中还含有氰化物等，国家对上述成分均有限定标准。

3）白酒的香型。我国的白酒，尤其是名酒和优质酒，由于酿造原料、工艺、设备不同，形成了不同的香气特点，一般分为如下几类。① 酱香型。酱香突出，香气幽美，酒体醇厚，口味绵长，香气扑鼻，饮后空杯，香气犹存。主体香为挥发性的酚类化合物，代表品种茅台。我国这类酒较少，如四川的郎酒、湖南的武陵酒等。② 浓香型。窖香浓郁，清冽甘爽，绵柔醇厚，香味协调，尾劲余长。主体香为乙酸乙酯和适量的丁酸乙酯，代表品种泸州老窖特曲。这类酒适合我国人民的消费习惯，故品种较多，如五粮液、洋河大曲、古井贡酒等。③ 清香型。清香纯正，口味协调，醇甜柔和，余味犹尽。主体香为乙酸乙酯和乳酸乙酯，代表品种汾酒。此外还有六曲香、河南宝丰酒等。④ 米香型。米香突出，香气清淡，入口柔绵，略有爽口的苦味。主体香气成分以乳酸乙酯为主，乙酸乙酯稍低，代表品种桂林三花酒。此为小曲酒的香型。⑤ 其他香型。又称兼香型，同时兼有两种以上主体香的白酒。这种酒的闻香、口香、回味香各不相同，具有一酒多香的风格。代表品种为贵州的董酒，陕西西凤酒也属于此类，品种较少。

4）白酒的感官指标。有色泽、香气、滋味等。① 色泽。无色透明，清亮，无悬浮物，无沉淀物。② 香气。可分为溢香、喷香和留香。酒中芳香成分溢散于杯口附近的空气中，用嗅觉可直接辨别香气高低及特点，此即溢香（闻香）；白酒入口后，酒中芳香成分受口腔温度的影响，使香气充满口腔，此即喷香，一般白酒很少有喷香，只有名酒和优质酒才有较好的喷香，以五粮液最为突出；酒中高沸点的芳香成分较多时，酒虽咽下，口中还留有余香，此即留香，茅台酒的留香最为突出，素有余香绵绵之称。总之，白酒应有醇香，即其本身特有的酒香。③ 滋味。白酒的滋味要求纯正，无异味，无强烈的刺激性，浓厚、醇和、纯净、回甜。

白酒的特点是易挥发、易燃烧，储存时要注意。白酒中由于酒精含量高，故不容易变质，越储越香。

（4）啤酒。以大麦芽为主要原料，经糖化、发酵而酿造成的含有低度酒精和二氧化碳的发酵原酒。其营养丰富，含有人体必需的全部氨基酸及维生素等，发热量大，易消化吸收，在世界营养食品会议上被列入营养食品行列，有“液体面包”之称，是一种对人体有益的低度酒。

啤酒的原料主要有大麦芽、酒花、啤酒酵母、水及辅料等。酒花是一种植物，给啤酒以特殊的香气和爽口的苦味，促进麦汁的澄清，提高啤酒的稳定性，增加啤酒的泡沫持久性。

1）啤酒中的主要成分有：水，90%左右；酒精成分含量较少，一般为2%～5%；含有较多的浸出物，浸出物主要是一些营养物质，如糖类、蛋白质、酸类、矿物质等；此外，还含有二氧化碳等。二氧化碳使啤酒清凉爽口，饮后能帮助体内热量散发，且使啤酒产生泡沫。

2）啤酒的度数和种类。啤酒的度数同其他酒不同，它不是指酒精的含量，而是指原麦汁浓度，即啤酒的麦芽辅料糖化后液体中含糖的浓度。如12度的啤酒是用含糖量12%的原麦芽汁发酵而成的，其酒精含量3.5%左右。

啤酒可按如下标准分类。① 按度数（原麦汁浓度）分。低浓度啤酒，原麦汁浓度7～8度，酒精含量2%左右，用料少，成本低，稳定性差，多做清凉饮料；中浓度啤酒，原麦汁浓度10～12度，酒精含量为2.9%～3.7%，稳定性较好，储存期较长，是啤酒中的大宗商品；高浓度啤酒，原麦汁浓度14～18度，酒精含量为4.1%～4.5%，用料多，成本高，品质好，口味醇厚，耐用储存。② 按颜色分。淡色啤酒，又称黄啤酒，浅黄色，稍带绿头，此酒符合我国人民的消费习惯，为我国的大宗产品；深色啤酒，又称黑啤酒，其生产工艺与黄啤酒基本相同，只是酿造中加入了部分黑麦芽、焦香麦芽和少量的糖，其为咖啡色，有光泽，具有大麦芽的焦香味，麦汁浓度高，固形物多，滋味醇厚，主要用于出口，深受欧美国家消费者厚爱，我国仅有少量生产。③ 按是否杀菌分。鲜啤酒，又称生啤酒，是未经杀菌的新鲜啤酒，酒中含有活的酵母菌，维生素多，口味鲜美，营养价值高，但稳定性较差，保管期短，一般为5～7天，适于产地销售；熟啤酒，经过高温杀菌（巴氏杀菌）的啤酒，稳定性好，保管期长，但风味不及鲜啤酒鲜美，颜色较深。④ 按包装分。有瓶装啤酒（生熟两种）、桶装啤酒（多为生啤酒）、罐装啤酒（多为熟啤酒）等。

3）啤酒的感官指标。① 透明度，啤酒要求酒液透明，有光泽，无悬浮、沉淀物，无失光现象；② 色泽，淡色啤酒为淡黄色，稍带绿头，色泽越浅越好，深色啤酒为咖啡色，有光泽；③ 泡沫，啤酒注入杯中，立刻有泡沫升起，泡沫应洁白、细腻、厚实、持久；④ 香气和滋味，啤酒应有显著的酒花的香气和爽口的苦味，不得有酸味或其他异味，深色啤酒有大麦芽的焦香味，入口醇厚、柔和、清爽。

4）啤酒的储藏。啤酒是一种含酒精较低的饮料酒，且酒中含有较多的营养物质，故不易储存，易受杂菌感染或由于理化作用而发生质量变化，轻者失光，重者出现浑浊和沉淀现象，严重时不能饮用。因此，啤酒应避光低温储藏，生啤酒一般适宜温度为5℃～10℃，最高不超过15℃；熟啤酒一般为5℃～20℃，一般不超过25℃。温度越高，储存期越短。啤酒的储存期限一般为：生啤酒5～7天，熟啤酒3～9个月。

（5）黄酒。又名老酒、料酒，是以大米、糯米或黍米等谷物为原料，经蒸煮、糖化、发酵、压榨等工艺而酿造成的低酒度的发酵原酒。黄酒含有丰富的营养成分，营养价值高。除饮用外，还可用在烹调方面提味去腥，也可用作中药药引，是我国特有的传统饮用酒。黄酒的主要原料是米，如粳米、糯米、黍米等；此外，还有酒曲和酒药、酒母、水等。

1）黄酒的主要成分。① 酒精。其含量高低与黄酒的风味有关，也与其保存期限有关，普通黄酒中含酒精为11%～18%。② 酸。其与黄酒滋味、香气均有关系，含酸量一般在0.4%左右为好。③ 糖。其含量的高低和酒的甜味及酒体的黏稠度有关，不同的黄酒，糖分要求有很大差别。此外，黄酒中还含有甘油、氨基酸、维生素等成分。

2）黄酒的种类。我国的黄酒主要有以下几种。

按地区分为四种。① 绍兴黄酒。为我国历史悠久的名酒，以产于浙江绍兴而得名。因其以鉴湖之水为酿造用水，故又称为鉴湖名酒；因陈年老酒质量最佳，当地群众习惯称为老酒。绍兴黄酒以糯米、麦曲、酒药等为原料酿造而成，酒液清亮有光，香气浓郁芬芳，口味鲜美、醇厚，独特风格极为显著，不同品种的色、香、味各有独特之妙。主要品种有加饭酒、元红酒、善酿酒等。② 福建黄酒。以糯米或粳米为原料，以红曲为糖化发酵剂酿造而成。其气味芬芳，滋味醇厚，糖度、酒度、酸度配合得恰到好处，有独特的风味，饮后余味绵长，经久不息。以福建沉缸酒和福州老酒最著名。③ 山东黄酒。我国北方黄酒的代表。以黍米为原料，以米曲霉酿制的麸曲为糖化发酵剂制得。其中以即墨老酒最为著名，其色黑褐明亮，其液盈盅不溢，其味醇和郁馨，其功舒筋活血。酒度12度，糖8%。④ 吉林清酒。其是一种改良黄酒，是日本的特产，在我国吉林、黑龙江都有生产。其以大米为主要原料，以纯种培养的米曲霉和清酒酵母为糖化发酵剂制成，酒度一般为16～17度，淡黄色，清澈透明，味浓醇，略带甜味，滋味纯正。

按酒的含糖量分为三种。① 干黄酒，含糖2%以下；② 半干黄酒，含糖2%～10%；③ 甜黄酒，含糖10%以上。

3）黄酒的色、香、味。① 从色泽上看，大多数的黄酒，具有黄中带红的颜色，清亮，有光泽。但黄酒的色泽也因品种不同而异，有红褐色、黑色等。② 从香气上看，黄酒的香气十分复杂，具有药香、酒香和曲香之综合香。以浓郁、爽冽为优，不带任何外来的气味。

③ 从滋味上看，黄酒滋味应是酸、甜、苦、涩、辣五味调和，醇厚稍甜，无异味。

4）黄酒的储藏。黄酒一般采用陶质酒坛包装，其有利于黄酒的陈酿和酯化作用，黄酒在适宜的条件下，储藏得越久，品质越好。储藏黄酒最好选择温度变化较平稳的地下库房或酒窖，这样能促进黄酒的陈酿，温度最好保持在–5℃～20℃。由于黄酒中含有较多的营养成分，故储存后有时会出现少量沉淀，这是正常现象，并非变质。

（6）葡萄酒和果酒。以葡萄或其他果实为原料，经发酵而酿造成的含有低度酒精的发酵原酒。

1）葡萄酒和果酒的原料。主要有：果实，要求完全成熟；糖，绵白糖或白砂糖；白兰地或食用酒精；酵母和水。

2）葡萄酒和果酒的主要成分。主要有：酒精，其含量的高低，决定酒的刺激性强弱，一般为 12%～18%；酸，直接影响酒的香气和滋味；糖，决定酒的甜度的大小；单宁，使酒有爽口的风味；此外，还有色素、浸出物等。这是一种富含营养的饮料酒。

3）葡萄酒和果酒的类型。① 葡萄酒以葡萄为原料，是经发酵酿造而成的低酒度的发酵原酒。按颜色可分为红葡萄酒和白葡萄酒。红葡萄酒用果皮带有色素的红葡萄制成，含有果皮的色素，酒色有深红、鲜红或宝石红，口味甘美，香气芬芳，酒度 14～18 度；白葡萄酒，用白葡萄或去皮的红葡萄酿造而成，呈淡黄色或金黄色，酒液清澈透明，口味纯正，酸甜爽口，酒度 12 度左右。② 果酒以各种果实为原料发酵而成。按原料来源分为山楂酒、苹果酒、柑橘酒、杨梅酒、荔枝酒、菠萝酒等，有干、甜之分。

4）葡萄酒和果酒的感官指标。从色泽上讲，应该有原料果实的自然色泽或接近于原料果实的色泽；从清浑状态上看，酒液应清亮、透明，有光泽，无悬浮物；二氧化碳现象，这是鉴别汽酒的一个指标，要求起泡要细致、连续、持久；从香气上看，果酒的香气是由多种物质以一定比例关系所形成的，既有酒香，又有果香，要求最大限度地突出果香；从滋味方面讲，果酒品种繁多，滋味复杂，其与酒度、酸度、糖度、单宁及色素的浓淡、谐调等均有关系，总的要求是甜酒甜而不腻，干酒干而不涩，酸甜可口，谐调醇和，无异味，保持果酒的自然风味。

5）葡萄酒和果酒的储藏。葡萄酒和果酒应储藏于清洁通风之处，避免阳光直射，温度一般为 8℃～16℃。

（7）配制酒。配制酒是以成品酒或食用酒精为酒基，加入一定的香料（包括香草、鲜花、果实、果皮、芳香物的根、茎、叶及兽骨、药材等）或香精，再配以色料、糖类等配制而成的一类酒。

1）配制酒的原料。主要有：成品酒或食用酒精；天然或人造香料；天然或人造色素；甜味料；水及其他，如有机酸、甘油等，用以调节风味。

2）配制酒种类。配制酒，按其配制原料的不同，可分为露酒和药酒两种。

露酒是以白酒、食用酒精、葡萄酒或黄酒为酒基，加入一定比例的香料、糖料和食用色素等配制而成的具有水果风味的饮料酒。配制后要储存一段时间，让各种成分相互溶合在一起，使酒味和谐而柔和。露酒因香料来源不同而分为两类：一类是天然香料配制的，以果汁、果皮、鲜花为香料制成，具有天然果实的色、香、味。常见的有橘子酒、山楂酒、青梅酒等。另一类是以人工合成的香精为原料配制，虽然香气较浓，但没有营养价值，用量过多对身体无益，如樱桃酒等。露酒一般属于中度酒，糖分含量较多，口味浓甜。在光照下色素会发生变化而脱色，需避光储藏。

药酒是用白酒、葡萄酒或黄酒为酒基，再配合中草药、糖类等制成的。药酒可分为两类，即滋补性药酒和治疗性药酒。滋补性药酒是在酒中配制各种药材，如人参、鹿茸等，既可作为饮用酒，又有滋补的作用，如人参酒、龟蛇酒、鹿尾巴酒、参茸酒等。治疗性药酒主要是以酒精提取药物中的有效成分，以提高药物的疗效，所配药物具有防治某种疾病的功效，一般由医药商店经销，如跌打损伤酒、风湿骨痛酒、茸参虎骨酒等。

小思考 6-4

饮酒对人体健康的影响表现在哪些方面？

6.4 茶叶和水果

6.4.1 茶叶

茶叶、咖啡、可可是世界性的三大饮料。而茶叶作为饮料，历史最悠久，饮用地区最广，产量最大。

1. 茶叶的主要成分

茶叶的成分不仅决定茶叶的质量，还与饮茶的功效有密切联系，主要有如下几种。

（1）多酚类化合物。又名茶多酚、茶单宁、茶鞣质，是以儿茶素为主体的酚类化合物。纯茶多酚为白色粉末，在空气中有酶参加时易氧化为棕色树胶状物，称为根皮鞣红；在无酶时，缓慢氧化成棕黄色，并无光泽（陈茶）。茶水放几天后，表面有一层油状物，也是茶多酚氧化而成的。茶多酚溶解度与温度成正比，温度越高，溶解度越大，水浸出物越多，故用开水来泡茶。其略呈碱性，并有收敛性涩味（类似于柿子），茶汤是中性的，因其与碱中和所致，茶汤的滋味一般由茶多酚而来。茶多酚遇铁会生成墨绿色沉淀，使茶汤呈淡黑色，故不能用铁制的容器来泡茶，否则使茶水发黑、发暗，失去明亮光泽。茶多酚能与蛋白质结合生成鞣酸蛋白，易被人体消化吸收，因其增加了蛋白质的韧性，如茶叶蛋，故喝茶能帮助消化。茶多酚能与所有的生物碱结合，形成白色晶体沉淀，而后随粪便排出体外，故其具有解毒、杀菌作用，喝茶可解除烟毒（尼古丁）。茶多酚含量一般为红茶 16%～17%，绿茶 11%～18%。含分子量小的茶多酚茶味纯，质量好，故嫩茶质量好。

（2）咖啡碱。茶叶中的生物碱有咖啡碱、可可碱、茶碱等几十种，其中以咖啡碱为主，咖啡碱在 1820 年最早在咖啡中发现，1827 年又在茶叶中发现。它被定名为茶素，因其在咖啡中含量较多，故仍称为咖啡碱。

咖啡碱为白色丝状长针形晶体，加热后即成蒸汽（升华始于 120℃，终于 180℃），难溶于冷水，溶解度同温度成正比（16℃时为 1.35 克/100 毫升，而 65℃时为 4.55 克/毫升），其无嗅、味苦，有辛辣味，刺激口腔黏膜，但因茶汤中含量甚微（2%～4%），故一般显示不明显。咖啡碱在嫩茶中含量较高，其有如下功能：刺激神经中枢，促进大脑皮层产生兴奋；加强血液循环，促进新陈代谢；提神解倦，镇定神经；增强人体肌肉伸缩功能和心脏、肾脏功能；由于其刺激性，喝茶能使人上瘾。

（3）芳香物。又名茶香精，为柠檬黄色的油状体，是酯类、酚类、醛类、酸类、酮类、醇类等有机物的混合物，有浓烈的茶香，易挥发。

芳香物在茶中含量不多，但其对茶叶香气起主要作用，是评价茶叶的一个重要指标。幼芽嫩叶制成的茶含芳香物较多，随着叶片的生长，芳香物逐渐转化为树脂，故粗芽老叶制成的茶芳香物较少。芳香物易挥发，温度越高挥发越快，所以泡茶时要加盖，防止芳香物的挥发。

（4）氨基酸。茶叶中氨基酸的含量一般在 2%～5%，因品种不同而异，一般高级茶多于低级茶，绿茶多于红茶。氨基酸具有强心、利尿、扩张血管、松弛支气管和平滑肌肤的作用。同时也是茶叶中的重要呈味物质，与茶叶的香气有直接关系，能使茶汤更鲜美，滋味更丰满；有的氨基酸在用热水冲泡后，会与糖类物质发生化合作用，发出诱人的香气。

（5）维生素。茶中还含有较多的维生素，如维生素 A、B、C、D、E 等，其中维生素 C 含量最丰富，它能防止坏血病，促进脂肪氧化，排除胆固醇，从而治疗因血压升高而引起的动脉硬化。红茶中的维生素 C 含量约 10 毫克/100 克，绿茶大多数在 150～200 毫克/100 克；其次是 B 族维生素，如维生素 B_1、维生素 B_2 等，维生素 B_1 能维持神经、心脏及消化系统的正常功能。

（6）其他成分。茶中还含有糖、色素、矿物质等，特别是含氟较多；而且含具有较强吸收异味的成分，即棕榈酸和高级萜类。根据它的性质，可以制成花茶，但也易使茶叶发生串味现象。

2. 茶叶的种类

从茶树上采摘下来的茶叶，经过不同的方法加工，可以制成各种具有色、香、味、形和独特风格的成品茶。根据加工方式的不同，茶叶可分为五大类，即红茶（全发酵茶）、绿茶（不发酵茶）、青茶（半发酵茶）、花茶和紧压茶（再制茶）等。

（1）红茶。这是一种全发酵的茶叶，是利用茶多酚在酶的作用下氧化变红的原理制作而成的。在制茶过程中，先将鲜叶萎凋，蒸发水分，促进酶的活性，而后揉捻，将叶片卷曲成条索状，破坏鲜叶细胞，使茶汁流出，在酶的作用下氧化变红（发酵），去掉苦涩味，且使绿叶变红，形成特有的色、香、味、形，而后烘焙使茶叶停止发酵且干燥。其特点是红叶红汤，干茶色泽乌黑油润，冲泡后汤色红艳明亮，香气浓烈，滋味醇厚。红茶有如下几种。

1）工夫红茶。它是我国特有的传统产品，以做工精细而得名。其一般外形紧结，色泽乌润，香气浓烈，滋味甜润，水色鲜红明亮，叶底匀嫩鲜红。多冠以产地名称，著名的有祁红（安徽祁门）、滇红（云南西双版纳）、宜红（湖北宜都）、川红（四川）、湖红、杭红等。

2）小种红茶。我国生产最早的红茶，是福建省的特产。主要特点是烘干时用松木烟熏，故茶中含有一股浓厚的焦枣香，茶条壮实，叶质肥厚，色泽油润乌黑，水色红浓，滋味爽口。大多用来外销，加入牛奶和白糖共饮。

3）碎红茶。一种国际规格的商品茶。在加工中经充分揉捻、切碎，其外形整齐一致，色泽乌黑，滋味浓厚，水色红浓，具有“强、浓、鲜”的口味特点。由于质地较碎，故一冲即能饮用，符合西方人消费习惯，多用于出口。

（2）绿茶。它是一种不发酵的茶叶，鲜叶经过杀青，酶被破坏，防止了茶多酚的氧化，保持了鲜叶的绿色。

杀青，即在绿茶初制时采取高温处理，制止酶对茶多酚的氧化，从而达到绿茶色绿汤青的品质要求。绿茶杀青的方式有蒸杀青和炒杀青两种。蒸杀青是我国的传统杀青方法，其优点是干茶、叶底和汤色较翠绿，但香气欠佳，滋味较涩；炒杀青绿茶香气高锐，滋味鲜爽。我国目前绿茶绝大部分都采用炒杀青。

绿茶色绿汤青，滋味清鲜，香气浓郁，即有“干绿、汤绿、叶底绿”三绿特点，根据干燥方式不同，有如下几种。

1）炒青绿茶。炒青绿茶是干燥时用铁锅炒制的茶。外销绿茶与内销扁茶多属此类。其火候较高，茶叶条索紧结，水色和叶底翠绿，香气清锐，滋味醇厚，耐冲泡。由于炒法不同，外形有圆、扁、曲、直等形状，是绿茶中品质较好的茶叶。

圆炒青外形呈圆形颗粒状，如珠茶、白茶、火青茶等。其中珠茶圆珠紧结，形似绿色的珍珠。扁炒青外形扁平光滑，如龙井、旗枪、大方等。其中龙井就以“色绿、香郁、味甘、形美”著称。长炒青是长条形的炒青绿茶，经过精制后称为眉茶，是我国主要的出口绿茶。特种炒青属高级炒青，主要有碧螺春、雨花茶、信阳毛尖等。

2）烘青绿茶。烘青绿茶是干燥时用烘笼烘干的茶，主要用于内销和制作花茶。有普通烘青和特种烘青两种。普通烘青茶色泽较黄绿，条索紧结差，用来窨制花茶。特种烘青绿茶采摘细嫩，做工精细，其外形较为舒展，水色黄绿明亮，香气清锐，滋味鲜美，叶底细嫩，属质量优异的烘青茶，品质较炒青茶稍次。著名品种有黄山毛峰、蒙顶茶（“扬子江中水，蒙山顶上茶”）、六安瓜片、信阳毛尖、君山银针等。

3）晒青茶。晒青茶是在阳光下晒干的茶。有普通晒青、特种晒青。普通晒青采用一般工艺而成，成品茶质量稍次，香气少，多以产地命名。一般多作为紧压茶的原料。特种晒青工艺特殊，不经揉捻及锅炒，萎凋后直接干燥而成。成品茶披满白毫，呈白色，是福建特产，主销海外侨胞。

（3）青茶（乌龙茶）。青茶属于半发酵茶，为我国特有的产品，综合了红茶、绿茶的加工技术而成。先取红茶的加工技术，经过摇青，叶与叶相碰，互相摩擦，使叶缘细胞破损而发酵变红，后取绿茶的加工方式。高温炒青破坏酶的活性，使叶中心不能发酵保持绿色。其品质介于红茶、绿茶之间，外形条索粗大松散，色泽青灰有光，水色清澈，棕黄带红，具有绿茶的清芬香气和红茶的醇厚香气，叶底中央呈绿色，边缘为朱红色，有“绿叶红镶边”之称。

青茶主要产地为福建、广东、台湾三省，是一种侨销茶，内销以广东、闽南为主。著名品种有铁观音、水仙茶、岩茶等。

（4）花茶。又名香片，是我国的特产。用干燥的茶坯，加鲜花窨制而成的再制茶。茶坯原料主要是绿茶中的烘青茶，也有少量的炒青茶、乌龙茶和红茶。主要产地为福建、苏州、广州、广西、安徽等地。

花茶窨制是利用茶叶中含有的高分子的棕榈酸和萜类化合物有较强吸收异味的特性，

使茶坯吸收鲜花的香气，茶香和花香混合，泡饮时清香鲜爽，滋味浓厚，既有茶香又有花香。水色清澈明亮，叶底细嫩匀净。

窨花是使茶叶吸收鲜花香气的过程，是把茶坯和鲜花拌和堆放在一起，促使茶叶吸收鲜花的香气。往往一次窨花不能达到要求，就需多次窨花，最多可达七窨之多，次数越多香气就越持久。只有品质好的茶坯，才能经得起多次窨花，否则就会失去茶香而只有花香。

花茶品种较多，多以鲜花命名，如茉莉花茶、玫瑰花茶、柚花茶、玳玳花茶、珠兰花茶、桂花茶等。各种花茶具有不同的香气，以茉莉花茶质量最优。而不同地区制出的茉莉花茶风味也不同，以苏州的茉莉花茶香清而烈、福州的茉莉花茶香浓而长最著名。

（5）紧压茶。紧压茶即各种块状茶，是一类改变茶叶形态，使其压制成型的再制茶。其目的是压缩体积，便于储运，供边疆少数民族地区用，也有的作为侨销茶。

紧压茶的原料一般为晒青茶和红茶的毛茶和副脚茶（红茶末），经蒸茶压制而成。其有各种砖茶（红砖、青砖、茯砖、米砖等）、沱茶、饼茶等，成品硬度高，需用力砍下后捣碎煮制后饮用。

3. 茶叶的感官审评

我国感官审评茶叶分干评外形、湿评内质，各分四个指标。世界各国也都大同小异，评茶时必须内外干湿兼评，两者相互结合，才能全面反映茶叶的质量。

审评茶叶质量必须了解该品种的鲜叶情况、制茶工艺、品质特征及产生这些特征的化学变化和各个指标间的关系，熟练掌握审评指标的要求和方法。

（1）干评外形。茶叶外形的审评包括外形、嫩度、色泽和净度四项指标，主要反映了原料鲜叶的老嫩程度和制茶工艺是否恰当。

1）外形：由于各种茶叶的采摘不同，其条索外形也不相同。各类茶叶均有规定的外形规格标准。茶叶的外形一般用条索的状态来描述，条索指外形呈条，似绳索。各种茶叶的条索并不相同。一般审评条索时可以从条索的松紧、弯直、壮瘦、圆扁、轻重、匀齐来观察评定。

2）嫩度：茶叶的老嫩是决定其质量的基本条件。一般来讲，嫩叶中有效成分多，叶质柔软，初制时容易成型。审评时应注意符合该茶叶规定的条索嫩度。因为茶类不同，外形要求不同，嫩度要求不同，采摘标准也不同。嫩度好的，芽与嫩叶比例大，一般芽与嫩叶身骨重，叶质厚实。

3）色泽：干茶色泽主要从色度和光泽两方面评定。色度即颜色及其深浅程度，光泽是指亮暗程度。不同茶类色度各不相同，但均以有光为好。干茶的色泽一般是先看其色是否纯正，是否符合茶应有的色泽，其次看其色的深浅、枯润、明暗、有无光泽、是否调和、有无杂色等。凡茶叶色泽调和一致，光泽明亮，油润光滑，通常为原料细嫩或做工精良的产品，品质优良。而色调混杂，光泽枯暗，通常为陈茶或为原料粗老、制造粗糙的劣质产品。

4）净度：指茶叶中的杂质多少。茶叶中的杂质有两类，即茶类杂质和非茶类杂质。茶类杂质主要指茶梗、片、末、子等。非茶类杂质主要指采制、储运中混杂在茶叶中的杂草、树叶、泥沙、石块、竹片、棕毛等。正品茶叶中一般不允许含有任何杂质，副品茶叶中不能含有非茶类杂质。

（2）湿评内质。茶叶内质的审评一般按以下顺序审评茶叶的香气、汤色、滋味和叶底。

1）香气：茶叶的香气在冲泡后比干闻更为明显，也易区别。香气的审评主要比较其香气高低、持续时间的长短、纯正、有无异味等。茶叶的香气标准分六个方面，即浓（入鼻充满活力）、鲜（醒神爽快）、清（新鲜清爽）、纯（无异味）、平（平和）、粗（粗老、辛涩感）。香气需从热状态嗅到冷状态，以辨别它的持久性。

2）汤色：茶叶的汤色主要取决于茶多酚和叶绿素的变化，因此，审评汤色要及时，否则茶多酚在热水中易自动氧化而变深暗，久放后甚至还会出现浑浊和沉淀。汤色的审评主要从色度、亮度、浑浊度三方面评比。

色度：正常的色度为绿茶汤色绿中带黄，红茶汤色红艳明亮，青茶汤色橙黄明亮。通常正常的汤色稍深而亮者，反映汤中可溶物丰富，但是必须是同一类、同一产区之间的比较。

劣变色是由于采摘制造不当，汤色出现不正、过暗、过深、发灰等。

陈变色是茶叶储藏过久，发生陈化，汤色不明亮，发暗、发灰，甚至发浑。

亮度：茶汤的亮度是质量好的表现。如绿茶的汤色碗底反光强，红茶碗边有金黄色圈都是亮度好的标志。

浑浊度：茶汤发生浑浊是变质茶的象征或加工储运不当造成的，另外，优质茶在茶汤冷却后也会出现“冷浑浊”或乳浊现象。

3）滋味：茶叶的滋味是由多种化学成分形成的，主要是茶多酚、咖啡碱，氨基酸和糖分也起着积极的作用。茶汤的滋味与汤色、香气都有相互的联系。茶汤的滋味有浓淡、强弱、鲜美、醇和、苦涩、怪异之分。

浓与淡：浓，说明茶汤中的有效成分丰富，富有收敛性，短时间内口中仍有感觉。弱则相反，刺激性弱，吐出口后平淡无味。

鲜与爽：饮茶后有鲜味感。爽指爽口，尝味时有香气从鼻腔中冲出，感到鲜爽。

醇与和：醇是指味醇正浓郁，和表示味纯正平淡。

4）叶底：茶叶冲泡后吸水膨胀，芽叶伸展，容易判断芽叶的老嫩、色泽、匀度和加工是否合理。审评叶底主要看嫩度、色泽、匀度。

嫩度：观察芽的多少，芽多、壮而长的好，芽瘦小者次，无芽而叶片粗老者更次。另外，用手指压叶底，柔软无弹性者嫩，硬而有弹性者粗老。叶脉隆起，表面不平滑者也是粗老叶。

色泽：主要看色度和亮度。绿茶叶底以嫩绿、翠、黄绿而明亮者好，深绿较差，暗绿带青或红梗者更次。红茶叶底以红艳、红亮者优，红暗、青暗、乌暗者均次。

匀度：指老嫩是否均匀，加工程度是否一致。这与原料和加工关系密切。

叶底是比较容易掌握的指标，并与茶叶的色、香、味有直接的关系，是审评时决定茶叶质量的一项重要手段。

（3）茶叶真伪与新存的鉴别。茶叶真伪与新存的鉴别方法主要有以下几种。

1）灼烧法：可取嫌疑茶和真茶各数片，分别放在酒精灯上灼烧，真茶叶有馥郁芬芳的茶香，假茶叶只有其他异味。

2）水泡法：将茶叶用开水冲泡，待叶子开展后，仔细观察叶形、叶脉、锯齿等特征，真茶叶具有明显的网状叶脉，主脉直射顶端，侧脉伸展至叶缘 2/3 的部位并向上方弯曲，呈弧形与上方支脉相结合，叶背有白茸毛，叶的边缘锯齿显著，基部锯齿渐稀。假茶不具有这些特征。

3）新茶一般色香味均有新鲜爽口的感觉，具有茶叶应有的明显特点，而隔年陈茶则色泽暗枯、香气平淡，冲泡后汤色发暗，有陈气味。

4. 茶叶的安全指标

茶叶的安全指标主要涉及重金属、农药残留等（见表 6-11）。茶叶商品的安全标准主要有 GB2763—2005《食品中农药最大残留限量》、GB2762—2005《食品中污染物限量》、GB/T 21722—2008《出口茶叶质量安全控制规范》。

表 6-11 茶叶安全指标

项 目	指 标
铅（以 Pb 计）（mg/kg）	≤5
稀土（以 Cu 计）（mg/kg）	≤2.0
六六六、滴滴涕（mg/kg）	≤0.2
氯菊酯、氰氰戊菊酯（mg/kg）	≤20（红茶、绿茶）
氯氰菊酯（mg/kg）	≤20
溴氰菊酯（mg/kg）	≤10
顺式氰戊菊酯（mg/kg）	≤2
乙酰甲胺磷（mg/kg）	≤0.1
杀螟硫磷（mg/kg）	≤0.5

5. 茶叶的储藏

（1）茶叶的特性。茶叶是季节性生产而长年消费的商品，故必须做好储藏工作。茶叶吸湿及吸味性强，很容易吸附空气中水分及异味，若储存方法稍有不当，就会在短时期内失去风味，而且越是名贵茶叶，越是难以保存。通常茶叶在储放一段时间后，香气、滋味、颜色会发生变化，原来的新茶叶滋味消失，陈味渐露，故必须针对其特性采取相应的储藏措施。

影响茶叶变质、陈化的主要环境条件是温度、水分、氧气、光线和它们之间的相互作用。温度越高，茶叶外观色泽越容易变褐色，低温冷藏（冻）可有效减缓茶叶变褐及陈化。茶叶中水分含量超过 5%时会使茶叶品质加速劣变，并促进茶叶中残留酵素的氧化，使茶叶色泽变质。引起茶叶劣变的各种物质的氧化作用，均与氧气的存在有关。光线照射对茶叶会产生不良影响，光照会加速茶叶中各种化学反应的进行，叶绿素经光线照射易退色。

由此可见，降低储存环境温度，阻隔茶叶与氧气的接触，防止光线直射等均可减缓茶叶的变质。

（2）茶叶的储藏方法。茶叶应储存于干燥、通风、避光、清洁之处，不能和有异味的商品同库存放；库内温度一般控制在 30℃以下，相对湿度低于 60%；并尽量缩短其储藏期限。

现代科学技术在防止茶叶陈化方面也得到了应用，如抽氧充氮、避光冷藏等。预先将茶叶水分干燥至4%～−5%，装入不透气的容器中，进行抽氧充氮密封，并储藏在专用的茶叶冷库（−10℃～−5℃）中。由于茶叶处在无氧、干燥、无光、低温的条件下，茶叶的陈化基本上可以制止。用这种方法储藏的茶叶，经3～5年仍能保持原来的色、香、味特性。

6.4.2 水果

水果是指能够直接供人食用的植物性果实、种子等。如苹果、梨、桃等是植物的果实，松子、核桃等是植物的种子。

1. 水果的成分

水果是日常生活必不可少的营养物质，含有人体所需的各种物质。其主要成分如下。

（1）水分。新鲜的果实中，水分占有很大的比重。水果含水量的多少，因品种不同而异，一般在80%～90%。西瓜、葡萄、草莓含水量高达90%以上，山楂、香蕉含水量在65%～75%，而瓜子、果仁含水量仅3%～4%。

正常的含水量是衡量水果新鲜程度的一个重要的质量指标。水果越是鲜嫩多汁，其质量也就越高，如失去了正常的含水量，就会使水果萎缩而降低品质。但是水果中水分过多，也给储存带来不便。

（2）维生素。维生素是水果中含量丰富的成分之一。水果中含有多种维生素，如维生素A、维生素C及少量的B族维生素，是人们膳食中维生素，特别是维生素C和维生素A的主要来源。

水果中维生素A和维生素C的含量随其种类不同而异。维生素A主要含在动物性食品中，水果中主要是含有维生素A原（胡萝卜素），一般具有绿、黄、橙等色泽的水果中均富含胡萝卜素，如杏、葡萄、柿子、柑橘、黄桃等。含维生素C丰富的水果有鲜枣（270～600毫克/100克）、山楂（89毫克/100克）、猕猴桃（62毫克/100克）、柑橘（40～60毫克/100克）等。

（3）矿物质。矿物质在水果中含量一般为0.2%～3.4%，如在仁果类中为0.3%～2.8%，核果类中为0.4%～1.8%，浆果类中为0.2%～2.9%，柑橘类中为0.3%～0.9%。

矿物质是水果中重要的营养素之一，水果中的矿物质大多为钾、钠、钙等成分，此外还有硫、磷、镁等，易被人体所吸收，并且生理上是碱性物质，可以中和体内积存的酸性物质，以保持体内的酸碱平衡，调节人体的生理机能。另外，由于喷洒农药，水果上会有一些残留的砷、铅等微量元素，食用时要注意清洗。

（4）碳水化合物。碳水化合物是水果中干物质的主要成分，包括糖类、淀粉、纤维素和半纤维素。

1）糖类。糖类是决定水果营养和风味的主要成分。水果中含的糖主要是葡萄糖、果糖和蔗糖等，对人体最有营养的是葡萄糖和果糖。水果种类不同含糖量也不同。

水果中含糖较少的是柠檬（0.5%），含糖较多的是葡萄（达20%以上），而苹果则含6%～10%，西瓜为5.5%～12%。水果的含糖量与其成熟度有关。一般来说，成熟度越高，含糖量越高，甜度也越大；但果仁类水果则正好相反。

水果中的糖经长期储存，因水果本身的生理活动，会逐渐降低，甜味就会变淡。因此，常用糖酸比值变化作为鉴别水果风味的指标。

2）淀粉。在未成熟的果实中一般都含有淀粉。但随着水果的成熟，淀粉就会逐渐分解成糖，有的水果如葡萄和柑橘成熟后不含淀粉，所以储存后甜味不会增加，苹果和梨成熟后仍残存 1%～1.5%的淀粉，经 1～2 个月的储存后淀粉完全转化成糖，从而使甜味增加。水果中含淀粉较多的是香蕉（18%）、栗子（44%）。

3）纤维素和半纤维素。水果中纤维素的含量为 0.2%～4.1%。它与其他碳水化合物不同，在植物体内一旦形成，就不再参与物质的代谢过程，纤维素和半纤维素聚合起来，就形成了水果内的石细胞，使果肉粗糙而有沙粒状物质。因此，纤维素含量少的水果，肉质细嫩，食用品质好；反之则口感粗糙。纤维素和半纤维素对人体无营养价值，但其能促进人体胃肠的蠕动，帮助消化，防止便秘。

（5）有机酸。其广泛地存在于水果中，同水果的滋味有密切关系，与糖形成糖酸混合的特殊风味。水果中的有机酸主要是苹果酸、柠檬酸和酒石酸，通称为果酸。各种水果含酸量不等，如苹果、柑橘、葡萄等含酸较多，而梨、桃、香蕉等含酸较少。同一品种的水果，未成熟的含酸较多，成熟后含量减少，甜味更浓。水果储存后酸含量还可能减少，会影响水果的风味。

另外，水果中还含有果胶质、鞣质、色素、芳香物质等。

2. 水果的种类

水果一般按果实的构造不同分类。

（1）仁果类。果实由果皮、果肉和五室子房构成，内生长有种仁，故称仁果，如苹果、梨、山楂等，较耐储存。

（2）核果类。其果实由外果皮、内果皮和种子构成，外果皮较薄，中果皮肥厚，是食用的果肉部分，内果皮形成木质硬壳，内包有种子，故称为核果，如桃、杏、枣等。

（3）浆果类。果实形状较小，果肉成熟后呈浆状，如葡萄、草莓、猕猴桃、香蕉、荔枝等。

（4）坚果类。坚果类是以种仁作为食用的部分。果实的特征是外覆木质或革质硬壳，成熟时干燥而不裂开，也称为壳果类，如核桃、板栗、松子等。

（5）柑橘类。其果实人多由外果皮、中果皮、柑络、中心柱和种子构成。外果皮呈较坚韧的革质状态，中果皮包括经络，内果皮成 6～12 个瓤瓣，瓤内分化成许多肉质化的小瓤囊，果汁含水量在其中，是可食用部分，如柑、橘、橙、柚、柠檬等。

（6）复果类。其果实由整个花序组成，其食用部分是它的花序轴、苞片、花托和子房，如菠萝、菠萝蜜等。

（7）瓜类。其果实由花托、外果皮、中果皮、内果皮、胎座和种子构成。主要有西瓜、甜瓜，其中内果皮、胎座是西瓜的可食用部分，而中果皮和内果皮则是甜瓜的可食用部分。

（8）其他。一些草植物和水生作物的果实和根也可做果品来食用，如甘蔗、荸荠等。

3. 水果主要品种的品质特征及选购

（1）苹果。苹果按收获季节可分为伏果、秋果两大类。伏果多为 7～8 月采摘，果实肉质松脆，口味淡薄，略有香气，易腐，不耐贮，品质不如秋果。但它上市早，因此有一定的市场价值。市销伏果主要品种有黄魁、红魁、祝光、白粉皮、伏花皮、彩苹等。青岛、烟台产的白粉皮，辽宁产的甜黄魁，7 月上、中旬成熟，上市早。秋果多在 8～11 月采摘，肉质紧密，甜酸适口，香气浓、品质佳，耐贮藏，是日常消费中的当家品种。市销秋果主要有红香蕉、黄香蕉、红富士、国光、红星、红玉、嘎拉、澳洲青等。秋果耐贮，在-1℃～1℃，相对湿度在85%～95%的条件下，3～5个月保持质量不变。

苹果不但含有多种维生素、矿物质、糖类等人体所必需的营养成分，而且含有利于儿童生长发育的细纤维和能增强儿童记忆力的锌。苹果不仅可以调节肠胃功能、降低胆固醇、降血压、防癌、减肥，还可以增强儿童的记忆力。又因苹果所含的营养既全面又易被人体消化吸收，所以，非常适合婴幼儿、老人和病人食用。

在选购苹果时，其品种的识别主要根据果梗、果形、果萼、果面和果肉风味5个方面进行辨别。其质量鉴别主要看其果肉成熟度、有无机械损伤及病虫害程度等。在同一品种中以果品光洁无虫害、色泽鲜艳、成熟度适中、肉质紧密、味正质脆、细嫩多汁、甜酸适中为上品，兼有浓郁香气者为佳品。

（2）梨。梨按果实形态可分为白梨、沙梨、秋子梨、西洋梨四大类。白梨果实大，倒卵形或长圆形，成熟后皮为黄色或黄白色，果肉脆、石细胞少、味香甜、肉质细嫩无渣、水分多，耐贮。我国优良品种的梨都属于白梨类。市销白梨品种有鸭梨、酥梨、山东莱阳梨等。其中，鸭梨以皮薄、肉细嫩、香甜多汁、石细胞极少、无渣且耐贮的特点而享誉国内外市场。

沙梨果实多为圆形，果皮褐色或绿色，味甜多汁，但耐贮性差。市销沙梨名品有雪梨、三花梨等。其著名产地分别是安徽徽州、浙江义乌、四川苍溪。沙梨著名品种还有二十世纪、二宫白等。它们都是从日本引进的品种，现在我国中、南亚热带有较多栽培。

秋子梨果实呈扁圆形，果皮黄绿或黄色，有的品种石细胞多，品质较差。秋子梨极耐贮。常见品种为南果梨、京白梨、大香水梨等。其中产自北京的京白梨以皮薄核小，肉厚汁多，味酸甜而带清香、石细胞少而闻名南北。

西洋梨果实多为瓢形，成熟后的果肉柔软多汁，香气很浓，但易腐不耐贮。西洋梨市销量大的品种有巴梨、伏茄梨、三季梨等。

梨有特殊食用价值，除有一般水果的功效外，梨能生津止渴、润肺消炎、清凉解毒、通便醒酒。梨的品质优劣，品种是重要因素，选购时要注意品种的识别，必须从色、香、味、形四大方面进行品质鉴别。不同品种的梨以皮薄细嫩、有光泽、果肉脆嫩、汁多味甜、石细胞少、果心小、香味浓郁者为佳。同品种的梨以果个大小适中、果形完整、无病虫害；果皮光滑、无疤斑、无机械伤者为最好。

（3）香蕉。香蕉可分为香蕉、大蕉、龙芽蕉、粉蕉四大类。香蕉果实狭长而弯曲，未成熟时有棱角，皮色青绿，成熟后皮色变黄并带有梅花点，俗称芝麻蕉。果肉黄白，味香甜，肉软糯滑、品质好。著名品种有福建天宝蕉、台湾北蕉、广东和广西的香牙蕉。

大蕉果形较直，呈五菱形，皮青色绿。成熟后果皮薄呈深黄色，果肉淡黄，肉厚有酸味，缺乏香气，品质中等。常见品种有半角蕉、月蕉、板蕉等。

龙牙蕉，俗称金蕉，外形较香蕉弯曲，蕉身圆滚，熟后皮金黄，皮薄光洁，果肉白色，水分少，含淀粉多，有特殊香气，品质中上。

粉蕉又称糯米蕉，果实长椭圆形，有棱角，形似大蕉但果个小，成熟后皮色黄白，皮比大蕉薄，味甜，香气一般，品质中上。大蕉、粉蕉上市者少。

香蕉性寒，味甘，具止烦渴、润肺肠、通血脉、通便等药用价值。香蕉的含糖量比较丰富，淀粉含量多。

香蕉产地偏于一隅，成熟后不宜长途运输，故一般在其七八成熟时采摘，再运达销售点经人工催熟后销售食用。

香蕉不同品种间以香蕉最好，龙牙蕉次之，粉蕉再次，大蕉列后。同一品种以果实肥状、只大皮薄、成熟适度、成色新鲜、无病虫害及伤烂、色味俱全者为佳。选购时可采用观色、手提、剥皮、品尝等方法进行。成熟适度的香蕉果皮色鲜黄两端带绿，两指轻捏果身，富有弹性，皮易剥离，果肉完整，肉色洁白或略带浅黄，入口柔软糯滑，甜香俱全。

（4）柑橘。柑橘是主产于亚热带的大宗水果，市面销售的常见种类有柑、橘、橙、柚四大类，其中上又以柑、橘、橙最普遍。民间将柑、橘、橙统称橘子，但其形状与性味各不相同。橘类小而扁，皮薄而宽松，比柑类易剥离，橘络较少，种子尖细，品质上等，能早熟，但不耐贮。常见品种有早橘、乳橘、蜜橘、红橘等。江西南丰蜜橘、浙江黄岩蜜橘质量佳。

柑类果实大多趋于球形，果皮略粗厚，皮较紧，不易剥离，种子呈卵圆形，耐贮藏。常见品种有芦柑、邵柑、新会柑、蜜柑等。温州蜜柑最有名，其果肉细嫩多汁，酸甜适口，有桂花香气，无核或稍有小核。

橙类果实近于球形或卵球形，果汁多，酸甜适中，品质佳，耐贮。常见品种有新会橙、柳橙、漳州橙、锦橙、冰糖橙、脐橙等。其中的新会橙、锦橙是著名品种。

柑橘中含有极丰富的维生素 C。柑橘的皮、核、络、叶都是良好的中药材，也是提取香料的重要原料。

选购柑橘时不同品种应选择色泽鲜艳、香气浓、甜味足或甜酸适口、汁多、少渣者为佳；同种品种以果实端正、成熟、清新、光亮、无病虫害及疤伤、果梗新鲜者为好。

本章小结

食品是指供人食用或饮用的成品和原料，以及按照传统既是食品又是药品的物品，但不包括以治疗为目的的物品。

食品中所含的成分主要是五大营养素（糖、蛋白质、脂肪、维生素、矿物质）和水，它们对人体有重要作用，合理摄入，可保证人体健康。

食品必须对人体安全、卫生。在食品生产、加工、储运等环节中，有多种因素有可能对食品造成污染，使食品中含有对人体有毒有害的物质。故必须针对食品中有毒有害物质的来源，采取各种有效措施，做好食品的储藏工作，确保食品的安全卫生。

随着人民生活水平的提高，乳、酒、水果、茶等已成为人们日常生活中常见的和重要的消费品，本章主要介绍了粮油和上述食品的种类、成分、品质特征、感官审评、选购食用、储藏方式等，掌握了这些知识和技能，有利于搞好食品的经营管理，指导消费，促进商品使用价值的有效实现。

主要概念

食品　人体必需氨基酸　完全蛋白质　原麦汁浓度

课堂讨论题

1. 如何合理安排日常膳食？
2. 怎样保证食品的安全性？

自 测 题

1. 判断题

（1）维生素对人体来说，摄入越多越好。（ ）
（2）非必需氨基酸即人体不需要的氨基酸。（ ）
（3）食品中有毒有害物质均来源于各种污染。（ ）
（4）小麦容重越大，品质越好。（ ）
（5）12°啤酒中含酒精量为12%。（ ）
（6）青茶具有绿叶红镶边的特点。（ ）

2. 填空题

（1）食品中的三大产热营养素是指糖类、________和________。
（2）矿物质按其在人体中含量不同可分为常量元素、________和________三大类。
（3）玉米粒储藏的具体做法是低温密闭储藏、________和________等。
（4）酿酒的基本原理可分为 ________和________两个步骤。

3. 选择题

（1）以下能被人体直接吸收的物质是（ ）。
A. 淀粉　B. 蛋白质
C. 蔗糖　D. 葡萄糖
（2）不属于粳糯稻谷特性的是（ ）。
A. 黏性大　B. 糙米呈椭圆形
C. 黏性小　D. 呈半透明状
（3）茅台酒的香型是（ ）。
A. 浓香型　B. 清香型
C. 酱香型　D. 米香型
（4）黄山毛峰属（ ）。
A. 炒青茶　B. 晒青茶
C. 烘青茶　D. 珠茶

4. 简答题

（1）食品污染的途径有哪些？

（2）简述食用油脂的种类及其生理功能。

（3）乳制品有哪些种类？

（4）简述酿酒的基本原理和酒的种类。

（5）茶叶中含有哪些成分？有哪几种类型？

实训题

1. 技能题

感官审评啤酒、茶叶和水果的质量。

2. 案例分析题

白酒质量感官鉴定

（1）实验用品和用具。代表性酒2~4种若干瓶，酒杯若干个。

（2）鉴定评分表（见表6-12）。

（3）感官审评，并写出实验报告。既要按一般要求写出实验报告，还要根据自己在审评中的感觉，写出被品酒的评语。

3. 实习题

调查市场上粮油、酒类和茶叶的销售和消费情况，并加以分析。

表 6-12　白酒质量鉴定 100 分制评分表

年　月　日　时

项目	色					香								味															风格			
标准	无色透明	浑浊	沉淀	悬浮物	带色酱香型除外	具有本品固有芳香	芳香不足	香气不纯	香气不正	带有异香	有不愉快的气味	有杂醇油味	有其他嗅味	具有本品应有的特点	欠绵软	欠回甜	淡薄	冲辣	后味淡	后味短	后味苦小曲酒放宽	焦糊味	涩味	辅料味	酒梢味	杂醇油味	糖腥味	其他杂邪味	风格突出	风格不突出	偏格	错格
记分	10	−4	−2	−2	−2	25	−2	−2	−2	−3	−4	−5	−7	50	−2	−2	−2	−3	−3	−3	−3	−3	−5	−5	−5	−5	−5	−5	15	−5	−5	−5
得分 / 编号																																

第7章

服装商品

◇ 本章学习目标 ◇

知识目标：认识服装材料的种类和性能；了解纺织纤维的种类和鉴别；熟悉服装的分类品种及性能特点。

技能目标：掌握服装的质量鉴别及选购、穿用和保养技能。

能力目标：能够运用所学知识和方法鉴别服装质量，并初步具备经营服装的有关技能和咨询服务能力。

引导案例

服装面料选择

消费者在购买服装时，如能懂得一点面料知识，就既能根据自己的需求选择相应面料的服装，又能防止上当。选择面料时，首先看有无明显瑕疵、有无色差及虫蛀、鼠啮等，若有，则不符合质量要求。不同的面料，其质地、价格各不相同。绸面料既有轻盈飘逸、凉爽透气的品种，适宜做衬衣、连衣裙，也有厚实庄重、光华富贵的品种，适宜做棉衣外套、旗袍等。真丝织品，手感光滑、轻柔，将面料互相摩擦时，会发出清脆的声响，称为丝鸣或绢鸣，缩水率一般在5%～10%；假丝绸手感粗硬，易起皱，颜色艳丽，缩水率一般小于5%。真麻织品，布面细洁光亮，带有自然的小疙瘩，手感粗而硬，表面容易起毛，易出折痕；假麻织品，抗皱性好，但是吸湿性较差，穿着时感觉比较闷气。内衣质地宜用棉布或棉织品，外衣的质地则应厚挺；夏季的衣料应舒适凉快，冬季的衣料宜选用松软、厚实和保暖性好的面料。

服装是用于穿着并覆盖人体各部位的着装总称。服装其实就是人体的包装物。因此选购应因人而异，以人为本。服装材料是服装的重要组成部分，通常分为面料和辅料，服装的主要原料是纺织纤维。因此，认识服装的性能要从纺织纤维开始。

7.1 纺织纤维

7.1.1 纺织纤维的概念、种类和鉴别

1. 纺织纤维的概念

纤维是一类直径为几微米到几十微米，而长度比其直径大千百倍的细长柔韧物体。纤维的种类很多，并不是所有的纤维都能用来纺纱织布的。通常把用来制造纺织品的纤维称为纺织纤维。它应具备的基本要求分述如下。

（1）具有一定的强度、延伸度及适当的弹性和可塑性。强度通常指拉断一根纤维所需要的力。延伸度即加力使纤维被拉断时，伸长的长度与原来长度的百分比，一般在10%以上。弹性是纤维变形后的回复性。可塑性是指在湿、热及压力下，使纤维被塑造成固定形状的性能。

（2）具有一定的长度、细度。一般不能短于10毫米，纤维短、浮游纤维多，不利于成纱质量。

（3）具有一定的化学稳定性。在水或其他普通溶剂中不溶解或很难溶解，对酸、碱等较为稳定。

（4）具有良好的吸湿性、保暖性、染色性能。吸湿性是指纺织纤维从空气中吸收水分或向空气中散发水分的能力，这是对人体舒适感的要求。保暖性是阻止人体热量向外界流失的性能。染色性能是指利用染料和纺织纤维之间发生化学物理作用，使染料附着于织物上，从而形成各种不同的色泽，且具有一定的牢度。

2. 纺织纤维的种类

纺织纤维的种类繁多，习惯上分为天然纤维和化学纤维两大类（见图7-1）。

（1）天然纤维。天然纤维是来源于自然界的植物、动物或矿物的纺织纤维，如棉、麻、羊毛、蚕丝、石棉等。其综合性能最符合人体卫生要求，具有优秀的纺织性能，天然纤维制成品吸湿、透气、保暖、舒爽。其自然的风格与相应的加工工艺相结合，能最大限度地满足人们对服饰美的追求。另外，天然纤维普遍具有较好的热稳定性。天然纤维除蚕丝为长纤维外，其余的均是短纤维。

1）棉纤维。棉纤维属于种子纤维，是由棉子表皮细胞突起生长而形成的。棉纤维按棉花品种的不同分为长绒棉、细绒棉和粗绒棉三种。粗绒棉品质低劣，已渐被淘汰。细绒棉长度在25～31毫米，细度在18～20微米，色泽洁白或乳白，有丝光，是产用量最大的品种。棉纤维中85%以上是细绒棉，我国种植的棉花大多属于这一类。长绒棉较细且长度大，品质优良，其长度在33毫米以上，细度在15～16微米，色泽乳白或淡棕色，富有丝光，用于纺织高档轻薄和特种棉纺织品。它主要产于埃及、苏丹、美国、秘鲁和中亚各国，我国新疆、广东等地区也有种植，长绒棉的产量约占棉纤维总产量的10%。

- 纺织纤维
  - 天然纤维
    - 植物纤维
      - 棉纤维
      - 麻纤维
    - 动物纤维
      - 毛纤维
      - 丝纤维
  - 化学纤维
    - 人造纤维
      - 黏胶纤维
      - 醋酸纤维
      - 铜氨纤维
    - 合成纤维
      - 涤纶、丙纶
      - 锦纶、氯纶
      - 腈纶、维纶
      - 氨纶

图 7-1 纺织纤维的种类

棉纤维吸湿性好，使其织物服用性能好且不易产生静电、洗尘和被玷污。棉纤维具有良好的耐热性，在 110℃以下不受损坏。棉纤维是电的不良导体，有一定的导电性，不易积蓄静电。棉纤维遇碱一般不会发生破坏，在纺织工业上常利用这一性能对棉纤维进行“丝光工程”处理，使其光泽度和染色性提高。棉纤维不耐酸，常温下 65%浓硫酸即可将棉纤维完全溶解。棉纤维在天然纤维中耐日晒性能较好，但不如亚麻和羊毛。棉纤维具有较好的染色性能，适宜棉纤维染色的染料种类较多，且吸色性及色牢度均较好。棉纤维耐微生物性差，容易发霉，但不易被虫蛀。棉纤维强度在天然纤维中是最低的。棉纤维弹性差，其服饰制成品易起皱，棉纤维的耐光性也不好。

2）麻纤维。麻纤维是麻作物叶子或茎部中剥下的叶纤维或韧皮纤维。叶纤维是从麻类植物叶子或叶鞘中取得的纤维，如蕉麻、剑麻等。这类麻纤维质地粗硬，只能做绳索、渔网等，不可做纺织纤维。韧皮纤维中，红麻、黄麻也较粗硬，主要用作包装材料（麻袋）、绳索、地毯等。纺织上使用较多的主要有苎麻和亚麻等。

苎麻是我国特产，有“中国草”之称。苎麻纤维长度在 20～250 毫米，平均为 60 毫米，是麻类中最长的，平均直径为 40 微米，截面呈椭圆形，有中空腔。苎麻的纤维形态不规则，有时显条纹，有时显横纹，两端形状有显圆形或长矛形的。苎麻纤维强度在天然纤维中最高。苎麻纤维刚性大，伸长率小，制成织物后硬挺、滑爽，但因弹性差，伸长率小，穿用中保形性差，易起皱。苎麻最大的特点是吸湿快、散湿快、透气凉爽、抗霉防蛀性能好，因此是夏季理想的衣着类原料。

亚麻主要产于俄罗斯，在我国黑龙江省有大量种植。亚麻纤维平均长度为 17～25 毫米，平均直径为 12～17 微米，截面呈多边形。亚麻纤维的外表面平滑，两端渐尖，胞腔甚小，胞壁较厚，胞壁上有明显的节纹及稀少的纹孔。亚麻强度与苎麻接近，虽比苎麻柔软，但比棉纤维硬挺，其织物挺直，但弹性差，皱后不易恢复。亚麻的吸湿、散湿速度仅次于苎麻，因此也常作为夏季服装材料。

麻纤维在天然纤维中强度最大，其中苎麻强度为麻纤维之首，亚麻次之。麻纤维的吸湿性比棉纤维还要强，散湿速度快，有手感干燥的感觉。麻纤维是电的不良导体，有很好的电绝缘性。麻纤维散热很快，较棉纤维快 25%左右，穿着麻织品有凉爽感。麻纤维耐酸不耐碱，若经碱处理则可增加柔软和洁白。麻纤维相互之间抱合度低，这种特性影响麻织品的耐穿性，使其易起毛、不耐磨。麻纤维染色性不如棉纤维，也难漂白，所以织品的色泽都不艳丽，但这也使得麻类织品具有一种返璞归真的“自来旧”型的古拙之美。

3）毛纤维。毛纤维一般指绵羊毛。从羊身上剪下的毛称为原毛，原毛中除含有羊毛纤维外，还含有羊脂、羊汗、泥沙、污物及草籽、草屑等杂质。可见，原毛不能直接用来纺织，必须经过选毛、开毛、洗毛、碳化等初步加工，才能获得较为纯净的羊毛纤维。我国是世界主要产毛国之一，澳大利亚、俄罗斯、新西兰、阿根廷等国都是世界著名产毛国。

羊毛的粗细差异很大，最细的只有7微米，粗的可达240微米。细度是评价羊毛品质的重要指标。一般羊毛越细，细度越均匀，弹性、光泽、手感越好，强度也越高。羊毛的粗细因羊的品种、产地而不同，世界闻名的细羊毛是澳大利亚美利奴羊所产之毛。同产地、同品种的羊所产羊毛因其结构不同也有区别。

羊毛纤维吸湿性在天然纤维中是最高的，在湿润空气中吸湿达30%时，手感仍不觉潮湿。羊毛纤维柔软、弹性好，其织物不易产生折皱。羊毛尽管相对强度低，但弹性好，其织物较其他天然纤维织品耐磨，坚固耐用。羊毛纤维是热的不良导体，具有较好的保暖性能。羊毛纤维具有一定的耐热性和良好的耐低温性能。在沸水或100℃蒸汽中，羊毛纤维会逐渐膨胀而失去弹性，这时如把羊毛压成各种形状并迅速冷却，其形状会经久不变，这就是羊毛纤维的可塑性。羊毛纤维的缩绒性是指毛纤维在湿热的条件下，受揉搓等外力作用时，由于表面鳞片层的定向运动，会相互发生黏合，引起织物表面收缩，厚度加大。毛纤维易被虫蛀，耐酸不耐碱，羊毛受到碱的破坏后，会使纤维的强度下降，颜色变黄，光泽暗淡，手感粗糙，弹性下降。羊毛纤维在天然纤维中耐日光性最好，染色性能较植物纤维强。

毛纤维中的其他动物纤维主要有山羊绒、马海毛、兔毛、牦牛绒、骆驼绒等。① 山羊绒是山羊身上的短绒毛，有“软黄金”之美誉。我国是世界第一大山羊绒生产国。山羊绒纤维纤细而均匀，柔软而富有弹性，光泽柔和，具有集轻、暖、软、滑于一体的特点，是珍贵、高档的纺织原料，其产品具有外观华丽高雅、手感柔软、穿着舒适等特点。② 马海毛是安哥拉山羊毛的商业名称。马海毛主要产于土耳其、美国和南非。马海毛纤维长达113～116毫米，光泽与白度均好于羊毛，其制品有很好的弹性、手感和亮度，质轻而蓬松柔暖。③ 兔毛。用于纺织的兔毛主要是长毛兔所产的毛。兔毛细柔、洁白、保暖性好，但较脆弱，抱合力差，其制品虽柔软蓬松美观别致，但易脱毛。④ 牦牛主产于我国西藏，牦牛绒是一种可与山羊绒媲美的高档纺织原料，其颜色多为黑褐色和黑色，保暖性强。⑤ 骆驼绒有良好的保暖性，其弹性较羊绒、兔毛好，强度高，光泽好，但缩绒性差，常用于生产粗纺呢绒、毛毯和针织绒等。

小思考 7-1

山羊绒有“软黄金”之称，我国山场资源丰富，能否大力发展？

4）丝纤维。丝纤维一般指蚕丝。蚕丝是一种化学成分复杂的天然蛋白质高分子化合物，每根蚕丝都由两条平行的单丝组成。蚕丝是与众不同的长纤维。它细而长，因为太细，通常需将数根蚕丝合并处理后，再经织造。蚕丝以其优良的品性和优雅的外观，被称为纤维“皇后”。丝织物的性能最接近人体皮肤，穿着舒适。我国是世界上最早种桑、养蚕、缫丝、织绸的国家，迄今已有 6 000 多年历史。

蚕丝分桑蚕丝和柞蚕丝两种。桑蚕丝（俗称真丝）是以在室内饲养、以桑树叶为饲料的家蚕茧缫成，大多为白色，发出优雅的象牙光泽，手感柔软、滑爽而富有弹性。柞蚕丝是以野外放养的柞蚕茧缫成，所以又叫野蚕丝，具有不同于桑蚕丝的"野性"：比桑蚕丝粗，没有桑蚕丝白。柞蚕丝一般用于织造中厚织品和各种装饰绸，是丝织品中风格粗犷狂放的一类织物。蚕丝中桑蚕丝的产量最高、应用最广，其次是柞蚕丝。

蚕丝具有较好的吸湿性，故穿着真丝服装使人体具有滑爽、舒适、凉快的感觉，同时也可以防止湿疹、皮肤瘙痒等皮肤病的产生。蚕丝是电的不良导体，是电器的绝缘材料。蚕丝有柔和润亮的光泽，是其他纤维所不能比的。蚕丝耐酸不耐碱，具有较好的耐热性，但耐日光性较差。

（2）化学纤维。化学纤维是经过化学处理和机械加工而制得的纤维。其在性能和形状上尽可能模仿综合性能良好的各种天然纤维，可能在单方面品性上接近甚至优于天然纤维，但其综合性能不如天然纤维。不断改进生产工艺，提高合纤综合性能，使之接近甚至优于天然纤维，是化学纤维工业的努力方向。化学纤维按其所用原料及生产工艺的不同，可分为人造纤维和合成纤维两大类。化学纤维命名的原则是，人造纤维的短纤维一律叫"纤"（如粘纤、富纤），合成纤维的短纤维一律叫"纶"（如锦纶、涤纶）。如果是长纤维，就在名称末尾加"丝"或"长丝"（如粘胶丝、涤纶丝、腈纶长丝）。

1）人造纤维。人造纤维是以富含纤维素或蛋白质的高分子物质，如棉短绒、甘蔗渣、木材、芦苇等，经化学方法处理及机械加工而制成的。因其化学成分接近天然纤维，其理化性能也接近天然纤维。人造纤维常见种类有黏胶纤维、富强纤维、醋酸纤维等。① 黏胶纤维是以天然纤维素为基本原料，经纤维素磺酸酯溶液纺制而成。因这种溶液的黏度很大而得名，简称"黏纤"。黏胶纤维可制长丝和短纤。长丝可用于丝绸类织造上，俗称人造丝；短纤有棉型、毛型，分别被称为人造棉、人造毛。黏胶纤维在化纤中吸湿性最强，比棉花高，仅次于羊毛，但缩水率较大。黏胶纤维是各种常见纤维中强度最差的一种，干态时强度接近棉纤维，但在湿态时强度明显下降。黏胶纤维弹性较差，形态稳定性差，织物不挺括，易起皱变形。黏胶纤维比棉纤维容易上色，并且容易获得鲜艳的颜色。② 富强纤维是通过改变普通黏胶纤维的纺丝工艺条件而开发的，简称"富纤"。其品质较黏胶纤维有较大改进，强度提高接近于优质棉，湿态强度提高，缩水率较小，挺括，不易起皱，易洗易干，耐碱性也较好。③ 醋酸纤维是由纤维素被醋酸酯化而成的。醋酸纤维染色后颜色鲜艳，不受虫蛀，比重小于黏纤，抗皱性优于黏纤，面料手感柔软而富有弹性，与真丝相似，但吸湿性差，易洗易干，不易变形。

2）合成纤维。合成纤维是以石油、天然气、石灰石等为原料，提取出低分子化合物，再合成为仿丝、仿毛、仿棉的高分子纤维。其特点是强度高、弹性好、耐磨、不易霉、不易虫蛀，但吸湿性差，染色一般比较困难。常见的合成纤维有以下几种。① 涤纶，即聚酯纤维。虽问世较晚，但因其优越的综合性能，现在合纤中产量最大。涤纶的优点是抗皱性好，织品做成的衣物挺括不皱，保型性极佳，且强度高，耐热性能好。但是涤纶吸湿性低，不易吸水，也不缩水，纺织工业中常将涤纶纤维和天然纤维或其他化学纤维进行混纺，以提高织品的吸湿能力。② 腈纶，即聚丙烯腈纤维，是合纤中另一大宗产品。腈纶柔软、蓬松、弹性好、保暖性好，有“合成羊毛”之称，但强度大大高于羊毛。腈纶的主要优点是耐光性好，对日光与气候作用的抵抗力强，且耐热性较好。在合纤中，腈纶染色性好。但腈纶吸湿性低，易产生静电，耐磨性不好，易起毛、起球。③ 锦纶，即聚酰胺纤维，又称尼龙。锦纶与涤纶、腈纶并称三大合成纤维，是最早问世的合纤品种。锦纶的最大特点是耐磨性好，比羊毛高20倍，是所有纤维中最耐磨的。锦纶弹性好，耐腐蚀性好。但锦纶的耐光性、耐热性差，吸湿性也差。④ 维纶，即聚乙烯醇纤维。没有染色的维纶洁白如雪，柔软如棉，有“合成棉花”之称。维纶是合成纤维中吸湿性最好的，接近于天然纤维中的棉花，织物风格也与棉相近。但因其抗皱性差、染色性也不好，所以在服装用料方面进展不大，主要生产工业用纺织品。⑤ 丙纶，即聚丙烯纤维，是所有纤维中最轻的，放在水里可漂浮起来。其强度较高，弹性较好，故有一定抗皱性，且耐酸又耐碱，化学稳定性好。但丙纶耐光性、耐热性差。丙纶主要用于生产地毯、装饰布、包装材料、绳索等。⑥ 氯纶，即聚氯乙烯纤维。最大特点是具有阻燃性。另外，氯纶也具有极好的化学稳定性、良好的保暖性和较好的强度与耐磨性。但其耐热性很差，在70℃左右就开始收缩、软化。其织物多做劳动防护服。⑦ 氨纶，即聚氨基甲酸乙酯纤维。最大特点是弹性优良、回弹率高，与橡胶相仿，故也称为弹性纤维。氨纶强度较高，耐热性、耐光性好，比重小，化学稳定性好，染色性也较好，但吸湿性较差。它既可纯纺，又可混纺，广泛应用于针织品中，同时还大量用于各种服装的松紧部位。

相关链接 7-1

新型纺织纤维

（1）天然彩棉：天然生长的非白色棉花，目前已拥有棕、绿、紫、灰、橙等色泽品种，通常用来与白棉、合成纤维混纺，后工序不经染色，是真正意义的环保绿色纤维，其长度与强度略逊于白棉。

（2）除鳞防缩羊毛：羊毛的鳞片使羊毛具有缩绒性，这对洗涤和使用带来了诸多问题，所以剥除和破坏羊毛鳞片是最直接也是最根本的一种防缩方法，经氯化处理后羊毛不仅获得了永久性的防缩效果，而且使羊毛纤维细度变细，纤维表面变得光滑，富有光泽，染色变得容易，制品更加柔软、滑糯，具有抗起球，可机洗等特点，无刺痒感，使羊毛织物具有更好的品质和更广的应用范围。这种处理方法称为“羊毛表面变性处理”，也有人称为“羊毛丝光处理”。

（3）新型绿色纤维素纤维——Lyocell（莱塞尔）：产品废弃物土埋5~6周可生物降解，不构成对环境污染，被称为21世纪的绿色纤维。为纤维素纤维的环保化生产及产品升级换代提供了方向。英国的考陶尔兹公司（Courtaulds）和奥地利兰精公司（Lenzjng）为主要的生产厂家，我国多引用英国的商品名（Jencel），译为坦赛尔或天丝。Lyocell纤维集天然纤维与合成纤维的优点于一身，具有纤维素纤维吸湿性好、透气、舒适等优点，穿着舒适性远优于涤纶，光泽优美，手感柔软，悬垂性优，飘逸性好，同时又具有合成纤维强度高的优点，其强力高于棉和普通的粘胶，具有良好的水洗尺寸稳定性和较好的性价比，其混纺性能好，可与其他天然纤维、合成纤维混纺。

（4）超细纤维：其制品手感柔软、细腻、滑爽，光泽柔和，超细纤维的比表面积大，表面吸附作用强，具有很高的清洁能力，可作为高吸水材料（如毛巾、纸巾），超细纤维可用于制作仿真丝面料、高密防水透气织物、桃皮绒织物、仿鹿皮面料等。

（资料来源：新型纺织纤维. 39 健康网，2014-8-23）

3. 纺织纤维的鉴别

（1）感官鉴别法。感官鉴别是靠人的感觉器官，主要是通过眼看、手摸来观察纤维的种类。眼看是鉴别纤维的外观、色泽、长度、粗细及弯曲等状态。手摸是鉴别纤维的弹性或折皱、柔软、凉爽、温暖、粗糙及平滑等性能特点。常见的纺织纤维的外观、手感情况如下：① 棉纤维较细短，具有天然捻曲，弹性较差，手感柔软，光泽暗淡；② 麻纤维较棉纤维长而粗，强力大，缺乏光泽和弹性，手感粗硬，有凉爽感；③ 羊毛纤维较棉纤维长，光泽柔和，呈卷曲状，手感温暖，弹性好，不易折皱；④ 丝纤维细长，强力较大，光泽柔和悦目，手感光滑、柔软，有凉爽感；⑤ 黏胶纤维外观与棉相似，干湿强度相差大；⑥ 合成纤维弹性好，强力大，手感滑润柔软。

（2）燃烧鉴别法。各种纺织纤维的化学组成不同，对热和燃烧的反应特征也不同。几种常见纤维的燃烧情况如表 7-1 所示。

表 7-1 几种常见纤维的燃烧情况

燃烧情况 / 纤维种类	接近火焰	在火焰中	离开火焰	燃烧时气味	燃烧后残渣形态
棉麻	不熔不缩	迅速燃烧，产生黄色火焰，有蓝烟	继续燃烧，不熔融	烧纸样气味	深灰色细软粉末
蚕丝	收缩	缓缓燃烧缩成一团，放出火焰	缓缓燃烧，有时自动熄灭	烧毛发的臭味	黑褐色小球，用手指一压就碎
羊毛	收缩	缓缓燃烧，冒出蓝灰色烟且起泡	继续燃烧	烧毛发的臭味	有光泽的不定形黑色块状，用手指一压就碎
黏纤	不熔不缩	燃烧快，产生黄色火焰，无烟	继续燃烧	烧纸样气味	灰烬极少，呈浅灰色或深灰色
涤纶	收缩熔融	有亮黄色火焰，无烟	时常自动熄灭	特殊芳香味	坚韧的浅褐色硬球，不易研碎
腈纶	收缩微融发焦	熔融燃烧，有发光小火花	继续燃烧	辛辣味	黑色小硬球
锦纶	收缩熔融	缓缓燃烧，有白烟，无火焰	时常自动熄灭	氨臭味	坚韧的浅褐色硬球，不易研碎
维纶	收缩熔融	缓缓燃烧，纤维顶端有火焰	继续燃烧	臭味	黄褐色不定形硬块凝结在纤维顶端，用手指强压可压碎

续表

纤维种类＼燃烧情况	接近火焰	在火焰中	离开火焰	燃烧时气味	燃烧后残渣形态
丙纶	缓慢收缩	熔融燃烧	继续燃烧	轻微的沥青味	硬黄褐色球
氯纶	收缩	熔融燃烧，冒黑色烟	不能延燃	有氯化氢气味	松脆黑色硬块

上述所列燃烧情况为单一燃烧特征，而混纺织品的几种纤维的综合燃烧情况需要综合评价，所以在试验观察单一纤维燃烧时，应仔细观察不同纤维混纺纱的不同燃烧特征。同时还应注意整理剂对纤维燃烧特征的干扰，如某些整理剂燃烧时放出的气味往往遮盖了纤维自身的气味，阻燃树脂整理的织品，其燃烧速度比未整理的要慢。

（3）显微镜鉴别法。将纺织纤维放在显微镜下进行观察，根据其纵向和截面形态与已知的纺织纤维形态比较，来判断纤维的种类。几种不同纤维的纵横截面形态如表7-2所示。

表7-2　几种不同纤维的纵横截面形态

纤维种类	纵向形态特征	横截面形态特征
棉	扁平带状，有天然转曲	腰圆形，有中腔
苎麻	横节，竖纹	腰子形，有中腔及裂缝
羊毛	表面有鳞片	圆形或接近圆形，有些有毛髓
桑蚕丝	平直	不规则三角形或三角形
黏胶纤维	纵向有沟槽	有锯齿形或多页形边缘
富强纤维	平滑	较少齿形或圆形
涤纶、锦纶、丙纶	平滑	圆形
腈纶	平滑	圆形或哑铃形
维纶	平滑	腰圆形
氯纶	平滑	接近圆形

（4）化学鉴别法。根据不同种类纤维对一些化学药剂有不同反应的情况，可用化学药剂处理纤维，观察反应情况和结果，以判断纤维的种类。

一般来说，纯纺织品的纤维较易鉴别，选用一两种方法基本上就能得出正确的判断。但混纺织品纤维的鉴别难度较大，大多需要几种方法配合使用，对其结果进行综合分析和研究，最后才能得出确切的结论。

7.1.2　纺织品的形成

1. 纱线

（1）纱线的形成。纺织纤维除天然丝和化纤长丝可直接用于织造外，各种短纤维都必须先纺成纱后再供机织或针织。纺纱的目的就是把大量的纤维材料从紊乱、零散、长短不齐和含有杂质的状态下，经过机械处理，制成具有一定细度、张力和其他性能的纱线。

纱线是形成各种织物的基本原料。由于各种纱线所用原料不同，可分为棉纺、毛纺、绢纺、混纺纱等各种品种。各种纺纱工艺虽各有其特点，但其成纱的基本过程和原理是一致的。一般都需要经过把所用纤维原料整理、开松、混合和清除杂物后，使纤维平行排列成条状，再将纤维条合并和牵伸，使其达到所需的细度，然后再牵伸并适当加捻，使纤维相互捻合而成具有一定长度的纱。纱可直接用于织造，也可将纱两根或两根以上合并加捻，制成线后再织造。纱线是纱和线的总称。

（2）纱线的质量指标。

1）纱线的细度和匀度。纱线的细度即纱线的粗细程度。它与织品的结构和外观有着密切关系，在其他条件相同的情况下，纱线的粗细直接影响织物的刚挺度、厚度、耐磨性和保暖性等。一般棉纱等的细度用号数表示，生丝和化学纤维用旦数表示，毛纱等则用公制支数来表示。① 号数，又称特数，指 1 000 米长的纱线在公定回潮率下的重量克数。如棉纱长 1 000 米，其重量为 19 克，其细度即 19 特（Tex，特克斯）。② 旦数，又称旦尼尔数，指 9 000 米长的纱线在公定回潮率下的重量克数。③ 英制支数，指在公定回潮率下，重 1 磅的纱线，其长度有 *n* 个 840 码，即 *n* 支纱线。如 1 磅棉纱长度有 45 个 840 码，即 45 支纱，以 45^S 表示。④ 公制支数，指在公定回潮率下，1 000 克重的纱线其长度有多少个 1 000 米即多少支纱线。

从上面可以看出，号数和旦数是定长制，数值越高表示纱线越粗；支数是定重制，数值越高表示纱线越细。

纱线的匀度是指纱线粗细均匀的程度。粗细不匀的纱线除直接影响织物的外观外，在织造加工时还会容易断头，降低服装的耐用性。这也是纱线质量的重要指标。

2）纱线的捻度和捻向。捻度是纱线加捻的程度。一般情况下是以单位长度内，纱线加捻的回数来表示。当纱线的细度单位分别用公制支数、英制支数、号数表示时，对应的捻度单位为捻数/米、捻数/英寸、捻数/厘米。纱线加捻对其断裂伸长率有很大影响，在一定范围内，增加纱线捻度可使织物弹性提高，但超过一定限度会使织物弹性下降。此外，纱线加捻后会变细，长度相应缩短，织物缩水率会增大。

捻向是纱线在加捻时的转回方向，即纤维在纱线中的倾斜方向。加捻后纤维自左上方向右下方倾斜的称为右捻纱，也叫顺手捻、S 捻；加捻后纤维自右上方向左下方倾斜的称为左捻纱，也叫反手捻、Z 捻（见图 7-2）。利用纱线的捻向和织物组织配合，可以织造出组织点突出、纹路清晰、光泽好、手感柔软厚实的织品来。织品的经纬纱捻向相同，织物外观较为明亮，反之较暗。如果用若干根 S 捻、Z 捻线相间排列，织物可产生隐条或隐格效应。

图 7-2　纱线的捻向

3）纱线强度和伸度。纱线的抗拉能力称为强度。在其他条件相同时，纱线的强度越大，织品越坚固耐用。纱线的强度用拉断纱线的荷重克数或千克数表示。

纱线受到外力拉伸时，即发生伸长变形，纱线在一定荷重下拉伸长度对原长度的百分比称为纱线的伸度。纱线应具有适当的伸度，才能使纱线具有弹性和柔韧性。伸度过大，会使纱线松弛，降低强度；伸度过小，可使纱线的强度提高，但使织物变硬。

（3）纱线的分类。纱线按不同标准分为不同的类别。

1）按纱线结构分类。可分为六种。① 单纱。单纱是指短纤维经纺纱工艺制成的产品。② 股线（纱）。股线（纱）由两根以上的单纱合并加捻制得。③ 花式线。利用两根以上粗细不同、原料不同、结构不同或色泽不同的纱线捻合而成的特殊形状结构的股线。④ 包芯纱。由长丝为芯，外面围以棉纱或其他服用性能好的短纤维单纱、芯纱近乎直线送出，外层短纤维单纱呈螺线状急速前进缠线芯纱而形成，如涤棉包芯纱。⑤ 包覆纱（包缠纱）。由平行短纤维做芯纱，以另一种长纤维或短纤维包覆在外面而形成的纱。此种工艺制成的纱可提高织物柔软性，也可减少织物起球。⑥ 膨体纱。一般指短纤维膨体纱，是高收缩纤维和常规纤维的混纺。当高收缩纤维受热收缩，常规纤维产生卷曲，从而使纱线体积膨大而获得。膨体纱蓬松、柔软、保暖性好，主要用于针织。

2）按纱线的原材料组成分类。可分为纯纺纱和混纺纱。① 纯纺纱是由单纯纤维材料纺成的产品。纯纺纱有棉纱、毛纱、麻纱、绢纺纱等。其中绢纺纱是以养蚕、缫丝、丝织生产中产生的次茧和废丝为原料，经精炼、制绵、纺纱加工制成。绢丝可织制轻薄的绢纺绸。② 混纺纱是由两种或两种以上纤维材料纺出的产品。混纺纱可根据混纺原料及含量百分比等进一步分类，如涤毛混纺纱、涤棉混纺纱、涤毛黏混纺纱等。

3）按纺纱工艺分类。棉纱根据纺纱工艺不同可分为普梳棉纱和精梳棉纱。普梳棉纱是利用普通纺纱系统纺出的棉纱。精梳棉纱是棉纤维在棉纺纺纱系统普通梳理加工的基础上又经过精梳加工过程的棉纱。精梳棉纱由于去除了短纤维、杂质，并经过多次梳理，纱条中纤维平行顺直，条干均匀、光洁，纱线细，其外观和品质均优于普梳棉纱，常用于纺制高档府绸，制成T恤、汗衫和缝纫线等。

毛纱根据纺纱工艺和用料的不同可分为精梳毛纱和粗梳毛纱。精梳毛纱所用的纤维以较细、较长且均匀的优质羊毛为原料，并按加工工序复杂的精梳毛纺纺纱过程纺制而成。纱条中纤维平行顺直，条干均匀、光洁，毛纱用于华达呢、凡立丁和派力司等精纺毛织物。粗梳毛纱由于用毛网直接拉条纺成纱，所以纱中纤维长短不匀，纤维不够平行顺直，结构松散，毛纱粗，捻度小，表面毛茸多，用于大衣呢、法兰绒和地毯等。

4）按纱线染整情况分类。可分为五种：本色纱，又称原色纱，是未经漂白处理保持纤维原有色泽的纱线；染色纱，把原色纱经煮炼染色制成的色纱；漂白纱，把原色纱经煮炼、漂白制成的纱；烧毛纱，用燃烧的气体或电热烧掉纱线表面茸毛，使得纱线更加光洁；丝光纱，棉纱经氢氧化钠的强碱处理，并施加张力，使纱线的光泽和强力都有所改善的纱线。

2. 织物

（1）织物的形成。各种长丝和各种经过纺成纱线的短纤维，必须经过纺织形成织物，才能用作直接制作服装的服装材料。

（2）织物的分类。有以下几种标准。

1）按所用原料分类。可分为纯纺织物、混纺织物和交织品三种。纯纺织物，指由一种纺织纤维经加工制成的织物，如纯棉布、纯涤纶织物。混纺织物，指由两种或两种以上纤维原料混合纺纱加工后制得的纺织品，混纺织物命名的原则是，混纺比不同时，混纺比大的在前、混纺比小的在后，混纺比相同时，天然纤维在前，合成纤维在其后，人造纤维在最后，如涤棉布、毛涤花呢、涤/腈/黏仿毛花呢等。交织品，指两种不同原料的纱线分别为经纱和纬纱交织而成的纺织品，如丝毛呢绒、线绒等。

2）按加工方法分类。可分为机织物、针织物和无纺布。① 机织物。采用经纱、纬纱相交织成的织物。机织物可以经染整加工成各种适应消费者需求的织物。机织物按组织不同还可分为平纹组织物、斜纹组织物和缎纹组织物等。② 针织物。由纱线成圈相互套串编结而成的织物。针织物按生产方法不同可分为经编和纬编两大类。随针织服装时装化、外衣化成为时尚，针织物的使用量现越来越大。③ 无纺布（非织造布）。无纺布是指不经传统纺纱工艺，而是采用类似于制造纸张那样的方法形成的薄片状的织品。无纺布起源于古老的毡制品，现在赋予了新技术含量成了新兴门类。无纺布在日常生活中常制成一次性用品如尿布、抹布、其他卫生用品等，还可用作服装衬料、保暖絮片、工业滤布、土工布等。

3）按用途分类。可分为服装用织物、装饰用织物（家纺类）和产业用织物。① 服装用织物。服装用织物是指用于制作各种服装的各类织物，包括面料和辅料。衣着纺织物必须具备实用、舒适、卫生、美观等基本功能，以满足人们工作、休息、运动等方面的需要，还应具备适应气候环境变化的性能。② 装饰用织物（家纺类）。装饰用织物是指起美化作用的织物。在品种结构、图案花纹、配色等方面，较其他织物有明显针对性和特点，接近工艺美术品。装饰用纺织品应具有阻燃功能。③ 产业用织物。其涉及的领域十分广泛，如土工织物、农用织物、医用织物、渔业和水产养殖业用织物、军用织物、汽车用织物、特种防护用织物等。这类织物的结构、外形比较复杂，如管状织物、绳带类织物、网状织物、毡类织物、多向织物等。

7.2 服装材料

7.2.1 服装面料

1. 纺织品面料

（1）棉织物。在棉纺设备上加工生产的纺织品均可以列为棉布类。它包括纯棉、棉与化纤混纺织物、棉型纯化纤织物。棉织物的种类随着纺织印染加工的不断发展而日益增多，由于组织不同，经纬纱支数、经纬密度及所用原料的不同，故棉织物的花色品种十分丰富。

1）平布。一般指平纹组织的棉织物。平布的特点是经纬纱支相同或相近，经纬纱密度相同或相近。供服装用的平布有漂白、染色和印花等品种。纱支在 33 特的称粗平布，29 特以下的为中平布或称市布，19.5 特以下的称细平布。粗平布一般染成什色或漂白，经预缩处理或表面做磨毛处理后，广泛用作宽松夹克或裤子；中平布作为男女春秋季便装裤子，在欧美很受欢迎。14.5 特以下的高支纱织制的平布，称为细纺，是良好的男女衬衫面料。7.3 特棉纱制成的棉纱织制和细纺柔软滑爽，有丝绸感，属高档面料。涤棉细纺面料使用广泛。

2）府绸。府绸属高密度平纹织物，特点是经纬密度比为 2∶1，以形成菱形颗粒。优质府绸都是精梳纱织制，布面光洁均匀，颗粒饱满清晰，光泽莹润柔和，手感柔软滑润，有丝绸的风格。府绸品种很多，纯棉、涤棉的；漂白、什色、印花、色织的；纱与半线、线等。府绸用途广，多用以制作衬衫和各种外衣。其中粗支纱织造的府绸主要作为制作夹克、风衣和羽绒衫的面料。

3）卡其布。卡其布有纱卡和线卡之分。纱卡一般是 3/1 斜纹组织，正面有斜纹纹路，斜向是“↖”左斜，其反面似本纹，故称单面卡。由于纱卡浮线较长，故而摩擦性较斜纹布差，但密度加大后也可增加强力，使其坚牢。线卡的组织和纱卡不同，可分为 2/2“↗”织法和 3/1“↗”织法，也可按经纬用料的不同分为半线或全线卡其，线卡密度大，斜纹明显，布身坚硬厚实。

4）劳动布。劳动布又称牛仔布或坚固呢，为服装领域中的大类面料，适用面广，实用性强，已成为常规大宗面料。传统品种系由靛蓝染色的藏蓝色纱为经，纬纱为本色纱。布正面经浮点多，故正面呈藏蓝色，反面纬浮点多，呈本色。如今是各种花色均有。牛仔布适宜做各种休闲装。在国外，习惯将牛仔布按重量分为轻、中、重磅各档，按不同要求分别选用。

5）灯芯绒。灯芯绒的表面呈现耸立的绒毛，排列成条状，因形似灯芯草而得名。布面绒毛圆润丰满，手感厚实，保暖性能好，绒条纹路清晰，绒面整齐，绒毛耐磨，不易脱落，耐水洗，但缩水率较大。灯芯绒花色品种很多，既适合制作秋冬季外衣，又常用作各种装饰用布。

（2）麻织物。麻织物主要以苎麻、亚麻为原料，或由它们与其他纤维混纺的混纺纱为原料纺织而成。此外，也有全部用化学纤维纺制的仿麻织物。

1）苎麻布。苎麻布是以苎麻为原料的麻织物。主要是平纹组织，有的也采用由平纹变化而来的重平组织。其布身细洁、紧密，布面光洁，纱支匀净、强力、刚性好，手感爽挺，吸湿散湿快，散热性好，穿着凉爽舒适，出汗不黏身，抗虫蛀性强，是夏季理想衣料。不过，如纤维的前处理不好，初穿时略有刺痒感。

2）亚麻布。亚麻布是以天然亚麻纤维为原料的织物。通常以平纹组织为主，也有平纹变化组织。其特点是伸缩少，散热快，吸湿好，穿着凉爽舒适，是夏季理想衣料。与苎麻织物相比，无刺痒感。

3）涤麻布。涤麻布是以涤纶纤维和苎麻纤维为原料而制成细支纱的薄型混纺织物。涤麻布以平纹组织为主，经向密度大，纬向密度小，织物结构较稀疏，轻薄透气，兼有苎麻和涤纶的优缺点，也是夏季理想衣料之一。

（3）毛织物。在毛纺设备上加工生产的纺织品均可以列为毛织物，又可称为呢绒，包括纯毛、混纺、纯化纤仿毛呢绒。呢绒按纺织工艺及织品外观可分为精纺呢绒、粗纺呢绒、长毛绒、驼绒等。

1）精纺呢绒。精纺呢绒是指用精纺毛纱织制的呢绒。其特点是纱支细，表面光洁，织纹清晰，手感柔软，丰满挺括，富有弹性。常见品种有三种。① 凡立丁、派力司。属夏季衣着用料，都是平纹组织。两者的区别在于，派力司采用混色毛纱织制，布面有白色的、隐约可见的雨丝状条纹，经纬密度稍大，手感挺括，滑爽，有弹性。凡立丁系素色匹染，呢面光洁平整，手感柔软，有弹性。② 哔叽、啥味呢。两者在组织上都采用 2/2 斜纹组织织造。区别为哔叽为匹染素色织物，呢面光洁、平整；啥味呢采用混色纱织造，经轻缩绒整理，呢面有细微绒毛，织纹隐约可见，色泽以黑白混色为主，适合制作春、秋、冬季服装。③ 华达呢。有单面、双面、缎背之分。华达呢呢面光泽平整，正面纹路清晰，为素色。

2）粗纺呢绒。粗纺呢绒是指以粗梳毛纱织造，经缩绒处理，织纹隐蔽、质地厚实的呢绒。主要品种如下。① 制服呢、麦尔登、海军呢。三者均为缩绒整理的粗纺呢面毛织物，色泽以藏青色、黑色为主。三者区别在于原料质量、织物紧度。麦尔登采用的原料质量最好，纱支细，紧度大，呢面细结平整，是高品质的粗纺呢绒。制服呢用料质量最次，原料中有两型毛、粗毛，呢面较粗，底纹有显露。海军呢质量介于两者之间。② 大衣呢。大衣呢品种很多，按结构和外观有平厚大衣呢，立绒、顺毛、拷花大衣呢，花式大衣呢等。由于羊绒的使用，各种大衣呢近年来均倾向于轻、柔。

（4）丝织物。丝织物是指采用长丝织造的各种织物，统称绸类。丝织物按原料有真丝绸、合纤绸、人丝绸、柞丝绸、交织绸、被面七大类；按传统名称、外观特征及组织结构可分为纱、罗、绫、绢、纺、绡、绉、锦、缎、绨、葛、呢、绒、绸 14 个品类。常用作服装面料的丝织物如下。

1）纺类。应用平纹组织，生坯织成后，经炼染印花后制得的轻薄的花、素、条、格等织物。经纬一般不加捻。有无光纺、电力纺、富春纺、尼丝纺等。其中富春纺为棉与人造丝交织品，尼丝纺为纯涤纶长丝织品。

2）绉类。织造时运用各种工艺及组织的变化，使织品经向或纬向出现定向收缩，使绸面呈现均匀缩绉。常见的品种有双绉、碧绉、涤纶纺真丝绉等，最常见的是双绉。双绉是以平纹组织织成的薄型绉底绸，经用 20/22 旦生丝 2 ~ 3 根合并，纬用 20/22 旦生丝 3 ~ 4 根合并且加强捻，按两根左捻、两根右捻，不同捻向有规律相间排列交织而成。双绉绸面有均匀细致的凹凸、菱形状皱纹。

3）缎类。织物底纹全部采用或大部分采用缎纹组织的花、素织物统称缎。缎紧密厚实，却又柔软光滑，织造时纬丝一般不加捻。代表品种有花或素软缎、古香缎、织锦缎。其中织锦缎是色丝提花织物，根据色丝不同，有五彩、七彩等不同品种，富丽华贵，多制作被面。古香缎的装饰极富民族风情，古色古香，装饰性强，多为普通服饰之用，也为民族特需品。花、素软缎是缝制各种高档妇女服装如旗袍的常用面料，典雅、华贵之风兼而有之。

常见的丝织物还有绢类、绸类、罗类和绒类等，也有呢绒类。

（5）常见织物的感官特征。

1）纯棉织物。纯棉强织物光泽较暗、柔和自然，经丝光整理的产品，光泽较亮；织物手感较软，无身骨，手摸有温暖感；布面有杂质，用手捏布料后放开，布面有明显的折痕且不易恢复；同样规格的织物比蚕丝织物重，垂感差。纱中纤维纤细柔软，长度很短，附有各种杂质和疵点，并且纤维长短不一，纤维伸长度较小，干、湿状态强力变化不大。普梳棉织物纱线有一些粗细节，常为中厚织物。精梳棉织物外观平整、均匀细腻，多为细薄织物。

2）麻织物。麻织物光泽自然柔和，手感挺硬、爽利、有凉感，布面粗糙，有的有刺痒感，有随机分布的粗细节，弹性差，比蚕丝织物重，垂感差，手捏布料后放开，布面有明显的折痕且不易恢复。抽出单纱拉断强力很高，解捻抽出纤维观察，纤维硬直、长短不齐，且因含有胶质而聚成小束。麻织物色泽多为本色或浅淡颜色。

3）纯毛织物。织物光泽柔和，色泽纯正，手感柔润、温暖、丰满且有弹性，用手捏布料后放开，布面的折痕不明显且迅速恢复原状。抽出单纱拉断强力很低，纱中纤维为短纤维，长度较长且有卷曲，整齐度较差。精纺毛织物纹路清晰，外观精致细腻，织物中纱线多为股线；粗纺毛织物表面毛茸厚实丰满，织物中纱线多为单纱。

4）蚕丝织物。丝织物光泽华丽、优雅柔和，手感柔软滑润，有身骨，有凉感，织物悬垂性好，飘柔舒适。用手捏布料后放开，布面折皱较少，但折皱恢复较毛织物慢。抽出单纱拉断强力较高。揉搓织物时有独特的响声，织物下水柔软易皱。柞蚕丝织物光泽、手感都不如桑蚕丝织物。

5）合成纤维织物。合成纤维织物一般具有类似金属光泽，不自然，有的有蜡状光泽，手感滑腻；除维纶外，用手捏布料后放开，布面折皱少，恢复快；一般轻于棉、麻、黏胶纤维织物，垂感较好。抽出单纱拉断力较高，纱中纤维长度、整齐度较好。

2. 其他面料

裘皮和皮革是除纺织品面料外缝制服装的另一大类原料。它们的用量虽不如纺织品，但其独特的风格和性能是其他材料无法代替的。皮革的种类及主要性能将在第 8 章介绍，在此对裘皮的种类及性能做大致说明。

（1）天然裘皮。天然裘皮是从动物体上剥下的经过鞣制处理的毛皮。天然裘皮因其具有质量轻、手感柔软、吸湿透气、坚实耐用和保暖性极佳等优点，成为理想的冬季防寒服装材料。它既可做面料，又可做里料和絮料。另外，各种动物的皮张，都具有美丽自然的花纹和高贵华丽的色泽。出于环保，现用天然裘皮多取自人工养殖的野生动物。

（2）人造毛皮。人造毛皮是用纺织工艺加工而成的一种在外观性能上与天然裘皮相似的一类裘皮替代品。随着环保意识的增强，穿用人造裘皮也已成了一种时尚。何况人造皮毛仿制工艺也越来越先进，已近乎以假乱真的境地。人造皮毛具有原料来源丰富、易加工、成本低、品种多、易保管等一系列优点，故其消费群体渐趋扩大。人造毛皮按毛绒原料构成和制成方法的不同又分为不同种类，其质量主要由毛绒的整齐、均匀、色泽、花纹、弹性等因素决定。

7.2.2 服装辅料

服装辅料是与面料相依存的配用材料，起衬托、填充、装饰等作用。运用得当不仅可以提高服装质量，并能使服装增添美感，起画龙点睛的作用。一件质量上乘的高档服装不仅对面料有较高要求，还要求辅料质量能与之相配。

1. 衬料与垫料

服装衬料与垫料是附在服装面料与里料之间起加固、造型、支撑和保暖作用的衬料。衬料和垫料的合理选择是做好服装的关键之一，因此二者被称为服装的“骨骼”。

服装的衬、垫料应用位置和种类根据面料和服装的款式而定，主要有领、胸、袖口、下摆、扣位、开叉和特殊设计所需的部位。

近年来，由于新纤维、新材料的广泛应用和纺织品成形方法和成形技术的进步，特别是组合型纺织复合材料的出现，使衬料的功能和品种有了很大的发展。常见的有棉布衬、麻布衬、动物毛衬、树脂衬、黏合衬、领底衬、腰衬、吊衬等。

服装的垫料主要有垫肩和胸垫两大类。垫肩是衬在上衣肩部的类三角形垫物，作用是使肩部加高加厚，人体穿着后，肩部平整，可以达到挺括美观的目的，主要品种有棉絮垫肩和化纤垫肩。胸垫是衬在上衣胸部的垫物，起造型及保暖作用。高档西服多用马尾衬加填充物制成，中低档服装也可用泡沫塑料压制的衬垫。

2. 服装里料

服装里料是部分或全部覆盖服装里面的材料，俗称夹里。当前除夏季服装外，一般服装均使用里料。使用里料的目的在于：使面料具挺括感及保护服装面料；增加服装滑爽度，使之便于穿脱；遮盖服装内面，增加服装美感，提高服饰档次；增强中厚服装保暖性，覆盖服装填料；对一些轻薄型、镂空型面料，起衬托花型的作用等。

适合做里料的纺织品很多。如天然纤维中的各种棉布、纯棉羽纱，一些素色绸缎类，化学纤维中的各种轻薄型长丝织物，各种较厚重的混纺、交织织品等。使用最普遍的为羽纱、美丽绸、涤纶绸、锦纶绸等。

选择里料的时候应注意：里料的色牢度要好，以免洗涤时褪色；里料的透气性、吸湿性要好，要有一定的保暖性；里料要光滑，易于穿脱；里料的缩水率应与面料大体相当；应根据面料的档次，选择相应档次的里料。

3. 服装填料

服装填料是指服装面料与里料之间的填充材料，主要用于冬季服装的防寒保暖，也有防辐射、降温、卫生保健等功能。用于保暖的填料有棉絮、丝绵、化纤絮、羽绒、驼绒等絮填料；用于发挥一些特殊功能的防护型新型填料，如防辐射填料、降温填料、导温填料、杀菌除臭填料等。

近年来，冬季服装趋向轻便、薄爽，各种质轻、保暖、易定型的化纤喷胶棉大量使用，这些填料与面料合为一体，用其加工服装，不但工艺简便快捷，而且成型后的服装体积小，外形美观、俏丽。

4. 其他辅料

其他辅料有纽扣、拉链、挂钩、环、尼龙搭扣、绳带等各种服装紧固材料；有花边、珠边等各种装饰材料；有尺码带、商标、吊牌等标志材料。这些辅料虽在服装整体中所占比例不大，但就其功能来说样样不可或缺。如果这些小字号的辅料在选择使用上与服装整体不协调，会因小失大，功亏一篑。

案例分析 7-1

近日，刘女士在某品牌店购买了一件据说是"某国进口面料"制成的连衣裙，结果穿了不到一周，裙子就多处开线。消协提醒消费者，在购买衣服时不要迷信进口面料，提防虚假标注。

许多消费者在为所选服装太贵而犹豫的时候，商家往往会用一句“这可是某国的进口面料”作为助推器，但进口面料不一定就是精品。目前，市场上服装的面料成分和含量标注虚假的现象十分普遍，如只含少量羊绒的服装竟标注成纯羊绒，混纺的标注成100%纯棉。有的面料含量用外文标注，让消费者“雾里看花”。有些衣物洗涤方法标注不明白，只有图标，没有文字说明，或者图标与文字不符。

问题：消费者在购买服装时应如何辨别面料？

7.3 服装

7.3.1 服装的功能

服装的最基本功能为实用功能。随着文明的进步，服装概念的内涵不断丰富，它的社会、文化生活的功能得到丰富和强化，如美化功能、标志功能。

1. 实用功能

服装的实用功能主要体现在防寒保暖、防暑隔热、适应气候变化等基本功能，人们因季节变化而更换衣物就是实现这一功能。服装的实用功能还体现在保持皮肤清洁、维护身体健康方面。一方面，服装在人体与环境中形成了一道屏障，有效阻隔了生活环境中不洁物质及各种有害微生物与人体的接触；另一方面，服装也能将人体内分泌到皮肤表面的排泄物如汗液吸走，从而使人体感觉舒爽。服装的实用功能还体现在对人体的安全防护方面，如劳动保护等。

2. 美化功能

在物质生活丰富到一定程度后，人们着装的目的凸显为追求服装的美化功能，而逐渐淡化了服装的实用功能。当然，无论到什么情况下，服装的最基本功能——实用功能是不会消失的。

单从物质方面看，服装的美通过服装材料、款式、色彩等因素构成，但这只是单纯的材质美。完整的服装之美是服装材质美与着装者状态美的一种完美结合，是服装的材料、款式、色彩等与穿着者个人条件、穿着环境达到协调一致的一种特殊的美的表达方式。静态的服装会因着装者的修养、风度而获得一种动态的美，即所谓“衣在人穿”；有这样或那样个人缺陷的人会因服装设计者独具匠心的设计而达到“藏拙”的目的，即所谓“人靠衣装”。

3. 标志功能

标志功能是指通过服装的外观形态来区别着装者所属职业行业、社会地位、社会角色的功能。

7.3.2 服装的分类及其性能特点

1. 按服装的穿着场合分类

（1）礼服。礼服是指各种正式礼仪活动所穿的服装。礼服按性别而有所区别。

1）男子礼服。按西方的习惯，男子礼服分为第一礼服、正式礼服、日常礼服三级。这其中有些繁文缛节虽随时代的发展有所简化，但其基本规范现今仍为国际社会接受，成为社交着装的国际惯例。第一礼服属最高级别，分为夜晚穿的燕尾服和白天穿的大礼服。如今第一礼服已基本不再出现，过去必须穿第一礼服的场合现已改穿正式礼服。正式礼服式样为枪驳领或青果领，有缎面覆盖。门襟一粒纽扣，圆下摆，口袋为缎面双开线无袋盖形式，后摆不开衩。裤子与上衣同料。衬衫为白色双翼领礼服衬衫，配黑领结，春、秋、冬季常用黑色或深冷色调，夏季上衣用白色。日常礼服是形式变化较多的一类礼服，黑色为常见颜色，通常采用双排四扣枪驳领式。在礼仪性较明显的场合，如对服装没有做特别要求时，现在一般都着日常礼服。

在着装追求舒适型、个性化的今天，国内在社交场合久已不见的中式开襟衫也频频露脸，但绝不是长袍马褂。在我国中山装也是使用频率较高的礼服。

2）女子礼服。女子礼服分晚礼服和晨礼服。晚礼服是女子夜间社交场合穿着的礼服，具有豪华、袒露、标新立异的特点，整体风格追求雍容华贵。晨礼服一般是高雅的裙服或套装，配以考究的首饰及与服装风格一致的鞋、帽、手袋、手套等。晨礼服追求的整体风格是典雅、庄重。中式旗袍在女子礼服中独树一帜，在性质不同的正式场合都可穿着。

（2）生活服装。生活服装分为家居服和外出服。

1）家居服。家居服是指在家庭环境中穿着的服装，包括家常服装、围裙衣、浴衣、睡衣、晨衣等。追求的风格是舒适、方便、随意、温馨。

2）外出服。外出服是指闲暇户外活动时穿着的各式服装。这类服装在穿着上可以自由表达、自由搭配，是能体现穿着者个人修养和品味的服装。在日常生活中，在各种没有统一着装规定的职业群和工作场所，人们也常穿此类服装。这也是现如今的一种时尚。

（3）工作服。工作服一般包括防护服、标志服和办公服三大类。

1）防护服。防护服即劳动保护服，是一类保证特殊环境下工作的从业人员操作方便和生命安全的服装，如钢铁工人的石棉服、宇航员的宇航服、潜水员的潜水服等。

2）标志服。标志服是有明显标志作用的服装，分职业服和团体服。职业服是指公职人员按有关惯例和国家制度规定穿着的一定形式的服装的总称，也称制服，如军服、警服、海关服等。此类服装的特点是造型严肃大方，款式统一醒目。服装整体风格适合职业特点，并配以专用标志标明穿着者的职业权限和身份。

团体服是某些集团内部相对统一、具有鲜明特征的服装，广泛用于商业、餐饮业、证券业等行业，以及学校、公司和其他团体。团体服追求的风格是整体美、秩序美，目的在于通过统一的着装树立团体形象，并唤起成员的责任感、自信心。

3）办公服。办公服是一类没有统一固定款式的服装，泛指白领阶层上班时穿着的服装。这是一类集大众要求与个人爱好为一体的服装。总体风格追求端庄、简约，又不失时尚与实用。

（4）运动服。运动服装包含职业运动装和休闲运动装。

1）职业运动装。职业运动装是指运动员和裁判员在训练和比赛时穿着的服装。其特点是简练、舒适、美观，既适合不同运动的特点，又有防护作用。

2）休闲运动装。休闲运动装是指品种多样、大众化的运动服，笼统地适合各种运动时穿着，而不再细分项目。一般色彩艳丽，尺码宽大。用料多选用有一定弹性、易洗免熨、吸湿爽身的面料。

2. 按经营习惯分类

（1）西装。西装也称洋装，一般指男西式套装，是男子必备的国际性服装，有两件套（上下装）、三件套（上下装和背心）和单上装（上下装异料或异色）等组合。西装选料要求织物平挺洁净、手感丰满、弹性好、尺寸稳定性佳。

（2）中山装。中山装是我国有代表性的服装。近年来，正宗的中山装少了，但变形的中山装很多。这种服装实用性强，四季皆宜。选择衣料可用各色卡其、花呢、中长华达呢等。

（3）旗袍。旗袍是我国富有民族特色的女装，既可作为礼服，又可作为日常便服。四季适宜，尤其是夏季，旗袍更为轻便凉爽。旗袍整体修长，但款式也有变化，有中袖、短袖，又可镶嵌、滚边等，一般要求紧身合体，突出女性体态美。旗袍颜色以平素为主，也有印花、织花，但忌格型。如果作为礼服穿着，面料选用要十分讲究，一般以丝绒和各类真丝为宜。

（4）夹克。夹克是流行的中青年服装，老人穿的也很多，属日常便服，也有做工作服用的。夹克式样大方，适合男女穿着。衣料可选用府绸、细支纱卡、灯芯绒、中长花呢，以及混纺织物、毛织物，衣料颜色以中浅为宜，如米黄、浅棕、银灰、栗色、蜜黄等。

（5）大衣。大衣的种类很多，款式变化多样，有春秋大衣、冬大衣和风雪大衣等。按长度又分长大衣、中长大衣、短大衣等。大衣选料一般要求厚实、柔软、挺括、保暖，以毛料较为合适。

（6）羽绒服。羽绒服是一种新型防寒服装。鹅、鸭羽绒可提供较传统絮料更为良好的保暖性能，而且质轻，不易被水浸湿，不易黏结，便于清洗。羽绒服已逐渐取代了传统的棉衣，成为主要的冬季御寒服装。现在通过面料、絮料的改进，又增加了许多以短纤维织物做面料，以锦纶和涤纶絮片为填充材料的新型羽绒服，它已不含羽绒成分了，可改称防寒风衣。

（7）风衣。风衣是流行的御风外衣，是带有装饰性的可防风寒且美观实用的夹大衣类服装。风衣衣料要求手感厚实柔软，有弹性，身骨紧密结实，保暖防风性能好，保形性好，抗折皱性好，具有挺括、新颖、美观等风格特点。

（8）女士套装。套装是近年女性穿着最广泛的服装，包括西服套装、时装套装，款式千变万化，可归纳为上短下长（上衣短小、裙子长大）、上长下短（上衣肥大宽松、裙子狭短）和上下适中三种类型。面料选用十分广泛。

（9）裙子。裙子款式丰富，式样多变，花色繁多。常见的有喇叭裙、直筒裙、连衣裙、开襟裙、斜裙等。裙子四季均可穿着，面料选用也很广泛，夏季裙料要求舒适飘逸，冬季裙料要求保暖。

3. 按年龄及性别分类

（1）成人服装。有男装、女装和中老年服装之分。一般男装款式、色彩变化不多，注重用料与做工。时下男装的大品种有西服、夹克、衬衫、T 恤衫及休闲装。女装款式、色彩、用料丰富且千变万化，流行趋势明显。套装、裙装、休闲装应有尽有，而且各种功能服装现今界线模糊，使各大类的品种更趋丰富。

中老年服装当然也有性别区分。其共同的追求是在款式上趋于饰物减少，以追求庄重；线条变化简单，以适合中老年人在体型上的生理变化；用料趋于纯天然与高档；色彩趋于稳重和深沉，少受流行色影响。其整体风格是自然舒适得体而不失身份。

（2）儿童服装。儿童服装分婴儿服、幼童服、中童服、大童服等。款式、色彩鲜明活泼，用料以纯天然为主流。

（3）青年服装。这是适合特殊年龄群消费者穿着的服装。不把它归为成年组是因为青年人是追求个性、独树一帜的特殊群体。此类消费者对服装流行趋势特别敏感，他们是各种新派前卫服饰的主体消费者。如今在国内青年服装市场前景广阔，值得研究的课题很多。青年人既逐潮流而动，又是消费潮流的创造者。青年服装在款式、色彩及用料上均以追求新、奇、异为主流。

小思考 7-2

有人认为服装分类只要像过去一样区分出男装、女装，成人装、儿童装就行了，不需要复杂化。你认为服装应如何分类？

7.3.3 服装的质量要求及检验

从广义上来说，服装的质量包括了服装的产品质量、服装产品赖以形成的工作质量及服务质量。从影响服装产品的基本因素来看，有人（生产全过程的参与者）、设备、材料、方法、检验与环境 6 个方面。因此，服装的质量评价，是个很宽泛的概念。在此，我们所集中关注的是材料、方法与检验 3 个方面，而材料的质量特性等内容，前面已做充分展开，不再赘述。讨论范围进一步集中到方法与检验两个方面。这里所说的方法，不是介绍具体工艺与制作过程，而是以介绍质量标准为主。因为标准就是具体的服装产品的质量要求和质量指标，是产品制作与形成的依据。

1. 服装的各项质量标准

（1）服装号型标准。一是我国的国家强制性标准，即《服装号型系列》标准；二是传统的 S（小）、M（中）、L（大）、XL（加大）标法；三是欧式型号，用 34 ~ 42 的双数表示。号型标准是为适应服装工业化生产的要求和消费者需要而制定的服装尺寸统一标准，我国 1991 年发布的《服装号型系列》标准是在对全国各类消费者体形进行大量抽样调查基础上，将我国消费者的体形规律进行科学分析而制定的。标准内容主要有服装号型定义、号型标志、号型系列和号型应用，号型标准分男子、女子、儿童三部分，使用 7 年后做了修改。目前使用的为 GB/T1335.1—97 服装号型（男子），GB/T1335.2—97 服装号型（女子）和 GB/T1335.3—97 服装号型（儿童）三个服装号型标准。

1）号型定义。号指人体的身高，以厘米为单位，是设计和选购服装长短的依据；型指人体的胸围或腰围，以厘米为单位，是设计和选购服装胖瘦的依据。依据人体胸围与腰围的差数，标准将体形分为 4 类（见表 7-3）。

表 7-3　体形分类代号　　单位：厘米

体形分类代号		Y	A	B	C
胸围腰围落差	男	22～17	16～12	11～7	6～2
	女	24～19	18～14	13～9	8～4

其中：A 为一般体型，B 为微胖型，C 为胖体型，Y 为胸大腰细体型。

2）号型标志。标准规定，服装上必须标明号型。表示方法是号与型之间用斜线分开，后附体型分类代号，如 170/88A。

3）号型系列。服装号型系列以各体形中间体为中心，向两边递增或递减组成。标准规定，身高以 5 厘米分档组成号系列，胸围和腰围可分别选择以 4 厘米、2 厘米分档组成型系列，由身高和胸围、腰围搭配分别组成 5.4、5.2 号型系列，以适应不同地区人们穿着习惯的需要。服装的尺寸规格也以号型系列为基础，根据服装的用途、款式需要，加放量设计。

4）号型应用。由于每个人的身体尺寸与服装号型划分的档次不完全吻合，这就存在靠档问题。消费者对服装号型的选择应向接近自己总体高、净体胸围和腰围的服装号型靠档。例如，身高 163～167 厘米的人就向 165 号靠档，168～172 厘米的人就向 170 号靠档，胸围 86～89 厘米可向 88 号靠档；再由胸围、腰围之差确定体形，消费者即可买到适体的服装。

5）针织服装的规格。针织服装除有男、女、儿童之分外，还有内衣、外衣之分。针织外衣规格一般参照服装号型规定。针织内衣、羊毛衫、运动衫一般以胸围、臀围作为规格依据。我国采用公制规格以圆筒形计算，每档相差 5 厘米。例如，50 厘米、55 厘米、60 厘米的为儿童规格，65 厘米、70 厘米、75 厘米为少年规格，80 厘米以上为成人规格。

（2）服装的技术标准。对服装产品的质量要求除了色彩流行、款式新颖、符合时尚外，还要求其具有适宜性、可靠性、经济性、安全性。对于不同品种、不同材料、不同档次的成衣，制定的质量要求和指标就是成衣的技术标准或质量标准。服装的技术标准既是生产者与销售商订货、交货的依据，又是服装厂生产、检验该产品的依据。服装技术标准包括以下 6 个方面的内容。

1）号型规格系列。必须按照标准规定设计号型，主要部位规格不能超过标准中允许的公差范围。

2）辅料规定。使用衬布要与面料的性能相适宜，有收缩性的衬布必须预先进行缩水处理。缝线要与面料的颜色、缩水率等相适应。纽扣的色泽、质地要与面料相称。

3）技术要求。这是标准的重点。一般也包括 6 个方面：对条、对格；倒顺毛使用的规定；表面拼接范围；色差情况；外观疵点情况；缝制规定，整烫外观。这些要求是服装质量评价中最重要的因素。

4）等级划分。等级划分是衡量产品质量优劣的一把尺子。成品等级以件为单位，分为合格品、不合格品。产品必须要符合所有技术要求指标。

5）检验规定。这一条包括检验工具、规格测定、缝制测定、外观测定、等级标志、抽验规定 6 个方面的内容，是检验时的具体步骤和检验方法。

6）包装标志。成品必须有号型标志；必须有商标、产地等标志；包装要整齐、牢固，数量准确，注明各项内容；外包装符合合同规定。未列入标准的可另行规定。

（3）服装的使用说明标准。服装的使用说明标准的采用，主要是为了保护消费者的利益。

1）服装使用说明的主要内容。商标和制造单位；服装号型规格；采用原料成分，必要时还应标明特殊辅料的成分；产品的特殊使用性能，如阻燃性、防蛀、防火、防缩等；洗涤条件，包括说明能否水洗、水洗的方法及水温；洗涤剂的选择及脱水的方法；是否干洗和干洗剂的选择；熨烫方法和温度；穿用或使用时的注意事项；储藏条件、方法等。

2）使用说明的基本图形及含义。《纺织品维护标签规范符号法》（GB/T8685—2008）对此有明确规定，如表7-4所示。

表7-4 纺织品和服装使用说明的部分图形符号

名称	图形符号与说明			
水洗				
	不可水洗	可水洗		
氯漂				
	不可漂白	可以漂白		
熨烫				
	不可熨烫	可以熨烫		
干洗				
	不可干洗	可以干洗		
水洗后干燥	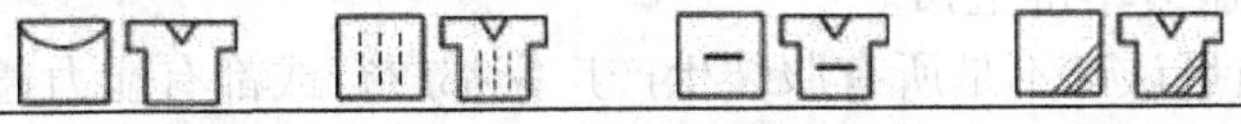			
	悬挂晾干	滴干	平摊干燥	阴干

表7-4中的图形符号可根据不同对象选择使用。当基本图形满足不了要求时，可以用简练的文字辅助说明。服装的使用说明标准还对使用说明的表达传递方式、在商品上的附着位置、尺寸大小等做了明确规定。

（4）服装的卫生安全性。服装的卫生安全性是指服装保证人体健康和人身安全所应具备的性质。纺织产品在印染和后整理过程中要加入各种染料、助剂等整理剂，这些整理剂中或多或少地含有或产生对人体有害的物质。当有害物质残留在纺织品上并达到一定量时，就会对人体的皮肤乃至人体健康造成危害。因此有必要对纺织产品提出安全方面的最基本的技术要求，使纺织产品在生产、流通和消费过程中能够保障人体健康和人身安全。《国家纺织产品基本安全技术规范》（GB 18401—2010）就是顺应此项要求的一项国家强制性标准。该标准于2011年8月1日起实施，适用于服用和装饰用纺织产品的通用安全技术规范，对服装的色牢度、甲醛含量、偶氮染料、气味、pH值5项健康安全指标做出了详细规定，以控制纺织品中主要的有害物质、保证人们的基本安全健康为目的。规范将纺织产品分为三大类，分别是婴幼儿用品、直接接触皮肤的产品和非直接接触皮肤的产品。规范对各指标做了明确规定，又将各指标分为 A、B、C 三类，其中明确规定婴幼儿用品应符合 A 类产品技术要求，直接接触皮肤的产品应符合 B 类产品技术要求，非直接接触皮肤的产品应符合 C 类产品技术要求，如表 7-5 所示。

表 7-5 《国家纺织产品基本安全技术规范》纺织品分类示例

类型	典型示例
A 类（婴幼儿用品）纺织产品	内衣、尿布、尿裤、围嘴儿、睡衣、手套、袜子、外衣、帽子、床上用品
B 类（直接接触皮肤的产品）纺织产品	内衣、文胸、腹带、背心、短裤、棉毛衣裤、衬衣、（夏天）裙子、（夏天）裤子、袜子、床单、被套、毛巾、泳衣、帽子
C 类（非直接接触皮肤的产品）纺织产品	毛衣、外衣、裙子、裤子、窗帘、床罩、墙布、填充物、衬布

（5）服装的质量标志。服装的质量标志有商标、使用说明标志、质量认证标志、吊牌等。

1）商标。商标是标明商品"身份"的法定标志，无论是国内还是国际，无商标的服装商品一律不准上市。商标可表示商品出处，向消费者传递有关服装商品质量保证方面的信息，既可保护企业信誉，又能维护消费者利益。如今服装商品极其繁多，同用途、相近外观的服装，给消费者选购带来一定的困难，这就需要用人们信得过的商标作为选择依据。

2）使用说明标志。使用说明标志即在成品服装或服装包装上以不同方式标注的使用说明及图形符号。使用说明标志是商品质量标志的重要组成部分。标志的制定是针对具有一般常识但缺乏专业知识的消费者，同时也考虑到社会服务部门，如洗染店等。作为质量标志，使用说明标志必须与产品质量实际相符。使用说明标志在欧、美、日等国也属法定标志，没有使用说明标志的服装不准上市。

3）质量认证标志。质量认证不是所有服装生产厂家都履行或都有能力通过的，因此质量认证标志是推荐性质量标志，非强制使用。纯羊毛标志即属认证标志，通过认证的毛纺织品及服装可以使用此标志。这是由国际羊毛局为保持天然优质羊毛纤维身价，于 1964 年推出的标志，由三个绒线团构成（见图 7-3）。

图 7-3 纯羊毛标志

4）吊牌。吊牌是对商品进一步说明的标志，如商标和使用说明标志难以表达的产品特性说明、合格水平、规格、使用方法、条码等。吊牌可以帮助消费者获得更多的有关商品质量特性的信息。吊牌的使用，也是一种促销手段。

2. 服装质量的检验

这里所说的服装质量检验，是指产品进入市场销售之前，生产企业或订货方根据质量标准或订货合同对服装的质量评价。这样的工作需严格按照服装技术标准在特定的环境条件与设备上、按规定的方法与程序完成，从抽样开始，直至评出质量等级。其基本程序及核心内容分述如下。

（1）检验顺序。在很短时间内，要对服装的质量做出准确评价，就必须遵循科学合理的检验顺序：先上后下，先左后右（或先右后左），从前到后，从面到里。基本操作要求是不漏检，动作不重复、多余，达到既好又快的工作效果。

（2）检验项目。检验项目主要有规格检验、疵点检验、色差检验、缝制质量检验和外观质量检验和卫生无害性检验。

1）规格检验。用卷尺测量成衣各部位的尺寸，对照质量标准来判定是否符合要求。通常测量的方法和部位有：领大，领子摊平横量，立领量上口，其他领量下口；衣长，由前身左侧肩缝最高点垂直量至底边；胸围，扣好纽扣或拉好拉链，将衣服前后身摊平，沿袖窿底缝横量；袖长，从袖最高点量至袖口边中间；总肩宽，由肩袖缝交叉处横量；裤（裙）长，从腰上口侧缝摊平垂直量到脚口或下摆边；腰围，扣上裤扣，以门襟为中心握持两侧，用软尺测量裤腰的中线尺寸；臀围，从侧缝袋下口处前后身分别横量。

2）疵点检验。服装成品的疵点可以分为三大类：原料疵点、尺寸偏差及其他。疵点按其对服装质量的影响大小可再分为三大类，即次要疵点、主要疵点和重要疵点。次要疵点可被接受，它们对服装可用性及销售价格等影响不大。主要疵点的存在会影响服装的可用性及售价，必须进行修补或当作次品出售。重要疵点的修补非常困难，甚至不能修补，只能当作次品处置。

3）色差检验。色差规定是对原料的要求，即对衣服面料的要求。根据有关国家标准对色差的规定，服装的上衣领、袋面料、裤侧缝是主要部位，色差高于四级，其他表面部位四级。服装产品的色差检验，其工具是借用“染色牢度退色样卡”。该样卡是原纺织工业部制定的国家标准之一。样卡用 5 对灰色标样组成，分为 5 个等级。5 代表退色牢度最好，色差等于零，4 至 1 代表退色相对递增的程度，1 表示最严重。

4）缝制质量检验。在针距密度中规定明线（包括不见明线的暗线）的针距，每 3 厘米 14～18 针。面料的品种很多，为保证产品的外观和牢固，不同的面料应选不同的针距。例如，硬质面料的针距一般可以稀一点，质地松软的面料一般针距可以密一点。线路顺直是指各缝制部位的线路不准随便弯曲，要符合服装造型的需要；线路要整齐，不重叠，无跳针、抛线，针迹清晰好看，缝制的起止回针要牢固，搭头线的长度要适宜，无漏针、脱线现象，缝线松紧要与面料厚薄、质地相适应。缝制质量中的对称部位要求基本一致。对成衣缝制质量的检查除看针迹外，还应看拼接和夹里。拼接主要看裤腰、下裆拼角处拼接是否合理，再看内部如挂面、领里等拼接是否符合要求。对有夹里的衣服应检查夹里的长短和肥瘦，以及里、面是否平伏。

5）外观质量检验。这一检验项目主要是完成从整体上对服装的造型要求做出评判。检验与判断时主要看产品整洁、平伏，折叠端正，左右对称，各部位熨烫平整，无漏烫，无死褶，产品无线头、无纱毛，各部位符合标准要求。线与面料相适应，包括色泽、质地、牢度、缩水率等方面，两者应大致相同，以能保证服装的内在质量与外观质量为准。纽扣的色泽应与面料色泽相称。

由于服装种类广泛，进行不同类型的服装外观质量鉴别评价时，应按各自具体要求进行。

6）卫生无害性检验。服装面料本身，无论是天然纤维，还是化学纤维，都没有发现对人体皮肤有明显的刺激作用。但服装材料在加工和染色过程中要使用多种化学物质，例如，染料、膨润剂、防缩剂、防皱剂、柔软剂、荧光增白剂等，这些物质若残留在衣料表面，就可能对皮肤产生刺激，特别是对某些过敏性人群，化学刺激可能会危害皮肤健康，所以要对服装面料的卫生无害性进行检验。

7.3.4 服装的选购

（1）粗懂选购常识。要想买到称心如意的服装，消费者必须具备以下常识。

1）要懂一点面料知识。不同面料，其质感、用途、价格不同。如能懂得一点面料知识，既能根据自身的需求选择相应面料的服装，又能防止不法商贩以次充好、以假乱真的欺骗行为，避免上当。

2）要懂一点服装制作知识。知道控制服装整体质量的一些关键部位是什么地方，尺寸如何把握。要会查看做工，局部要仔细检查服装针脚是否均匀、细密；整体要查看领、袖、口袋是否对称；衣袖、裤脚长短肥瘦是否一致；要看整体熨烫是否平整等。

3）要检查各种质量标志、标签。正规的厂家产品应有商标，一般附在上衣领下和下装的腰间。随商标应说明服装规格、厂名、厂址，等。在上装的摆缝处还应缀有标签，注明服装面料的成分、服装洗涤保养方法等。可以根据商标标签的有无及其标明内容的可信度、与服装实际情况的相符度来辨别服装真伪。

4）要会定号型。统一服装号型不可能一人一型，一人一号，还存在靠档的问题。因此，要自己买衣服，若是外衣，一定得试穿；若为内衣，得清楚自己的号型，选准规格。

5）问准价格。目前服装价格不统一，这属于正常现象。选购时最好能“货比三家”，慎重挑选。在小商品市场和集贸市场要能把自己掌握的服装与面料方面的知识综合起来加以运用，在“砍价”中争取主动权。

6）要有主见。穿衣戴帽，各有所好。选购服装要根据消费者的自身条件，全面周到地考虑。自身条件如体形、肤色、气质、爱好及经济承受能力等，是决定服装规格、色彩、款式、档次等的主要因素。总之，选购服装是“系统工程”。

（2）细查服装内质。以上衣、裤子为例，在此做简要介绍。

1）上衣。应以试穿目测为好，从前、后、侧三方面检查。前看衣领两个尖角是否对称，不能有高低不齐或歪斜现象，应挺括，领围大小合颈，领里不外露，看口袋位置是否正确，袋盖是否平舒。后看后身是否方登，肩胛部位是否宽舒，后叉是否平服。侧看肩缝是否顺直、窝服，袖子是否圆顺，吃势均匀，不能有凹凸不平或瘪陷的毛病，再看摆缝是否顺直、登服。

2）裤子。分平面、上部、立体三步检查。平面检查：先将挺缝对齐、摊平，看栋缝是否顺直、不吊裂；侧缝袋是否平服，袋垫不外露，裤脚是否服帖、大小一致，不吊兜。再将一只裤脚拉起，看下档缝是否对齐、顺直、不吊裂，与后缝的交叉处是否平直，不回不紧，裥子、省缝是否对称；后袋是否服帖、平服；穿眼小襟是否平服，位置是否准确；门襟、里襟配合是否合格、圆顺；拉链是否灵活。立体检查时，将裤腰按穿着时形状提起，看前后栋缝是否圆顺，四格挺缝、裤片、缝子是否平整、不吊裂。

3）面料、花纹检查。看面料有无明显疵点、色差及虫蛀、鼠咬等破损；看有格、条及其他图案的面料在拼紧处的对接有无偏差；看绒、毛面料光泽有无因倒顺毛引起的不正常的反差等。存在以上缺陷的均不能选购。

相关链接 7-2

买衣服也要看安全标签

购买服装，普通消费者大多只是从颜色、款式、面料、舒适度等方面来选择购买。事实上大家忽视了选购商品的最基本常识——安全性。服装安全，消费者凭服装吊牌就能鉴别。

2014 年 7 月初，消费者陈先生在某服装店选购了 6 件品牌服饰，总价 1.1 万元。付款后，细心的他看到服装吊牌上有“安全类别：GB18401-2003B 类”的字样。

陈先生从事服装行业，了解这些字样所代表的含义。他认为这些服装是不合格产品，当场向店方索赔：“这些衣服的安全标准是 2003 版的，早就过期了，你们居然把不合格的衣服卖给我，这是欺诈销售。”陈先生要求店方退一赔三。

店主王女士听得一头雾水，做了多年服装生意的她还是第一次听说服装安全还有新版、旧版标准之分，但她确信这批服装来自正规渠道，绝不是假冒伪劣产品。双方协商不下，便向区 12315 求助。

12315 工作人员了解事情经过后，也对服装安全标准进行了了解。确如陈先生所说，在 2011 年 1 月 11 日之前，纺织类商品采用的安全标准系 2003 版。之后 2010 版标准出台，规定 2012 年 8 月 1 日起，不符合 2010 版标准的纺织产品，禁止生产、销售和进口。照此来看，这 6 件服装确有不合格的嫌疑，需要检测判定。

一听要检测，王女士坐不住了。原来进这批服装时，厂家交代过这是三四年前的积压款，可能在染色牢度等方面已不符合要求。

于是她当场向消费者致歉，随后在 12315 工作人员的调解下，为陈先生做了退货处理，并赔偿经济损失 7 000 元。

（资料来源：区日报社 买衣服也要看安全标签. 中国鄞州，2014-7-16）

7.3.5 服装的洗涤、熨烫和保养

1. 服装的洗涤

服装在裁剪缝制、商品流通、日常穿着等和周围环境的接触中必然要被外来污物、灰尘及人体皮肤分泌物所污染。服装一旦玷污，如不及时清洗，不但有损服装外观，而且时间长了，织物的孔隙会被污垢阻塞，造成透气性下降，使人穿着不适，同时滋生的微生物会使织物的机械性能发生变化。服装洗涤的目的就是将滞留在衣物缝隙和纤维内部的污垢清除掉。洗涤方式可以分为湿洗和干洗两种。

（1）湿洗。也就是一般常说的水洗，是一种常规的洗涤方式，即将清洗剂溶于水中来清洗衣物，这种洗涤方式适用于多种织物。

（2）干洗。干洗是用有机溶剂（如苯、四氯化碳、四氯乙烯等）作为洗涤剂而去污的洗涤方式，适用于不耐碱、易缩绒的高级呢绒服装及其他易变形、易退色的高档服装。但这种方式去除水溶性污垢效果较差，而且溶剂易燃、有毒、价高。

2. 服装的熨烫

熨烫就是给服装热定型。熨烫的作用是使服装平整、挺括、折线分明，合身而富有立体感。它是在不损伤服装、其材料的服用性能及风格特征的前提下进行的。在常温下服装及其材料纤维内部的大分子比较稳定，但对其施以一定的温度、湿度（水分）和压力时，纤维结构就会发生变化，产生纤维的热塑定型和热塑变形。

（1）温度。不同面料因耐热性不同所需的熨烫温度不同。服装熨烫时，温度控制很关键。温度偏低，达不到定型目的；温度过高，会损伤纤维。服装熨烫温度选择时还要把织物的色牢度与厚薄等情况考虑进去。适当降低熨烫温度，可以减少染料的升华和材料颜色的变化。对同一纤维的服装，厚的，熨烫温度可适当高些；薄的，温度则可以适当低一些。此外，对于混纺或交织面料缝制的服装，其熨烫温度的选择原则就低不就高。各类纤维织物的熨烫温度如表7-6所示。

表7-6　各类纤维的熨烫温度

服装纤维种类	直接熨烫温度（℃）	垫干布熨烫温度（℃）	垫湿布熨烫温度（℃）
棉	175～195	195～220	220～240
麻	185～205	205～220	220～250
羊毛	160～180	185～200	200～250
桑蚕丝	165～185	190～200	200～230
柞蚕丝	155～165	180～190	190～220
涤纶	150～170	185～195	195～220
腈纶	115～135	150～160	180～210
锦纶	125～145	160～170	190～220
维纶	125～145	160～170	–
丙纶	82～105	140～150	160～190
氯纶	45～65	80～90	–

（2）湿度。服装熨烫时，湿度发挥了重要作用，直接影响着服装定型的效果。服装遇水后，纤维就会被润湿、膨胀、伸展，这时服装就易变形和定型。在手工熨烫时给湿的方法是垫布喷水，或者用喷气熨斗水蒸气喷湿。在机械熨烫时，是靠上下模头分别或同时喷气，并通过控制喷气时间和抽气时间来控制给湿量。

（3）压力。服装熨烫时有了适当的温度和湿度后，还需要压力的作用。一定的熨烫压力有助于克服喷汽时间对服装定型保持率的影响、纤维纱线间的阻力，使衣料按照人们的要求进行定型。熨烫压力在手工熨烫时靠熨斗重量，或者通过熨斗施加压力；在机械熨烫中，熨烫压力则是重要的控制参数之一。

由此可见，服装熨烫时的温度、湿度、压力与时间及冷却的方式等因素，是相互影响并同时作用于服装及其材料上的。要取得好的熨烫效果，必须统一考虑和统筹选择这些工艺参数。

3. 服装的保养

服装在穿着时，由于人的活动而受到多种力的作用，甚至由于经受反复张弛而产生疲劳。因此，一件服装不宜长期穿用，而应该轮换使用，以便服装材料的疲劳得以恢复。这样就可保持服装的良好状态，延长服装寿命。服装保养中要特别加以重视的是各种天然纤维类服装、天然裘皮类服装的保养。

（1）棉麻服装的保养。棉麻服装保养一定要注意防潮、防霉，收藏前需洗净、晾干。分深浅色折叠收藏，避免久藏中因受潮而互相染色。久藏不穿的衣物每年夏季要“晒霉”。

（2）丝绸服装的保养。中心内容也是防潮、防霉。丝绸衣服比棉麻织品“娇气”，洗涤时注意轻搓、轻揉、少挤、不拧；不宜日光暴晒，宜晾干。织锦缎、古香缎、软缎、丝绒服装一般不水洗，收藏时应折叠好，用布包好置于干爽清洁箱柜中，不宜挂藏，以免因自重导致变形，白色或浅色绸服装收藏时不宜置放樟脑丸，也不能放入樟木箱，以免泛黄。

（3）呢绒服装的保养。呢绒服装收藏前要洗净（多数干洗）、熨烫、晾干待充分干燥、凉透，再收存。宜放在通风阴凉处晾干，暴晒会引起退色和光泽、弹性、强度的下降。高档呢绒服装最好悬挂于衣柜中以免叠放时因重压而变形。收存时，要在衣服的口袋里及箱柜内放入用纸包好的樟脑丸，以防虫蛀。

（4）裘皮服装的保养。裘皮服装尤其是细毛类和名贵毛皮服装穿着时应尽量避免玷污和雨淋受潮。受潮会导致脱鞣变性而脱毛。裘皮服装收藏不当，会出现虫蛀、脱毛、绒毛纠结或皮板硬化等。存放时，最好用“美人肩”之类宽衣架挂起来，并在大衣袋内放上用纸包好的樟脑丸。如放在箱内，折叠时应将毛朝里平放，宜放在箱子最上层，以免重压。在伏天，可取出晒晾、通风，以防虫蛀及霉变。

（5）皮革服装的保养。皮革服装不宜在雨、雪天穿用，收前晾晒时宜在上午 9～10 时，下午 3～4 时。不可暴晒，否则会使皮革老化。收藏时以挂藏为宜，并放置以纸包好的樟脑丸。为增加皮革柔润，可用布在表面轻敷一层甘油或保养皮革衣物专用制剂，穿用前晾晒一下即可。收藏期间要注意防潮、防霉。

其他各类服装的保管方法，则相对简单。但不论何类服装均应清洁、干爽地收存。存放各项细节要按照服装的结构及面料的理化性质来定。

本章小结

纺织纤维分天然纤维和化学纤维两大类。其中天然纤维有棉、麻、丝、毛，化学纤维有人造纤维和合成纤维。天然纤维中，棉纤维的天然捻曲、毛纤维的天然卷曲和缩绒性、麻纤维的高强度和凉爽性、丝纤维的纤细和华贵性都是与生俱来的优良性能，这些性能决定了天然纤维面料的身价和质量品性。化学纤维中的人造纤维究其成分，与天然纤维相近，因此其理化性能也接近天然纤维。各种合成纤维均为矿物原料制成，共同的优点是强度普遍高于天然纤维，各具特殊品性，但综合性能不如天然纤维。不断改进生产工艺、提高综合性能，使之卫生和穿着性能接近甚至超过天然纤维，是化纤制造业的努力方向。

服装面料的性能还取决于纱线质量。评价纱线质量要从细度、捻度、强度等方面着手。在各种纱线的质量指标中，重点内容有细度指标，其表示方法有公制和英制支数、公制号数、旦尼尔数。纱线根据原料、结构、工艺等标志分为不同种类。

要正确选用服装面料，学一点服装面料分类知识，了解常见面料性能特点是必不可少的。服装制作中，使用量大的面料主要是各种纺织品（包括针织品），其次为裘皮、皮革等。应重点了解各类纺织品面料的性能、特点、外观风格和用途。服装辅料有衬料、垫料、里料、填料等。辅料的选择应服从服装整体质量的要求。

服装商品的质量鉴别及选购、穿用知识是本章总结性的内容，首先要掌握的内容有服装的各项质量标准，它是服装商品制作与形成的依据。其主要内容涉及号型标准、技术标准和使用说明标准等。其中，号型知识的掌握是选购服装的最基本的知识。其次要掌握的内容是评价、鉴别服装质量的必备常识——服装质量检验的程序及内容。最后要掌握的是服装选购及保养等方面的常识。这些知识对指导消费有意义。其中对保养方法和手段的了解很重要。各类服装的保养方法和手段归根结底取决于服装材料特别是面料的性能。

主要概念

天然纤维　化学纤维　服装面料　服装号型　服装的卫生安全性

课堂讨论题

1. 纺织纤维和服装面料的感官鉴别。
2. 服装选材与设计要兼顾哪些方面？

自测题

1. 判断题

(1)棉纺织品耐碱不耐酸。 ( )

(2)在各类纤维中，腈纶耐光性最好。 ( )

(3)合成纤维耐热性普遍好于天然纤维。 ( )

(4)各类纤维中维纶吸湿性最好。 ( )

(5)包芯纱与包覆纱是结构相同的纱，只是叫法不同。 ( )

(6)山羊绒有“软黄金”之称。 ( )

2. 填空题

(1)纤维是一类细长而柔韧的物质，它的________要比直径大千万倍。

(2)麻类织物吸湿________，散湿也__________，透气凉爽，是夏季理想面料。

(3)羊毛的主要成分是________。

(4)________、________、________是整烫服装三要素。

3. 选择题

(1)黏胶纤维的强度(　　)。

A. 不如棉纤维　　B. 同棉纤维

C. 大于棉纤维　　D. 大于麻纤维

(2)棉纤维具良好的保暖性主要是因为(　　)。

A. 耐热性好　　B. 成分吸湿

C. 具天然捻曲　　D. 具中空结构

(3)天然纤维服装耐生物性能差是因为(　　)。

A. 吸湿性差　　B. 吸湿性好

C. 耐光性差　　D. 具特殊香味

4. 简答题

(1)简述天然纤维和合成纤维的性能特点。

(2)服装的功能有哪些?

(3)简述服装的分类及其性能特点。

(4)简述服装的质检项目。

实训题

1. 技能题

掌握统一服装号型知识和技能，为消费者或同学提供看体拿衣服务。

2. 案例分析题

市井老裁缝的服装设计理念

清代钱泳的《履园丛话》中记载了这样一个故事。旧时北京有个裁缝做服装时，对穿衣人的性情、年龄、相貌，以致什么时候中举等都要问个清楚。有人不解，嗔怪之，他回之曰：如少年中举，必定性情骄傲，走起路来挺胸凸肚的，因此衣要缝制得前长后短；如果年老中举，大都意志消沉，走路不免弯腰曲背，衣就得前短后长；性急的，衣宜短；性慢的，衣宜长……

市井老裁缝的设计理念倒是与国际上公认的TPO原则（T代表时间、时令、日期、时代；P代表地点、场合；O代表对象，即个人的体形、肤色、气质、职业）相吻合。

问题：服装设计要兼顾哪些方面？

3. 实习题

带着实际问题去逛服装商场，并认识和比较各种服装标签。

第8章

日用商品

◇ 本章学习目标 ◇

知识目标：了解日用工业品有关商品的分类，认识日用工业品有关商品的组成和结构，掌握日用工业品有关商品的性能特点、质量要求与选用。

技能目标：熟悉日用工业品有关商品的组成和结构，能对所介绍的日用工业品商品进行质量鉴别、挑选使用。

能力目标：能够运用所学的知识和技能，进行日用工业品商品的质量鉴别、挑选使用和咨询服务。

引导案例

给宝宝买玩具一定要注意隐患

商店里有五光十色的玩具，家长在选择时，除了考虑能开发智力，有启蒙教育作用外，还要注意安全、卫生与无毒。

一是要注意安全性。给孩子选择玩具时，不仅要注意孩子的年龄及适用性，还要注意是否有隐患。例如，玩具是否光滑，不要有毛刺，以免伤到孩子的皮肤。

二是选择易清洗、易消毒的玩具。因为玩具玩久了容易携带病毒和细菌，造成疾病的交叉感染，要经常清洗、消毒，以利于保持玩具的清洁卫生。

三是要选择无毒玩具。市场上出售的各种塑料玩具，都是用聚氯乙烯塑料制成的。为了保持绚丽多彩的颜色经久不退，往往加入金属镉。聚氯乙烯老化后可分解出对人体有害的氯化氢气体，镉的毒性很强，可侵犯人的神经系统。还有一些木制或铁皮制的玩具，表面上涂有油漆，而油漆中含有铅、砷、苯等有毒物质，如果孩子经常放在嘴里啃或玩完玩具不洗手吃东西，这样，有毒物质就会慢慢经口摄入体内，引起慢性中毒，从而发生各种疾病。

为了孩子的健康成长，家长在给孩子选购玩具时，除根据孩子不同年龄阶段的发展特点和需要外，一定要注意安全、卫生及无毒，以免造成一些不良反应。

这一案例说明，商品的选购使用要根据商品的结构、性质和使用情况来进行。

日用工业品是指供人们日常使用的工业产品，俗称日用百货。日用工业品种类繁多、性能各异、用途广泛，主要包括硅酸盐制品、日用金属制品、洗化用品、塑料制品、皮革制品、钟表眼镜、照相器材、文体用品、儿童玩具等，是人们生活工作中不可缺少的商品。

8.1 洗化用品

洗化用品是指用化学原料制成的用品，包括合成洗涤剂、肥皂和化妆品等。

8.1.1 洗涤用品

1. 合成洗涤剂

合成洗涤剂是以合成表面活性剂为主要成分，并配有适量不同作用的助洗剂而制成的一种洗涤用品，有良好的去垢性和耐硬水性；不受水温限制，节省时间，用途广泛；人工合成制品，有利于保护自然资源。

（1）合成洗涤剂的组成及作用。合成洗涤剂包括表面活性剂、助洗剂和辅助剂。

1）表面活性剂。表面活性剂是一种能在低浓度下降低溶剂表面张力的物质。其分子由两个不同部分构成，一端由一个较长的烃链组成，它是憎水性的，能溶于油但不能溶于水，因此称为憎水基或亲油基；分子的另一端是较短的极性基团，它能溶于水而不能溶于油，称为亲水基。

根据表面活性剂在水溶液中离解出来的表面活性离子电荷不同，分为阴离子型、阳离子型、非离子型和两性离子型四大类。① 阴离子型活性剂常见的有烷基磺酸钠、烷基苯磺酸钠、脂肪醇硫钠等，其适合在碱性或中性溶液中洗涤，常用于洗涤棉、麻、化纤织品，在工业上用作润湿剂、乳化剂和金属清洗剂。② 阳离子型活性剂常见的有胺盐型、季胺盐型等。其适合在酸性溶液中洗涤，这限制了它在日常生活中的使用，广泛应用于工业中杀菌、消毒等。③ 非离子型活性剂，常见的有脂肪醇聚氧乙烯醚，烷基酚聚氧乙烯醚等，其水溶液呈中性，在碱性、酸性及金属盐类溶液中都比较稳定，可与任何类型表面活性物混合使用。④ 两性离子型表面活性剂常见的有羧酸盐型和甜菜碱型等，其水溶液中在酸性溶液中成阳离子型，在碱性溶液中成阴离子型，在中性溶液中成非离子型，是一种性能比较全面的活性物，但成本高，因而限制了它的使用。表面活性剂分子在水中的排列如图 8-1 所示。

2）助洗剂和辅助剂。为了提高和改进合成洗涤剂的性能，常加入各种各样的助洗剂和辅助剂以产生协同效应。助洗剂、辅助剂种类很多，常见的有：① 聚磷酸盐，主要作用是增加洗涤剂的综合性能，是一种良好的助洗剂，但由于易造成水质肥沃化，已逐渐被沸石等替代；② 硅酸钠，在洗衣粉中与其他助洗剂同时使用，能起到协同效应的作用；③ 碳酸钠，在碱性条件下具有良好的助洗作用；④ 硫酸钠，一般作为一种辅助助洗剂和填料来加以使用，主要作用是降低成本；⑤ 抗再沉淀剂，主要作用是阻碍污垢重新沉积于被洗织物；⑥ 过氧酸盐，利用活氧，有除斑、漂白作用；⑦ 荧光增白粉，主要作用是增加被洗织物的白度，使有色织物洗后更显鲜艳夺目；⑧ 酶制剂，酶在一定温度下对血渍、奶渍、肉汁、牛乳、酱油斑渍等具有分解破坏作用，将酶制剂加入洗衣粉中可提高洗涤溶液去污力 30%～60%。

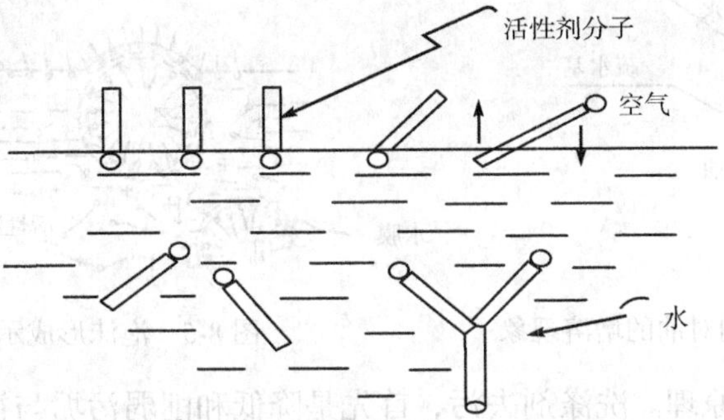

图 8-1　表面活性剂分子在水中的排列

（2）合成洗涤剂的去污原理。洗涤剂的去污过程和原理是比较复杂的，一般可简单表示为：

织物·污垢+洗涤剂→织物+污垢·洗涤剂

1）污垢的种类及特点。根据污垢的特性，可分成三类：一类是油质性污垢，它们对衣物、人体黏附比较牢固，而不溶于水；另一类是固体污垢，这种污垢颗粒较大，它们或单独存在，或与油水混在一起，但不溶于水；还有一类是水溶性污垢，它们溶于水或与水混合成液体溶液。三类污垢往往是互相结合成一体，在外界条件影响下还会产生复杂的化合物。

2）洗涤剂的性质。表面活性剂具有润湿、渗透、分散、乳化、增溶、泡沫等作用。润湿、渗透作用，表面活性剂降低了水、固体之间的界面张力，使水容易吸附扩展到固体表面，并渗透到织物内部，既破坏了衣物和污垢间的吸引力，又破坏了污垢微粒间的吸引力，如图 8-2 所示；分散作用，活性剂在固体微小粒子周围形成一层亲水的吸附膜，使固体离子均匀分散在水中形成分散液；乳化作用，与分散作用类似，使油粒均匀分散在水中形成乳浊液，如图 8-3 所示；增溶作用，洗涤表面活性剂使疏水性液体或固体在水溶液中的溶解度增加，如图 8-4 所示；泡沫作用，洗涤表面活性剂降低了水、空气之间的表面引力，空气分子分散在水中形成泡沫，如图 8-5 所示。

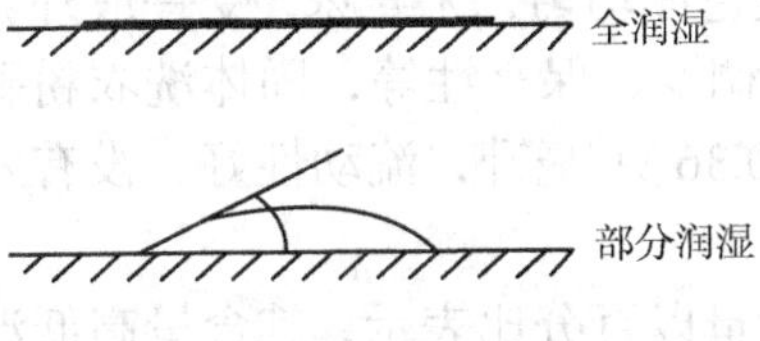

图 8-2　液滴润湿固体表面示意图

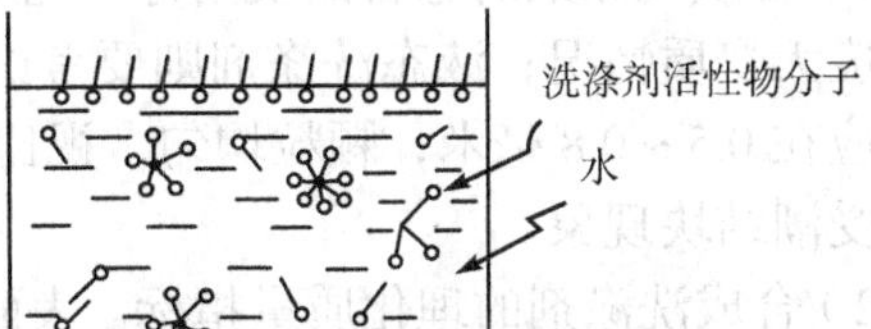

图 8-3　油在洗涤剂溶液中形成乳浊液示意图

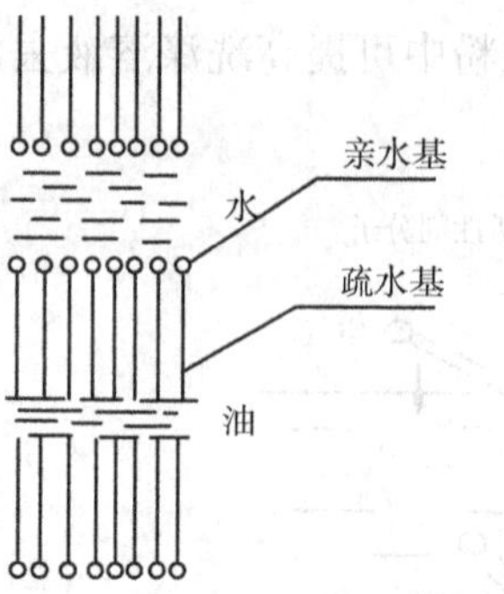

图 8-4　洗涤表面活性剂对油的增溶现象

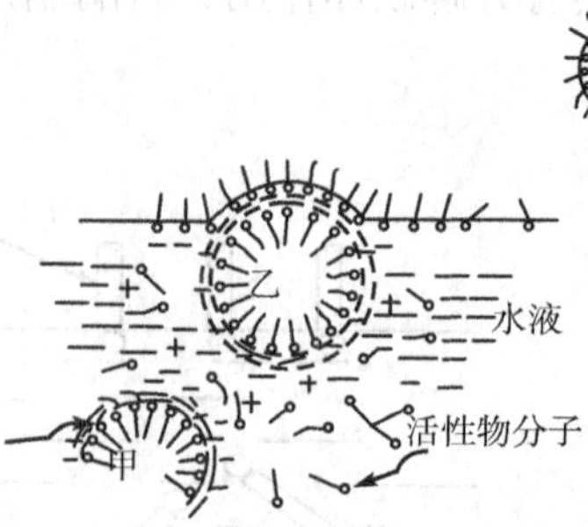

图 8-5　泡沫形成示意图

3）洗涤剂的去污原理。洗涤剂去污，首先是降低和削弱污垢与被污物之间的引力，润湿、渗透作用就能起到使它们之间引力松脱的作用，也使污垢被破坏为微小粒子，这时经过机械力的作用，使污垢脱离被污物大量卷离到洗涤液中，固体微粒借助分散作用，油脂污垢借助乳化、增溶作用，而不再沉积于被污物表面。因此，洗涤剂的去污作用，实质上是润湿、乳化、分散、增溶等作用的综合效用。

（3）合成洗涤剂的分类与合成洗衣粉。合成洗涤剂种类繁多。

1）合成洗涤剂的分类。按商品的外观形态可分为粉状、空心颗粒状、液体状、浆状、块状等；按用途可分为人体用、织物用、厨房用、食品用、住宅用；按活性物含量分为 20 型、25 型、30 型；按泡沫多少分为无泡型、低泡型、中泡型、高泡型；按助洗剂特点分为无磷型、加酶型、漂白型、增白型、加香型等。

2）合成洗衣粉。这是合成洗涤剂用品中的主要品种，为空心颗粒状，具有相对密度小、易溶解、干爽结实、流动性好，便于包装、储存等特点。合成洗衣粉一般以一种洗涤表面活性剂为主体，也可采用两种以上的复配方，并加有相当量的助洗剂和辅助剂。洗衣粉的品种很多，各有特点：丝毛洗衣粉，具有洗后手感柔软、光泽度好、强度不受损失、去垢力强、易漂洗等优点，适于洗涤丝、毛或混纺等精细织物；杀菌洗衣粉，特点是既能洗涤去污，又能消毒、杀菌，是一种双功能高效洗衣粉；浓缩洗衣粉，特点是用量少（是普通洗衣粉的 1/4 左右）、去垢力强、泡沫低、易漂洗，适合洗衣机使用；无磷洗衣粉，用沸石等替代聚磷酸盐，是环保类洗衣粉。

（4）合成洗涤剂的质量要求。评价合成洗涤剂的质量依据不同的指标。

1）合成洗涤剂的感官品质指标。优质的洗涤剂应色泽均匀，无异味，受一般外界因素影响应无变质情况；液态洗涤剂则要考虑其透明度、稠度、保存性等；固体洗衣粉颗粒的直径应在 0.5 ~ 0.8 毫米，颗粒均匀，视比重在 0.28 ~ 0.36 克/毫升，流动性好，没有发黏结块、受潮结块现象。

2）合成洗涤剂的理化质量指标。表面活性剂的含量以百分比表示，其含量高低涉及洗涤剂类型和去污力大小，不皂化物含量越小越好；pH 值丝毛型应呈中性，棉麻型则呈碱性，但小于或等于 10.5；去污力、生物降解率越大越好；对人体无害，对皮肤刺激性小等。

案例分析 8-1

试分析表 8-1 合成洗涤剂的三个配方，判定其各属何类洗涤剂，各自的性能特点及用途。

表 8-1 合成洗涤剂的配方

成分	甲配方	乙配方	丙配方
烷基苯磺酸钠（%）	30	15	10
烷基磺酸钠（%）	—	10	—
非离子型（聚醚）(%)	—	—	4
肥皂（%）	—	—	3
三聚磷酸钠（%）	16	16	40
碳酸钠（%）	—	4	—
硅酸钠（干）(%)	5	6	6
羧基甲基纤维素（%）	2	1.2	1.4
荧光增白剂（%）	0.05	0.1	0.1
硫酸钠（%）	43	44	23.5
水分	余量	余量	余量

2. 肥皂

肥皂是用油脂与碱经皂化作用制成的高级脂肪酸盐，并辅以各种辅助原料制作而成的产品。肥皂一般为块状，其特点是溶解度好，去污力强，有一定硬度，使用方便，起泡迅速而且丰富等，但不适合在硬水中洗涤。

（1）肥皂的组成及作用。组成肥皂的原料分为主要原料、辅助原料、填充原料。

1）主要原料。主要原料为油脂和碱，油脂是制皂的基本原料，要求含量纯净、无杂质、无臭、无味、无酸败；碱在制钠皂时用苛性钠，制钾皂时用苛性钾。

2）辅助原料。加入辅助原料的目的是提高其特有的性能，如加入香料不但可增加香味，而且具有良好的杀菌消毒功效；加入色料的目的是增加美观；药料主要是消毒剂和防腐剂，但必须适量。

3）填充原料。填充原料是填充肥皂体积与增加重量的材料，主要包括水溶性填充料，如水玻璃、碳酸钠等；水不溶性填充料，如洗涤陶土、碳酸钙、石膏、滑石粉等，这类填充料以填充体积和降低成本为目的。

（2）肥皂的分类、品种。肥皂家族分支繁茂。

1）肥皂的分类如图 8-6 所示。

2）肥皂的主要品种。洗衣皂是指用于洗涤衣物的块状肥皂，根据脂肪酸含量分为 42 型、47 型、53 型、60 型等；透明皂总脂肪酸含量在 72%左右，具有耐用、碱性小、溶解度大、泡沫丰富等特点；香皂的总脂肪酸含量达 80%以上，用于清洁皮肤，属于化妆洗涤用品，其特点是组织紧密细腻、易于溶解、泡沫丰富、去污力强、对皮肤刺激小、质地纯洁、气味芳香长久、总脂肪酸含量高；药皂是加有杀菌剂的肥皂，不但可以作为一种洗涤剂，而且可以作为一种消毒杀菌剂，总脂肪含量也在 72%左右；液体皂是以肥皂的主要成分和质量优良的合成表面活性剂复配而成的，集中了肥皂和合成洗涤剂的优点，特点是能软化硬水，pH 值在 10 以下，性能温和，使用方便，泡沫力低，去垢力强。金属皂是一种工业用皂，不能溶于水，因此不能作为洗涤污垢之用。

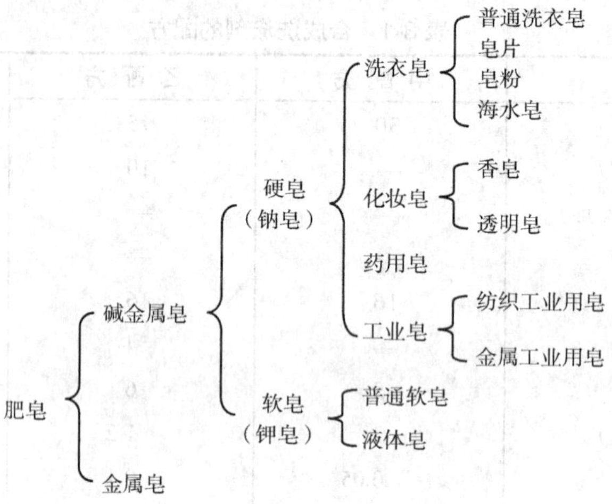

图 8-6 肥皂的分类

（3）肥皂的质量要求。判断肥皂的质量依据两种质量指标。

1）肥皂的感官质量指标。从外观上看，洗衣皂应硬度适中，不发黏、分离、开裂；香皂应为干硬，细腻均匀，无裂纹、气泡、斑点、剥离、冒汗等现象。从色泽上看，洗衣皂颜色均匀洁净；香皂色泽均匀而相对稳定。从形状上看，洗衣皂形状端正、收缩均匀，不得有歪斜、变形、缺边、缺角等现象；香皂可以压成各种形状，同样不得有歪斜、缺裂或字迹模糊等现象。从气味上讲，洗衣皂无不良气味，而香皂应具有各种天然或合成香料配成一定类型的持久香味。

2）肥皂的理化质量指标，如表 8-2 和表 8-3 所示。

表 8-2 洗衣皂的理化质量指标

指标名称	53 型	47 型	42 型
总脂肪酸含量（%）	53	47	42
每块总脂肪酸实际质量不低于标准重量（%）	95	95	95
游离碱（NaOH）不大于（%）	0.3	0.3	0.3
脂肪酸凝固点（℃）	37 ~ 45	37 ~ 45	37 ~ 45
硅酸钠用 SiO_2 表示不小于（%）	2.0	2.0	2.5
泡沫（40℃）（mm）最高点不小于	170	170	160
过 5 分钟后不小于（mm）	160	160	150
40℃±1℃时溶解度（mg/cm^3）	20 ~ 35	20 ~ 35	20 ~ 40

表 8-3 香皂的理化质量指标

指标名称	优 级	一 级	二 级	三 级
总脂肪酸含量（%）	80	80	80	80
总脂肪酸含量允许不低于（%）	78.5	78.5	78.5	78.5
游离碱（NaOH）不大于（%）	0.05	0.05	0.05	0.05
开裂（级）不大于	2	3	4	5
糊烂（20℃±10℃）不大于（mm）	2	2	3	3
剖面白心气泡（级）不大于	1	2	3	4
脂肪酸凝固点（℃）	37～43	37～43	37～43	37～43
泡沫（40℃）最高点不小于（mm）	180	175	170	165
过 5 分钟后不小于（mm）	175	170	165	160

8.1.2 化妆品

化妆品是以涂抹、喷洒或其他类似方法，施于人体表面任何部位（如表皮、毛发、指甲、口唇、口腔黏膜等），起到清洁、保养、美化或消除不良气味作用的日常用品。它有令人愉快的香气，能充分表现人体的美，给人以容貌整洁、讲究卫生的好感，有利于人们的身心健康。

1. 化妆品的种类

（1）按化妆品的物理性状，可分为：① 膏霜类，有雪花膏、香脂、润肤霜、防晒霜、洗发膏等；② 粉质类，有香粉、爽身粉、香粉饼、胭脂等；③ 液体状类，有香水、花露水、冷烫水、生发水等；④ 胶状类，有指甲油、清洁面膜等；⑤ 笔状类，有眉笔、唇线笔等。

（2）按化妆的用途，可分为四种。① 护肤类，有保护皮肤类的雪花膏、香脂、奶液、防冻霜等；营养类的人参霜、珍珠霜等；药疗类的粉刺霜、祛斑霜等。② 发用类，有保护头发类的发乳、护发素等，营养类的营养头水、奎宁等；美发类的染发剂、冷烫水等；药用类的去屑水、止痒水等。③ 清洁卫生类的，有洗发类的洗发膏、洗发精等；洗面类的清洁霜、清洁奶等；卫生类的香水、痱子粉等。④ 美容类的，有美容皮肤类的修面整容水、香粉等；美化指甲类的指甲油、去光水等。另外还有儿童用、男用等类化妆品。

2. 化妆品的主要品种及性能特点

（1）雪花膏。雪花膏是硬脂酸、甘油和水在乳化剂作用下而形成的水包油乳化体，是一种半固体膏状化妆品，白似雪花，涂在皮肤上遇热融化，像雪花一样消失，故得名雪花膏。其特点是：搽在皮肤上不油不腻，使皮肤有滋润、滑爽舒适的感觉；水分蒸发后，在皮肤上留下一层透明薄膜，能隔离外界干燥空气与皮肤接触，防止皮肤中的水分过快地挥发，从而调节和保护角质层；有适当的含水量，使皮肤柔软、滋润。适合春、秋季和油性皮肤的人使用。雪花膏加入一些特殊成分可形成不同品种，如图 8-7 和表 8-4 所示。

- 雪花膏
  - 按酸碱性分
    - 微碱性：pH 值为 7～8.5（中低档，保护皮肤）
    - 微酸性：pH 值为 5.5 左右（高档、中和碱、抗菌）
    - 中性：pH 值为 7 左右（中高档，适合皮肤对酸、碱性过敏者）
  - 按功能分
    - 普通型：一般为微碱性和中性品种
    - 粉质型：具有雪花膏和香脂双重效能
    - 营养型：使皮肤具有弹性，延缓老化
    - 药用型：对粉刺、雀斑、色素等有一定缓解作用

图 8-7　雪花膏的种类

表 8-4　营养霜主要品种的营养成分与主要功能

主要品种	营养成分	主要功能
人参霜	人参提取液中含有多种维生素、激素、糖类等	促进皮肤血管末梢的血液循环，强化新陈代谢，有活化、滋润和调理皮肤的功能
珍珠霜	珍珠粉中含有多种氨基酸（约 20 多种）	促进皮肤新陈代谢，组织再生，使皮肤细嫩，并有防治皮肤病的作用
蜂王浆	蜂王浆中含有蛋白质、脂类、维生素、酶等	能增强皮肤的抵抗力，防止皮肤粗糙，增强皮肤的弹性和新陈代谢
灵芝霜	灵芝霜中含有多肽与酰胺类物质、甘露醇、麦角甾醇等	有滋润皮肤的作用，促进皮肤的新陈代谢，减缓皮肤衰老

小思考 8-1

为什么说微酸性雪花膏是雪花类的高档品种？

（2）香脂。又名冷霜，是油类物质在乳化剂的作用下形成的油包水型乳化体，外观与雪花膏相似，也是半固体膏状化妆品。其含油多于雪花膏，具有抗寒润肤性能，防止皮肤干燥、冻裂的功能比雪花膏强，适合冬季或干性皮肤的人使用。品种与雪花膏类同。

（3）洗发液。又名香波，是一种以表面活性剂为主体配方而成的，具有清洁人的头皮和头发，并保持其美观作用的液体洗发用品。其特点是洗涤力温和，无碱性刺激作用，洗后易于梳理和冲洗，可加入营养和药性物质，使洗发、护发、美发融为一体，有去头屑、减皮脂和治头癣等效果。

（4）香水类。香水的基本成分是酒精和香精，一般香精含量多（15%～25%），且香精质量高的称为香水；香精含量少（3%左右），香精质量较次，且加的香精中有防蚊虫效果的称为花露水。高级香水用天然动物香料和经陈化酒精配制，香味持久；花露水也是一种卫生用品，喷在身上可以除汗臭，防蚊叮、虫咬。

3. 化妆品的质量要求

化妆品的包装应整洁、美观、封口严密，没有泄漏；商标、装饰图案、文字说明等应清晰、美观、色泽典雅、配色协调；使用说明书中应写明商标、品名、生产许可证编号、产品用途、生产日期、保质期、厂家厂地、容量或重量、香型、主要原料、使用方法、使

用注意事项及安全警告、产品储存条件及方法等。从色泽上讲，无色固状、粉状、膏状、乳状化妆品应洁白有光泽，液状应清澈透明，有色化妆品应色泽均匀一致，无杂色；从组织状态上讲，固状化妆品应软硬适宜，粉状应粉质细腻，膏状、乳状应稠度适当、质地细腻，液状应清澈、均匀、无颗粒杂质；从气味上讲，化妆品必须具有芬芳的香气，香味可根据不同的化妆品选用不同的香型，但必须持久，没有强烈的刺激性；从安全卫生性上讲，要求外观良好，没有异臭，对皮肤和黏膜没有刺激和损伤，无感染性，使用安全等。

化妆品的微生物学质量应符合下列规定：眼部化妆品及口唇等黏膜用化妆品，以及婴儿和儿童用化妆品菌落总数不得大于 500CFU/ml 或 500CFU/g；其他化妆品菌落总数不得大于 1 000 CFU/ml 或 1 000CFU/g；每克或每毫升产品中不得检出粪大肠菌落、绿脓杆菌和金黄色葡萄球菌；化妆品中霉菌和酵母菌总数不得大于 100CFU/ml 或 100CFU/g。化妆品中的有毒物质限量如表 8-5 所示。

表 8-5　化妆品中的有毒物质限量

有毒物质	限量（mg/kg）	备　注
汞	1	含有机汞防腐剂的眼部化妆品除外
铅	40	含醋酸铅的染发剂除外
砷	10	
甲醇	2 000	

4. 化妆品保质期的检验

禁止销售超过保质期的化妆品。化妆品包装上的生产日期、保质期不得更改或加贴不干胶小票。

在符合规定储存条件，产品包装完整，未经启封条件下，国家（或行业）标准按不同化妆品对保质期分别做了规定。

（1）发用类。① 头发用冷烫液：1 年；② 发乳：瓶装 1 年，散装 9 个月；③ 洗发液：1 年；④ 发油：1 年；⑤ 护发素：1 年；⑥ 染发水、染发粉：1 年；⑦ 染发乳液：1 年；⑧ 洗发膏：1 年。

（2）其他类。① 唇膏：1 年；② 润肤乳液：瓶装优级品 3 年，一级品 2 年，合格品 1 年，散产品 9 个月；③ 香脂：盒装、瓶装 1 年，散装（大瓶、铁听）9 个月，在保质期内产品应无明显渗油变色现象；④ 化妆粉饼：1 年；⑤ 指甲油：1 年；⑥ 雪花膏：瓶装、覆塑料袋装 1 年，散装（瓶、听）塑料袋装 9 个月。在保质期内雪花膏干缩程度，应是 4 周无脱壳及油水分离现象；⑦ 花露水、香水：1 年。在保质期内产品应无明显沉淀干缩现象。⑧ 香粉、爽身粉、痱子粉：1 年；⑨ 洗面奶：3 年内质量无变化的可以不标保质期；3 年内质量可能发生变化的要注明保质期，保质期从产品生产之日起算。

5. 化妆品的选用与保管

（1）化妆品的选用。化妆品的选用有不同标准。

1）根据各自皮肤、发质选用。皮肤的性质可分为油性、中性、干性、混合性 4 类，选用护肤性化妆品应根据自己的皮肤性质来确定。如干性皮肤者就选用油质性护肤品，油性皮肤者应选用水质性护肤品。发用类化妆品选用也应根据自己的发质来确定。

2）不同季节、不同时间应选用不同化妆品。一般冬天应选用油包水型化妆品，夏季选用水包油型化妆品；白天用日霜，晚上用晚霜等。

3）药物类化妆品根据说明书慎用。药物化妆品对皮肤有一定的疗效作用，但因人体皮肤的吸收功能有限，所以药物化妆品的疗效也有限，属防病型。如果患有面部色素沉着或痤疮等，应及时到医院治疗。

4）新品牌使用前应试用。当买到一种新品牌化妆品时，不妨自己做一个皮肤试验，用少许化妆品涂在耳根等部位，经 48 小时后，如感到皮肤出现不适，则说明皮肤不适合这种化妆品，不宜使用。

5）香水类化妆品的使用。选用香水类化妆品时应注意性别，男性宜选用男用香型，女性应选用女用香型。香水含酒精和香精较多，不宜用于脸部和皮肤破裂处，花露水则可直接涂抹于皮肤。

6）防晒霜选择应考虑 SPF 值。SPF 值也称防晒系数，SPF 的意思是皮肤抵挡紫外线的时间倍数。一般黄种人皮肤平均能抵挡阳光 15 分钟而不被灼伤，那么使用 SPF20 的防紫外线光用品，便有约 300 分钟（15×SPF20）的防晒时间。SPF 值过高的防晒霜中掺有过多的紫外线吸收剂，会导致一部分人出现过敏反应，因此日常护理、外出购物、逛街等可选用 SPF5～8 的防晒用品；外出游玩时可选用 SPF10～15 的防晒用品；游泳时用 SPF20～30 的防水性防晒用品。

（2）化妆品的保管。化妆品属于易变质、易损耗商品，储存期一般不宜超过 1 年。保管中要求库房干燥、阴凉、通风，适宜温度为 5℃～30℃，相对湿度不应超过 80%；搬运中必须轻装轻卸，堆码不宜过高，切勿倒置，远离热源、电源；经常检查有无破损、变质现象，及时采取补救措施。

案例分析 8-2

一种护肤品全家共用不科学

一种护肤品适合全家共用吗？消费者经常被一些产品的宣传广告搞得一头雾水。美国加州大学有关专家认为，即使一家人，肤质也可能完全不同，所以全家人共用一种护肤品是极不科学的。

使用护肤品，首先应遵循的原则是：干性皮肤要保湿；油性皮肤要注意清洁；混合性皮肤要保持水油平衡；过敏性皮肤要避免刺激。各种肤质的护肤品一定要严格区分开来。

家中肤质不同的人也应该有属于自己的特殊护肤品。特别需要指出的是，敏感性皮肤的人在选购护肤品时应尽量避免酒精、矿物油和香精等致敏成分。使用护肤品时不要把产品盒子轻易丢掉，因为万一出现过敏，可以根据说明书中的产品成分确定过敏源。因为不同年龄阶段肤质有所不同，所以家里的孩子、老人也应该拥有属于自己的护肤品。

问题：专家意见对你选购护肤品有何帮助？

相关链接 8-1

营养霜的市场调查结果如表 8-6 所示。

表 8-6　营养霜的市场调查结果

品　牌	名　称	主要成分	主要特点	净含量
资生堂	润手霜	特制内滑成分，能迅速滋养手部肌肤	无香料、无色素，用后感觉自然不油腻	20g
资生堂	防裂润手霜	特有尿素配合，深入皮肤内部，促进血液循环，使角质柔软	特效防裂、无香料、无色素，用后感觉自然不油腻	40g
兰贵人	蛤蜊润手霜	利用高新生物技术，从蛤蜊中提取纯度的蛤蜊油精制而成	滋润粗糙、干裂、双手蜕皮	120g
雅芳 AVON	滋蕴高效润手霜	磷脂囊深海鲛油，绵羊油等滋养成分及抑制细菌滋长之特殊成分	高效滋润，保持角质层湿润，7 天内即能改善和预防因接触化学洗剂、季节变更引起的皮肤干燥、瘙痒等现象	75g
雅芳 AVON	滋丽芦荟润手霜	芦荟等天然护肤成分	使粗糙干燥、皱裂的双手得到滋养柔润	75g
屈臣氏	润手护甲乳液	特殊配方	不油不腻，可软化双手粗糙及干裂皮肤，防止指甲裂开、破损及折断	100ml
凡士林	特效润手霜	牛奶中提取的精华成分	补充营养，使肌肤如牛奶般润泽	75ml
美加净	柔润护手霜（角质柔化配方）	足量植物型添加剂、胚芽弹性蛋白	帮助手部表皮角质层细胞恢复并保持正常有效的排列	80g
小护士	保湿营养润手霜	保湿因子、滋润元素	润而不腻，保持 pH 值平衡，形成一层保护蜡，使手部肌肤免受硬水、洗涤剂、寒风等伤害	45g
东洋之花	绵羊奶护手霜	采用全新绵羊初乳缓释保湿营养配方添加特殊角质软化剂	作用深入持久，令肌肤保持充盈的水分与营养，可使双手柔滑细致	90g
采诗	暖手特润霜	BHA 再生素，去死皮，防止干燥，减少皱纹，收细手部过粗毛孔	渗入手部肌肤，形成保温、暖手保护层，使手部立即有滋润暖手的感觉	60g
丹芭碧	绵羊油润手霜	绵羊油及多种营养成分	防止干裂，抗寒能力强	70g
丹芭碧	芦荟润手霜	芦荟萃取液	高效保湿，对受损的肌肤组织有舒缓修复作用	70g
羽兰	绵羊油保湿护手霜	纯羊毛脂、蛋白质、氨基酸及天然营养保湿成分	滋润干裂、粗糙、双手蜕皮，性质纯净温和	90ml

续表

品 牌	名 称	主要成分	主要特点	净含量
埃美诗	绵羊油止痒润手霜	绵羊油、止痒营养成分	滋养、润滑、止痒，特别对皮肤粗糙、干裂效果显著	60ml
康诺	木瓜、白肤护手霜	木瓜精华、维生素C	迅速被吸收，补充肌肤所需水分及养分，防止皮肤干燥，粗糙、开裂	60g

注：1. 本表格所列为随机市场调查结果，调查对象包括各类超市和大型商场、百货商店等。

2. 本表格所列各项均取自产品说明。

[资料来源：阿苇. 解读护手霜. 健康与美容，2001（1）]

8.2 塑料制品

塑料是以合成或天然的高分子材料为主要成分，可在一定温度和压力下塑制成型，而在常温下保持形状不变的材料。塑料具有质量轻、强度高、化学稳定性好、绝缘性好、着色性好、具有一定的透明度等优点，但有易变形，尺寸稳定性差，导热性、耐热性差，易老化等缺点。近些年来，塑料的环保问题也越来越被人们所关注。

8.2.1 塑料的组成与分类

1. 塑料的组成及

（1）树脂。构成塑料的一般是合成树脂。合成树脂是以煤、石油、天然气及一些农副产品为主要原料，由具有一定条件的低分子化合物，通过化学或物理方法结合而成的高分子化合物。塑料中合成树脂的含量一般可达40%～100%，是塑料全部组成的黏合剂，也是决定塑料工艺性质和性能特点的内在因素，树脂的成分结构不同，其性质也各不相同。

（2）塑料助剂。在塑料中加入助剂的目的主要是改善加工性能、提高效能和降低成本。不同种类的塑料因成型加工方法及使用条件不同，所需助剂的种类和用量也不同，常见的助剂有：① 增塑剂，能增加塑料的柔软性、延伸性、可塑性，降低塑料流动温度和硬度，有利于塑料制品的成型，但抗张强度、弹性模量、介电性质则有所降低；② 稳定剂，塑料制品在加工、储存和使用过程中，在光、热、氧的作用下易老化，为了延缓和阻止老化现象的发生，必须加入稳定剂，主要有热稳定剂、光稳定剂和抗氧剂等；③ 阻燃剂，能提高塑料着火温度、延缓燃烧速度或阻止燃烧；④ 抗静电剂，能消除或防止塑料表面静电；⑤ 发泡剂，能使塑料产生微孔，这类物质多为随温度变化可气化或产生气体的化合物，前者称为物理发泡，后者称为化学发泡；⑥ 着色剂，能改变塑料固有的颜色，美化塑料制品；⑦ 润滑剂，能改善塑料加热成型时的脱模和提高制品表面光洁度；⑧ 增强材料和填料，为改善塑料性能、降低塑料成本、扩大塑料应用范围而加入的物质，常用的有玻璃纤维、石棉、碳酸钙、滑石粉、纤维素等。

2. 塑料的分类

（1）按塑料的成型性能分为热固性塑料和热塑性塑料两大类。① 热固性塑料经加热成型后，形成质地坚硬、不溶于任何溶剂的塑料，即使再加热也不能使其软化，只会碳化，它们的大分子为网状结构。常见的热固性塑料有酚醛塑料、脲醛塑料、密胺塑料等。② 热塑性塑料是一类加热软化、冷却变硬的塑料。即使成型后，也可通过再次加热，使其软化，重新成型，它们的大分子为长链型或支链型结构。常见的热塑性塑料有聚乙烯、聚丙烯、聚氯乙烯、聚苯乙烯、有机玻璃、聚酯、聚酰胺和硝酸纤维素等。

（2）按塑料的应用范围，分为通用塑料和工程塑料两大类。

（3）按可燃程度，分为易燃性塑料、可燃性塑料和难燃性塑料三大类。

（4）按塑料毒性，分为无毒塑料和有毒塑料两大类；按塑料是否呈微孔结构，可分为泡沫塑料和非泡沫塑料两大类。

8.2.2 塑料主要品种的性能特点及制品

（1）聚乙烯（PE）塑料。聚乙烯塑料具有质轻、不易脆化、无臭、无味、无毒、化学稳定性强、绝缘性好、有一定的透气性等特点。聚乙烯按密度可分为高密度、中密度和低密度三种。低密度聚乙烯质地较软，外观呈乳白色半透明状，使用温度在 80℃～100℃，比重为 0.91～0.92，具有较好的柔软性、伸长率和耐冲击性，适合制造较柔软的制品，如奶瓶、杯子、薄膜等；高密度聚乙烯质地刚硬，耐热性、耐寒性较好，外观呈乳白色不透明状，比重一般在 0.9～0.96，使用温度可达 100℃，抗拉强度较高，适合制造较刚硬的制品，如衣钩、管道、饮料周转箱等；中密度聚乙烯性能介于低密度和高密度之间，适合于制造热水瓶壳、水桶、面盆等。

（2）聚氯乙烯（PVC）塑料。聚氯乙烯塑料的主要特点是：色泽鲜艳、不易破裂；结构较为紧密，比重可达 1.3 左右；耐腐蚀，气密性好，硬度和刚性比聚乙烯大；耐老化，电绝缘性好，有较大的机械强度，有很好的阻燃性；耐热性差，使用温度最好在 40℃以下，遇冷出现变硬发脆现象；耐光性较差，遇热易变形等。聚氯乙烯塑料在日用品方面主要是制造肥皂盒、鞋底、薄膜等；在工业品方面主要制造管材、板材、建筑材料等。

（3）聚丙烯（PP）塑料。聚丙烯塑料是乳白色半透明状，是最轻的一种塑料，比重为 0.9～0.91；无毒、无味，机械性能比聚乙烯高；耐冲击、耐磨、耐腐蚀、绝缘性好；并具有良好的拉伸强度、耐热性和气密性，使用温度可达 110℃，在没有外力作用下，即使温度达到 150℃时，也不会变形；但耐自然老化和耐寒性较差。适合制造撕裂薄膜、各种容器、家电外壳等。

（4）聚苯乙烯（PS）塑料。聚苯乙烯属硬塑料，敲击时会发出铿锵的金属音响；硬度高、表面光滑、富有光泽；无毒、无味，透光率仅次于有机玻璃；具有良好的耐水、耐光和耐化学性能，特别优异的电绝缘性和低吸湿性；但强度低、脆性大、耐热性低、易于燃烧，长期使用温度只有 70℃左右。适合制造牙刷柄、电器外壳、玩具等。

（5）聚酰胺（PA）塑料。聚酰胺塑料呈白色半透明状，无毒、无味、强度高，最大特点是耐磨性好，而且还可以自行润滑，耐油性也好，但耐酸性和耐光性较差。除用于纺织、机械外，大量用于各类刷子、球网、拉链等。

（6）有机玻璃（PMMA）。有机玻璃系聚甲基丙烯酸甲酯塑料，最大的特点是既透明又结实，透光率可达 92%，比普通玻璃还高，质轻、强度好、脆性小、耐气候性好，外观极为美观。加入萤光剂可制成萤光塑料，加入珠光剂可制成珠光塑料，但表面硬度低，耐磨性、耐热性差，使用时超过100℃即软化变形。适合制造纽扣、文具、眼镜、标牌等。

（7）酚醛（PF）塑料。酚醛塑料有较好的耐热、耐寒性，不易燃烧，表面硬度高，电绝缘性好，耐热可达 110℃；耐腐蚀性也好，不易老化，对各种油类和溶剂具有较强的抵抗力；但色泽比较深暗，脆性较大，吸水性也较大。适合制造纽扣、锅壳把手、电器零件等。

（8）脲醛（UF）塑料。脲醛塑料色泽鲜艳，表面硬度高，耐热、耐寒、耐磨性、电绝缘性好，耐油且不受弱碱和有机溶剂的影响，但不耐酸。其耐热性、耐水性和化学稳定性比酚醛塑料差，适合制造纽扣、电器开头插座、贴面板等。

（9）密胺（MF）塑料。密胺塑料无毒、无味、耐酸碱，表面硬度和耐冲击强度都比较高，制品不易破碎，吸水性低，耐热性好，能长期在110℃左右使用，沾上污渍后易清洗，但破损后难以修补。适合制造各种食具、电器的绝缘零件等。

（10）硝酸纤维素（CN）塑料。硝酸纤维素塑料本身无色透明，着色性能好，最大特点是质轻，弹性特别好，最大缺点是易燃。适合制造乒乓球、文具、眼镜架等。

案例分析 8-3

使用保鲜膜有讲究

目前，生产食品保鲜膜的原料主要有三种，分别是聚乙烯（PE）、聚氯乙烯（PVC）和聚二氯乙烯（PVDC）。市面上所售的大多数保鲜膜使用的原料是聚乙烯，由于其在生产过程中不添加任何增塑剂，被公认为最安全。

然而，超市中用来包裹食品的保鲜膜也有可能使用聚氯乙烯材质。实验证明，这种保鲜膜为增加其附着力，含有名为乙基己基氨的增塑剂。该增塑剂对人体内分泌系统有很大破坏作用，会扰乱人体的激素代谢。对此，消费者可以采取以下办法：回家后就把保鲜膜撕掉，将食物用食品保鲜袋包装起来，再放进冰箱；也可以将食物装在有盖的陶瓷容器中；如果是没有盖的容器，覆盖保鲜膜时，尽量别把食物装太满，以防接触到保鲜膜。

（资料来源：王雯. 生活提示：使用保鲜膜有讲究.中央政府门户网站，2008-7-16）

问题：在选用食品保鲜膜时应注意哪些问题？

8.2.3 塑料的外观质量要求及鉴别

1. 塑料的外观质量要求

塑料品种很多，结构与造型各异，一般要求外形完整且无缺陷，表面光洁平滑，无凹凸现象，无皱纹、裂痕、小孔、麻点等，有色制品要求光泽均一，不可混有杂色或深浅不均。透明制品必须去杂彻底，有一定的透明度和光泽度，无水泡、裂纹；吹塑成型的各类容器制品要求厚薄均匀；塑料薄膜制品则需注意砂眼杂质；装配类塑料品尺寸规格必须符合要求等。

2. 塑料制品的外观鉴别

从各种塑料的外观特征如色泽、透明度、光滑性、手感、表面硬度、敲击声及将其放入沸水中和放入水中等来区分和判断塑料种类。各种塑料的外观特征分述如下。

（1）聚酰胺。表面光滑坚韧，色泽淡黄，敲击时无清脆声。

（2）酚醛。表面坚硬，清脆易碎，断面结构松散，多为黑色、棕色的不透明体，敲击时发出木板的沉闷声，俗称电木。

（3）脲醛。表面坚硬，清脆易碎，断面结构紧密，大多为浅色半透明体，并有玉石之感，俗称电玉。

（4）密胺。外观手感似瓷器，表面坚硬光滑，断面结构紧密，沸水中不软化。

（5）硝酸纤维素。富有弹性，用柔软物摩擦表面能产生樟脑气味。

3. 塑料的燃烧鉴别

不同塑料燃烧时，会产生不同的化学反应，表现出不同的反应状态：有的熔融，有的产生浓烟，有的会发出强烈的气味等。根据不同塑料的燃烧特性，可以进行塑料种类的鉴别。此法具有简单迅速的特点，但需选取小块试样。各种常见塑料的燃烧特征如表 8-7 所示。

表 8-7 各种常见塑料的燃烧特征

塑料名称	燃烧难易	离火后是否自熄	火焰的特点	塑料的变化状态	气 味
聚氯乙烯	难	离火即灭	黄色、下端绿色，有白烟	软化	刺激性酸味
聚乙烯	易	继续燃烧	上端黄色、下端蓝色	熔融、滴落	与燃烧蜡烛的气味相似
聚丙烯	易	继续燃烧	上端黄色、底部蓝色，有少量黑烟	熔融、滴落膨胀	石油味
聚苯乙烯	易	继续燃烧	橙黄色，有浓黑烟	融化、起泡	特殊臭味
有机玻璃	易	继续燃烧	浅蓝色、顶端白色	融化、起泡	有水果香味
尼龙	缓慢燃烧	慢慢熄灭	蓝色、顶端黄色	熔融、滴落	特殊羊毛、指甲烧焦味
硝酸纤维素	极易	继续燃烧	黄色	迅速完全燃烧	无味
电木	难	熄灭	黄色火焰	颜色变深，有裂纹	木材和酚味
电玉	较难	熄灭	黄色、顶端蓝色	膨胀，有裂纹，燃烧处变白	特殊的甲醛刺激气味

用燃烧法进行塑料检验时，必须采用无烟火焰。检验时用镊子夹小块塑料，放在火焰中燃烧，然后离开火源，仔细观察塑料在燃烧过程中的各种状态和气味，进行检验。

相关链接 8-2

揭秘塑料瓶底数字的真实含义

很多塑料容器都有一个身份证“三角形符号”（见图 8-8），三角形里边有 1～7 的数字，每个编号代表一种塑料容器，它们的制作材料不同，使用禁忌上也存在不同。

图 8-8 塑料容器的"身份证"

（1）PET（聚对苯二甲酸乙二醇脂）。常见的有矿泉水瓶、碳酸饮料瓶等。耐热至70℃易变形，有对人体有害的物质融出。1号塑料品用了10个月后，可能释放出致癌物DEHP。不能放在汽车内晒太阳；不要装酒、油等物质。

（2）HDPE（高密度聚乙烯）。常见的有白色药瓶、清洁用品、沐浴产品。2号塑料品不要作为水杯，或者用作储物容器装其他物品。难清洁，不要循环使用。

（3）PVC（聚氯乙烯）。常见的有雨衣、建材、塑料膜、塑料盒等。3号塑料品可塑性优良，价钱便宜，故使用很普遍，只能耐热81℃，高温时容易有不好的物质产生，很少被用作食品包装。难清洗易残留，不要循环使用。若装饮品不要购买。

（4）LDPE（聚乙烯）。常见的有保鲜膜、塑料膜等 。4号塑料品高温时有有害物质产生，有毒物随食物进入人体后，可能引起乳腺癌、新生儿先天缺陷等疾病。保鲜膜别进微波炉。

（5）PP（聚丙烯）。常见的有豆浆瓶、优酪乳瓶、果汁饮料瓶、微波炉餐盒。5号塑料品熔点高达167℃，是唯一可以放进微波炉的塑料盒，可在小心清洁后重复使用。需要注意，有些微波炉餐盒，盒体以5号PP制造，但盒盖却以1号PET制造，由于PET不能抵受高温，故不能与盒体一并放进微波炉。

（6）PS（聚苯乙烯）。常见的有碗装泡面盒、快餐盒。6号塑料品不能放进微波炉中，以免因温度过高而释放出化学物，装酸（如柳橙汁）、碱性物质后，会分解出致癌物质。避免用快餐盒打包滚烫的食物。别用微波炉煮碗装方便面。

（7）PC其他类。常见的有水壶、太空杯、奶瓶。百货公司常用这样材质的水杯当赠品。该类塑料品很容易释放出有毒的物质双酚A，对人体有害。使用时不要加热，不要在阳光下直晒。

以上最有毒的是3、6和7号。如果在瓶底上出现这三个数字，千万不要喝这些饮料。

［资料来源 《揭秘塑料瓶底数字的真实含义》，《中国质量报》，2011年7月8日］

8.3 皮鞋

皮鞋是用猪皮、牛皮、羊皮、马皮或合成革等主要材料做鞋帮，以皮革、橡胶、塑料等材料做鞋底，鞋底与鞋帮采用模压、硫化、胶粘、线缝和注压等工艺加工制成的鞋类。皮鞋在鞋类产品中属于比较高档的商品，不但要求穿着舒适，而且要求造型美观。皮鞋的帮样结构、花色品种、款式等都随着年龄、性别和季节的不同而变化。

8.3.1 皮革的种类及特点

1. 皮革的种类

皮革的种类很多，按原皮种类可分为牛皮革、猪皮革、羊皮革、马皮革、麂皮革等；按整饰加工可分为正面革、绒面革、修面革、多脂革等；按皮革用途分为鞋面革、服装革、箱包革、沙发革、皮带革，以及工业革、装具革等。每类中又可细分为小类，如鞋用革又分为鞋面革、鞋底革、鞋里革、内底革、沿条革等。

2. 皮革的性能特点

皮革与纺织品及橡胶、塑料比，有以下优点。

（1）具有良好的耐热性和耐寒性。皮革制品一般在60℃以上的热水中才会收缩，有些革甚至在沸水中也不收缩，热至 120℃～160℃时也不变形；在冰雪严寒的冬天，甚至在–50℃～–60℃时，仍保持一定的柔软性和坚固性。

（2）具有较高的机械强度。其耐磨强度、抗张强度、拉伸强度和耐折度等在一定的程度上都比橡胶、塑料好；其延伸性和变形性都好于橡胶、塑料。

（3）由于皮革属于多孔性的变性物质，因此具有保温性、透气性、透湿性和卫生性。

（4）皮革具有很好的着色能力，因此它具有鲜艳的颜色和很好的光泽。

皮革的主要缺点是耐水性差。因为皮革里填充着可溶性物质，当这些可溶性物质遇到水，就会被水溶出来，这样皮革就变得疏松而不耐磨，也容易破裂。此外，皮革的耐酸碱能力较差。又由于皮革的原料主要来源于动物皮，价格也较贵。

3. 鞋用革的外观质量要求

（1）鞋面革。要求有一定的延伸性和可塑性，革身柔软、丰满、有弹性；穿用时，鞋面要受反复的拉伸、曲折作用，要求有耐拉伸、耐曲折、耐碰擦的性能，不易断裂；为穿用时舒适，要求有良好的耐水性、透气性和透水汽性。

（2）鞋底革。外底革要求耐磨性能特别好，抗压缩和耐弯曲变形能力强，身骨好，吸水性小，受潮干燥后变形小，革面平整光滑细致，不裂面，无龟纹，颜色均匀一致；软底革则要求厚度均匀一致，不应有发脆、僵硬、延伸过大、不牢等缺点；内底革要求耐汗性和耐温热稳定性好。

（3）鞋里革。要求平整细致，质地薄而柔软，略有光亮，不能喷染溶于水的色料。

8.3.2 皮鞋的结构

皮鞋是由鞋帮和鞋底两部分构成的，下面以包头式皮鞋为例，看看它的结构（见图 8-9）。

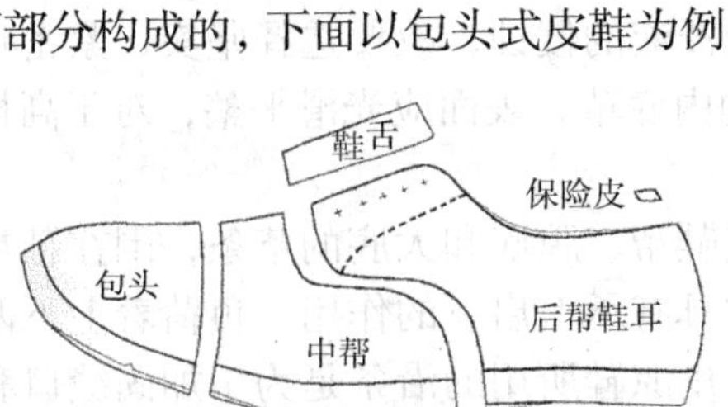

图 8-9　包头式皮鞋的结构

1. 鞋帮

皮鞋鞋帮的式样变化最多，各式各样的皮鞋区别也就在鞋帮的式样、结构的不同。鞋帮一般包括包头、中帮和后帮三个部分，包头与中帮又合称为前帮。

（1）包头。包头即鞋尖部位，是皮鞋最显露的部位。包头的作用是保护脚趾不受外物碰撞。为了使皮鞋美观耐用，包头部位用革应选择表面平整、无伤残、色泽光亮、厚薄均匀、结构紧密挺括的面革制成。包头的内层垫有一层较硬的内包头，使鞋头保持固定形状，内包头是用硬革裁切成的；内包头里层垫有柔软的衬革或衬布，以防硬革摩擦脚。

（2）中帮。中帮也称前帮，是皮鞋的主要部分。要受体重的撑压和反复的伸曲作用，是鞋帮承受外力最大的部分。中帮所用革要求柔软密致，机械强度（耐折和拉伸）高、延伸性好，不应有伤残和裂痕。

（3）后帮。后帮由内外侧两块皮革缝合而成。后帮的作用是端正托住脚后跟，后帮不负荷过大的压力，穿用时也不显露（尤其内侧后帮更不显露）。后帮应使用面革质量较次的部位，厚度可薄于前帮。后帮里层沿脚后两侧垫有用硬革切制的重跟，用以托住脚后跟，保持后帮的形状，又保证后帮不被脚跟磨坏；最里层是后帮里子，此部位要经常摩擦，须使用较密致的鞋里革；两块后帮结缝的革条称为保险皮，保险皮需要承受较大的张力，革料质量应高于后帮。鞋眼部位的下方垫有柔软的革片——革舌，用以垫隔鞋眼和鞋帮对脚面的摩擦和硬压作用，可使用松软的面革。

2. 鞋底

鞋底由大底、膛底、沿条、鞋跟、垫心和勾心等部分组成。女鞋鞋底有平跟、半高跟和高跟之分，一般30毫米左右为低跟，60毫米为中跟，超过60毫米为高跟。

（1）大底。大底也叫外底，是鞋直接与地面接触部位，是皮鞋的主要组成部分。穿用时，需反复承受重压、弯曲、摩擦作用。由于大底与地面直接接触，常有潮湿和干燥的变化，所以要求大底选用结构紧密、质地坚实、耐摩擦的革作为原料。一般要求男鞋大底厚度在3.5毫米以上，女鞋大底在3毫米左右。厚底靴鞋常在大底前部加前撑，对前撑的要求与大底相同。装有前撑大底的靴鞋，其外底仅起衬托的作用，并不与地面接触，故对其质量要求可适当降低。用作皮鞋大底和前撑大底的原料有皮革、橡胶、塑料等。有关研究表明，鞋子每减轻1克，相对人体背部负荷减轻6克。因此，近些年来橡塑鞋底以其轻便、耐磨、弹性好而深受人们青睐。

（2）膛底。膛底也叫内底。它是鞋底的最上层，即与脚掌直接接触部位。它的作用是保持皮鞋内部固定的底形，使脚掌接触在一个平整舒适的底面上。膛底承受着体重压力和行走时的弯曲作用，经常受汗液的侵蚀，故要选择坚实、紧密且有一定透气性的原料。一般选用厚度为3毫米左右的内底革，表面应光滑平整，对于高档皮鞋尚须在膛底表面加上一层柔软鞋垫。

（3）沿条。沿条是连接鞋帮、膛底和大底的革条，围在鞋帮的外沿，沿条的上层是膛底和鞋帮，下层是大底。它具有承上启下的作用，负荷着上下两层的作用力，故需使用坚实的底革或沿条革来裁切。皮凉鞋所用的沿条是为了加固缝口和装饰边沿，可采用较次的革料；单底鞋不用沿条，大底与鞋帮和膛底直接缝合。

（4）鞋跟。一般男鞋、女鞋的平跟或半高跟均由多层皮组成（由多层跟里皮和跟面皮构成）。跟里皮是用零碎的底革拼成，跟面皮要求与大底料相同。高跟鞋的鞋跟采用木制和塑料制，表面用皮革包裹，下面钉有跟皮。

鞋跟是承受人体压力最大的部位，不但在走路时受到很大摩擦力，而且在人体转动时也将受到最大的摩擦作用。鞋跟在全鞋中的作用是使体重均匀地分布在鞋底上，达到站时平稳、行走时舒适的效果。因此，要求鞋跟要高矮一致，平稳匀称。对于高跟鞋的鞋跟要求用钉使其与底部钉牢。

（5）垫心。在膛底与大底之间存在空隙，垫心是填充在空隙之间的材料，常用纸板或棉花碎料作为垫心的原料。垫心料要求柔软而有弹性，耐弯曲并有吸湿性，其作用是增加弹性。

（6）勾心。勾心是指用来支撑鞋底弓形部位的材料（见图 8-10）。要求有较高的硬性和弹性，常用的有钢勾心、铁勾心和竹勾心。铁勾心要求镀刷防锈物。钢勾心一般用 65 号锰钢制作，硬度和弹性极值非常理想，结构合理，重量轻，并且符合制鞋工业标准化、系列化的要求。钢勾心在制鞋机械化装配工艺操作中和穿着过程中不会断裂，也不会产生永久性变形，是理想的标准化鞋部件。

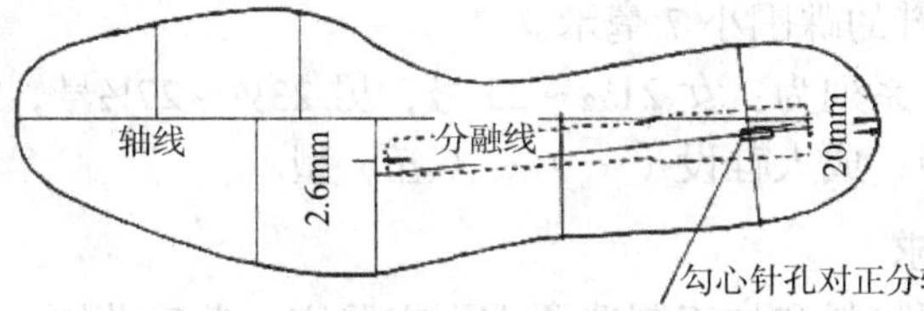

图 8-10 皮鞋勾心

8.3.3 皮鞋的分类、品种、号型与质量要求

1. 皮鞋的种类

皮鞋的花色品种繁多，分类方法很多，常见的有以下几种。按穿用对象可分为小童鞋（13 ~ 16 号）、中童鞋（16½ ~ 19½号）、大童鞋（20 ~ 23 号）、女鞋（21½ ~ 25 号）、男鞋（23½ ~ 30 号）；按用途可分为皮单鞋、皮凉鞋、皮棉鞋、皮单靴、皮棉靴、皮马靴、运动鞋、劳动保护鞋等；按式样可分为高帮鞋、低帮鞋、坡跟鞋、厚底鞋等；按帮面原料可分为牛皮鞋、羊皮鞋、猪皮鞋、合成革鞋等；按加工成型方法可分为黏胶皮鞋、线缝皮鞋等。

2. 皮鞋的品种

（1）牛皮鞋。以牛皮为面革做成的各种皮鞋的统称。其特点是：鞋面光亮、平滑，质地丰满、细腻、坚实，手感硬而有弹性，毛孔细圆而均匀，外观平坦而柔润。牛皮又有黄牛皮、水牛皮之分，水牛皮不如黄牛皮丰满细致。鞋的大底有成型橡塑底和水牛皮底等多种，成型橡塑底多采用黏合剂黏合而成，水牛革底多采用线缝法成型。

（2）猪皮鞋。以猪皮为革面制成的各种皮鞋。猪皮光面鞋外观效应不好，粒面粗糙，耐水性能差，吸水后易膨胀变形。但由于皮纤维粗壮、坚韧，故耐磨强度好，透气性好。为了改变其粒面的缺点，进行了猪皮粒面的美化工作，改变了外观效应，成品鞋质量有很大提高，已成为颇受欢迎的皮鞋之一。

（3）羊皮鞋。羊皮鞋主要以山羊革为主要原料，厚度为 0.4 ~ 0.6 毫米，质地柔软，伸缩性好，穿着舒适方便，可染成各种鲜艳的颜色，并且不易退色。但其强度低，牢度差。羊皮有山羊皮和绵羊皮之分，山羊皮质地和粒面不如绵羊皮柔软细致，但成革坚实，强度较大。

（4）麂皮绒面皮鞋。麂皮绒面皮革是各种绒面鞋中质量较好的一种，麂皮由于皮面粗糙，斑痕较多，所以不宜制成正面革，多用于制作绒面革。其厚度约为 0.5～1.2 毫米，纤维组织细密而柔软，弹性、强度、韧性、耐磨等性质都比羊皮革好。外观效果好，绒面细腻而有光泽。

绒面皮鞋中还有绒面牛皮鞋、绒面猪皮鞋和绒面羊皮鞋等。在鞋面革中还有人造革、合成革等。

3. 皮鞋的号型系列

鞋号和型号是表示鞋子大小和肥瘦的一种特征。

全国统一鞋号以脚型作为制定鞋的基础，包括号和型两个数据。鞋的长度以“号”来表示，单位为厘米，一厘米为一号，半厘米为半号，如 23、23½、24、24½等。

鞋的肥瘦以“型”来表示，肥瘦以跖围的大小为标准。分 1～5 型，表示为（一）、（二）、（三）、（四）、（五）。其中，（一）型最瘦，（五）型最肥。型间距为 7 毫米，例如，22 号（一）型鞋比 22 号（二）型鞋的跖围小 7 毫米。

我国成年男女皮鞋系列为：女 21½～25 号，男 23½～27½号，28～30 号为特号鞋。童鞋设（一）～（三）型，成人鞋设（一）～（五）型。

4. 皮鞋的质量要求

皮鞋的质量须从原材料和加工制造两方面来鉴定。鉴定范围一般是从外观来检查，缝结强度、耐压强度等物理机械指标只用于特定的条件。皮鞋的质量应符合穿着舒适、外表美观、坚固耐久三方面的要求，各级皮鞋应有其相适应的质量。

对于鞋帮的主要要求是：前帮不能有明显的伤痕，包头应细致光亮，颜色一致；后帮的非显露部位可允许有轻微伤残，但不能有裂面、掉浆脱色等缺陷；跟型要有似鹅蛋形的弯势，后帮高低适当，不卡痛踝骨；鞋里应无皱褶、明伤、油污；鞋跟的距离相等，左右均匀对称，无破裂不平现象；主跟和内包头需要下部坚硬，上部柔软而有弹性。

对于鞋底的主要要求是：膛底无露线或露钉尖等现象；沿条平整，宽均匀；大底无裂面或其他明伤，槽口整齐，无破裂露线等缺点；鞋跟平整，高度一致；大底、沿条、鞋跟的厚度都必须符合规定。此外，缝线均匀整齐，针码符合标准，每双鞋的左右两只应具有相同的质量。

8.3.4 皮鞋的选购与保养

1. 皮鞋的选购

（1）造型优美。皮鞋的跟型和皮鞋的整体造型要好看。随着国内外流行式样的变化，皮鞋不断推陈出新，选购时应挑选线条舒展、造型具有立体感、式样新颖、色彩雅致的鞋。皮鞋的色泽多样，挑选时要注意与自己的服饰整体协调。例如，粗花呢服装应同印花皮鞋搭配，条绒服装应和绒面革皮鞋搭配，毛料服装和牛皮鞋搭配等。

（2）要适合脚型。皮鞋楦的肥瘦分一型半、二型、二型半、三型、三型半、四型、五型。一般男鞋是肥型的，女鞋是瘦型的。皮鞋跟的具体尺寸很多，常见的有平跟、坡跟、酒杯跟、调羹跟、中跟、中高跟、粗跟、高跟等。选购时，一定要经过试穿，还应注意预防高跟鞋综合征、松糕鞋综合征等。

（3）选择尺码时宜宽不宜紧。如脚长 25 厘米，则宜选择 26 厘米的鞋（特别是尖头皮鞋），否则脚趾会轧痛，走路也不方便。

（4）规格质量。皮鞋上一般有 5 种标记。① 尺码，是标明皮鞋长度的。② 编号，同双编号一致，防止错对。③ 型号，是标明鞋楦肥瘦的。④ 产品等级和检验工号，一般用同一个戳号。产品等级有一级、二级，也有标正品、副品，它说明产品质量的不同和价格的区别。检验工号是检验员的代号。⑤ 商标，是商品的标记和信誉的象征，同时也是质量的承诺。这 5 种标记各有重要作用。

2. 皮革的外观特征

（1）猪皮革。表面毛孔圆而粗大，毛孔以倾斜方向伸入革内，而且每三个毛孔排列成一组，呈品字形，每组相隔较远，革面比较粗糙，成革机械强度较高。

（2）黄牛皮。表面毛孔细小而呈圆形，分布均匀而紧密，但排列不规则，好像满天星斗，革面丰满细致，手感坚实而富有弹性，毛也较直地伸向里面。

（3）水牛皮。表面毛孔比黄牛皮粗大而稀少，革面较松弛，成革粒面比黄牛皮粗糙，但成革机械强度大。

（4）山羊皮。表面毛孔清楚，呈扁平圆形，革面细致，纤维紧密，粒纹是在半圆形的弧上排列 2～4 个针毛，周围有大量的细绒毛孔，形成有形粒纹，成革坚实，强度较大。

（5）绵羊皮革。革面较松，毛孔细小，呈扁圆形，由几个毛孔构成一组，排成长列，似鱼鳞形或锯齿形，分布均匀，手感柔软，但坚牢度不如山羊皮。

（6）马皮革。表面毛孔不明显，仔细观看时能发现椭圆形，比牛皮毛孔略大，有规律地排列呈山脉形状，革面较为细致、柔软，但色泽昏暗，不如牛皮光亮。

（7）再生革。再生革是将皮渣、皮纤维磨碎，经高压用黏合剂黏合，形成片状，然后经片机片到需要厚度，再进行涂饰，使它具有一定皮革特性的革。其特征为：粒面经修饰，然后压上花纹，花纹种类为牛、羊、猪皮等，但花纹无毛孔眼，花纹浮在皮表层上，表面光泽亮，塑料感强。

（8）人造革。人造革是在布底基上涂饰聚氯乙烯树脂，经处理成的革。其特征为：质地柔软，富有弹性，不易燃烧，耐热温度低，透气性差，遇低温发硬，塑料感强，光泽亮，冬天摸有冷凉感。

（9）合成革。合成革是在布底基上涂饰聚氨酯微孔弹性体生成的复合材料。其特征为：表面硬度高，机械强度、耐磨性、弹性等都优于人造革，透气性接近天然皮革，低温下质地同样柔软，塑料感强，光泽亮，各部位纹理规则一致。

3. 皮鞋的保养

（1）防潮湿。皮革含水量 16%～18%，在正常温度条件下能保持平衡。当湿度增高时，皮革将吸收水分，水分过大就容易发霉。不仅表面产生难以消除的霉斑，革质强度也会降低。因此，保管皮鞋首先注重防潮，存放和陈列的地方要干燥通风，离地面和砖墙远些。

（2）防热。皮革除含有一定量的水分外，还需含有一定量的油脂，以保持其柔软和光泽。若保管环境温度过高，皮革水分蒸发，革面纤维干枯发脆，可能出现裂面和变形的现象；若积热不散，又将引起油脂的分解变质，降低皮革的强度和韧性，同时也易引起橡胶和塑料配件的老化。所以，保管和陈列的皮鞋，不应受日光照射；不应靠近炉火、暖气管、电热器具等。

（3）防酸碱。皮革接触到带有酸碱性的物质，会由于腐蚀作用而使皮面产生裂纹、折断，降低韧性和弹性，因此不能和肥皂、碱面、化工原料及一些副食品等放在一起。

（4）防虫蛀和鼠咬。皮革本身含有动物蛋白质纤维和油脂成分，很容易被虫蛀或鼠咬，保管皮鞋必须注意防虫防鼠。

（5）防尘。尘埃落附在鞋面上能吸去表面层油脂，使革面变得粗糙和僵硬。当油脂含量降低后，皮革表面更易吸潮发霉，保管时必须注意保持皮鞋的洁净。

（6）防挤压。皮鞋不可挤压，以免变形走样。不能受硬物摩擦，堆码时也不能过高，防止重压变形。

总之，皮鞋应妥善存放，对库房的要求是：阴凉、干燥和密封，库内温度以不超过30℃为宜，相对湿度宜保持在 50%～80%。为了防止发霉，可在皮鞋表面喷刷防霉剂；为防止生虫，应加放樟脑丸等。

8.4 照相机

现代社会，照相机已被应用到各个领域，不仅用来拍摄人像和风景、新闻图片，从事摄影艺术创造；还能通过人造卫星，把宇宙间和地球上的实况拍摄下来；通过显微镜，拍摄到肉眼看不到的微生物；能将海底的情景真实地记录下来；能翻拍各种图案、文物资料和实物；也是公安司法部门用来侦破案件、采取罪证的一种重要手段，是国防现代化的重要仪器设备之一。

8.4.1 光学照相机的工作原理

照相机的照相原理和人眼看景物的道理差不多，主要是利用了凸镜成像原理（见图8-11）。照相机的前部有镜头，相当于一个凸透镜，后部有底片，能记录摄像，照相机拍摄景物的时候，景物的生成通过镜头会聚到底片上，形成缩小的倒立实像，经过冲洗和印相就得到了相对应的照片。由于景物千变万化，有亮有暗、有远有近，因此照相机除了镜头和底片外，还需其他的调节、控制等装置。

图 8-11 照相机的成像原理

8.4.2 光学照相机的结构

光学照相机由镜头、光圈、快门、取景器、测距器、卷片、机身（暗箱）等主要部件构成。图 8-12 为凤凰 205E 照相机。

图 8-12 凤凰 205E 照相机

1. 镜头

镜头的作用是通过光线把景物集结成影像并投射到感光片上，使感光片接受清晰的影像，它的好坏直接决定了照相机的性能。

最早的镜头是由单片凸透镜制成的，也叫新月形镜头，现在最简单的低级照相机上，偶尔也会使用这种镜头。这种镜头镜面直径很小，光线强时曝光太多，光线暗时曝光不足，另外还存有光学上的几种误差，像的中间和四周不能同时清晰，像也会变形。为了克服这些缺点，又发明了一种灭色镜头，由一片凸透镜和一片凹透镜组合在一起，也称消色镜头，它的色散差已得到较好的纠正，适合拍摄风景，也叫风景头，但成像质量不理想。现在，除装在普及型低级照相机的镜头外，其他镜头都由多片多组的不同材料制成，并在每一块与空气接触的镜面上，加上一层紫色、米黄色或深蓝色的增透膜，因而大大降低了光线的干扰和反射，使通光量增加。镜头的相对口径也在朝着较大的方向发展，各种光学误差已较小，但也越来越复杂了。

照相机镜头上有两个很重要的参数，一个是镜头焦距，另一个是镜头的有效口径。

（1）镜头焦距。镜头焦距是镜头焦点到镜头中心的距离，用 f 表示。不同用途的照相机，镜头焦距差别很大。一般按焦距长短可分成标准镜头、远摄镜头和广角镜头 3 种。标准镜头是指镜头焦距和所用底片对角线长度大体相等的镜头。对于 135 相机，f 在 40～58 毫米的都算标准镜头；对于 120 相机，f 在 75～85 毫米的都算标准镜头。使用标准镜头拍摄的照片，符合人们的视觉习惯，看起来比较舒服，所以一般都采用标准镜头。远摄镜头是指镜头焦距比所用底片对角线长的镜头。135 相机中 f 大于 58 毫米，120 相机中 f 大于 85 毫米的都算远摄镜头。在同一地方拍摄同一个物体，使用远摄镜头所得的像比标准镜头大。广角镜头是镜头焦距比所用底片对角线短的镜头。对于 135 相机，f 小于 40 毫米，对于 120 相机，f 小于 75 毫米的都算广角镜头。广角镜头拍摄到的角度范围大，标准镜头的视角大约为 53°，而广角镜头在 75°～110°。在同一个地方拍摄景物，使用广角镜头拍摄的景物范围比标准镜头宽。

（2）镜头的有效口径。有效口径是用来表示镜头最大通光量的，即镜头通过光线的能力，一般用镜头口径同镜头焦距之比表示：

$$镜头的有效口径=\frac{镜头口径}{镜头焦距}$$

照相机镜头边框上都刻有有效口径的比值，有效口径越大越好，如 1∶2.8 的就比 1∶3.5 的好。有效口径大的镜头能够拍摄比较暗的景物。

2. 光圈

为了调节通光量的多少，在镜中间装一个虹膜式的可以收缩的光孔，这个调控装置叫作光圈。光圈能调节镜头的景深范围，光圈缩小，景深延长；光圈放大，景深缩短。景深就是景物前后的清晰范围，因此光圈对摄影有很重要的作用。光圈值的刻度，就是各级光孔口径通光量多少相比较的数据，每一级光圈的通光量恰好相差一倍，它们有几种不同的排列。我国生产的相机的排列顺序是 1、1.4、2、2.8、4、5.6、8、11、16、22、32，数字越大，光圈越小。光圈口径是可以连续改变的，光圈一般是用 5 片或 5 片以上的薄钢组成的，中心随着差拨杆放大或缩小。光圈的调节收缩，有手动收缩、半自动收缩和全自动收缩 3 种形式。

3. 快门

快门是控制曝光时间的装置，快门开启的时间以秒为单位，一般设有慢至 1 秒、快至 1/1 000 秒等多级速度，按照相差 50%的序列递减，以适应各种拍摄情况的需要。此外，还有两个手控曝光时间标记——B 门和 T 门。B 门是手按下快门打开，手抬起快门关闭；T 门是手按一次快门按钮快门打开，手抬起后仍不关闭，需要再一次按下快门按钮，快门才关闭。快门只能一挡一挡改变，千万不要把快门放在两挡之间使用，这样容易损坏快门。快门按构造不同，可分为机械快门和电子快门两大类。

4. 取景器

取景器是用以观看被摄景物范围的装置。从取景器中所看到的景物，一般都比底片上的略小，以保证所看到的景物完全可以拍出。

取景器有以下三种。① 框式取景器，由前后可以折叠的方形框架构成，通过方框直接取景。多装于最老式的相机上。② 光学平视取景器，它由取景窗口、目镜等构成。取景的时候，眼睛平视观察，观察到的景物上下左右都和实物相同，用来拍摄运动的物体很方便。③ 反射式取景器，有俯视和平视之分，它由镜头、毛玻璃和一块 45°角的反光镜共同构成。俯视反射式取景器观察物和实际景物上下一致，但左右相反，用来拍摄运动物体有一定困难；平视五棱镜反射式取景器所观察到的景物和实际景物上下左右都一致，并且无论换用何种焦距镜头，在取景器中所看的景物和拍摄的景物范围，基本上保持一致。单镜头反光照相机基本上采用这种取景器。

5. 测距器

在拍摄各种景物时，应根据被摄物体的远近，随时调整照相机镜头的焦距，保证感光片上能获得清晰的影像。照相机上的这种装置就是测距器，也叫调焦器。

调焦器有固定式、目测式、光测式等。现在采用的基本上是光测式，常见的有重影式、截影式、俯视反光式、平视五棱镜反光式和自动式等。重影式是以虚实重叠或分离为依据；截影式是以两截景物合成一个整体为准；俯视和平视五棱镜反光式以景物在磨砂玻璃上成像清晰为完成调焦过程；自动式是利用电子技术进行自动调焦，操作简便。

6. 卷片和机身

卷片结构从外表看，有旋钮、扳手、摇柄、发条和电动机等几种形式。在构造上，主要分为机械卷片和电动卷片两类。机械卷片有红窗计数、自动停片和自动计数、发条卷片三种结构。电动卷片为自动输片，有内藏和外配两种款式。

机身是照相机的主体，有了它才能装置其他机件。机身又起到暗箱的作用，制造机身的材料有胶木、塑料、金属等。

8.4.3 光学照相机的分类品种与选用

1. 光学照相机的分类品种

（1）135 帘幕快门照相机。体积小，镜头口径大，速度快，拍片多，能更换镜头，经久耐用，在 20 世纪 30～50 年代深受人们喜爱。主要品种有国产的上海牌 58—Ⅰ型、红旗Ⅱ型及进口莱卡、康太克斯等。由于这种照相机校正视差能力差，操作麻烦，现在已基本被 135 单镜头反光照相机取代。

（2）120 双镜反光照相机。它的特征是有两个镜头，上镜头取景，下镜头拍摄景物。拍照时测距取景容易掌握，取景框内看到的景物与实拍照片画面相同，深受广大摄影爱好者欢迎。主要品种有国产的海鸥 4 型系列、珠江 4 型、牡丹 2 型及进口的雅西卡 124、禄来等。

（3）135 平视取景照相机。它的特点是小型轻便，自动决定曝光参数，有各种曝光方式。有的还把微型闪光灯组装在照相机内成为一体，并能自动记录拍摄日期，是一种适合业余摄影爱好者使用的中低档相机，主要品种有国产凤凰 205、东方 S_2、长城 S_2-1、西湖 PT-4 及进口的柯达 35、阿克斯等。

（4）单镜头反光照相机。有 135 和 120 两种，是一种适合专业和业余摄影者使用的较高级照相机。其性能优越，设备齐全，自动化程度高，能适合各种复杂场合摄影的需要，使用较为方便。主要品种有国产的海鸥 DF 型、凤凰 MD 型、孔雀 DF 型、珠江 201 型及进口的佳能、尼康、美能达、富士、理光、宾得、亚西卡等。120 的性能特点与 135 相近似，只是它使用的胶卷和拍摄的底片稍大一些。由于体积大、价格高，其品种、产量和使用面等均没有 135 广泛。主要品种有哈斯、布朗尼卡、禄来、玛来雅等。

（5）傻瓜照相机。这种相机只需按快门，一切不用调，使用极为简便。低档机多采用简易型设计，快门速度固定，光圈固定或仅有两三档可调，固定焦距，结构简单，价格低廉；中档机多有电子程序快门，目测区域调焦，手动或电动卷片；高档机同时具有自动曝光、自动调焦和自动输倒片功能，使用方便，价格稍高；超级机在上述基础上又增加了双焦（如 30 毫米与 80 毫米）或变焦（135～70 毫米）功能，结构复杂，价格昂贵。柯尼卡 EEP、POP，玛米亚 M 为低档机，柯尼卡 EFS、美能达 SD 属中档相机；理光 XF-30 属中高档相机；尼康 L35AF、PA 是较高档的相机。国产的百花 EF、甘光、凤凰、海鸥等属中低档机。

2. 光学照相机的质量检查

（1）检查外观。外观应具有以下几个特征。

1）照相机的外表没有裂缝、没有划伤。

2）电镀表面无泛黄、剥落的现象。

3）镜头与机身联结紧密无松动。

（2）检查镜头。打开后盖，按下B门，光圈开到最大一档，镜头对着光亮外，即可检查镜头。检查以下内容。

1）镜头表面是否有划伤，镜头边缘是否有破碎现象。

2）镜头是否有尘埃和金属屑。

3）镜头是否有丝状物霉菌。

4）镜头是否有气泡。假如在中心部位有较大气泡是不允许的，若气泡在镜头边缘也可以选购。

5）镜片是否明显脱胶与有水泡。

6）观察最小两挡光圈是否有区别，没有区别是不符合要求的。

7）光圈叶片是否有锈斑和油渍。

8）逐级拨动光圈，检查各挡光圈收缩的形状是否一致，严重不规则的会影响光圈值的正确性。

9）光圈的调节环、调焦环和变焦环等，手感量是否均匀。

（3）检查快门。可以从几个方面检查。

1）释放快门时，声音要清脆，铿锵有力。

2）低速度快门如1、1/2、1/4、1/8挡，凭听觉检查它们有无明显差别，后一挡时间是前一挡时间的一半。

3）检查B门的好坏，因它影响高速度快门的稳定。按下B门，听到轻快的齿轮声为正确。

（4）检查自拍机装置。正常的自拍机装置，使用时运转声音清脆，频率稳定，自拍延长时间为8～12秒。自拍机刚开始运行时，快门叶片不应打开。

（5）检查调焦装置。磨砂玻璃或五棱镜反光式调焦装置，拨至无限远标志，无限远处的景物必须清晰。重影式调焦装置，双影必须明显，调至无限远时，上下左右必须重叠。检查近距离调焦时，可以用尺测量验证。

（6）检查闪光同步。先将闪光灯的同步连线接在照相机上或者接入插触点，将闪光灯充电，把光圈开到最大；打开后盖，闪光灯和照相机都对着白墙；透过镜头观看，再按下快门钮；闪光灯闪亮，快门开启时，看见闪光灯反射光入镜头，说明快门与闪光是同步的。

（7）检查计数器。观察计数器在卷片时，是否变动数字。打开后盖时，应自动复零。

（8）检查电子自动装置。装上电池，观察各种自动功能是否有效、可靠。

3. 使用与保养

照相机是由光学、机械、电子等部件构成的比较精密的摄影工具，它的种类繁多，造型各异。即使同一品牌的照相机，若型号不同，其使用方法也不同。在照相机的使用过程中，首先要仔细阅读产品说明书，熟悉所用照相机的性能，掌握正确的使用方法。要了解怎样打开和关紧底盖，怎样装卷、卷片、倒片，了解光圈、快门、自拍机、调焦装置、取景装置、景深表的位置和调节方法，并要实际操作一下。看看各种装置是否正常，然后装上胶卷，进行取景，定光圈和快门、调焦距、按快门、卷片，最后取出胶卷，及时冲洗。对于装有电子装置的照相机，装上胶卷后，要根据胶卷的感光度调定好片速调节装置，注意弄清曝光系统是快门先决式、光圈先决式，还是程序式自动曝光或多功能式。及时更换新电池，长时间不用的照相机，应将电池取下。对于外接闪光灯的相机，要特别注意配套，不要随便使用其他闪光灯，不然会烧坏相机。

镜头的镀膜和镜片质地较嫩，极易损伤，要注意不要碰撞镜头，尽量防止镜头污染。不拍时，随手盖上镜头盖，不要让镜头暴冷暴热，防止镜头发霉。使用推拉式变焦镜头或转动式变焦镜头，不要用擦镜头纸或脱脂棉擦拭镜头表面，不要用擦眼镜布、手帕、衣服等物擦拭镜头。镜头表面上的灰尘，可用橡皮吹气球或驼毛刷轻拂，不能用嘴吹。镜头表面的手印痕、浊污，先用吹气球吹，再用脱脂棉沾微量乙醇、乙醚混合液轻擦，最后用未沾溶液的脱脂棉擦去余迹。整机的保养要注意避免摩擦、碰撞和强烈震动，长时间不用的照相机，应将相机与皮套分开保存。保存时，擦净相机，快门与自拍机释放，快门速度调到 B 门，光圈开到最大挡，计数器复零，电子照相机还须取出电池，最后把相机放在盛有干燥剂的玻璃器皿或塑料袋内密封好。还要注意，照相机不宜在高温和严寒下长期使用。

8.4.4 数码相机

1. 数码相机概述

数码相机是以电子存储设备作为摄像的记录载体，通过光学镜头，在光圈和快门的控制下，实现在电子感光设备上的曝光，完成被摄图像的记录。数码相机的结构形式和工作原理与光学相机差不多，主要差别在摄像记录和储存上，光学相机记录和储存在胶片上，数码相机以数码信息的形式记录和储存在存储器上。像素是数码相机的命根子，像素越高的数码相机，拍出来的照片清晰度越高。数码相机的像素一般在百万到几千万，主要品种有尼康、柯达、奥林巴斯、卡西欧、佳能、富士、三星等。用数码相机记录的影像，不需要进行复杂的暗房工作就可以非常方便地用相机的液晶显示屏、电视及个人计算机再现出来，也可通过打印机完成硬拷贝的输出。数码相机与传统相机各有特点，如果你想拍几张高质量的照片或做精美广告，那么最好还是选择传统相机；如果你想做新闻报道，拍些普通的生活照或想把照片插入网页中，就选择数码相机。

小思考 8-2

消费者都喜欢用数码相机，是因为数码相机比光学相机好吗？

2. 数码相机的分类

（1）按照分辨率分类。可分为普及型、专业型、高级型 3 种。

1）普及型。普及型数码相机的分辨率至少应为 640×480。这种分辨率的照片在电视或显示器上输出的效果还是不错的，用于制作因特网网页或家庭照片光盘也不成问题。

在其他功能上，普及型相机虽然不及其他两个档次，但仍具备了 LCD 显示屏和可插拔存储卡。如果只想利用数码相机记录画面，而不苛求画面质量，不需要打印输出的话，选择这类相机十分适合。

2）专业型。专业型数码相机的主要用户是新闻记者，超高分辨率是这类机型的首要标志，其CCD包含的像素数在百万级，分辨率至少在1 280×1 024之上，而其色彩深度应为24位或36位。

此外，这种相机将可互换镜头、先进的自动对焦和曝光系统、快速的数据存储、可选择的高容量存储卡等优势综合到一起，使其满足了专业要求。

3）高级型。这类数码相机主要针对一般商业用途和对画质要求较高的家庭用户。其CCD包含百万以上的像素，最高分辨率一般是1 280×1 024或1 024×768，而一些新型号则高达1 536× 1 024，这种等级的分辨率可以确保5英寸×7英寸（1英寸=2.54厘米）或更大的输出效果。

此外，它们具有自动对焦的光学镜头（许多型号还是变焦镜头）、清晰的LCD显示屏、灵活的存储卡，拍摄起来更像在使用一部高档傻瓜照相机，足以满足日常拍摄的需要。

（2）按照技术特点分类。可分为面阵CCD数码相机、线阵CCD数码相机、CMOS数码相机3种。

1）面阵CCD数码相机。面阵CCD数码相机是采用面阵CCD作为图像传感器的一种数码相机。它由并行浮点寄存器、串行浮点寄存器和信号输出放大器组成，三色矩阵排列分布，形成一个矩阵平面。拍摄影像时由大量传感器同时瞬间捕捉影像，且一次曝光完成。因此，这类数码相机拍摄速度快，对所拍摄景物及光照条件无特殊要求。面阵CCD数码相机所拍摄的景物范围很广，不论移动的还是静止的，都能拍摄。目前，绝大多数数码相机都属于面阵CCD数码相机。

2）线阵CCD数码相机。线阵CCD数码相机也称作扫描式数码相机。与面阵CCD数码相机不同，这种相机采用线阵CCD作为图像传感器。这类相机拍摄一般都由计算机进行控制，并且在曝光的同时，将所生成的文件数据实时地通过数据电缆传输到计算机的存储设备中进行存储。这种特殊的工作原理还使得其实际拍摄时曝光时间非常长，一般在十几分钟左右。当然，所拍摄的图像质量是最高的，这类相机通常只在专业领域中使用。由于其曝光时间过长，线阵CCD数码相机无法用来拍摄运动的景物，并且对光源的要求也十分苛刻。这也使得它的应用范围相当有限，一般只能用来拍摄连续光源的静止物体。

3）CMOS数码相机。CMOS数码相机采用CMOS作为图像传感器。CMOS实际上是一种互补金属氧化物半导体集成电路，它是近些年来发展起来的新型集成电路。CMOS有结构简单、成本低廉、耗能低和集成度高等特点，在CMOS中甚至可以把数码相机的其他功能集成进来，这些优点使得CMOS越来越被人们看好。虽然CMOS在清晰度方面还有差距，但由于CMOS制造成本较CCD相比降低了许多，所以CMOS数码相机的价格一般家庭都能够接受，加之其功耗小，非常适合普通家庭使用。

（3）按照储存能力分类。可分为联机型数码相机和脱机型数码相机两种。

1）联机型数码相机。联机型数码相机本身并不带有存储设备，这类相机在使用时必须与计算机相连，将计算机作为其存储设备，将所拍摄内容直接存储到计算机的存储设备中。这类相机设有RS-232串行数据接口，并附有与PC机和MAC机连接所需的并行、串行电缆。

2）脱机型数码相机。脱机型数码相机顾名思义就是相机自身带有存储器，使用时可以脱离计算机独立拍摄，目前市场上的数码相机基本上都属于这一类。这类相机由于所带的存储器方式不同，又可分为固化式和可移动式两种。

脱机型固化式数码相机的存储器是与数码相机固化在一起的，不能另外再接其他存储设备，也不能更换，这使得相机的存储能力受到很大的限制。一旦存储器空间被占满后只能先进行删除，再进行拍摄，因此这类相机不适合连续的大量拍摄。

另一种脱机型可移动式数码相机的存储形式是采用存储卡或其他可更换存储器作为存储设备，当存储设备存满后，可以像计算机的软盘一样随时更换。因此，只要有足够的存储卡，就可以进行任意的拍摄，不会有任何存储容量上的限制，这类数码相机是市场发展的方向。

此外，还可以根据取景器的特征分为单反型数码相机、双镜头数码相机和 LCD 取景相机；可以根据数码相机的操作程度将它们分成全自动数码相机、半自动数码相机和手动数码相机；可以根据组成结构分为集成式数码相机和非集成式数码相机；甚至还可以根据传输方式不同分为 USB 数码相机、PCI 数码相机和 PP 数码相机等。

3. 数码相机的选购

现在，电子产品更新换代很快，要想在众多琳琅满目的数码相机中选择一款既适用又不会很快被淘汰的数码相机，并非易事。所以，在购买前，可以从购买相机的目的、需要什么样的功能、使用的难易和经济承受能力等几个方面来考虑。

（1）像素与分辨率。像素和分辨率是选购数码相机时首先应注意的因素。在经济允许的情况下，像素当然是越高越好。因为数码相机分辨率的高低主要受像素多少的影响，而它又直接影响图像的清晰度。分辨率越高，所拍摄的图像质量就越好。

（2）存储能力。内置内存的容量当然越大越好。除了内置的内存之外，如果还有插入存储卡的扩展槽就更好了。使用可移动存储卡，不管使用的是全尺寸的 PC 卡还是微型卡，都可以很方便地扩展相机的图像存储能力，在将相机中的照片下载到计算机之前可以拍摄更多的图像。使用可移动存储卡对笔记本计算机用户来说尤为适合，这使得下载图像非常方便。

可根据拍摄的具体情况，合理选择存储器。如果偶尔拍摄少量景物，可使用内置式存储器；如果外出但并非大量拍摄，可使用一般容量的 CF 卡或 SM 卡；如果外出大量拍摄，可使用高容量的 CF 卡、PC 硬盘卡或 XD 卡。

（3）色彩深度。数码相机的色彩深度反映了其对色彩的分辨能力，它取决于“电子胶卷”的光电转换精度，用“位”来表示。色彩深度值越高，正确记录色彩的能力就越强，就越能真实地反映景物亮部和暗部的细节。通常，数码相机的色彩深度为 24 位或 36 位，即三原色中的每种原色的色彩深度都是 8 位或 12 位。目前几乎所有的数码相机的颜色深度都达到了 24 位，可以生成真彩的图像，某些高档数码相机已达到了 36 位。

（4）电池。电池是选择数码相机时易忽略的问题，实际上这却是非常重要的。在数码相机的运作过程中，电池消耗构成了相机长期运行过程中的主要花费。使用充电的电池可降低长期使用的费用，特别是带有 LCD 显示屏及内置闪光灯的机型，其电池消耗多，就更为明显，所以在价格与功能相差不多的情况下，应该选购带交流电源适配器的机型。

(5) 选购时应注意以下几个问题。

1) 过高的像素会加重存储器的负担。一般来说，600 万像素已经可以满足普通 10 寸以下照片的冲印要求，而 800 万像素则可以满足 A4 纸张大小照片的冲印。但使用普通消费级数码相机的用户，对于 10 寸以上照片的冲印需求是非常小的。因此，对于一般消费者来说，600 万像素足以满足日常冲印的要求，没有必要过分追求高像素。过分追求高像素，存储卡容量势必要增加，512MB 的存储卡对于 800 万像素的数码相机只能拍摄 150 张左右，而 600 万像素的数码相机就能拍得更多。

2) 有些功能少选为妙。如今的数码相机功能越来越多，有的能听歌，有的能打游戏等。但当你用只能靠指甲才能控制的 4 个按钮来打游戏时，恐怕就没有了游戏的性质，也就是图个一时的新鲜，这其实是厂商的一个卖点。

验货时要仔细。① 镜头、LCD 显示屏上是否留有指纹。如果不是全新的，这些地方往往容易暴露马脚。② 锂电池是否已经有使用过的触点痕迹。如今大多数数码相机都采用锂电池，全新的锂电池触电为金黄色，没有任何杂色。使用过的锂电池就会有和电池仓接触的触点痕迹。

4. 数码相机的使用、保养和维护

数码相机在使用、保养和维护方面与传统照相机一样，存在防水、防尘、防震等方面的要求。不仅如此，数码相机由于其结构和功能的特点，对于使用、保养和维护还构成了许多新的要求，具体应注意以下几个方面。

(1) 掌握正确的操作规程。数码相机是精密的仪器，操作精细。因此，必须严格按照说明书的操作步骤进行操作，在更换电池和存储卡的时候，一定要关闭数码相机的电源开关，否则极易出现故障。在将数码相机中的图像下载到计算机上时，需要将数码相机与计算机用导线连接起来，在连接之前一定要关闭数码相机，以免带电操作而损坏数码相机。

(2) 影像传感器的使用和维护。影像传感器是数码照相机成像的核心部件，对于不能够交换镜头的普通袖珍数码照相机来说，影像传感器是不暴露的，封装在数码照相机的内部，不需要对其进行刻意的维护。而对于经常需要更换镜头的数码单反照相机来说，影像传感器就位于反光镜的后面，如果有灰尘进入机身内是非常容易落在影像传感器上的，因此数码单反照相机在交换镜头时，要将机身的镜头接环面朝下安装镜头，尽量避免灰尘的进入。

(3) 存储卡的使用和维护。数码相机的存储卡都很小而且很薄，极易折断，存储卡片基上的金属触点极易被污染和划伤，所以最安全的方法就是将存储卡放入专用包装盒内或照相机内。平时一定要将存储卡保存在干燥环境中，已存有图像文件的存储卡还要尽量避磁、避高温存放。

在数码相机内拔插存储卡时，必须关闭数码相机的电源，而且在拔插时要保持卡与插槽的平行状态，否则容易损坏数码相机与存储卡连接的针脚。多数数码相机有录音功能，可将拍摄时的注释性解说及现场声音记录下来，以备查询。

(4) 液晶屏的使用和维护。数码照相机的液晶显示屏是观看浏览照片和取景构图的显示器件，是数码照相机十分重要的配件。它不但价格昂贵，而且由于使用的频率相当高，容易受到损伤。在使用和存放时，要注意不要让 LCD 屏幕表面受到挤压，更要防止失手将

LCD 屏幕碰坏或摔坏。

（5）电池的使用和维护。将数码相机买回来后，第一件事情就是拿出备用的电池进行充电，因为一般来说，一块新的电池里面的电量很低或者干脆就是没有电的。在最初 3 次给电池充电时，必须有足够长的充电时间，为名义充电时间的 2～3 倍。一般来说，锂电池的充电时间要在 6 小时以上，镍镉、镍氢电池的充电时间则必须在 14 小时以上，这样才可以激活电池的性能。如果不经过足够时间的充电，电池的使用时间则会变短。一般来说，一块新的电池要经过 3～5 次充电/放电的过程，电池的续航能力才能发挥到最佳状态。

如果有相当长的一段时间不使用数码相机，就应该将电池从相机中取出，存放到一个干燥、阴凉的地方，避免和金属物品放在一起。

本章小结

洗涤用品中的肥皂和合成洗涤剂，是人们常用的生活必需品，它们的主要成分是表面活性剂，不同种类的表面活性剂及其组合，构成了众多性能各异的洗涤用品。洗涤用品的质量可以从用途、配方、感官指标和理化指标方面来考察，还必须考虑其环保性。

化妆品的种类很多，主要起清洁、美化、保护、营养人体皮肤和毛发的作用。护肤类化妆品可分为油质性和水质性两大类。化妆品的质量可从包装、说明书、色泽、组织状态和安全卫生性方面来检查，选用时应根据人的皮肤、发质及季节等来进行，保管库房应干燥、阴凉、通风，有适宜的温湿度。

塑料是以树脂为主要成分的高分子化合物，树脂不同，其制品的性能和用途也不同。塑料常见的有 10 大品种。塑料的外观质量要求，不同的制品要求不一样。塑料制品的鉴别主要有外观鉴别法和燃烧鉴别法。

皮鞋的原料皮来源于动物界，人造革、合成革已成为其重要组成部分。皮革独具特色，种类很多，制品也很多。皮鞋质量可以从结构、用途、外观和内在质量来评价，皮革质量也可以从种类和外观特征来鉴别。皮鞋保管时，应注意防潮、防热、防酸碱、防虫、防挤压等。

照相机的照相原理与人眼看景物的道理差不多。照相机种类很多，检查和评价照相机质量主要从结构入手，照相机使用保养时要认真阅读说明书，掌握正确的使用方法，保管时应放在干燥和密封的环境中。

主要概念

合成洗涤剂　表面活性剂　塑料　皮鞋　镜头焦距　数码相机

课堂讨论题

1. 怎样选用护肤性化妆品？
2. 皮鞋的结构及皮革种类与皮鞋质量的关系。

自测题

1. 判断题

（1）洗衣粉是空心颗粒状合成洗涤剂。（ ）

（2）肥皂属阴离子型表面活性剂洗涤用品。（ ）

（3）化妆品是保护和美化皮肤的日常用品。（ ）

（4）在玻璃中，有机玻璃透光性能优良，又不易破碎。（ ）

（5）皮革具有良好的耐热性和耐寒性。（ ）

（6）数码相机比传统相机性能优良。（ ）

2. 填空题

（1）四种表面活性剂中，常用的是________和________两种。

（2）肥皂的组成可分为主要原料、________和________三部分。

（3）化妆品的储存期一般不宜超过________，适宜的温度是________。

（4）塑料制品中加入的抗老化剂有热稳定剂、________和________等。

（5）皮鞋的包头由外包头、________和________三部分组成。

（6）照相机曝光系统有的是________先决式，有的是________。

3. 选择题

（1）棉麻型合成洗涤剂的质量指标是（ ）。

A. 泡沫少　B. 不皂化物含量多　C. pH≤10.5　D. 对皮肤刺激小

（2）香皂的总脂肪酸含量在（ ）。

A. 50%以上　B. 60%以上　C. 70%以上　D. 80%以上

（3）保护头发类的发用化妆品是（ ）。

A. 洗发膏　B. 发乳　C. 营养头水　D. 去屑水

（4）属于热固性塑料的有（ ）。

A. PE　B. PS　C. MF　D. CN

（5）皮鞋质量应符合的三方面条件是外表美观、坚固耐用和（ ）

A. 安全卫生　B. 适用　C. 穿着舒适　D. 价廉物美

4. 简答题

（1）合成洗涤剂和肥皂的去污原理是什么？

（2）洗涤用品的分类品种及质量要求是什么？

（3）简述两种塑料品种的性能特点、用途及外观鉴别。

（4）在皮鞋的选购与保养中应注意哪些问题？

实训题

1. 技能题

（1）对洗涤化妆品进行技能鉴定，并填写表 8-8。

表 8-8 洗涤化妆品技能鉴定评分表

班级　　　　姓名　　　　学号　　　　成绩

鉴定内容方法及要求	感官鉴别 3 种洗涤化妆品的真伪、香型、质量；目测 3 位顾客的肤型、发质，并建议购买品种；介绍展示商品、答复咨询、指导化妆；销售 3 种商品，要求将结果、原因写在记录上，接待、指导、业务销售熟练无差错			
鉴定项目	鉴定标准	评分标准	鉴定记录	扣分
鉴定商品	商品标志、香型、外观和一般内在质量鉴别迅速、正确，并能说明分析原因，时间 180 秒	质量 24 分，时间 6 分，共 30 分。每漏一项标志、一个质量问题每件每项扣 2 分，分析原因不合要求，每品种扣 1～3 分，每超 5 秒扣 1 分		
目测肤型、发质	目测肤型、发质迅速准确，建议品种适用，时间 50 秒	质量 12 分，时间 3 分，共 15 分。每错一个肤型、发质每人每项扣 1 分，建议品种有误每件扣 1 分，每超过 5 秒扣 1 分。		
接待技能	介绍展示商品的性能特点、使用和保养方法，答复咨询、指导化妆，内容全面、准确、重点突出，方法得当，语言简明，时间 10 分钟	质量 24 分，时间 6 分，共 30 分。每漏或错一处扣 2 分，化妆品选用不当，指导方法不当分别扣 2～4 分，语言不简明、不热情分别扣 1～3 分，每超 10 秒扣 1 分		
销售商品	计价开票迅速、准确、无差错。字迹清晰，唱收唱付清楚，包装新颖、美观，反映礼品特点，时间 5 分钟	质量 20 分，时间 5 分，共 25 分。每张发票缺错项每个扣 1 分，金额找零差错每笔各扣 2 分，字迹不清晰，唱收唱付不合要求每笔各扣 1 分。包装美观、新颖不合要求，未反映礼品特点每笔扣 1～3 分，捆扎不牢未留提环每笔各扣 1～2 分，每超过 10 秒扣 1 分		
考评员：		计时员：	合计	

考评日期：　　　　年　　月　　日

（2）教室中的塑料制品有哪些，各属哪些塑料？

2. 实验题

五种皮鞋的感官鉴别实验

感官鉴别以猪皮、牛皮、羊皮、人造革、合成革为鞋帮的男女各式皮鞋的皮革种类，结合皮鞋其他部位用料来鉴别皮鞋质量，在写出实验报告的同时，对所鉴别皮鞋的质量做出评价。

实验报告：皮鞋的感官鉴别实验

报告人：　　　　　　　　　　　　报告日期：

一、实验目的　　　　　　　　　　二、实验内容

三、实验步骤　　　　　　　　　　四、实验结果

五、问题讨论（若实验中没有发现问题，可略）

3. 实习题

开展一次照相机知识咨询活动。

第 9 章

家用电器

◇ 本章学习目标 ◇

知识目标：了解家用电器商品的分类品种和有关的基本知识，认知有关家用电器商品的结构与工作原理，掌握家用电器商品的质量要求。

技能目标：熟悉有关家用电器商品的结构，能够对家用电器商品进行质量鉴别、选用和维护。

能力目标：能够运用所学知识和技能，对常见家用电器商品进行质量鉴别、选购调试和咨询服务。

引导案例

IFA2014：智能互联是消费电子发展趋势

2014 年第五十三届柏林国际消费电子展表明，智能互联仍然是未来几年消费电子产品发展的主流趋势，同时一些新理念和技术应用也崭露头角。

一是超高清电视技术日臻成熟。OLED 技术显现出未来电视发展的趋势。曲面超高清电视成为各大厂商争相比拼的新战场。二是可穿戴设备风头正劲。从智能眼镜、智能手表再到智能手环，可穿戴设备在本届展会上可谓“出尽了风头”。三是家电智能互联打造“智慧生活”。智能互联的初级阶段是可以让家电操作更加智能直观，高级阶段则是打造个性化智能家庭。四是流媒体音乐服务催生外设产品火热发展。越来越多的人选择直接在网上听音乐，而不是网上购买音乐。

智能和移动互联是当今消费电子发展的最大趋势，家电实现智能，形成智能家庭，智能家庭进一步融入智能社区，再成为智能城市的一部分，是人们对家电发展的构想。

家用电器是在家庭和类似条件下使用的电子器具和电器器具的总称。家用电器能减轻人们的家务劳动，改善生活环境，丰富人们的物质和精神文化生活，是生活现代化的基本标志。随着人们生活水平的提高，科学技术的进步，特别是微计算机的应用和普及，网络时代的到来，家用电器已迈入组合化、多功能、网络化、智能化时代。

9.1 家用电器的分类和基础知识

家用电器的种类很多，常按工作原理或用途来分类。与家用电器密切相关的基础知识，主要有电声学、电光学、人眼和人耳的生理特性等。

9.1.1 家用电器的分类及特点

1. 家用电器的分类

（1）按工作原理分类，可分为电子器具、电动器具、制冷器具、电热器具和照明器具。

1）电子器具。电子器具是指将电能转换为声音或图像，以电子元件为基础，通过电子技术完成各种功能的家用电器，如收音机、电视机、VCD、DVD、手机、计算机、MP3、MP4等。

2）电动器具。电动器具是指将电能转换为机械能，由电动机带动工作部件完成各种功能的家用电器，如洗衣机、电风扇、吸尘器等。

3）制冷器具。制冷器具是指消耗电能进行热交换，通过制冷装置造成适当低温的家用电器，如电冰箱、空调、冷饮机等。

4）电热器具。电热器具是指以各种电热元件完成电能到热能的转换，实现加热功能的家用电器，如电熨斗、电暖器、电热饮具等。

5）照明器具。照明器具是指使用电光源实现电能到光能转换的家用电器，如各类灯具等。

（2）按用途分类，可分为视频器具、电声器具等12类。

1）视频器具。主要用于收看电视节目，录制播放图像节目、生活片断等，如电视机、录像机、摄像机、影碟机、MP4、家庭影院等。

2）电声器具。主要用于家庭收放电台节目，录制播放音乐等，如收录机、组合音响、复读机、MP3、激光唱机等。

3）空调器具。主要用于调节室内温湿度，加速空气流动，改善室内环境等，如空调、电风扇、空调扇、负离子发生器、加湿器等。

4）冷冻器具。主要用于食品的冷冻和冷藏，如电冰箱、冷冻箱、冷饮机等。

5）清洁器具。用于个人卫生和环境卫生的清洁，如洗衣机、吸尘器、电熨斗、淋浴器等。

6）整容保健器具。主要用于个人容貌的整理和保健，维持人体健康，保持机体活力等，如电吹风、电动剃须刀、美容器、电动按摩器、电针灸等。

7）厨房器具。主要用于食品加工、烹制和食品饮具洗涤消毒等，如电饭锅、微波炉、电磁灶、电水壶、抽油烟机、洗碗机、消毒柜、榨汁机等。

8）取暖器具。主要用于生活取暖和空气加热，如电暖器、暖手器。

9）文化办公用品。主要用于家庭学习、办公、通信，如家用计算机、手机、电话机、传真机、打印机等。

10）娱乐器具。主要用于业余娱乐消遣，如电动玩具、电子游戏机、电子乐器等。

11）照明器具。主要用于室内外照明及艺术装饰，如各种灯具及配件。

12）其他器具。不能归入以上各类的家用电器，如电子钟表、电子门锁、防盗电器、数码相机等。

2. 家用电器的特点

（1）家用电器一般在有电能的条件下才能正常运转作用。

（2）家用电器一般都要带电工作和操作，因此安全性是这类商品的首要指标。

（3）家用电器结构比较复杂，要求电器元件可靠性高，要达到质量需要的规定值。

（4）家用电器既是家庭用品，又是美化家庭环境的装饰品，要求造型美观、装饰新颖、色调柔和、外形结构合理。

（5）家用电器要求寿命长、可靠性高。

（6）家用电器要求耗电少、经济费用低。

（7）家用电器的安装、使用和维护都直接影响着家用电器的质量。

相关链接 9-1

光波炉与微波炉的区别

光波炉又叫光波微波炉，它和普通微波炉的最大区别，就在于其加热方式。普通的微波炉，内部的烧烤管普遍使用铜管或石英管。铜管在加热以后很难冷却，容易导致烫伤；而石英管的热效不太高。

光波炉的烧烤管由石英管或铜管换成了卤素管（光波管），能够迅速产生高温高热，冷却速度也快，加热效率更高，而且不会烤焦，从而保证食物色泽。从成本上来讲，光波管成本只比铜管或者石英管增加几元钱，所以，现在光波管在微波炉技术上的使用非常普遍。

实质：光波是微波炉的辅助功能，只对烧烤起作用。没有微波，光波炉只相当于普通烤箱。市场上的光波炉都是光波、微波组合炉，在使用中既可以微波操作，又可用光波单独操作，还可以光波微波组合操作，也就是说，光波炉兼容了微波炉的功能。

（资料来源：光波炉与微波炉的区别．装修知识网，2009-9-7）

9.1.2 家用电器基础知识

1. 电声学基础

（1）声波。声波是指机械振动或气流振动引起的周围弹性媒质发生的波动现象。它具有波的一切特性，如反射、绕射、折射、干涉等。

（2）声波的几个基本参量是声强（I）、声速（V）、声压（P）、声功率（W）。

（3）声音的三个特性。

1）音调。表示声音的高低，和频率（f）有关，f 高声音尖，f 低声音粗。

2）响度。音量的大小主要取决于振幅的大小，振幅大音量大，反之亦然。音量大小一般用声压来表示，单位是微巴（μb）。

3）音色。表示某种乐器或声源所发出声音的特点，例如，两架钢琴同奏一首曲子时，虽让它们发出同样的音调和响度，但人耳仍能区分它。音色与许多因素有关，主要取决于声波的波形。

（4）声音的三个特性与交流电的三个特性一一对应。

1）响度与交流电的振幅相对应。

2）音调与交流电的频率相对应。

3）音色与交流电的波形相对应。

2. 人耳的听觉特性

（1）可闻域。频率（f）：20～20 000 赫兹。声压（P）：0.000 2～200 微巴。

（2）对声音的强弱感觉与声压和声强成对数关系。人们根据人耳的这一特性，采用了一种简便的计量方法来表示声音的强弱，即把声音的强弱划分为12级，然后又把每级划分为10个分级，这样用120个分级就能把声音强弱表示出来。分级有一个专用的名词，就是我们常说的分贝，用dB表示。

以上把声音划分为12级就如用12级来划分风力大小一样，但风速究竟多大，只有在必要时才提到。

（3）双耳效应。我们听声音时用双耳，双耳间的距离大约20厘米，由于声音在时间、强度和相位等方面有差别，尽管这种差别比较微小，灵敏的人耳还是可以反映出来。由此可以判断出声音的方向，确定声源的位置。立体声就是根据人的双耳效应研究出来的。例如，台上有两人站在两边对话，即使闭上眼睛也能分辨出是左面还是右面的人在说话，这就是立体声效果，绝不是简单地多装几只扬声器就能起到的作用。可是，往往有人把左、右各装两只扬声器的收录机称为“立体声”，这显然是一种误解。

既然声源的定位主要是双耳效应，人们自然就想到利用两个传声器来代替双耳，以达到传送立体声的目的，所以一般把双声道录放系统发出的声音，称为双声道立体声（见图9-1）。如果用多个声道录放系统，发出的声音则具有把聆听者包围起来的一种重放效果，称为多声道环绕立体声。

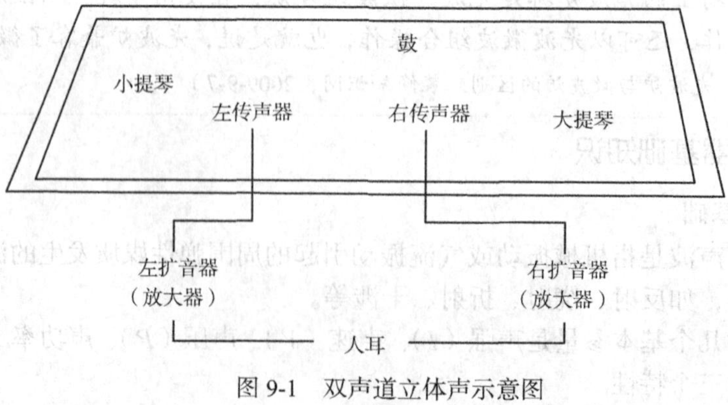

图9-1　双声道立体声示意图

（4）人耳具有一种不寻常的能力，能在噪声环境下有选择地分出他感兴趣的某些“信号”。这是因为人耳对声音除了有方位感外，还有注意力集中的心理因素。当然，这只能在噪声与信号相比不大时。所以，收录机中常用信/噪比表示其质量指标之一。

一般来说，人耳只有在适当混响的空间里，才能听到声音的明朗、响亮、层次丰富、浑厚有力及悦耳动听。

小思考 9-1

小口径扬声器高频重放效果好，大口径扬声器低频重放效果好。所以，立体声录音机一般有4个或4个以上扬声器。那么有4个扬声器的录音机就是立体声录音机吗？

3. 光的特性

（1）光的本质。光和实物一样，是物质的一种，它同时具有波的性质和微粒的性质。在这里我们主要涉及光所具有的波性质，所以我们可以认为光是电磁波的一种。

（2）可见光。其范围为 380 ~ 780 毫微米。

（3）三基色原理。如图 9-2 和图 9-3 所示。

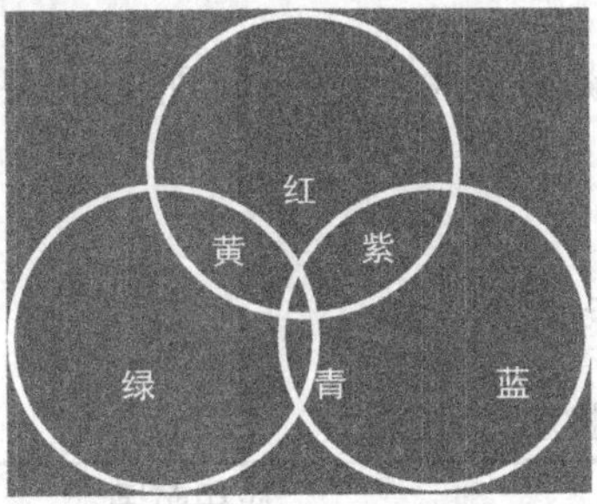

图 9-2　彩色光的混合

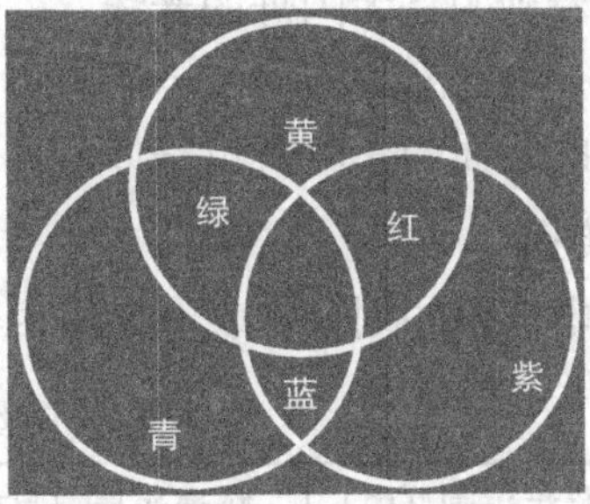

图 9-3　颜料混色

自然界大多数颜色可分为红、绿、蓝三种基本颜色。这三种基本颜色又可以按不同的比例混合得到各种颜色。彩色正是利用了这一原理。我们看到：

红光+绿光=黄光　　红光+蓝光=紫光

绿光+蓝光=青光　　红光+绿光+蓝光=白光

（4）光源。光源分为热光源和冷光源。

1）热光源。当物体被加热到一定程度时所发出的热辐射现象。一般物体被加热到500℃左右，开始辐射一部分暗红的可见光，大约加热到 1 500℃时开始发出白光，其中还有相当多的紫外线。例如，太阳光，早上为 2 000 开，中午为 6 500 开，上下午为 3 000 ~ 4 000 开。常见的热光源有钨丝灯、太阳。

2）冷光源。常见的有荧光、磷光、日光灯、液晶、等离子体。

4. 人眼的特性

（1）生理特性。包括两方面：① 盲点；② 人眼视野上下、左右的比例为 3 : 4。

（2）亮度感觉与亮度成对数关系。

（3）彩色三要素。亮度即明亮程度的感觉。色调为颜色的感觉。饱和度是指彩色色泽深浅的感觉。

（4）分辨力。人眼对于彩色的分辨力大大低于黑白的分辨力。如果我们离开电视屏幕一定距离处辨别出白色衬底上大小为 1 毫米的黑色细节部分来，那么在同样的条件下，在红色衬底上的绿色细节部分在大小为 2.5 毫米时才能辨别出来。在蓝色衬底上的绿色细节部分在大小为 5 毫米时才能辨别出来（见表 9-1）。

表 9-1 视觉敏感度

配　色	视觉敏感度（%）	配　色	视觉敏感度（%）
黑白	100	绿红	40
黑绿	94	红蓝	23
黑红	90	绿蓝	19
黑蓝	26		

（5）视觉惰性原理和闪烁感觉。实践证明，光线闪烁达每秒 50 次以上时，人眼感觉不到闪烁变化，看到的是无闪烁的光线。

实践得出，临界闪烁频率 $f_c = 48 \sim 50$ Hz，电影就是利用这一原理，将一些固定的图像变成连续活动的画面的。电视也是如此。

5. 无线传播

（1）无线电波段的划分如表 9-2 和表 9-3 所示。

表 9-2　无线电波段按波长划分

名　称	波长范围（m）	频率范围（Hz）	应用范围
超长波	10 000 以上	30	
长　波	3 000 ~ 10 000	30 ~ 100	电报通信
中　波	200 ~ 3 000	100 ~ 1 500	无线电广播
中短波	50 ~ 200	1 500 ~ 6 000	电报通信、业余者通信
短　波	10 ~ 50	6k ~ 30k	无线电广播、电报通信和业余者通信
米　波	1 ~ 10	30k ~ 300k	无线电广播、电视、无线电导航、业余者通信
分米波	0.1 ~ 1	300k ~ 3 000k	电视、雷达、无线电导航、无线电接力、通信、其他专用
厘米波	0.01 ~ 0.1	3 000k ~ 30 000k	电视、雷达、无线电导航、无线电接力、通信、其他专用
毫米波	0.001 ~ 0.01	30 000k ~ 300 000k	
亚毫米波	0.001 以下		

表 9-3 无线电波段按频率划分

名称及简写		波长范围（m）	频率范围（Hz）
甚低频	VLF	10 000 ~ 30 000	10 ~ 30
低　频	LF	1 000 ~ 10 000	30 ~ 300
中　频	MF	100 ~ 1 000	300 ~ 3 000
高　频	HF	10 ~ 100	3k ~ 30k
甚高频	VHF	1 ~ 10	30k ~ 300k
超高频	UHF	0.1 ~ 1	300k ~ 3 000k
过高频	SHF	0.01 ~ 0.1	3 000k ~ 30 000k

（2）长波及中波的传播。长波及中波在电离层中受到了强烈的折射，无论投射于电离层的入射角多么小，都会返回地面。长波的传播特点是比较稳定，但传播距离有限，一般不超过 3 000 千米。

（3）短波的传播。短波的优点是能以很小的功率借天空波传送到很远的距离。因此，可以作为远距离的国际无线电广播、无线通信等。

（4）电视电波传播的特点。电视广播采用频率很高（几十兆赫）、波长很短的超短波传播，超短波只能沿着发射天线与接收天线间的视线，以直射波的形式传播。然而，超短波还可以通过地面或障碍物反射传播，因而又存在反射波。直射波与反射波同时存在，造成电波以多途径的方式到达电视机。就连房内四周墙壁及家具也反射电波，这使电视信号场强的分布变得十分复杂，有的地方强，有的地方弱。

（5）卫星传播。一般来说，只要有三颗定点卫星，就可实现全球传播。

案例分析 9-1

各类家用电器均有安全标准，消费者应严格按使用要求操作，可避免事故的发生。

家用电器安全标准共分 0 类、01 类、Ⅰ类、Ⅱ类、Ⅲ类五大类。

（1）0 类。这类电器只要求带电部分与外壳隔离，没有接地要求。这类电器主要用于人们接触不到的地方，如荧光灯的整流器等。

（2）01 类。这类电器有工业绝缘，有接地端点可以接地或不接地使用。在干燥环境（木地板的室内）使用，可以不接地；否则应予接地，如电烙铁等。

（3）Ⅰ类。有工作绝缘，有接地端点和接地线，规定必须接地或接零。接地线必须使用外表为黄绿双色的铜芯绝缘导线。在接地线引出处应有防止松动的装置，接触电阻应大于 0.1 欧姆。

（4）Ⅱ类。这类电器采用双重绝缘或加强绝缘，没有接地要求。所谓双重绝缘，是指除有工作绝缘外，尚有独立的保护绝缘或有效的电器隔离。这类电器的安全程度高，可用于与人体皮肤相接触的器具。

（5）Ⅲ类。使用安全电压（50 伏以下）的各种电器，如剃须刀、电热毯等电器。在不能安全接地又不干燥的环境中，必须使用安全电压型的产品。

问题：说出日常所接触的家用电器属于安全标准的哪一类，在使用中应注意的事项。

9.2 电子类家用电器

电子类家用电器品种很多，组合音响和彩色电视机是它们的典型品种，也是电子类家用电器学习、研究的代表性品种。

9.2.1 组合音响

组合音响是收、唱、录、放等功能齐全的高保真重放系统。但是这种组合并非简单的机械性拼装，而是包括电路在内的重新设计和组合。

通常组合音响由调谐器、双卡录音座、立体声电唱盘、激光电唱盘（激光唱机）、图示均衡器、功率放大器和高保真音箱等几大部分组合而成。它能够如实地反映声音信号的本来面目，并使人有亲临音乐会现场的感觉。

1. 组合音响的分类

（1）按结构特点分类。组合音响根据结构特点可分为分体式和一体式两种。分体式组合音响把各个部分分成独立的单机，每个单机一般只能完成一种相应的功能，各单机的外形尺寸基本相同，可分层叠放，各单机之间用专用导线连接；而一体式组合音响，除了音箱单独分开外，其他各个部分都组合在同一机箱内。

（2）按式样分类。组合音响根据式样可分为台式和落地式两种。台式组合音响体积较小，重量较轻，适宜放置在台面上；而落地式组合音响有两个很大的音箱，整机体积大，但音质较好。

（3）按性能分类。组合音响根据性能可分为普及型和高档型两种。普及型组合音响的内部电路简单，电声性能指标不高，但其价格较低，一般不带CD唱机和卡拉OK混响器；高档型组合音响的内部结构复杂，外形豪华，具有较多功能，通常均带有CD唱机，它的电声指标高，音质好。

2. 组合音响的一般组成

（1）立体声唱机。组合音响的立体声唱机主要用于播放高质量的唱片，一般为半自动或全自动操作。立体声唱机是一种将记录在唱片上的信息转变为相应音频信号的装置，它由一套机械系统和一套电子电路组成，它由检音器上的检音头在匀速圆周运动的唱片声槽中做凹凸不平的位置移动，使检音器产生机械振动导致检音器中的换能器件（如晶体）产生与机械振动成正比的信号电流，然后送到前置放大器进行均衡放大，最后由扬声器还原成声音。

（2）激光唱机。激光唱机也叫CD唱机，它采用了激光、数字技术和微计算机技术，其音响效果达到目前家用音响装置的最高水平，是组合音响中最理想的音源。

激光唱片将连续变化的声波通过模/数变换后，变成数字化的音频信号，然后通过脉冲编码调制，以坑点的形式记录在唱片上，反映在激光唱片（CD唱片）上的是一系列表征音频信号特征的坑点。

激光唱机主要将记录在CD唱片上的坑点信号取出，然后解调（解码）还原成模拟的音频信号。激光唱机主要由激光检音器及唱盘系统、伺服系统、信号处理系统、信息存储与控制系统等组成。

激光唱机由于采用了激光技术、数字信号处理技术、精密伺服技术和微计算机技术，并且其检音器与唱片是非接触式的，因此它的电声性能、唱片的永久性都是普通唱机所无法比拟的。表 9-4 列出了普通唱机、录音机与激光唱机的性能比较。

表 9-4　普通唱机、录音机与 CD 唱机的性能比较

品种 / 性能	CD 唱机	录音机		普通唱机
		普及机	高级机	
放音频响	20Hz ~ 20kHz	100 ~ 6.3 kHz	60 ~ 18 kHz	60 ~ 20 kHz
动态范围	90dB 以上		70dB 以上	75dB 以上
信噪比	90dB 以上	35dB 以上	63dB 以上	60dB 以上
分离度	90dB 以上		60dB 以上	20 ~ 30 dB
失真度	<0.01%	0.3% ~ 1%	0.3%以下	0.1% ~ 0.2%
抖晃率	仪器无法测量	0.2% ~ 0.4%	0.15% ~ 0.3%	0.03%

（3）调谐器。调谐器包括调频波段（FM）、中波（MW）和短波（SW）波段。调谐器在组合音响中用来接收无线电广播信号，并将其转变为音频信号送入功率放大器，最后由音箱还原成声音。

（4）双卡录音座。组合音响中的双卡录音座就是双卡录音机去掉音调、音量控制器、功放、音箱后的电路及机械传动系统。在组合音响中，双卡录音座的音响效果良好，高档录音座中还设有杜比降噪系统，使重放效果更加明显。

（5）卡拉 OK 混响器。卡拉 OK 功能可分为声频卡拉 OK 和声视频卡拉 OK 功能两种。声视频卡拉 OK 要与录像机、影碟机及 VCD 机配合使用（有些组合音响中配有 VCD 机），当然还需与电视机配合使用。声频卡拉 OK 在机内即可实现，将话筒插入孔（MZC）中，录音座播放专门的卡拉 OK 磁带，将组合音响功能选择开关设在磁带位置，适当调节机器音量和话筒音量，使两者声音大小适中，平衡输出。同时调整混响时间，使高音清晰、低音浑厚，音质丰满、清晰、响亮。

（6）图示式音调控制器和频谱式电平指示器。图示式音调控制器有五段、十段等几种，用来对各频段信号进行提升或衰减处理，以满足使用者对某一频域音响的偏爱。

（7）主功率放大器。组合音响的功率放大器按结构分为两种形式：一种是不带前置放大器功能的单纯功率放大器；另一种是带前置放大器的功率放大器，称为综合功率放大器。前置放大器主要用来控制放大、均衡各路输入段音频信号，调整信号的频响、幅度等，以美化音质；功率放大器的作用是将前置放大器输出的音频电压信号进行功率放大，以推动扬声器放音。

（8）音箱。音箱又称扬声器箱，它由扬声器、分频网络及箱体等组成。音箱的作用是获得高保真、立体声的放音效果，一般高保真的放音频率范围要求达到 40 ~ 16 000 赫兹，而单只扬声器很难重放整个频率范围，这需要有多只扬声器工作在不同频率范围，以给出均匀的频率特性和指向性；分频网络可完成对整个频率范围的划分，通过分频网络组成的扬声器系统（音箱）具有频响宽、效率高等特点。

3. 组合音响的质量检验

（1）外观检验。组合音响的外观要求设计新颖、豪华、美观，各种指示要醒目大方，外壳要求平整、光洁，不应有划伤、脱漆、锈蚀等现象，各开关、按钮等应操作灵活自如。

（2）性能检验。收音部分高低端频率的各电台信号强弱大体一致，大、小信号均无失真现象，距人耳1米处倾听应无交流声，无各种噪声、杂音，无混台串音、啃叫和自激振荡等现象，调谐指示器的反应灵敏，用电平表指示的表针摆动应平稳，用发光二极管指示的跳动应准确，颜色应明亮鲜艳。灵敏度越高越好，信噪比越大越好。灵敏度高，能收到微弱电信号能力强，收到的台多，声音清晰。

1）录放音部分。选择一质量可靠的磁带、磁盘、光盘、声卡、语音芯片等语音存储器，把音量开到最小，逐个按下放、录音、倒、快进等功能按键，如是磁带，则分别观察磁带卷绕情况，磁带应卷绕整齐，没有上下参差不齐现象。同时倾听录音机械运转时发出的"沙沙"声，工作于录、放音状态时，声音应流畅而均匀；工作于快进和倒带状态时，由于速度较快，机械动转声稍大是正常的，但必须均匀，不应带有节奏的响声或其他撞击声，更不允许有转动呆滞或停转现象。随后把音量开至最大，重复上述各动作，此时，除机械传动系统的"沙沙"声外，在扬声器内有轻微的"哈"声，在各种工作状态以及由一种工作状态转换成另一种工作状态时，在扬声器中均不应有其他杂声出现。再将短路插头插入话筒插孔，按下录、放音按键使录音机呈录音状态（实际处于消音状态），运转数分钟后，倒放至原起始位置进行放音功能，如噪音显著增大，则说明录放音部分消音功能不佳。最后进行录放试听，将音量开至适中位置，按下录音装置，距话筒半米至1米处讲几句话或唱一段歌曲，然后倒放音，此时听到的声音应清晰、噪声小、有真实感，熟人能很快判断出谁的声音。如声音颤抖、混浊、噪音明显、变调等则说明该音响录放音或机械部分质量有问题。将音量开至最大放音略有失真是正常的。对于立体声检查，可放入一立体声磁带或光盘，观察两个声道是否平衡，检查时距音响1米远地方，检查者所在的位置对两组音箱的张角为40～50度，调节声道平衡按钮，应能听到立体声。

2）音箱部分。一观工艺，从音箱外表的第一印象来判断该箱的档次和品质优劣，最好的音箱多用天然木材打造；现在一般用MDF中密度纤维板敷一层木皮做装饰，表面打磨得油光锃亮如乐器，可以算中档以上音箱；如表面敷的是PVC塑料贴皮，则档次要低一等。二掂重量，好的音箱每只箱子可能有10～20千克，低档大路货多半重量比较轻。三是敲箱，用指节敲击箱体上下左右发出坚实的脆响，说明箱体木质坚硬，内部有多根筋支撑，并有一定的吸音和驻波措施，可以认为是正规厂家产品。四是认铭牌，箱体背面有一块制作精致的铭牌，上面印有商标厂家、生产序号、各种技术指标等，可以说是音箱的身份证。一般来说试听时，好的音箱应该是很耐听的，具有明显的个性，能表现出音乐背景中最细微的变化。

3）唱片、CD唱片的播放效果。进行试听时，要求音响效果达到高音清晰明亮；中音丰满而舒适，并且有弹性；低音温柔而有力度，立体声效果强，真正体现出音乐厅演奏的真实感、空间感和临场感。

4. 组合音响的使用方法

（1）装配方法。组合音响分层越多，则连线也越多，连接成的装配主要有输入、输出线的装配和音箱的连线装配，在装配前先详细阅读说明书中的接线图，切不可盲目乱接，装配错误有可能损伤机器。

一般组合音响配有左（L）、右（R）两声道音箱，高档机中除了左、右声道外，还配有两只重放环绕立体声的后方小音箱。在音箱连线时，连线尽可能不要太长，不要用普通的电线连接，最好采用双股平行音箱连接专用线。

（2）音箱的摆放。音箱摆放是否合理，关系到是否聆听到完美的立体声。居室中正确的摆位一般是在左右主音箱距离 1.5~3 米调节，音箱离侧墙的距离不少于 30 厘米，有条件的用钢脚钉坐地，则低频变得更加浑厚有力。如低音不足，可背贴墙放置，低音可增强一倍，置于墙角，则再次倍增。聆听者的位置与左右音箱成 40~50 度角为佳。音箱的摆放如图 9-4 所示。

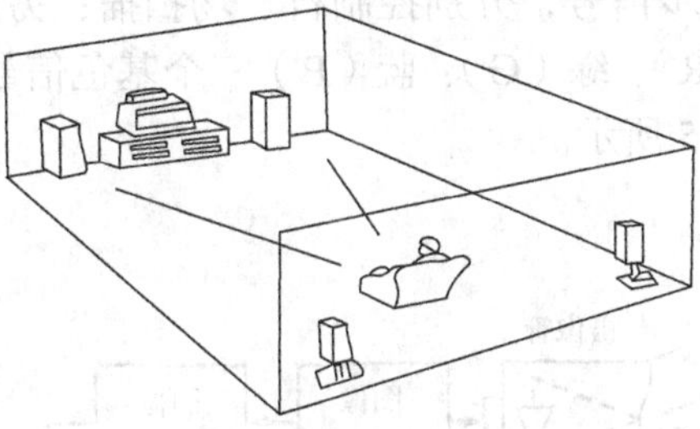

图 9-4　音箱的摆放

9.2.2　彩色电视机

1. 彩色电视机的分类

（1）按彩色电视机的广播制式可分为 NTSC 制（美、日、加拿大、韩国等国采用），PAL 制（德、英、意、中国等国采用），SECA 制（法国、俄罗斯、东欧各国采用）。

（2）彩色电视机按屏幕尺寸的大小可分为小屏幕彩色电视机和大屏幕彩色电视机。

（3）按功能可分为普通电视、高清晰度电视、遥控电视、卫星电视、多画面电视、语言多重电视、投影电视、多媒体电视、平板电视、立体电视、3D 电视、交互电视、云电视等。

（4）按电视屏幕显像方式可分为荧光显示、液晶显示和等离子体显示等。

（5）按电路工作原理可分为模拟电路电视机、数字电路电视机等。

2. 显像管彩色电视机工作原理

（1）把景物变成电信号。先将景物摄像，并根据三基色原理，将自然界千差万别的颜色分解成红、绿、蓝三种单色光，把这些不同色光转换成图像电信号，再由电视台加工后发出。

（2）图像的分解与传递。从新闻图片中可以发现，图片是由许许多多明暗及疏密不同的小点子组成的，这些小点子叫像素。因此，任何图像都是由像素构成的。图像中的像素越小，数目越多，则图像越清晰。报纸上的图像，每平方厘米内约有 1 000 多个像素，35

毫米的电影片每幅图像有 100 多万个像素。我国电视标准规定，每幅电视图像有625 行，画面宽与高的比是 4∶3，因此在垂直方向的像素的数目就等于行数，为 625 个，在水平方向的像素的数目为 4/3×625=833（个），所以整个画面的像素数目为 625×833=520 625（个），这样的像素就能传送出较高质量的图像了。高清晰电视每幅图像 1 125 行，宽与高的比为 5∶3，则每幅图像的像素为 1 125×5/3×1 125=2 109 375，这样不但图像高度清晰，而且有宽银幕效果。

当然，这是固定的图像，那么如何变成活动的图像呢？采用与电影相同的原理，使传送画面的速度为每秒 25 幅（帧）画面。由于使用隔行扫描，每幅分两场传送，所以 25 幅图像分为 50 场出现在荧光屏上，这样原来静止的画面就被人们视觉感到是连续的活动的图像了。

（3）电视信号的放大与解码。从天线来的电视高频信号经高频头变成中频信号，再经公用通道检波，分离为彩色全电视信号和伴音信号。彩色全电视信号分成三路，一路送同步分离电路分离出行、场同步信号，分别控制行、场扫描；另两路分别送亮度信号和色度信号，经矩阵电路得到红（R）、绿（G）、蓝（B）三个基色信号，并放大显像所需的幅度。电视信号的发送过程如图 9-5 所示。

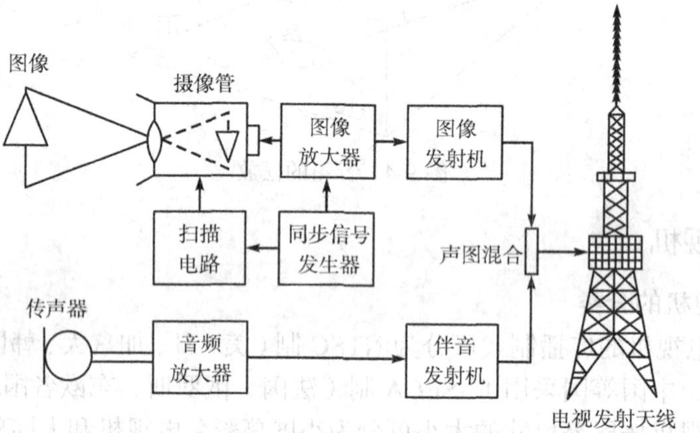

图 9-5　电视信号的发送过程

伴音信号经伴音通道而成为音频电信号，并推动扬声器工作，重现电视台所送的电视伴音。

（4）显像。这一工作主要由显像管来完成。显像管是电视机中最大、最重，也是最关键的一部分，它将电视信号转换成电视图像。显像管由电子枪、荧光屏及玻壳三部分组成。玻壳里抽成真空，电子枪位于圆柱形的管颈内，它发射出很细、高速的电子束穿过铝膜轰击荧光屏粉，使之发光。

彩色显像管实际上是三合一管，它的荧光屏是由大约 120 万个荧光粉点组成。其中 1/3 是红的、1/3 是绿的、1/3 是蓝的，这些相继交错的微小彩色荧光粉点很小，其直径只有 0.4 毫米左右，而且相互靠得很近，构成 40 万个像素。3 个电子束以各自的强弱轰击红、绿、蓝荧光粉点时，这些光点就使屏幕上出现了电视台所送的彩色图像。

彩色电视机的电路图如图 9-6 所示。

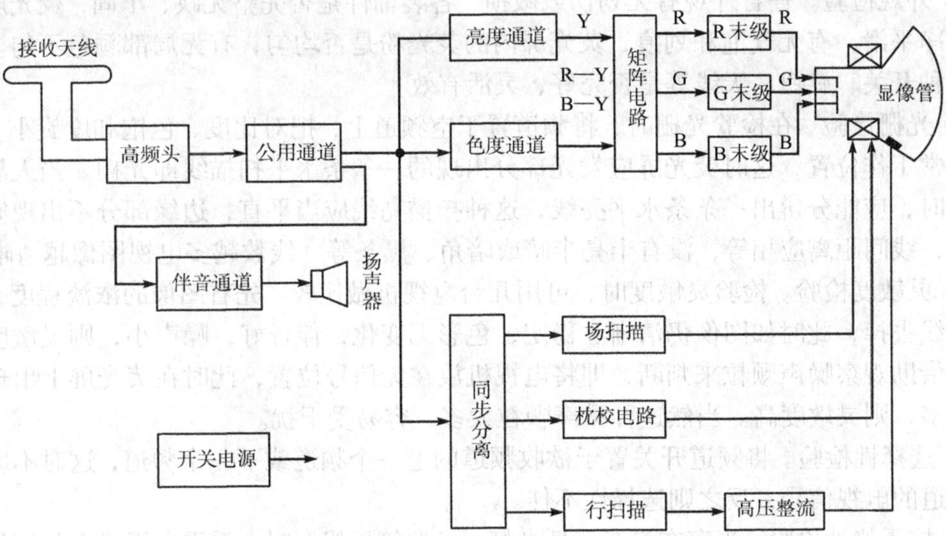

图 9-6 彩色电视机的电路图

3. 显像管彩色电视机的质量要求和检验

（1）彩色电视机的质量要求有以下几个方面。

1）图像重现率。图像重现率是指电视机能够完整地重现电视台发送图像的能力。标准规定，水平与垂直方向的图像重现率不低于 90%。

2）同步灵敏度。同步灵敏度是指电视机保持图像稳定的情况下，接收微弱信号的能力。在 75 欧姆阻抗输入时应不少于 75 微伏（μv）。

3）选择性。选择性是指电视机对邻近频道电视信号的抑制能力。要求在–1.5 兆赫处或以下衰减不小于 30 分贝，在+8 兆赫处或以上衰减不小于 40 分贝。

4）自动增益控制（AGC）作用。自动增益控制作用是指在接收强弱不同的电视图像和伴音信号时，电视机自动调整增益，以保证有稳定的输出的能力。要求输出电平变化 ± 1.5 分贝时，输入电平变化不小于 60 分贝。

5）亮度鉴别等级。亮度鉴别等级是指不同的图像调制度与屏幕亮度之间的关系。亮度等级多，则图像层次丰富，画面柔和，伴音效果好。一般要求亮度鉴别等级不低于 8 级。

6）图像分辨力。这是电视机清晰度指标，反映电视机接收图像细节的能力。图像分辨力线数越多，则图像越清晰。要求图像中央分辨力，水平方向不小于 300 线，垂直方向不小于 400 线。

7）白平衡。白平衡是指彩色电视机所接收的黑白图像或彩色黑白图像部分不带任何色调的底色。

8）色纯度。色纯度是指在电视机工作中，某一种基色不受其他两种基色混杂的程度，就是要求红、绿、蓝三束电子束分别击中其对应的荧光粉，而不能击中其他颜色的荧光粉。

9）保持同步的电源电压变化范围。保持同步的电源电压变化范围是指在图像仍能保持稳定同步状态时，电源电压相对于标称值的最大正负变化范围，一般要求不小于标称值的 10%。

（2）彩色电视机的质量检验从以下几个方面考察。

1）外观检验。查看外观有无划伤或破损，各装饰件是否完整无缺、牢固，荧光屏表面是否干净平滑，有无气泡和划痕，荧光屏内的荧光粉是否均匀，有无局部颜色不匀。然后检查各种开关、旋钮、天线等是否完好、灵活有效。

2）光栅检验。在检验光栅时，将频道置于空频道上，把对比度、色饱和度旋小，音量调在正常工作位置，这时荧光屏应发光部分出现的一条条水平扫描线即光栅。当人靠近观察光栅时，应能分辨出一条条水平亮线，这种扫描亮线应当平直，边缘部分不出现倾斜及波浪线，线间距离应相等，没有半亮半暗或暗角、黑条等。线数越多电视图像越清晰。

3）灵敏度检验。检验灵敏度时，可用几台电视机做比较。先看图像的浓淡程度，接着可将天线去掉，此时如图像仍清晰、稳定，色彩无变化，伴音好，噪声小，则灵敏度高。也可以借助观察噪声颗粒来判断，即将电视机放在无信号位置，此时在荧光屏上出现的噪声颗粒多，则灵敏度高。当然这种噪声颗粒太多，容易受干扰。

4）选择性检验。将频道开关置于欲收频道的上一个频道或下一个频道，这时不应收到欲收频道的电视信号，反之则选择性不佳。

5）抗干扰性检验。当存在汽车、日光灯、机器等干扰源时，看看电视机上的图像、伴音是否受到干扰，如图像是否出现局部扭曲、歪斜、跳动等现象。如仅在画面上出现黑白亮点线，只要不影响图像的稳定，可以认为是正常的。

6）可靠性检验。要求电视机各部分之间连接可靠，不允许出现虚焊、漏焊，最简单的办法是轻拍电视机，这时图像、伴音均正常则可靠性良好。

7）消色和色饱和度检验。当接收彩条信号时，将色饱和度调至最小位置，荧光屏上应呈现出不同等级的灰度条块，任何一条中都不应呈现颜色，则消色效果好。如再将色饱和度由最小调到中间位置，这时每条灰度都应加上颜色，变成按白、黄、青、绿、紫、红、蓝、黑顺序的彩条，然后再将色饱和度调至最大位置，这时荧光屏上的彩条除了有浓淡变化外，其他稳定不变，则说明色通道的自动控制性能优良。

8）图像、伴音质量的检验。电视机的首要任务是使观众在荧光屏上能看到高质量的重视图像，即画面上的图像应与被送的实际景物一致。一般要求图像清晰，色彩逼真，层次丰富柔和，如观察到人的皮肤眉毛、头发等细节都很清楚、逼真，则说明图像质量好。如用方格观看时，方格不方；用测试卡观看时，大圆不圆，则图像就会失真。对伴音质量，检验其声音是否洪亮、优美；噪声是否很小；音量开大，应无机振声，无明显失真；音量关小，类似交流噪声的声音应很小。还应注意图像的一致性，音量的开大或调小图像应不受影响。

4. 平板电视

随着时间的推移、科技的发展，现在电视业的技术也突飞猛进。等离子电视、液晶电视都相继推出，它们以轻便轻薄的体形、美观时尚的时代气息、绿色环保的优越性能，深受消费者喜欢，平板电视与显像管电视相比，主要是用液晶或等离子体显示器件（LCD）取代了传统的阴极射线式显像管（CRT），现简单介绍如下。

（1）等离子电视。等离子电视，又称 PDP（Plasma Display Panel）电视。离子体屏幕型彩色电视机采用等离子体显示器作为显示装置。这种显示器件是利用气体等离子体的原理制作成的，是平板显示器中最有发展前途的器件之一。

等离子面板也叫气体放电显示面板，它由数量众多体积很小的玻璃气室组成一个平板，气室中通常充有惰性气体（一般是氙气和氖气的混合体），每三个气室排成一行组成一个像素，其中一个气室内壁涂有红色荧光粉，一个涂有绿色、一个涂有蓝色。在每个气室的上下各有一条横向 X 和纵向 Y 的电极导线，在驱动电路的控制下，每个气室的 X、Y 电极之间产生放电，而在惰性气体中放电产生的气体等离子体发射出紫外线，紫外线激发荧光粉发光，这就是等离子电视名称的由来。放电产生的紫外线强度与放电的频率有关，频率越高，该像素点的亮度越高。再根据三基色原理组合成想要的亮度和颜色。等离子由于仍然是荧光粉发光，因此它具有 CRT 一样丰富的色彩表现能力，而不需要阴极射线管和磁力偏转结构，因此不存在体积、球面、几何变形和受地磁干扰等问题。等离子电视不仅屏幕大，两且在图像清晰度、亮度、对比度、灰度等方面均能达到甚至超过显像管电视标准，至于在体积、重量、功耗等方面更有无可比拟的优越性。当前最主要的问题是它的成本较高。

（2）液晶电视。液晶电视，又称 LCD（Liquid Crystal Display）电视。它用液晶显示器件（LCD）取代了传统的阴极射线式显像管（CRT），具有携带方便、功能齐全、收看节目不受场所限制的特点。它与采用 CRT 的彩色电视机的主要区别是图像显示部分不同，在驱动电路方面也有很大的改变。

在液晶显示器中，最主要的物质就是液晶。液晶电视屏幕的构造是两块特殊的玻璃夹住液晶体，通过 8 比特驱动电路和高效背灯系统来调节成像。即液晶电视依后方一组日光灯管发光，然后经由一组菱镜片与背光模块，将光源均匀地传送到前方，依照所接收的影像信号，液晶玻璃层内的液晶分子会作相对应的排列，决定哪些光线是需偏折或阻隔的。组成屏幕的液状晶体有红、绿、蓝三种，它们按照一定的顺序排列，通过电压来刺激这些液状晶体，就可以呈现出千变万化的颜色。由于液晶电视采用点成像的原理，因此屏幕里面构成的点越多，成像效果越精细，纵横的点数就构成了液晶电视的分辨率，分辨率越高，效果越好，液晶电视主要有 800×600、1280×768 与 1366×768 等几种常见分辨率。液晶彩色电视机采用了家用电器领域的诸多高新技术，其功能十分完备，深受消费者喜欢。

（3）液晶和等离子体彩色电视机质量检验。

1）检查电视机的外观是不是有划痕，按钮和开关是不是管用，颜色是不是纯正好看；了解一下所要选购的电视机的寿命和售后服务信息。

2）检查图像质量时，应将电视机的色饱和度关闭，频道选择器调成接受彩条信号状态，这时电视上会显示由亮到暗的八种彩条，这些彩条应该是均匀没有重叠的，屏幕上不能有黑框。

3）检查音质，质量好的电视，在音量最小时，是听不到任何干扰的声音的，当音量调到最大时，不能引起机身的颤动，声音应清晰不失真。

相关链接 9-2

电视选购五大秘籍

秘籍一：首选 OLED 有机电视，请不要犹豫。OLED 有机电视屏幕是自发光，摒弃了液晶电视的背光束缚，每个像素灯都可以和其他灯独立开来，这就让 OLED 屏幕在对比度方面有着绝对的优势。同时，在色域和响应时间等方面，OLED 也有着完美的表现。此外，OLED跟LED相比，它能做得非常薄、小以及灵活，在曲面方面有着天然的优势。OLED 电视固然有着卓越的画质表现，但是毕竟现在有机电视的产量和机型有限，而且价格也相对较高。相比之下，现在液晶电视的技术非常成熟，4K 超清分辨率的 LED 背光电视也能有不错的显示效果。

秘籍二：若从液晶电视中挑选，请确认 3D 功能。如果在液晶面板中挑选，那么 3D 功能应该是一个必备功能，它能让用户在家中享受影院级的 3D 效果。3D 技术分为不闪式 3D 和快门式 3D，两者相比较，不闪式 3D 的画面没有闪烁、画面更加柔和，能够减少用户的观影疲劳。而其同一种 3D 技术也有优劣之分，优质的面板能够显示出更加清晰逼真的立体画面。

秘籍三：请确认可视角度。电视是家庭休闲放松的工具，用户观看电视往往都是出于放松状态，不可能笔直端正地坐着。而且全家齐坐电视前，也肯定有人不能够正对着电视机。也就是说用户并不一定是正对着电视观看，因此电视的可视角度在选购电视时非常重要。

秘籍四：请确认省电。现在国家乃至世界都在倡导低碳节能。具体到我们各家各户，电视作为家中耗电的主要家电之一，直接影响我们家中电表走的字数。高能耗的电视比低能耗的电视功率能够相差数百瓦。好的液晶电视有着很好的通光率，在保证屏幕亮度的同时还能有效节能。

秘籍五：请敲一敲屏幕。敲屏幕其实是在简便地验证电视是否是 IPS 硬屏，按压、敲击无闪烁的才是 IPS 硬屏。虽然按压无闪烁只是 IPS 硬屏的特点之一，但却是最直观有效的验证方法。IPS 硬屏不但能够提供绚丽的色彩和清晰地画面，而且够提供宽广的可视角。

（资料来源：刘腾飞．电视选购 5 大秘籍．中关村在线，2014-9-30）

5. 电视机的选用和保管

（1）选购。电视机选购时应根据自己的使用目的、环境合理选择，如边远地区的用户，可选灵敏度高的，小电网供电的用户可选宽电压电视机，城市用户选灵敏度适中的即可。

在具体选购时还须考虑类型、品牌、尺寸、功能、价格、造型、色彩等因素，然后进行电视质量方面的检查。

（2）彩色电视机的使用。彩色电视机在使用过程中要注意以下几个问题。

1）摆放位置。电视机周围不能有强磁场性物体，应通风干燥、避免强光直射，摆放高度与人眼视觉高度一致为好，人眼观看距离以屏幕高度的 5～7 倍为佳。

2）调试。先调清楚黑白图像再加彩为好，因人眼对彩色的分辨力低，会感觉到电视图像更清晰。

3）环境光线。以 8 瓦灯光亮度为适宜，如环境背景太暗，电视图像稍有些变化也能被人眼感觉，反而显得图像不稳定、不清晰。

使用时前必须先仔细阅读说明书，弄清各部件的功能，然后再按说明书上规定的操作程序操作使用，注意不要将亮度开得太大，不要频繁开关机，以免影响电视机寿命。

（3）包装与储运。电视机体积大、重量也重，且为易损、易爆商品，因此，电视机的外包装一般用厚实的纸箱，整机应用防潮或塑料套包裹，并且泡沫塑料模压衬垫妥善填衬，不允许电视机在包装箱内晃动。外包装上应有明显的“防潮”、“向上”、“小心轻放”等标志。搬运时，必须小心轻放，避免碰撞与振动。储存时最好放在多层仓库的中层，如储存在一般库房的低层时，垛底必须垫高 30 厘米以上，以免潮气侵入。存放时不能贴墙堆垛，放置必须平衡可靠，可堆叠台数以包装标注为准。库房温度应在–5℃～35℃，相对湿度以 50%～80%为宜。库房不能有酸、碱及其他腐蚀性气体存在。

案例分析 9–2

小编问公司里的同事到底喜欢液晶电视还是等离子电视，两个答案都有，并且还听说公司内的同事近期就准备购买等离子电视。因为通常人们认为等离子电视的画面效果更好一些，这主要在于它拥有更高的亮度与对比度，同时等离子也没有可视角度、响应时间、坏点等问题的干扰，因此从综合角度去考虑，等离子电视的优势也相当明显。但随着液晶技术的突飞猛进，上面所提到的顽疾也已被一一化解。亮度与对比度的提升让液晶电视的画质更加出众，8 毫秒左右的响应时间也不足以给我们的使用带来影响。

问题：你的首选是液晶电视机还是等离子电视机？为什么？

9.3 电器类家用电器

电冰箱、空调器和洗衣机是电器类家用电器的常见品种，电冰箱、空调器的工作原理有相似之处。

9.3.1 电冰箱

1. 电冰箱的分类与型号

（1）电冰箱的分类。电冰箱按不同的标准分为以下几类。

1）按制冷方式分为电机压缩式、电磁振荡式、吸收式、半导体式四种，以电机压缩式电冰箱应用最广，吸收式电冰箱小批量生产，其他两类应用较少。电机压缩式电冰箱制冷效率高、降温快、制冷量大、可靠性好、使用方便，但噪声大；吸收式电冰箱是利用制冷剂汽化热制冷，且无噪声，还可利用电能以外其他能源制冷，但制冷效率低，主要用于小型船舶或无电源地区；电磁振荡电冰箱，它的制冷原理与电机压缩电冰箱基本相同，主要是利用共振弹簧扩大振幅，压缩制冷气体，达到制冷目的，它结构简单、工艺要求低，因此成本低，但工作稳定性差，一般仅适用 50 升左右的小型冰箱；半导体式电冰箱是利用两块不同金属片接触，通过直流电产生热端和冷端，以冷端为主，它结构简单，无噪声，但制冷效率低，适合制造小型冰箱。

2）按冷却方式分为直冷式和间冷式两种。直冷式电冰箱，又称有霜电冰箱，具有两个蒸发器，分别安置于冷冻室和冷藏室内壁，直接制冷形成低温，具有结构简单、冻结速度快、耗电省、寿命长、噪声小等优点，但冷冻室结霜，使用较麻烦；间冷式电冰箱，又称风冷式、无霜式电冰箱，只有一个蒸发器，安置于冷冻式与冷藏室之间的隔层背部的夹层内，靠专用风扇通过风道强制性制冷，具有箱内温度均匀，不结霜、冷却速度快等优点，但结构复杂、耗电量较大、噪声较大、存储食品干耗也较大。

3）按星级的多少分为一星级、二星级、三星级、四星级等。一星级是指冷冻室温度不高于-6℃，其他类推。

4）按使用的气候环境分为亚温带型（SN）、温带型（N）、亚热带型（ST）、热带型（T）4 种，它们分别适合的气候环境温度是 10℃～32℃、16℃～32℃、18℃～38℃、18℃～43℃。

5）按有效容积分为 50 升、75 升、100 升、150 升、180 升、220 升、300 升等。

6）按用途分为冷藏箱、冷藏冷冻箱、冷冻箱等。

7）按功能还可分为绿色冰箱、无菌冰箱、智能冰箱、静音冰箱等。

（2）电冰箱型号的表示方法如图 9-7 所示。

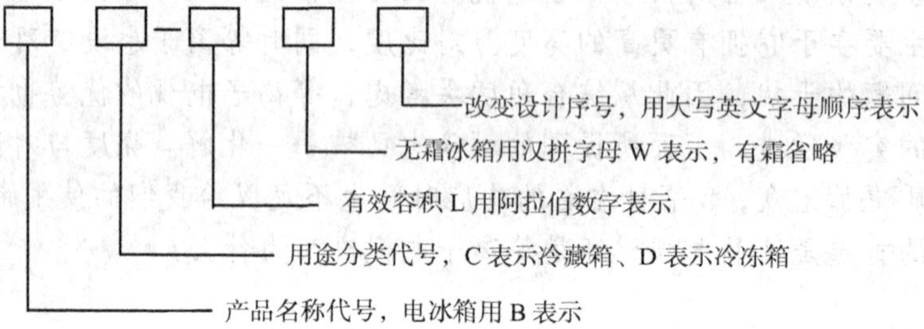

图 9-7　电冰箱型号的表示方法

例如，BCD-216WB 为第二次改进设计的 216 升无霜式冷藏冷冻电冰箱。

2．电冰箱的结构与制冷原理

（1）电冰箱的结构。电机压缩式电冰箱主要由箱体、制冷系统、控制系统等几部分组成。

1）箱体。一般由箱体外壳、隔热层、箱体内胆、门外壳、磁性密封门条、门内壁等组成。其作用是可保持箱内一定的低温、尽量减少热量的导入，同时为了适应人们生活中对冷冻冷藏食品的不同要求，把箱体分成冷冻和冷藏两个部分，有的还将两部分分成多个温区。

2）制冷系统。制冷系统由压缩机、冷凝器、干燥过滤器、毛细管和蒸发器组成。它们之间用空心管道连接，管道内充满制冷剂，构成一个密闭的制冷循环系统。其作用是使箱内温度降低，达到冷冻冷藏目的。

3）控制系统。控制系统包括温度控制装置、除霜控制装量、电机过载保护装置等。其作用是确保控制系统按不同的使用要求，自动安全地运转。

（2）电冰箱制冷原理。电机启动后，电冰箱通过压缩机做功、吸入低压气态制冷剂、使制冷剂由低压气态压缩成高压高温气态，经排气管送到冷凝器。在冷凝器中，高压高温气态制冷剂通过管壁将热量传递给外界的空气而降温为液体，成为高压液态制冷剂。高压液态制冷剂通过干燥过滤器除去杂质和水分后，通过毛细管节流降压，送入蒸发室。由于制冷剂沸点很低，加之压力骤然降低，液态制冷剂在蒸发室内迅速蒸发，吸取大量热量使冰箱内部温度下降，液态制冷剂又变成气态，再被压缩机吸入压缩。如此循环往复，以达到制冷目的。电机压缩式电冰箱制冷系统工作原理如图 9-8 所示。

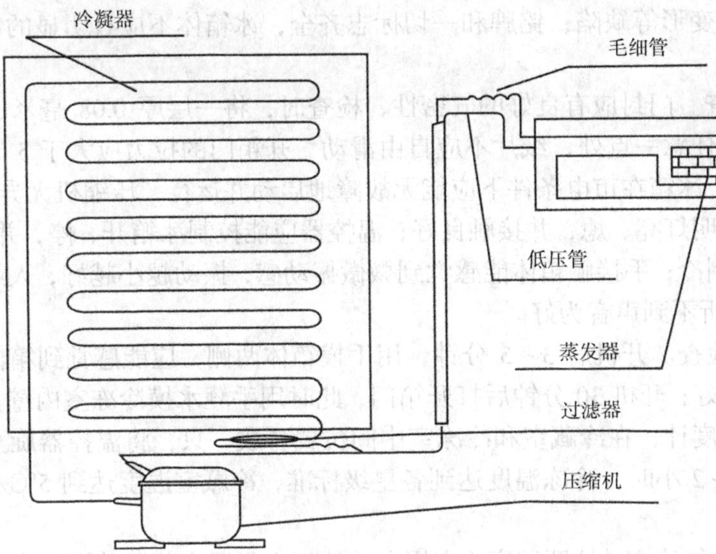

图 9-8 电机压缩式电冰箱制冷系统工作原理

3. 电冰箱的质量要求与检验

（1）电冰箱的质量要求。合格的电冰箱要考察以下几个质量标准。

1）冷却性能。在规定的电压及频率波动范围内，当环境温度为 15℃～32℃时，电冰箱运行并达到稳定状态后，其冷藏室温度为 3℃±1℃，冷冻室温度应达到各星级标准的规定值。

2）冷却速度。冷却速度是指在规定条件下，在环境温度为 32℃±1℃时，待箱内外温差大体一致的情况下，关上箱门，启动压缩机连续运行，使冷藏室温度降到 10℃、冷冻室温降到−5℃所需的时间，标准规定冷却速度不应超过 3 小时。

3）耗电量和输入功率。在规定条件下，耗电量和输入功率的实测值，不应超过标定的 15%。

4）启动性能。在规定条件下，压缩机均能正常启动和运行。方法是开机停机各 3 次，每次开机 3 分钟，停机 3 分钟，各次启动均正常，无自动停机现象。

5）耐泄漏性。以灵敏度为 0.5 克/年的卤素检漏仪检查制冷系统，不应出现制冷剂泄漏现象。

6）负载温度回升速度。以分钟表示，它反映了电冰箱箱体的保温性能。在规定测试条件下，切断正常运转的冰箱电源，冷冻室从−18℃上升到−9℃的时间为负载温度回升时间，标准要求不应小于 300 分钟。

7）噪声和振动。冰箱运行时，电冰箱振动振幅应不大于 0.05 毫米，不应产生明显的噪声。标准规定，250 升以下电冰箱不应大于 52 分贝，市场上的冰箱已远远小于该值。

（2）电冰箱质量检验。检验电冰箱的质量需从以下几个方面进行。

1）外观检查。外表涂层应平滑光亮，色泽均匀、牢固，不应有划痕、瘤疤、皱纹，起泡、麻点、漏涂和尘粒集聚现象等缺陷；电镀件和装饰件应平整光亮，镀层应光滑细密，色泽均匀，不应有斑点、针孔、气泡和镀层剥落等缺陷；塑料件表面应平整光滑，色泽均匀，无明显缩孔和变形等缺陷；铭牌和一切标志齐全，冰箱体不应有明显的缺陷，搁架等完全平直不变形。

2）气密性检查。门封应有良好的气密性，检查时，将一层厚 0.08 毫米、长 200 毫米的纸片放在门封条任意一点处，纸片不应自由滑动。开箱门的拉力应大于 5 千克。

3）运行检查。冰箱在市电条件下应能无故障地启动并运行，压缩机无异常杂音出现；门开关应能控制照明灯亮、熄，并接触良好；温控器应能控制冰箱开、停，并且接触良好，通电 10 分钟应能制冷；手接触箱体能感觉到微微振动感，振动越小越好，人站在冰箱前方 1 米远的地方，以听不到声音为好。

4）制冷性能检查。开机后 3～5 分钟，用手摸箱体两侧，应能感觉到箱体温度上升，升温迅速而均匀为好；开机 30 分钟后打开箱门，此时用手蘸水摸冷冻室内壁，应有冰粘的感觉；如有冰箱温度计，在冷藏室和冷冻室中间位置各放一只，将温控器旋至制冷挡，关上箱门，开机 1.5～2 小时，冷冻温度达到各星级标准，冷藏室温度达到 5℃左右，说明冰箱制冷性能正常。

5）冰箱节能性能检查。按照国家《家用电冰箱耗电量限定值及能源效率等级》标准规定，电冰箱的能效等级将分成 A、B、C、D、E 五个等级：A 级表示最高节能水平，B 级表示一般节能水平，C 级表示普通节能水平，D、E 级则属于国家将要强制性淘汰的产品水平。

国家相关部门将要求国内所有冰箱企业必须拥有通过此标准的“能效标志”标签才能进入市场销售。消费者通过贴在每台冰箱上的“能效标志”，即可对节能冰箱进行明明白白的消费。

4. 电冰箱的使用和维护

（1）电冰箱的使用。电冰箱应放在室内通风良好、远离热源的地方，避免阳光直射及水浸，箱体周围应留 10 厘米以上的空间，以利于通风散热；电冰箱应平衡放置，如地面不平，可调整地脚螺纹使之平稳；电冰箱的使用电源应有良好的接地线。

（2）电冰箱的维护。冰箱门封处要经常检查，看是否清洁，若有脏物就应及时清除，以免影响门封性能；冰箱内外要经常用软布擦拭干净；电冰箱在搬运过程中，不可倒置和过分倾斜，以免冷冻油进入制冷系统而影响制冷，特别是有的电冰箱压缩机在壳体的 3 根弹簧脱落而造成故障。

（3）电冰箱简易故障的排除，如表 9-5 所示。

表 9-5　电冰箱简易故障排除方法

序号	异常现象	检查处理方法
1	新买的冰箱初次使用时，压缩机连续几小时不停机	并非故障，是由于箱内与室内温度相同造成的。新冰箱接通电源后，空箱约持续运转 3～5 小时
2	新冰箱噪声大	正常情况下，冰箱压缩机的噪声不超过 50 分贝，即当人距冰箱 1 米远时，应听不到明显的压缩机运行声。噪声大可能有以下几个原因：

续表

序　号	异常现象	检查处理方法
2	新冰箱噪声大	（1）箱体未调平稳，重新调整平稳（最好用 2～3 厘米厚的 4 小块橡皮做垫子） （2）固定部件的螺丝松动或脱落，可重新紧固螺丝

小思考 9-2

电冰箱搬运时，为什么不能过分倾斜？

9.3.2 空调器

1. 空调器的分类与型号

（1）空调器的分类。

1）按主要功能分为冷风型、热泵型、电热型、热泵辅助电热型四种。冷风型空调器只能制冷，不能制热，俗称单冷型；热泵型空调器在压缩和排气管上装有电磁换向阀，可以改变制冷剂流向，既可制冷又可制热，俗称冷暖两制式；电热型空调器采用电热元件制热；热泵辅助电热型空调器在制热时同时采用电磁换向阀和电热元件。

2）按结构形式分为整体（窗式）、分体式、大型集供式（中央空调）三种。窗式空调结构紧凑，体积小，安装方便，使用可靠，并装有新风调节装置，能长期保持室内空气新鲜，但噪声较大；分体式空调最大的优点是室内机组噪声小，而且室内机组还可以做成多种式样，较为美观；大型集供式空调以上、下风道形成向某一区域房间提供冷气或暖气，适用于整幢建筑或某个单元房间等。

3）按冷却方式分为风冷式和水冷式。

4）按调控方式分为普通式和变频式。变频空调器采用智能变频装置来改变电流频率，以实现自动增减空调输出功率的目的，随环境状况的改变，变频空调通过及时调整电流频率来保证电机以最佳输出功率运行。变频空调与传统空调相比，具有寿命长、省电、电压适应性强、快速制冷、超低温制热、舒适性好，低噪声运行、除湿功能合理等优点，但结构复杂、价格较高。

5）按制冷量分为 18 千瓦、20 千瓦、25 千瓦、32 千瓦、40 千瓦、50 千瓦、60 千瓦、70 千瓦、100 千瓦、200 千瓦等。

6）按特殊功能分为健康空调、燃气空调、静音空调、声音舒适度空调、节能空调、智能空调等。

（2）空调器型号的表示方法如图 9-9 所示。

分体式室内机组代号分别为，壁挂式 G、吊顶式 D、落地式 L、嵌入式 Q、台式 T 等。

例如，KFR-35GW/A 表示第一次改进设计、制冷量为 3 500 瓦的热泵型壁挂式分体空调。

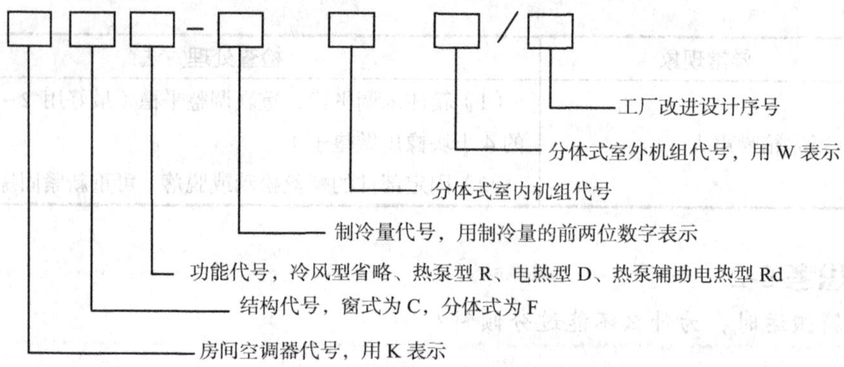

图 9-9 空调器型号表示方法

2. 空调器结构和工作原理

（1）空调器结构。窗式空调器由制冷装置、空气处理装置和电路控制系统三大部分组成。主要部件有控制板、蒸发器、冷凝器、压缩机、毛细管和风扇等。

分体式空调器由室内、室外机组及连接室内外机组的管路、管接头组成。分体式空调器的主要部件与窗式基本相同，只是为了减少室内噪声，满足室内多种安装形式的要求，把空调器做成了两部分。

（2）空调器工作原理。窗式空调器的制冷原理与电冰箱相同，空气循环主要是因为空气循环系统装有两个风扇，一个是离心扇，安装于室内一侧，另一个是轴流风扇，安装于室外一侧。轴流风扇从室外不断吸收稳定气流，进行热交换，于是冷凝的热能被带到室外；离心风扇不断从室内吸取空气，经过风栅进入箱内，过滤后经过蒸发器，降温为冷气，再经通风道从风栅送入室内，使室内得到净化冷气，如此循环，达到室内降温和净化空气的目的。在热泵型空调器中，蒸发器与冷凝器做的完全一样，并在压缩机排气管上装有一个四通电磁换向阀，当需要制热时，可使电磁换向阀换向，这时制冷剂流向逆转，实现制冷目的。分体式空调器工作原理与窗式空调器相同。

3. 空调器的质量要求与检验

（1）空调器质量要求。空调器质量要求要参照以下几个指标。

1）制冷量。制冷量是在空调器进行制冷时，单位时间内从密闭空间、房间或区域内除去的热量，单位为瓦。标准规定空调器的实测制冷量不小于额定制冷量的95%为合格。

2）空气循环量。窗式空调器的空气循环量应在600～1 100立方米/小时。

3）制冷消耗功率。空调器制冷运行时所消耗的总功率，要求实测值不大于额定值的110%。

4）能效比。能效比是指空调器在额定工况和规定条件下进行制冷运行时，制冷量与输入功率之比，简单地讲就是单位输入功率的产冷量。2010年6月1日起正式实施的强制性国家标准《房间空气调节器能效限定值及能效等级》（GB 12021.3—2010），将额定制冷量小于等于4 500瓦的分体式房间空调器能效限定值为3.2，额定制冷量大于4 500瓦小于等于7 100瓦的为3.1，额定制冷量大于7 100瓦小于等于14 000瓦的为3.0。同时，标准将房间空调器产品按照能效比大小划分为3个等级，其中1级表示能效最高；2级表示节能评价值，即评价空调产品是否节能的最低要求；3 级表示能效限定值，即标准实施以后产品达到市场准入的门槛。2013 年 10 月 1 日正式实施的变频空调能效等级新标准《转速可控型房间空气调节器能效限定值及能源效率等级》（GB 21455—2013）在能效等级、限定值、评价指标等方面都做出了改变。热泵型转速可控型分体式房间空气调节器能源效率等级指标 1 级、2 级、3 级分别规定为：额定制冷量（CC）W≤4500，4.50、4.00、3.50；4 500＜CC≤7100，4.00、3.50、3.30；7100＜CC≤14 000，3.70、3.30、3.10。

5）噪声。标准规定窗式空调器的噪声应小于 60 分贝，分体式空调器的室内外机组额定制冷量小于 25 千瓦的应小于 45 分贝和 55 分贝，25～45 千瓦的应小于 48 分贝和 58 分贝，45 千瓦以上的应小于 52 分贝和 62 分贝。市场上的空调器已远远小于该值。

（2）空调器质量检验。检查空调器的质量应从以下几个方面进行。

1）外观检查。外形美观大方，机壳平整光洁、无损伤、脱漆和锈蚀；各开关、旋钮动作灵活，操作自如；垂直、水平导风板，松紧适宜，拨在任何位置都能定位，进风滤网拆装方便，没有破损。

2）通电检查。接通电源，先启动风扇，再启动压缩机，均不应有较大的噪声和较强的振动；调节风速旋钮，应有不同的风速吹出。

3）制冷性能检查。将温控调至最低温度，然后选择强冷挡运行 5 分钟后，应有冷风吹出。冷暖两用型空调，将温控调至最高温度，然后再选择强热挡，几分钟后应有热风吹出。

4）启动性能检查。电源电压波动在 220 伏上下，正负不超过 10%时，空调器均能正常启动和运转，每次停机后，间隔 3 分钟再重新启动，运行应正常。

相关链接 9-3

空调的匹数是什么意思

匹数指的是电器消耗功率，1 匹=1 马力=735 瓦，匹并不指制冷量。平时所说的空调是多少匹，是根据空调消耗功率估算出空调的制冷量。一般习惯用 1 匹等于 2 500 瓦的制冷量（也就是 25 机型），1.5 匹约等于 3 500 的制冷量（也就是 35 机型）。其余机型可以根据制冷量来估算匹数，如 50 机型为 2 匹。

（资料来源：空调的匹数什么意思. 装修知识网，2009-12-20）

4. 空调器的选用与维护

（1）空调器的选购。例如，只考虑制冷，选购冷风型空调即可；需冬制暖、夏制冷，可选购冷暖两制式空调；在−5℃以上制暖，可选择热泵式；要求−5℃以下也能有较好的制暖效果，可选择电热型或热泵辅助电热型；需要保健、省电，可选健康、调频空调等。家庭经济条件好的，还可选户式中央空调。

空调器规格的确定，一般产品说明书上常有适用房间容积或面积这一项，用户可依此来选择空调器的制冷量。此外，用户还可以概略估算，一般按每平方米 150～170 瓦选用，若房间门窗多，日照强，可按每平方米 160～200 瓦选用，顶层房间可按每平方米 220～280 瓦选用。

（2）空调器的安装。窗式空调器一般安装在墙上或窗上，要求墙冷体和窗框结实牢固，墙洞平整。安装时空调器室外侧向下倾斜 5～10 毫米，以便顺利排出凝水；应使墙洞外罩两侧的进风扇叶露在墙外，以保证通风流畅；空内侧要有利于空气循环流通，以防死角。室外安装高度应以高于地面 1 米以上为宜。

分体式空调器除应遵守窗式的一般要求外，还由于分体式空调出厂时，室内机组、室外机组、连接管（线）分开包装运到用户，经现场组装连接、调试，才能形成一个完整的运行系统，所以分体式空调器的安装应由专业人员完成。另外，室内机组的安装部位要牢固，安全可靠，同时还应考虑操作方便，保持室内陈设的协调美观，排水管路的连接安放能够自然排水；室外机安装的地方要有坚实的底座，机组运行时发出的噪声和放出的热不要影响邻居。

（3）空调器的使用与维护。空调器安装完毕，不要马上通电，应按说明书规定注意事项仔细检查，待一切正常后才通电，接地须良好。开始先通风试转，然后逐一将各功能试转。空调器停止运转后，至少要过 3 分钟才能再次开机，否则容易损伤电机。

空调器应定期清洗过滤网，清洁面板及室内机壳，一般每年清洗 1～2 次；风扇、电动机要定期加润滑油。

（4）空调器简易故障排除方法如表 9-6 所示。

表 9-6　空调器简易故障排除方法

故障现象	产生原因	故障排除方法
整机不启动	（1）无电源 （2）保险丝断开 （3）有关继电器未复位 （4）电控系统部件上出了故障 （5）供电电压太低 （6）温控器旋钮置于高于室温的位置 （7）各开关、温控器等接触不良	（1）检查电源插头线与电源插座是否接触良好 （2）更换同规格保险丝 （3）等待一会儿，调整开关后再次启动，若还不行，应分段检查各个继电器 （4）用万用表按电器原理图分体分段检查或请专业人员维修 （5）用稳压电源供电 （6）将温控器旋钮置于适当的位置 （7）根据电器原理检查各开关是否接触良好

小思考 9-3

选购分体式空调器，为什么不仅要选空调器产品本身，还应选售后服务？

9.3.3　洗衣机

1. 洗衣机的分类与型号

（1）洗衣机分类。洗衣机根据不同的标准可以分为若干类型。

1）按洗涤方式分类。① 喷流式。在筒侧装有叶轮，叶轮以每分钟 500～600 转的速度回转，以叶轮激起的水流进行洗涤。② 波轮式。类似于喷流式，把叶轮安装在筒底，轮速的方向可以改变。我国小型洗衣机属此类。③ 滚筒式。衣料放入筒内，浸入水中。用类似敲打的方式进行洗涤。适合大型洗衣机。④ 搅拌式。用搅拌的方式进行洗涤，桶内搅拌叶片反复运动，使洗涤水流动，此类型日本最早使用。⑤ 喷射式。按喷气泵的原理从喷嘴压出高压水，使容器中的水发生循环而进行洗涤。⑥ 超声波振动式。将洗衣振动板产生的超声振动传导给水，用超声振动水进行洗涤。

2）按自动化程度分为普通、半自动和全自动洗衣机三种。国家标准规定，洗涤、漂洗、脱水各功能的操作需用手工转换的洗衣机为普通洗衣机；在洗涤、漂洗、脱水各功能之间，只有其中任意两个功能转换不用手工操作并自动进行的洗衣机为半自动洗衣机；同时具有洗涤、漂洗和脱水各功能，它们之间的转换全部不用手工操作而能自动进行的洗衣机为全自动洗衣机。有些先进的全自动洗衣机还具有烘干、熨烫甚至折叠功能。

3）其他分类。有手搓式、离心力式、离子洗净式、臭氧洗涤式、低噪声、多水流、变频、模糊控制、节能、智能洗衣机等。

（2）洗衣机型号的表示方法如图 9-10 所示。

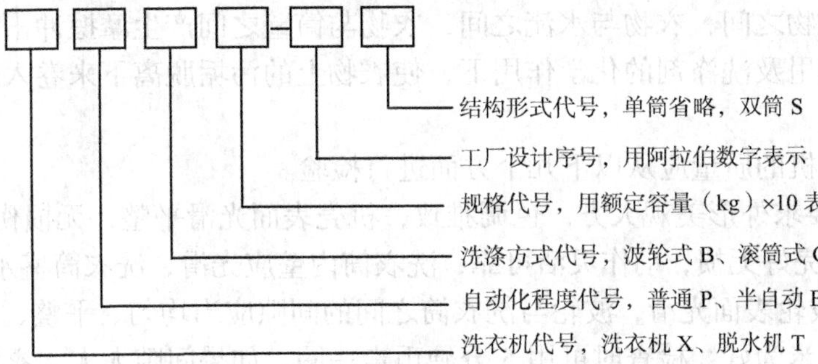

图 9-10　洗衣机型号的表示方法

例如，XQG50-3 表示洗涤容量为 5 千克的滚筒式全自动洗衣机，为厂家第 3 代产品。

2．洗衣机的质量要求与检验

（1）洗净比。洗净比是指在标准规定的洗净条件下，洗衣机洗净率与参比洗衣机洗净率之比。波轮式洗衣机洗净比不小于 0.8。

（2）织物磨损率。织物磨损率是指在达到一定洗净度指标情况下，被洗衣物的磨损程度。用失重比率来表示，波轮式洗衣机应不大于 0.2%。

（3）漂洗性能。漂洗性能是指洗涤的衣物放在清水中漂洗，去除附着在衣物上的洗涤剂溶液及污垢，最后达到漂清、洗净的能力。漂洗性能通常用漂洗比表示，洗衣机的漂洗比应大于 1。

（4）脱水率。标准规定，全自动波轮洗衣机脱水率应大于 45%，普通和半自动洗衣机脱水率应大于 50%，滚筒式洗衣机脱水率应大于 45%。

（5）噪声。要求不高于 65 分贝。市场上的洗衣机已远远小于该值。

（6）消耗功率。应在额定输入功率的 115%以内。

（7）节能环保性能。2013 年 10 月 1 日正式实施的洗衣机能效新标准《电动洗衣机能效水效限定值及等级》（GB 12021.4—2013），规定了电动洗衣机单位功效耗电量限定值、用水量限定值、节能评价值、节水评价值、能效等级和用水效率等级。本标准适用于额定洗涤容量为 13kg 及以下的家用电动洗衣机（以下简称洗衣机）；不适用于额定洗涤容量为

1.0kg 及以下的洗衣机和没有脱水功能的单桶洗衣机；不适用于搅拌式洗衣机；对于洗衣干衣机只考核其洗涤功能。

（8）绝缘电阻。洗衣机带电部分与外露的非带电金属部分之间的绝缘电阻不小于 2 兆欧。

（9）接地电阻。洗衣机的外露非带电金属部分与接地线末端之间的电阻应不大于 0.2 欧。

3. 波轮式洗衣机

（1）波轮式洗衣机的结构。洗衣机各种类型和机型的结构形式各异，但一般均由机箱部分、洗涤部分、脱水部分、控制部分、进排水部分等组成。

（2）波轮式洗衣机工作原理。洗衣机洗涤衣物是仿照人工洗涤方式，把衣物放在洗衣筒中，与水和洗涤剂一起，在机械力作用下使洗涤液剧烈地搅拌，衣物随水流不断旋转，上下翻流，衣物与衣物之间，衣物与水流之间，衣物与筒壁之间产生摩擦冲击，在这种机械的搅拌、揉擦、抛甩及洗涤剂的化学作用下，使衣物上的污垢脱离下来卷入水中，达到洗净衣物的目的。

（3）波轮式洗衣机的质量应从以下几个方面进行检验。

1）外观检查。要求外形美观大方，色调雅致，机壳表面光滑平整，无损伤，无锈蚀；各按钮、旋钮、开关完好无损，动作灵活可靠；洗衣筒内壁应光滑，洗衣筒盛水后不漏水。

2）波轮检查。波轮表面光滑，波轮与洗衣筒之间的间隙应当均匀、平整、无松动，一般间隙以不超过 2 毫米为好，检查时可用 5 分硬币走一圈。如果间隙太大，衣物易进入间隙而使衣物遭损害；如间隙太小，波轮与洗衣筒易产生摩擦，产生尖锐噪声。用手转动波轮，应比较轻快、均匀、无杂音。

3）运转检查。洗衣机通电运转时，应无较大的振动和较强的噪声，也不能有异常响声。程序控制器、定时器、各种开关等控制部件的控制，应正确无误。脱水筒运转时，打开脱水筒盖，应能立刻切断脱水电机电源，并随机制动脱水筒，机体应有良好的绝缘性，不漏电。

4）附件检查。进排水管、电源线、插头和说明书等是否齐全。

（4）波轮式洗衣机常见简易故障排除方法如表 9-7 所示。

表 9-7　波轮式洗衣机常见简易故障排除方法

序号	故障现象	产生原因	故障排除方法
1	洗衣机启动后电机不转	（1）保险丝熔断 （2）电源线插头与插座接触不良 （3）电容器无容量或短路 （4）定时器、洗涤开关触点接触不良 （5）电动机故障 （6）电源按钮没按下（全自动）	（1）更换同规格保险丝 （2）将电源插座铜簧片拨紧 （3）接好线头或更换同容量的电容器 （4）将定时器、洗涤开关重修 （5）送修 （6）将电源按钮按下

续表

序号	故障现象	产生原因	故障排除方法
1	洗衣机启动后电机不转	（7）水龙头未打开（全自动） （8）规定量的水未进足（全自动） （9）排水管未放下（全自动）	（7）打开水龙头 （8）进足规定水量 （9）将排水管放下
2	洗衣机漏水	（1）主轴（波轮下面）密封圈失效 （2）排水管破裂 （3）排水管接头松动 （4）洗衣筒底部焊缝开裂 （5）排水阀拉带太紧	（1）更换密封圈 （2）用强力胶（102）黏接 （3）同第 2 条 （4）同第 2 条或更换新筒 （5）重新调节拉带使之适当
3	脱水筒晃动严重	（1）3 个减震簧松动 1 只 （2）脱水筒与电机连接轴紧固螺丝松动（上下各一） （3）地面不平	（1）重新紧固 （2）重新紧固 （3）放平稳
4	洗衣电机运转，脱水电机不转	（1）定时器开关触点未接触 （2）脱水筒掀盖制动开关触点未接上 （3）脱水电机、电容器损坏	（1）重新拨紧触点使之接触良好 （2）同第 1 条 （3）更换新的同规格脱水电机、电容器
5	脱水筒制动性能不好	刹车拉杆与刹车挂板的连接太紧，刹车时刹车块与刹车圆盘接触面小不紧密	调整刹车拉杆与刹车挂板孔眼的位置，使其适当

4. 滚筒式洗衣机

（1）滚筒式洗衣机的分类。滚筒式洗衣机按洗衣筒的安装方式不同，可分为立式滚筒洗衣机和卧式滚筒洗衣机两种。立式滚筒洗衣机由于须增加限位装置，结构较复杂，造价高，现在很少生产。目前国内外常见的是卧式前装滚筒洗衣机（见图 9-11）。

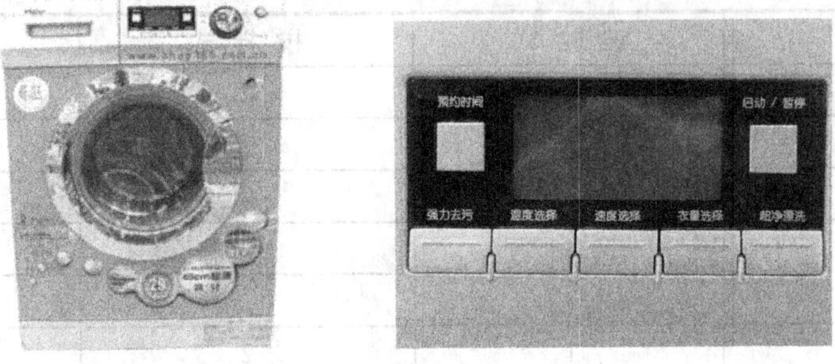

图 9-11　卧式前装滚筒式洗衣机

卧式滚筒洗衣机按装入衣物的方式不同又分为前装式和上装式两种。前装式滚筒洗衣机的正前方开有一处圆形可开闭的门，洗涤物由此门投入或取出。门上安装玻璃视孔。透过它可清晰地观察筒内衣物的洗涤情况。上装式滚筒洗衣机不设玻璃视孔，形状呈箱式，由箱顶部开门，洗涤物从洗衣机的顶部投入或取出。该种洗衣机的滚筒可由两个轴承支撑，工艺要求相对较低。

滚筒式洗衣机按洗涤水的温度来分有冷水洗衣机和热水洗衣机两种。冷水洗衣机是指没有加热装置的洗衣机，热水洗衣机是指配有洗涤水加热器的洗衣机。热水洗衣机的水温常控制在40℃～60℃，必要时也可调到90℃左右，用于消毒杀菌。

滚筒式洗衣机按有无烘干功能分类，可分为无烘干功能洗衣机和带烘干功能洗衣机两种。带烘干功能的洗衣机还可分“加温蒸汽烘干”和“蒸汽冷凝烘干”两种。

（2）滚筒式洗衣机的结构。滚筒式洗衣机主要由进排水系统、洗涤系统、传动系统、支撑系统、电气控制系统和加热干衣系统六部分组成。

5. 洗衣机的选购

洗衣机的种类很多，常见的波轮式、滚筒式和搅拌式三种洗衣机各有特点，选购时可根据具体情况选择。

（1）波轮式洗衣机。它的优点是结构简单、洗涤速度快、省时省电、洗净度高且价格便宜。由于很多部件采用塑料制造，因而重量轻、噪声小。其缺点是缠绕率高，由于衣物缠绕，外部衣物洗得很干净，但绞在内部的衣物洗得不很理想，显得均匀性略差。波轮在底部，衣服压在波轮上，波轮高速转动，与波轮接触的衣物，其磨损较大，为减少磨损，提高洗净度，往往耗水量增大。

（2）滚筒式洗衣机。它的优点是洗涤均匀性好，缠绕率和损衣率极小。自动化程度高，耗水量很小。它的缺点是洗净度低。为了提高洗净度，往往采用热水洗涤，因而耗电量大。它的结构复杂，大多采用金属制造，重量重，不易搬动，价格较贵，为波轮式的1.5～2倍。

（3）搅拌式洗衣机。它表面上看起来像波轮式洗衣机，其实其运动方式不同。它的搅拌叶转角小于360°，洗衣筒底部不高速旋转，因此，它的水流力度与相互之间的摩擦力较小。洗净度介于波轮式与滚筒式冷水洗衣机之间。搅拌式洗衣机的优点是洗净度高、洗涤均匀、损衣率小且缠绕率低，许多特点看来均介于波轮式与滚筒式之间。

3种形式洗衣机的优缺点比较如表9-8所示。

表9-8 3种洗衣机的优缺点比较（1表示好，2表示较差，3表示最差）

特　点	波轮式	搅拌式	滚筒式
洗净度（水温30℃）	1	2	3
洗净均匀性	3	2	1
缠绕率	3	2	1
损衣率	3	2	1
耗水率	3	2	1
耗电量	1	2	3
洗涤剂用量	2	2	1
洗涤时间	1	2	3
自动化程度	2	2	1
脱水率	1	2	2
噪声	1	3～2	2

续表

特　点	波轮式	搅拌式	滚筒式
结构简单程度	1	3～2	3
外形、重量	1	2	3

案例分析 9-3

家电能效新标准执行：高耗能产品淡出

2013 年 10 月 1 日起平板电视、变频空调、洗衣机、吸油烟机、空气能热水器等五类家电的新能效标准实施。按照新能效标准，目前市场上 30%的空调和 50%的洗衣机将逐渐被淘汰。这项政策执行了一个多月，家电市场境况如何？11 月 13 日，记者对此进行了走访市场。尽管“双 11”的销售劲头已经过去，但电商们的“争夺战”依然在持续上演。在市中区公园街某卖场，不少平板电视的促销手段依旧多样化。而在不少电视机外包装上记者发现，大多数都是 1 级能效。而空气能热水器的能效也大多为 1 级和 2 级，难觅 3 级及以的产品。

在走访中记者了解到，滚筒洗衣机的能效等级基本都是 1 级，波轮洗衣机以 2 级居多。在市中区街心花园某电器卖场销售人员表示，目前使用新能效标识的洗衣机还很少，大部分产品都是年初上的款，而滚筒洗衣机几乎都是 1 级能效，且都打出了“变频”的牌，比 2 级能效的波轮洗衣机更节能，洗衣量 6kg 左右，最便宜的产品售价比也仅仅只比老款产品贵了 400～600 元。据介绍，洗衣机的价格主要还是取决于款式和功能，新能效标准只能说是作为消费者选购的一个参考标准，还没有促进用户直接购买。

在公园街的一家卖场，记者发现空调的能效一般为 1～3 级，已经难觅 4 级和 5 级能效的空调了。某品牌空调上架了部分实施新能效标识的产品，据导购介绍，一切皆因新能效标准的执行，淘汰掉了原本耗能高的产品。记者发现，该品牌一款 1.5 匹的变频空调，外表、款式、功能都大致相同的情况下，有 3 级能效、2 级能效、1 级能效三种机型，价格分 别为 4 430 元、4 950 元、6 900 元，3 级能效和 1 级能效之前竟然相差了 2 000 多元。对此，销售人员称，新机型除了有新能效标准的加强功能，更在除甲醛、净化空气上做起了文章，因此肯定比老款贵。

市民：实惠最重要。记者随机走访的一些市民都表示，不管能效等级是高还是低，性价比高才是硬道理，如果价格相差不大，消费者当然选能效等级高的。“比如买一台 1 级能效的电器，够买两台 2 级能效的电器了，那肯定是买便宜一点的。”在市中区玉溪路，正在选购空调的邓治文表示。

他根据销售人员提供的数据，简单算了一笔账：如果购买一台 1 级能效变频空调，比 2 级能效贵 800 元左右。按照新标准，1 级能效空调一小时约耗电 0.4 度，比 2 级省电 0.3 度。如果每天开 8 小时空调，能省 2.4 度电，每月节电 72 度，不考虑峰谷电价和阶梯电价，按每度 0.48 元计算，每月省电费 34.56 元。假设一年有 6 个月需要使用空调，一年可省电费 207.36 元。以多付 800 元，去省 207.36 元，在很多会细算的精明消费者看来，是不太可能接受的事。

尽管随着节能环保的主题日益推广和深入，未来发展空间巨大，但对于新出来的标准，很多消费者表示不太能“买账”。从事家电销售行业的肖女士分析：“百姓买东西就是货比三家,价格一直都是决定消费者选购重要因素,物有所值甚至物超所值才对胃口。”

（资料来源：丁洁. 家电能效新标准执行：高耗能产品淡出. 内江晚报，2013-11-15）

问题：家电市场上标有能效标志的商品有哪些？能效新标准实施后对我国的家电市场产生了什么样的影响？

相关链接 9-4

主要家用电器的目标寿命和寿命设定的基准如表 9-9～表 9-12 所示。表 9-13 列出了部分国产家电保修期规定。

表 9-9 电冰箱主要零部件的目标寿命和寿命设定的基准

零部件名称	目标寿命	寿命设定的基准
压缩机	40 000 小时	11 小时/日，8 年共 32 120 小时
风扇电机	35 000 小时	11 小时/日，8 年共 32 120 小时
温控器	150 000 次通断	2 次通断/小时，8 年共 140 160 次
除霜定时器	1 000 次通断	2 次通断/日，8 年共 5 840 次
除霜加热器	1 000 小时	2 次通断/日（30 分钟/次），8 年共 2 990 小时
门灯开关	15 000 次通断	50 次通断/日，8 年共 146 000 次
箱内照明灯	1 000 小时	50 次通断/日（10 秒/次），8 年共 406 小时

表 9-10 空调器主要零部件的目标寿命和寿命设定的基准

零部件名称	目标寿命	寿命设定的基准
压缩机	27 600 小时	8 小时/日×日/年×10 年
室内风扇电机	27 600 小时	8 小时/日×日/年×10 年
室外风扇电机	27 600 小时	8 小时/日×日/年×10 年
压缩机继电器	20 700 小时	3 小时/日×日/年×10 年
变压器	82 800 小时	24 小时/日×日/年×10 年
四通阀	13 800 次	1 次/小时×8 小时/日×150 日/年×10 年
滤尘网安装框架	400 次	摘下 1 次/15 日×300 日/年×10 年
开启式面板结构	650 次	关闭 1 次/周×300 日/年×10 年

表 9-11 洗衣机主要零部件的目标寿命和寿命设定的基准

零部件名称	目标寿命	寿命设定的基准
洗涤运转部件	2 100 小时	洗涤连续运转（7 年相当）
脱水运转部件	1 030 小时	脱水断续运转（7 年相当）
循环运转部件	6 200 小时	循环连续运转（7 年相当）

续表

零部件名称	目标寿命	寿命设定的基准
机盖（开闭试验）	15 400 次	机盖开闭试验（7 年相当）
机盖（开闭强度）	756 次	机盖开闭强度（7 年相当）
控制电路	15 400 次	开关动作试验（7 年相当）

表 9-12　微波炉主要零部件的目标寿命和寿命设定的基准

零部件名称	目标寿命	寿命设定的基准
磁控管	2 000 小时	0.5 小时/日×365 日/年×9 年
高压变压器	3 000 小时	0.5 小时/日×365 日/年×9 年
高压电容器	3 000 小时	0.5 小时/日×365 日/年×9 年
转盘电机	3 000 小时	1.0 小时/日×365 日/年×9 年
风扇电机	3 000 小时	0.5 小时/日×365 日/年×9 年
定时开关	50 000 次	12 次/日×365 日/年×9 年
各类继电器	125 000 次	12 次/日×365 日/年×9 年
炉内照明灯	3 000 小时	1.0 小时/日×365 日/年×9 年

表 9-13　部分国产家电保修期规定

名称 / 项目	整机主要部件包修期（年）		主要部件名称	折旧费（%）	备　注
彩色电视机	1	3	显像管、行输出变压器、高频头、集成电路、印刷电路板	0.02	折旧费按日计算。例如，价值 5 000 元的彩色电视机，半年内退货，折旧费按 0.02 %计算，即每日收折旧费 1 元
黑白电视机	1	3	同上	0.01	
电冰箱	1	3	压缩机、蒸发器、过滤器、冷凝器、毛细管、温控器	0.02	
洗衣机	1	3	电机、定时器、开关、电容器	0.01	
电风扇	1	3	同上	0.01	
收录机	0.5	1	磁头、马达、开关、电位器、集成电路	0.02	

［资料来源：傅福良．家电产品的设计寿命与保修期．家用电器，2001（5）和 2001（4）］

本章小结

家用电器的种类很多，一般按工作原理分为 5 类，按用途分为 12 类，每类均有一些代表性品种。家用电器有 7 大特点。家用电器有关品种的消费是通过人的感觉器官来实现的，有的家电品种是声、光、电相互作用的产物，有关家电的基础知识是人耳和人眼特性、声学知识、光学知识、无线传播等。

组合音响、彩色电视机、电冰箱、空调器、洗衣机是常见的5大件家用电器，这里概述了它们的种类、性能特点、型号、结构、工作原理、质量要求与检验、选用和维护等知识和技能。

主要概念

电子器具　组合音响　同步灵敏度　变频空调器　洗净比

课堂讨论题

1. 家电基础知识与家电质量评价有何关系？
2. 如何评价一台电视机的质量？

自 测 题

1. 判断题

（1）家用电器是指在家庭和类似使用条件下的电子器具和电器器具的总称。（　　）

（2）人耳对声音强弱的感觉与声强成对数关系。（　　）

（3）四喇叭组合音响是立体声音响。（　　）

（4）在彩色电视机调试中，先调清楚黑白图像，再加色彩为好。（　　）

2. 填空题

（1）光的三基色是红、________、________三色。

（2）电视机是显像方式有荧光显示、________、________等。

（3）电冰箱主要电箱体、________和________三部分组成。

（4）XQG35-2，表示洗衣容量为_______千克的______全自动洗衣机，是厂家第2代产品。

3. 选择题

（1）不属于冷冻器具的家用电器是（　　）。

A. 电冰箱　B. 空调器　C. 冷饮机　D. 冷冻箱

（2）组合音响CD唱机的放音频响是（　　）。

A. 6.3～100kHz　B. 18～60kHz

C. 20～30kHz　D. 20～20kHz

（3）三星级电冰箱冷冻室温度应不高于（　　）。

A. −6℃　B. −12℃　C. −15℃　D. −18℃

（4）制冷量在25～45千瓦空调器的能效比不应小于（　　）。

A. 2.60　B. 2.80　C. 3.30　D. 2.40

4. 简答题

（1）简述家用电器的分类品种。
（2）组合音响有哪几个主要部分？各有何功能？
（3）怎样才能看到理想的电视机图像？
（4）电冰箱是怎样制冷的？
（5）洗衣机按洗涤方式可分为哪几种？常见的是哪三种，各有何特点？

实训题

1. 技能题

（1）开展一次电视机的检验、调试和咨询服务活动。
（2）进行一次市场上家用电器分类品种及质量状况的调查，并写出调查报告。

2. 案例分析题

组合音响的装配、调试和咨询服务。其鉴定评分表如表9-14所示。

表9-14 组合音响操作技能鉴定评分表

鉴定项目	鉴定标准	评分标准	鉴定记录	成绩	
				扣分	得分
装配调试	装配、调试顺序正确，操作熟练，能迅速正确地装配好音响，能迅速正确地调出各波段收音，并熟练地进行内外录、转录、放音、唱片插放，调试后音量适中，音色丰富，立体声的空间临场感强。时间12分钟	质量48分，时间12分，共60分。装配、调试步骤不对各扣1~5分，收音波段差错每个扣2分，录放4种形式差错每种扣3分，唱片插放差错扣5分，调试音量、音色不合要求扣2~7分，立体声感不强，扣2~8分。时间每超20秒扣1分			
咨询服务	正确迅速地介绍、展示组合音响各部分的功能，使用保养方法，并准确回答有关询问，耐心热情周到。时间8分钟	质量32分，时间8分，共40分。介绍错误每项扣1~3分，语言、语调、耐心、不合要求各扣2~4分，不熟练扣1~3分。每超过20秒扣1分			
			合计		

考评员： 计时员：

问题：鉴定后，对所鉴定组合音响的质量做一个评价。

3. 实习题

进行电器类有关小家电品种的简易故障排除。

第10章

装潢装饰商品

◇ **本章学习目标** ◇

知识目标：了解装潢装饰商品的分类品种和发展方向。

技能目标：认识装潢装饰商品有关品种的结构和组成，掌握装潢装饰商品有关品种的性能特点、质量要求与选用。

能力目标：能够运用所学的知识和技能，进行装潢装饰商品的质量鉴别、挑选使用和咨询服务。

引导案例

国际建筑涂料三大发展方向

向水性化发展。现在世界涂料品种结构向着减少 VOC 等方向发展，水性涂料是其中发展方向之一。提高水性涂料的质量、开发新的品种是巩固和发展水性涂料的重要环节。

向功能化发展。目前除应在防火、防毒、防虫、杀虫、隔热保温等现有质量水平较低的功能涂料上加大力度、进行科研攻关外，复合化技术将是提高和满足各类功能的有效途径。

向高性能高档次发展。作为涂料的一种理想性能，不仅要保护和美化基材，而且给予基材本身无法具有的特殊功能，使用一些新的基料就可以使涂料获得非常惊人的高性能化、高增值化、高级化的效果，如高耐候性的氟树脂涂料，用于建筑方面取得良好的效果。

这个案例表明，产业的高速发展，装潢装饰商品新技术、新产品层出不穷。随着人们生活水平的不断提高，对生活环境有了更高的要求，装潢装饰商品消费的比重会逐渐增加，装潢装饰商品的种类很多，这里主要介绍几种常见的装潢装饰商品。

10.1 瓷砖和石材

10.1.1 瓷砖

瓷砖是以耐火的金属氧化物及半金属氧化物，经由研磨、混合、压制、施釉、烧结的过程，而形成的一种耐酸碱的瓷质或石质等的建筑或装饰的材料，总称为瓷砖。其原材料多由黏土、石英砂等混合而成。自古以来陶瓷就是一种良好的建筑装饰材料，瓷砖常见的品种有陶瓷锦砖、釉面砖和墙地砖等。

1. 陶瓷锦砖

（1）陶瓷锦砖的特点。陶瓷锦砖又称马赛克、铺地瓷砖、纸皮砖，是以优质陶土为主要原料，半干法压制成型，高温烧成的制品。边长小于40毫米的主要是无釉制品。陶瓷锦砖按一定图案反贴在牛皮纸上，每张大小约30厘米×30厘米称作一联，每联面积约为0.093平方米，每40联装一箱。

陶瓷锦砖有正方形、长方形、六角形、对角形、子弹形、斜长条形等形状，不同形状陶瓷锦砖组合可以得到许多种拼花图案，再加上不同色彩，可制成几百种不同图案。

陶瓷锦砖的特点是质地坚实、经久耐用、色泽多样、耐酸、耐火、耐磨、不渗水、易清洗、吸水率小等，因此常用于工业、民用建筑、洁净车间、门厅、厕所、浴室等场所的地面装饰，建筑物内、外封闭装饰等。

（2）陶瓷锦砖的检验。陶瓷锦砖的规格有20毫米×20毫米、25毫米×25毫米、30毫米×30毫米、40毫米×40毫米等，厚度为4～6毫米。

1）单块陶瓷锦砖尺寸公差与外观质量。

边长：（20±0.3）毫米。厚度：（4.0±0.3）毫米。

边长：（25±0.3）毫米。厚度：（4.2±0.3）毫米。

以无变形、缺角、缺边、斑点、裂纹、折皱及开口气泡等缺陷为优质品。对合格品要求如下。

缺边：长3.0～4.0毫米，宽1.0～2.0毫米，允许1处。

开口气泡：长度不大于1毫米。

变形：变曲度不大于0.5毫米。

注意：检查时在同一块马赛克上不允许缺边角同时存在。

2）每联陶瓷锦砖的线路、联长、周长边距的尺寸公差如下。

联：联长（327±2）毫米，（321±2）毫米。

线路：单联中行列间距（2.0±0.3）毫米。

周边距：单联中饰面露出部分与纸边距离为2～7毫米。

3）每批色泽应基本一致，检验时取9联陶瓷锦砖，在光线充足地方铺成正方形，距1.5米处目测。

4）陶瓷锦砖与铺贴纸间有一定黏结力，检验时可用两手捏住单联陶瓷锦砖的一边两端，使其直立，然后平放，反复3次，不脱落者为合格。还可以将一联陶瓷锦砖贴纸向内卷曲成筒状，然后摊平，反复 3 次，不脱落者为合格。

5）脱纸时间检验不应大于 40 分钟。检验时将陶瓷锦砖一联放于 18℃ ~ 25℃水中，铺贴纸朝上，使水刚浸没试样。5 分钟时，捏住联的一边的两端，轻轻提出水面。检查应无单块陶瓷锦砖脱落；40 分钟轻轻揭纸，有 70%以上的陶瓷锦砖为合格。

（3）陶瓷锦砖成品包装。每联上应有商标、厂名；纸箱内衬防潮纸；包装箱上印有成品名称、制造厂名、商标、出厂日期、颜色、规格、数量，并应标注防潮、易碎、堆码方向标志；箱内应附有质检单。

2. 釉面砖

（1）釉面砖的特点。釉面砖又称瓷砖、釉面瓷砖，是以瓷土为原料，制成泥坯后，表面施釉高温烧制的陶质饰面材料。

釉面砖有白色釉面砖、彩色釉面砖、印花釉面砖、图案釉面砖等。表面由于施釉，非常光滑，易于清洗，色泽多样，抗污力强，美观耐用，适用于建筑物、浴室、盥洗间、厨房墙面防护及装饰。

（2）釉面砖的检验。尺寸有 152 毫米×152 毫米×5 毫米或 108 毫米×108 毫米×5 毫米。直观检验主要是目检釉面砖外观质量，影响使用较直接的缺陷有裂纹（一、二级品不允许，三级品釉下裂纹总长小于 20 毫米）、缺釉、剥边等。这些缺陷容易使装修后釉面砖遇到潮湿环境，产生开裂、龟裂、脱落等现象，如使用条件较潮湿或使用在直接与水接触的部位，最好选用一级品。

检验釉面砖注意厚度要够 5 毫米。有无裂纹、翘曲，表面有无杂质和气泡等缺陷。敲击声音应清脆。釉面砖四边要平直，可将釉面砖整齐地码成一垛，容易看出砖是否平整。此外还应注意“色号”，色号相差越多，颜色差异越大。

3. 墙地砖

（1）墙地砖的特点。墙地砖是用于建筑物外墙及地面装饰的块状陶瓷制品，分有釉、无釉两种。无釉的是将破碎成一定粒度的陶瓷原料经筛分、半干压成形，于窑内高温焙烧制成的。无釉砖具有硬度大，抗压强力高，耐磨性好，吸水率较低等特点。带釉制品则在坯上施以釉再经釉烧而成，彩釉砖色彩美观，图案新颖，防水、防潮性良好，有较高强度、较好耐用性等。

（2）墙地砖的检验。常用规格有：辅地砖用 300 毫米×300 毫米、400 毫米×400 毫米、600 毫米×600 毫米、330 毫米×330 毫米、200 毫米×200 毫米，厚度 7 ~ 9 毫米，以正方形为主。墙用 95 毫米×45 毫米、200 毫米×100 毫米、250 毫米× 330 毫米、450 毫米×330 毫米、150 毫米×75 毫米等，以长方形为主。陶瓷墙地砖的检验要点有以下几个。

1）产品变形程度。陶瓷墙地砖变形程度控制表如表 10-1 所示。

表 10-1　陶瓷墙地砖变形程度控制表

变形种类	优等品（%）	一级品（%）	合格品（%）
中心弯曲度	±0.50	±0.60	+0.80 ~ −0.60
翘曲度	±0.50	±0.60	±0.70
边直度	±0.50	±0.60	±0.70
直角度	±0.50	±0.70	±0.70

（2）墙地砖背面凹凸纹。对墙地面黏结强度影响大，标准规定墙地砖的凸背纹高度，凹背纹高度、凹背纹深度均不小于 0.5 毫米，检验时还应注意砖的背面不应有妨碍黏结的明显釉料黏附、裂纹、龟裂、夹层等。

（3）吸水率和抗冻性。直观检验可取一块墙地砖，在砖背面滴上几滴水，如水滴能迅速被吸收、扩散，表明吸水率在 10%左右；如水滴扩散较慢，表明墙地砖吸水率在 5%左右；如果水滴几乎不浸润、不扩散，则表明墙地砖吸水率在 3%以下。在寒冷地区，陶瓷墙地砖的吸水率在 5%以下，才能满足抗冻性要求。

（4）耐磨性。陶瓷地面砖须做耐磨性检验。简易方法是用一块砂轮，用手均匀用力在砖表面划痕，如不易产生损伤，说明该砖耐磨性较好。

（5）色差检验。铺 1 平方米四方形墙地砖在光亮充足处，相距 1.5 米目测，各块陶瓷墙地砖色泽应无明显差异。

（6）厚度。厚度要达到 8 毫米。

（7）检查陶瓷砖是否有夹层。双手各执一块陶瓷砖用一块敲打另一块砖面，例如，敲击声音清脆，则砖无夹层；敲击声音低沉、闷浊，则砖有夹层，有夹层的陶瓷砖弯曲强度偏低。

在检验陶瓷砖时还应注意全瓷砖和釉面陶瓷砖的区分。全瓷砖比釉面瓷砖吸水率低、硬度大，表面还有防滑作用，砖面上洒上水也不会有脚滑的感觉。要谨防釉面砖假冒全瓷砖或用石膏等假冒原材料生产的劣质陶瓷砖。

相关链接 10-1

瓷砖的质量鉴别

1.看。质量好的瓷砖首先色泽要均匀，表面光洁度及平整度要好。釉面应均匀、光亮，无斑点、缺釉、磕碰现象，四周边缘规整。釉面不光亮、发涩、或有气泡都属质量问题。其次，周边规则，图案完整。消费者购买后可以从同一包装箱中抽出几片，对比有无色差、变形、缺棱少角等缺陷。

2.听。可以拿一片砖去敲另一片，或用其他硬物去敲一下砖。如果砖的声音清脆、响亮，说明砖的质量好、烧的熟。如果声音异常，说明砖内有重皮或裂纹现象。重皮就是砖成形时，料里空气未排出，造成料与料之间结合不好、内裂，从表面上看不出来，只有听声音才能鉴别。也可以左手拇指、食指和中指夹瓷砖一角，轻松垂下，用右手食指轻击瓷砖中下部，如声音清亮、悦耳为上品，如声音沉闷、浑浊为下品。

3.试。将水滴在瓷砖背面，看水散开后浸润的快慢。一般来说，吸水越慢，说明该瓷砖密度越大，质量越好。反之，吸水越快，说明密度稀疏，其品质就不如前者。

4.量。瓷砖边长的精确度越高，铺贴后的效果越好。买优质瓷砖不但容易施工，而且能节约工时和辅料。用卷尺测量每片瓷砖的大小周边有无差异，精确度高的为上品。可以把砖一块挨一块竖起来，比较砖的尺寸是否一致，小砖偏差允许在正负 1 毫米，大砖允许在正负 2 毫米。

品牌也是购买瓷砖的一个考量标准。国内瓷砖品牌的设计风格以及花色等，已经与国际接轨，制造工艺和技术已经非常成熟。在国标高于欧标的建材产品当中，瓷砖是为数不多的建材产品之一。部分国产产品一点也不逊色于国外知名品牌，价格却低了许多。

（资料来源：瓷砖的质量鉴别. 中国瓷砖网，2011-04-26）

10.1.2 石材

用于建筑装饰的天然饰面石材品种很多，主要是花岗岩和大理石两大类。

1. 花岗岩

花岗岩是地壳深部形成的岩浆岩的一种，形成时由于冷却速度慢且均匀，同时受到上部地壳极大压力，因而有利于内部结晶及致密结构的形成。花岗岩是由长石、石英、云母及少量深色矿物构成的粗结晶岩石，其中长石含量达40%～60%，石英含量达20%～40%。建筑石材中所指的花岗岩并不限于纯花岗岩，通常指具有装饰功能、能磨平、抛光的各种岩浆岩，包括各种花岗岩、辉长岩、闪石岩、辉绿岩等。

我国花岗岩资源丰富，产地很多，主要有山东泰山、崂山，陕西华山，湖南的衡山，安徽黄山，江苏金山，浙江莫干山，北京地区、广东、福建、四川等省均有出产。我国花岗岩石材品种多、结构好，既有石质均匀细腻的细粒结晶的优质品，又有中粒结构的大宗产品，颜色应有尽有，还有不少名、优、特品种，如白虎涧、周口红、济南青、莱州红、泰安绿、厦门白、大花等。已开采利用的达40余种。

花岗岩质地坚硬，结构致密，硬度大，抗压强度高，耐磨性好，吸水率小，抗冻性高，抗风化能力好。花岗岩是酸性矿石，因此耐酸性极高，对碱的浸蚀也有较强的抵抗能力。花岗岩作为建筑材料由于其硬度大，难于加工开采，且质脆，耐火性差，当温度达800℃以上时，花岗岩中二氧化硅的晶体变化会使花岗岩爆裂。花岗岩中的美丽色彩，主要由所含长石的颜色决定。通常有浅灰、微黄、浅红和桃红等色，若含长石为白色、红色，如含大量黑云母、角闪石等深色矿物，也会出现稀有的白色、红色及黑色等品种。

花岗岩主要用作建筑的结构和装饰。要求耐久而又无火灾危害的公共建筑物可用它来作结构材料。花岗岩的整形片石表面经磨光、抛光后是十分贵重的建筑装饰材料。表面经加工的花岗岩露出美丽的晶粒和花纹，呈粉红、灰、黄等多种颜色，又由于它对空气中的酸有抵抗能力，硬度大，所以比大理石用途更为广泛。

花岗岩中作为建筑装饰材料用的板材，对其质量要求很高，尤其是装饰建筑的内外墙面、柱面、台面所用板材对外观质量要求更高。外观质量通常从色调、花纹、镜面光泽度三方面进行评价。其中色调、花纹主要与花岗岩产地有关，镜面光泽度是评价加工质量的重要指标。因表面光泽如镜的板材不仅可以反映出较高的加工水平，更重要的是可以烘托色调、花纹，显示出优异材质及整体建筑美。

2. 大理石

大理石因盛产于我国云南大理而得名。大理石是石灰岩经变质结晶而成的，它具有致密的隐晶结构，主要成分是氧化钙，并含有石墨、蛇纹石、石英、硅灰石及某些金属氧化物，有的还混有动植物的尸骨。由于这些物质形状色彩的影响，使大理石一经加工就显出各种美丽的图案花纹。

虽然以氧化钙为主要成分的石灰岩在地球上到处皆是，但是具有致密隐晶结构的大理石却不多，因此它是一种珍贵的建筑装饰材料。大理石产地有湖北、云南、广东、广西、贵州、北京、辽宁、安徽等省（市）。

大理石用于建筑装饰有很多优越性能。硬度不高，莫氏硬度 2～3，因此易切割磨光，但大理石加工成的镜面很容易被其他硬物划伤，增加了储运的难度，且在使用时不如花岗岩坚固。大理石具有微透明性，适于各种雕刻品和工艺品；大理石抗压强度能达 700～1 500 千克/平方厘米，完全合乎建筑要求。大理石的最大特点是具有不同的色泽和多变的花纹、斑点，其装饰作用就是靠这些色彩和花纹来实现的。大理石的化学稳定性不好，耐久性差。因其主要成分氧化钙在空气中易被酸分解，空气中的酸性气体的作用，会使大理石失去光泽，甚至斑痕累累，失去它美观的装饰作用。大理石中的汉白玉、艾叶青等质纯、杂质少的比较稳定耐久的品种可用于室外，其他品种不宜用于室外，一般只用于室内装饰用。

大理石品种很多，有近百个花色品种，其品种划分是按产地及磨光后镜面所显现的花纹及色彩进行的。大理石色彩主要有白色，如汉白玉等；灰色，如云南灰、杭灰等；绿色，如荷花绿、绿色金玉等；红色，如徐州红、红奶油、东北红等；黑色，如墨壁、苏墨、墨玉等。

大理石饰面板材都是经研磨抛光后的镜面板材，表面光亮如镜，晶莹剔透，质感光洁细腻，所以选用时主要考虑其表面的色调花纹与室内其他部位的材料相协调即可。大理石质量除石材性能指标外，还要看外观色彩、花纹、镜面光泽度等。

小思考

在天然饰面石材中，花岗岩比大理石装饰效果好，所以我们看到的饰面石材基本上是花岗岩，这种说法对吗？

3. 石材质量检验

（1）石材质量常规检验。石材质量的好坏，直接关系到装饰的效果和使用寿命，对已加工好的成品饰面石材，其质量可从以下四个方面检验。

1）观。肉眼观察石材的结构构造，内部是否存在细脉、微纹、缺棱少角。均匀的细料结构的石材具有细腻的质感，为石材之佳品；粗粒及不等粒结构的石材其外观效果较差，机械力学性能也不均匀，质量稍差。另外，天然石材中由于地质作用的影响在其中产生一些细脉、微裂隙，石材最易沿这些部位发生破裂，应注意剔除。至于缺棱少角更是影响美观，选择时尤应注意。

板材经抛光加工后，表面应光泽如镜。站在板材对面或成 60 度角的侧面，如能在石材板面上看到人的虚影，光泽度约在 90%以上；若板材表面虽然平整，但表面无光泽感，“发乌”，则光泽度不合格。

2）量。测量尺寸规格是否在标准允许范围内，是否影响拼接效果。石材加工质量检验方法如下。① 一平。要求板材表面平整。将两块板材正面合在一起，观察中间的缝隙，当板材长度小于 400 毫米时，该缝隙小于 0.5 毫米×2（单块板材不平度为 0.5 毫米）；板材长度小于 800 毫米时，缝隙小于 1.0 毫米×2（单块板材不平度为 1.0 毫米）为合格。② 二方。

要求板材的四条边应垂直归方。将四块板材相拼时，观察相接各边之间缝隙的大小。当板材长度小于400毫米时，该缝隙小于0.6毫米×2（单块板材角度偏差为0.6毫米）；板材长度大于400毫米时，该缝隙小于0.8毫米×2（单块板材角度偏差为0.8毫米）为合格品。③ 三够长。要求板材长度、宽度、厚度符合工程设计要求，规格公差应符合国家标准规定。板材长度和宽度允许比标准规格小2毫米，厚度允许比标准大2毫米或小3毫米为合格。

3）听。听石材的敲击声音。质量好的，内部致密均匀且无显微裂隙的石材的敲击声悦耳；相反，若石材内部存在显微裂隙或细脉因风化导致颗粒间接触变松，则敲击声粗哑。

4）试。用简单的试验方法来检验石材的质量好坏。通常在石材的背面上滴上一小滴墨水，如墨水滴很快四处散出，则表示石材内部颗粒接触较松或存在显微裂隙，石材质量不好；反之，若墨水滴在原处不动，则说明石材致密、质地好。

（2）石材放射性检测。天然石材中的放射性危害主要有两个方面，即体内辐射与体外辐射。体内辐射主要来自放射性辐射在空气中衰变为一种放射性物质氡及其子体。氡是自然界唯一的天然放射性气体，它在作用人体的同时会很快衰变成人体能吸收的核素，进入人体的呼吸系统造成辐射损伤，诱发肺癌。统计资料表明，氡已成为除吸烟以外人们患肺癌的主要原因，我国每年约有 5 000 人因氡及其子体致肺癌而死亡。另外，氡还对人体脂肪有很高的亲和力，从而影响人的神经系统，使人精神不振，昏昏欲睡。

体外辐射主要是指天然石材中的辐射体直接辐射人体后产生一种生物效果，会对人体内造血器官、神经系统和消化系统造成损伤。

石材放射性检测分两项：V照射量率检测；放射性核比活度检测。根据《天然石材产品放射防护分类控制标准》（JC 518—1993），按放射性核素比高低值，将天然石材分为A、B、C 3类。A类石材镭当量浓度$C^{e}_{Ra} \leqslant 350Bqkg^{-1}$，镭放射性比活动度$C^{e}{}_{R} \leqslant 200Bqkg^{-1}$，对人体无危害，使用范围不受任何限制，包括全部大理石类，绝大部分板石类以及暗色、灰色系列及大多数浅色系列花岗岩类产品，合计约占全部天然装饰石材85%。B类石材$C^{e}_{Ra} \leqslant 700Bqkg^{-1}$，$C^{e}{}_{R} \leqslant 250Bqkg^{-1}$，除居室内不宜使用外，其他一切建筑物内外饰面和工业设施都可使用。C类石材$C^{e}_{Ra} \leqslant 1\,000Bqkg^{-1}$，$C^{e}{}_{R}$不加考虑，其使用范围受到限制，可用于建筑物的外饰面。超出C类石材，可用于海堤、桥墩及碑石等。不高出当地天然放射性水平的石材，可在当地使用，不受该标准的限制。当照射量率$\Delta r \leqslant 52 \times 10^{-3} \mu c/kg \cdot h$（$20\mu R/h$）时，不做比活度检测。

10.2 地板和地毯

10.2.1 地板

地板作为地坪或楼板的表面，首先起到保护作用，使地坪和楼板坚固耐久。按不同用途的使用要求，地板应具有耐磨、防水、防潮、防滑、易于清扫等特点；在高级宾馆内，还要有一定的隔声、吸音、弹性、保温、阻燃和舒适、装饰效果。

地板按材质分类，有木地板、竹制地板、复合地板、塑料地板、人造木地板、装配式地板等。这里主要介绍以木地板、复合地板、装配式活动地板、竹制地板为主的地面装饰板材。

1. 木地板

据科学研究发现，木材带有芬多精挥发性物质，具有抵抗细菌、稳定神经、刺激黏膜等功效，对视觉、嗅觉和听触觉有洗涤效果，因此，木材是理想的室内装饰材料。实木地板是木材经烘干，加工后形成的地面装饰材料。它具有花纹自然、脚感舒适、使用安全的特点。实木地板分AA级、A级、B级三个等级，AA级质量最高。

木地板具有自重轻、弹性好、热导率低、构造简单、施工方便等优点。其缺点是不耐火、不耐腐、耐磨性差等，但较高级的木地板在加工过程中已进行防腐处理，其防腐性、耐磨性有显著的提高，其使用寿命可提高5~10倍。

用作地板的木材，应注意选择抗弯强度较高，硬度适当，胀缩性小，抗劈性好，比较耐磨、耐腐、耐湿的木材。杉木、杨木、柳木、七叶树、横木等适合制作轻型地板；铁杉、柏木、红豆杉、桦木、槭木、楸木、榆木等适合制作普通地板；槐木、核桃木、悬铃木、黄檩木和水曲柳等适合制作高级地板。

（1）普通木地板。普通木地板由龙骨、水平撑、地板等部分组成。地板一般用松木或杉木，宽度不大于12厘米，厚2~3厘米，拼缝做成企口或错口，直接铺钉在木龙骨上，端头拼缝要互相错开。

木地板铺完后，经过一段时间，待木材变形后再进行刨光、清扫、刷地板漆。普通木地板受潮容易腐朽，适当保护可以延长其使用年限。

（2）硬木地板。硬木地板的构造基本上与普通木地板相同，所不同处是地板有两层，下层为毛板，上层为硬木地板。如果要求防潮，则在毛板与硬木地板之间增设一层油纸。硬木地板多数用水曲柳、核桃木、柞木等制作成，拼成各种花色图案，如人字纹、方格形或席纹式等。裁口缝硬木地板应采用粘贴法。这种地板施工复杂、成本高，适用于高级住宅房间、室内运动场等。

（3）硬质纤维板地板。硬质纤维板地板是利用热压制成3~6毫米厚裁剪成一定规格的板材，再按图案铺设而成的地板。这种地板既有树脂加强，又是用热压工艺成型的，因此，质轻，收缩性小，克服了木材易于开裂、翘曲等缺点，同时又保持了木地板的某些特性。

（4）拼木地板。拼木地板分高、中、低三个档次。高档产品适合高级、四星级以上宾馆及大型会场会议室室内地面装饰；中档产品适合办公室、疗养院、托儿所、体育馆、舞厅等装饰；低档产品适合各类民用住宅装饰。

拼木地板的优点如下。

1）有一定的弹性，软硬适中，并有一定的保温、隔热、隔声功能，夏天阴凉宜人，冬季温暖舒适，所以适用于不同气候条件的地区。

2）容易使地面保持清洁，即使在人流密度大的场合（如宾馆会议室、商场、影剧院）也能保持清洁明亮，这是地毯和塑料地板不能相比的。拼木地板使用寿命长，铺在一般居室内，可用20年以上，可视为永久性装修。

3）拼木地板的传统施工方法是先做木龙骨，然后在木龙骨上铺一层木条大地板，再在其上铺贴拼木地板。这种做法要耗用大量木材，造价高，而且降低了居室的空间高度。而胶贴拼木地板是利用木材加工过程中产生的短小碎料制成薄而短的板条，镶拼成见方的地板块，粘贴在水泥地面上而成的。这样做可降低工程造价，用适当的投资获得高质量的装饰效果。

4）款式多样，可铺成多种图案，刨光、油漆、打蜡后木纹清晰美观，漆膜丰满光亮，易与家具色调、质感浑然协调，给人以自然、高雅的享受。

目前市场上出售的拼木地板条一般为硬杂木，如水曲柳、柞木、榷木、柯木、栲木等。前两种特别是水曲柳木纹美观，但售价高，多用于高档建筑装修。江浙、福建产的柯木；西南地区多用当地产的带有红色的栲木；北京地区常用的是柞木，产于东北和秦岭。

由于各地气候差异，湿度不同，制木地板条时的烘干程度不同，其含水率也有差异，与使用过程中是否出现脱胶、隆起、裂缝有很大关系。北方如用南方产含水率高的木地板，则会产生变形、铺贴困难或者安装后出现裂纹，影响装饰效果。一般来说，西北地区（包头、兰州以西）和西藏地区，选用拼木地板的含水率应控制在10%以内；华北、东北地区选用拼木地板的含水率应控制在15%以内。一般居民无法测定木材含水率，所以购买时要凭经验判断木地板干湿，买回后放置一段时间再铺贴。如经过脱水处理的木地板，则不存在此问题。

拼木地板分带企口和不带企口六面光两种。带企口地板规格较大较厚，具有拼缝严密、有利于邻板之间的传力、整体隆好、拼装方便等优点；不带企口的木板条较薄，而带企口地板的价格是不带企口地板的两倍。

案例分析 10-1

木地板保养

对木地板的维护和保养要切实做到“二勤”和“三忌”。

勤打光蜡。打蜡对木质地板有较好的保护作用，而且还能增加地板光洁度。

勤观湿度。冬季取暖室内温度高，空气较干燥，应增加湿度，如在室内放盆水，也可使用加湿器；雨水多时，空气湿度大，应开窗通风。

忌修早补。铺设好的木地板，由于多种原因会出现开裂、脱胶、翘曲、松动等现象，一旦发现个别地板变形，应视变形原因和铺设方法（钉接或胶粘）及时进行修补或更换。

忌火烫暴晒。注意千万别把烟头、火炉和取暖器直接放置在木质地板上，以防烧出斑痕和烧焦起火。

忌泼洒药剂。别把酱油、酒及饮料等酸碱性溶剂或化学药品泼洒在木质地板上。

问题：你认为在木地板保养中还应注意哪些问题？

2. 复合地板

复合地板是由多层不同材料复合而成的。这种木地板的结构由表层到里层依次是表面高耐磨涂料、着色涂层、高级木材层、合板夹层、缓冲胶层、树脂发泡体层。这种复合地板既改掉了普通木地板的一些缺点，保持了优质木材具有天然花纹的良好装饰效果，又达到了节约优质木材的目的，是目前国内外开发的新产品。

（1）主要优点如下。

1）复合地板由于底层为弹性吸声材料，所以具有良好的吸声性和耐冲击性。

2）复合地板的面层是天然木材，直接与人体接触，可以防止引起任何过敏性疾病，有利于人体健康。

3）复合地板的面层是天然木材，使室内环境得到改善，使人感到舒适、平稳。

4）由于复合地板的面层都用优质木材，有美丽的花纹，装饰效果极佳。

5）复合地板表面涂有耐磨地板涂料，耐磨性好。

6）复合地板与其他木地板一样能按规格加工，施工方便。

（2）规格。复合地板的规格有 900 毫米×300 毫米×11 毫米、900 毫米×300 毫米×14 毫米两种。

3. 装配式活动地板

活动地板是以金属材料或特制刨花板为基材，表面覆以高压三聚氰胺装饰板，经高分子胶黏剂胶合而成的一种地板。使用时配以特制的钢梁、橡胶垫条和可供调节的金属支架，称为装配式活动地板。

（1）主要特点如下。

1）产品表面平整、坚实、耐磨、耐烫、耐老化、耐污染、性能优越。

2）具有高强度、防静电，产品质量可靠，性能稳定。

3）安装、调试、清理、维修简便，可随意开启、检查和拆迁。

4）抗静电升降活动地板还具有优良的抗静电能力、下部串通、高低可调、尺寸稳定、装饰美观和阻燃等优点。

（2）安装及维护。须注意以下几个方面。

1）安装房间地面要平整，墙体下部 50 厘米的墙面要成直角。安装支架至所需高度，调节支架高度时应以旋转螺栓为宜，以保证螺栓两头丝杆讲深均等。桁条放在支架上，用水平尺校正，然后放上地板。支架底座一般用 6101 环氧树脂黏结，也可在基础地坪上预埋螺钉，用螺丝固定。

2）如房间不是 600×600 模数，用户可预选提供房间尺寸，以便加工所需地板。

3）地板使用时应避免重物在地板上拖拉，接触面积不应太小，必要时可用木板垫衬。重物引起的集中荷载超过 300 千克力时在受力点应用支架加强。

4）在地板上作业，不能穿带有金属钉的鞋，更不能用锐器、硬器在地板表面划擦及敲击。

5）为保证地面清洁，可涂擦地板蜡，局部玷污可用汽油、酒精、皂水、去污粉等擦洗。日常清洁使用吸尘器。

4. 竹制地板

竹制地板是采用 3 年以上的楠（毛）竹，参照木质地板国际标准及木板活动板国家标准，经烘烤、防虫、防霉、胶合热压而成的。

竹材是节木、代木的理想材料。毛竹的抗拉强度为202.9兆帕（MPa，压强单位），是杉木的2.5倍；抗压强度为78.7兆帕，是杉木的2倍；抗剪强度为160.6兆帕，是杉木的2.2倍。此外，毛竹的硬度和抗水性都优于杉木，就物理学性能而言，以竹代木是完全可行的。

竹制地板具有防腐、防霉、不变形、不爆裂之特点，有炭化及本色两种款式，可将之拼成室内地板，也可做墙板，适用于日本式、韩国式高级餐厅、酒店的地面、墙面装饰，也适用于家庭地面装饰。

竹制地板装饰效果好，表面光洁、色泽柔和、纹理细致，给人以清新、凉爽、舒适、高雅的感觉。竹制地板质量标准如表10-2所示。此外，在外观上要求竹制地板无虫蛀、无霉变、无裂纹、加工光滑、平稳，几何尺寸均符合国际标准ISO要求。

表10-2 竹制地板质量标准

项　目	标　准	参　数	测试结果
含水率	标准值	8%～13%	测试平均值12.6%
胶层剪切强度	标准值	≥2.5 MPa	测试结果2.92 MPa
横面静曲强度	标准值	≥6.5 MPa	测试结果10 MPa

10.2.2 地毯

地毯是以棉、麻、毛、丝、草等天然纤维或化学合成纤维类原料，经手工或机械工艺进行编结、栽绒或纺织而成的地面铺敷物。地毯是一种高级地面装饰品，有悠久的发展历史，是一种世界各国都十分喜爱的装饰材料之一。它不仅有隔热、保温、吸声、挡风及富有良好的弹性等特点，而且铺设后可以使室内充满高雅、华丽、美观、悦目的气氛。由于地毯具有实用、富于装饰性的特点，所以它延绵千年而经久不衰，在现代建筑和民用住宅中被广泛应用。

地毯按材质主要分为纯毛地毯和化纤地毯两大类；按编织方法可分为手织地毯、机织地毯、无纺地毯及刺绣地毯等。手织地毯是以纯毛编织成绒状织物，多呈现精巧的提花，如中国绒毯、波斯绒毯等品种；机织地毯是将纯毛或化纤混纺，经机械编织成绒织物，如威尔顿地毯等；刺绣地毯是在基布上用手工刺绣方法插入毛绒，形成竖绒或圈绒的编织物。上述各类地毯广泛用于各建筑物里的大厅、会议室、办公室、起居室、卧室、楼梯及走廊等处。

1. 纯毛地毯（常用羊毛）

羊毛地毯为我国传统的手工工艺品之一，历史悠久、驰名中外、图案优美、色彩鲜艳、质地厚实、经久耐用，用以铺地不但人行其上感到柔软舒适，而且富丽堂皇，装饰效果极佳，被广泛用于宾馆、会堂、舞台及其他公共建筑物的地面上。

羊毛地毯的耐磨性主要决定于绒毛的质与量。用手工编织的羊毛地毯，常以1英尺（1英尺=0.304 8米）宽经纬纱的根数分为90道、100道、110道、150道等。一般道数越多，地毯密度越大，质量也越好。后来发展的一种纯羊毛无纺地毯，是未经纺织直接编织而成的一种新型地毯。它具有质地优良、物美价廉、消音抑尘、典雅豪华等特点，广泛用于宾馆、体育馆、剧院及其他公共建筑等处。

纯毛机织地毯具有毯子面平整光滑、富有弹性、脚感柔软、经磨耐用等特点。与纯毛手工地毯相比，其性能相似，但价格远远低于手工纯毛地毯。与化纤地毯相比，其弹性、抗静电、抗老化、耐燃性优于化纤地毯。因此纯毛机织地毯是一种介于纯毛手工地毯和化纤地毯之间的中档地毯。

2. 化纤地毯

化纤地毯是一种新型的地面覆盖材料。它是以尼龙纤维（锦纶）、聚丙烯纤维（丙纶）、聚丙烯腈纤维（腈纶）、聚酯纤维（涤纶）等化学纤维为原料，经过机织法、簇绒法等加工成面层织物，再以背衬进行复合处理而制成的。

根据化纤地毯的不同功能要求，可以用尼龙与丙纶混纺、涤纶与尼龙混纺或腈纶与尼龙混纺等不同形式。织物层可以是卷曲的、起圈的、长绒的，也可以是中空异形的等不同形式，以适应地毯的不同要求。纤维本身也可被加工成耐污染和抗静电的。由于选用了适当比例的酸性阴离子型的染料，同一缸内可以染成多种色彩，且染色有良好的热稳定性。这种地毯经适当处理可以得到与羊毛地毯接近的耐燃、防污、耐老化性能。加上它的价格远低于羊毛，资源丰富，因此化纤地毯已成为很普遍的地面装饰材料。

（1）化纤地毯的种类。化纤地毯分为五种。

1）簇绒地毯。它由毯面纤维、初级背衬、防松涂层和次级背衬四部分组成。毯面纤维是地毯的主体，决定地毯的防污、脚感、耐磨性、质感等主要性能；初级背衬使绒圈固定，提供地毯以一定刚性使其外形稳定；防松涂层的作用是使绒圈与初级背衬黏结，防止绒圈从初级背衬从中抽出；次级背衬的作用是增加地毯的刚性，使其外形稳定性提高，能平铺在地面上。

2）针扎地毯。它由毯面纤维、底衬和防松涂层三部分组成。底衬一般为聚烯机织布，使针扎地毯具有一定的刚性，外形稳定，同时使毯面纤维与它相互缠结；防松涂层便于纤维间相互黏结，防止纤维使用中勾出，延长使用寿命。

3）机织地毯。机织地毯是传统的品种，把经纱和纬纱相互交织编成地毯，也称纺织地毯。它具有非常美丽而复杂的花纹图案，采用不同的工艺还能生产出不同表面质感的地毯。

4）手工编结地毯。它完全采用手工编结，特点是地毯面紧密厚实、绒头高；图案绚丽多彩，富有民族特色；表面质感强。由于用人工编结，一般是单张的，没有背衬。

5）印染地毯。它一般是以簇绒地毯为基础加以印染加工而成。其产量在国外已占簇绒地毯的 35%～50%，表面图案能做到绚丽多彩，但耐久性稍差，其价格比机织和编结地毯低得多。

（2）化纤地毯的性能。其性能表现在装饰性、对环境的调节作用等方面。

1）装饰性。化纤地毯被公认为一种高级装饰材料，能给人以舒服愉快、宁静而柔和及美观豪华的感觉。它的种类繁多，颜色从淡雅到鲜艳，图案从简单到复杂，质感从平滑的绒面到立体感的浮雕，能满足现代化生活的要求。

2）对环境的调节作用。化纤地毯脚感舒适柔软、有弹性，使人感到步履轻快；由于它有吸声性，步行时无噪声，可以形成较安静的环境；它又有良好的保温隔热性能，有利于调节舒适的环境温度。

3）耐污染和藏污性。化纤地毯对于固体污染物有很强的藏污性，即尘土沙粒能隐藏在绒头底部而地毯表面则仍清洁如新。对液体污染物，尤其是有色液体，由于毯子面纤维有吸收性，表面较易玷污和着色。这就对化纤地毯的保养提出了较高的要求，对它的使用环境也提出了限制，在保养较差的公共建筑、住宅中的厨房等地方不宜使用化纤地毯。

4）耐倒伏性。化纤地毯存在毯面纤维长期受压后向一边倒下而不能回弹的问题。这样会造成地毯露底、表面色泽不均匀及藏污性下降的问题。化纤地毯的这种倒伏性主要决定于毯面纤维的高度、密度和纤维的性质。密度高的手工编织地毯一般不会发生倒伏，而密度低、绒头较高的簇绒则较易发生倒伏。

5）耐磨性。化纤地毯的耐磨性比羊毛的好，人的步行、家具移动、轮椅和车辆的滚动挤压都会引起绒头的磨耗。化纤地毯的耐磨性与绒头高度有关。化学纤维中以尼龙耐磨性最佳，而腈纶磨耗容易产生起球现象，影响地毯美观。

6）耐燃性。化纤地毯的耐燃性较差，一般是可燃的，有的还有阴燃现象，即无火焰燃烧现象，这往往容易造成火势蔓延，酿成大火。有的化纤地毯经阻燃处理后可以是阻燃型的，这种经阻燃处理的地毯或是自熄的，或大大缩短燃烧时间。不同合成纤维的耐燃性也有所不同。

化纤地毯的耐烟头性较聚氯乙烯塑料地板差。在地毯子上踩灭烟头会导致毯面纤维烧焦，无法修复，故使用时必须避免烟头的危害。

7）抗静电性。未经处理的化纤地毯在使用时表面因摩擦面产生静电，静电积累到一定程度会放电。静电使化纤地毯吸收尘土，静电积累后产生的放电在某种场合可能会造成危害。解决化纤地毯静电的问题，是对其进行防静电处理，如添加抗静电纤维表面镀银、掺加导电纤维（如碳纤维）等。

8）色牢度。色牢度是指化纤地毯在使用过程中其颜色受光、热、水和摩擦的作用能否经久不退，因为化纤地毯具有常用常新的特点。色牢度在很大程度上与染色的方法有关，化纤地毯的染色方法有三种。① 后染法，也称快染，就是在地毯织成后染色，这样只能得到单色地毯，各批料容易产生色差。② 前染法，即纱染色法。该方法是先将绒线（纤维原料）漂染，然后编织成地毯。此法生产的化纤地毯可以是多色的，色牢度较好。③ 溶液染法，这是一种较先进的方法，即在抽丝的聚合物溶液或溶体内加入染料使纤维着色。用这种方法制得的各种有色纤维的颜色不只是表面有，而且是表里一致，因此它的色牢度最好，不会因化纤地毯磨耗变色。

相关链接 10-2

地毯与健康

人们迁入新居往往购置地毯将居室装点一番。然而地毯对人的身体却有着微妙的危害，这往往不被人所知。

地毯织品多因其经纬线较粗，空隙较大，最易积聚尘埃。微量的尘埃细埃逸散到室内空气中，污染着清洁的空气。再经过冬季取暖室内升温，这些灰尘细屑便要改变原来的性质，成为一种更加有害于人体的气态物质。

近几年，日本出现由地毯引起的一种疾病，患者多系幼儿。它的主要症状是发烧不退，吃药后效果也不大。接着舌头肿胀，两手脱皮，严重者导致死亡。这是由繁殖在地毯中的微生物“蜱螨”引发的。这种微生物以人体皮肤上脱落的细胞屑为食，一旦进入肺或支气管，就会使人发病。而幼儿抵抗力弱，又爱在地毯上嬉戏，故患病率最高。

专家建议，第一，最好不用大张的地毯将地板铺满；第二，选用木质地板块拼在一起铺地；第三，用地板革铺地；第四，在床前、沙发前铺小块地毯。

（资料来源：地毯. 百度百科，2010-2-8）

10.3 涂料商品

10.3.1 涂料

1. 涂料的主要功能

（1）保护和美化功能。涂料是通过涂刷、滚涂或喷涂等方法，涂饰在建筑物表面形成连续的膜层，一般 0.3～2 千克/平方米。其厚度适中，有一定的硬度和韧性，具有耐磨、耐气候、耐化学侵蚀及抗污染等功能，可以提高建筑物的使用寿命。建筑涂料所形成的涂层能装饰、美化建筑物。若在涂料中掺加粗细骨料，再采用拉毛、喷点、滚花、复层喷涂等不同新的施工方法，可以获得各种纹理、图案及质感的涂层，使建筑物具有色泽鲜艳多彩、图案丰富多样、壁面光滑平整和质感细腻有序等装饰效果。

（2）改善建筑物的使用功能。利用建筑涂料的各种特点和不同施工方法，可提高室内的自然亮度，起到吸声和隔声的效果，保持其环境清洁，给人们创造出生活和学习的气氛，并给人以美的感受。

（3）满足建筑物的特殊要求。合理利用特殊涂料的性能，可以满足建筑物的特殊要求。如防水涂料可提高被涂物体的耐水功能，改善其耐水性；防火涂料能改善被涂饰部位耐燃、阻燃等性能，提高建筑物防火等级或减少热损失，节约能耗，防止结露等。

2. 涂料的组成

一般涂料的组成中包含成膜物质、颜填料、溶剂、助剂等成分。

（1）成膜物质。成膜物质是组成涂料的基础，它对涂料的性质起着决定作用。可作为涂料成膜物质的品种很多，主要可分为转化型和非转化型两大类。转化型涂料成膜物主要有干性油和半干性油、双组分的氨基树脂、聚氨酯树脂、醇酸树脂、热固型丙烯酸树脂、酚醛树脂等。非转化型涂料成膜物主要有硝化棉、氯化橡胶、沥青、改性松香树脂、热塑型丙烯酸树脂、乙酸乙烯树脂等。

（2）颜填料。颜料可以使涂料呈现出丰富的颜色，使涂料具有一定的遮盖力，并且具有增强涂膜机械性能和耐久性的作用。颜料的品种很多，在配制涂料时应注意根据所要求的不同性能和用途仔细选用。填料也可称为体质颜料，特点是基本不具有遮盖力，在涂料中主要起填充作用。填料可以降低涂料成本，增加涂膜的厚度，增强涂膜的机械性能和耐久性。常用填料品种有滑石粉、碳酸钙、硫酸钡、二氧化硅等。

（3）溶剂。除了无溶剂涂料和粉末涂料外，溶剂是涂料不可缺少的组成部分。一般常用的有机溶剂主要有脂肪烃、芳香烃、醇、酯、酮、卤代烃、萜烯等。溶剂在涂料中所占的比重大多在50%以上。溶剂的主要作用是溶解和稀释成膜物，使涂料在施工时易于形成比较完美的漆膜。溶剂在涂料施工结束后，一般都挥发至大气中，很少残留在漆膜里。从这个意义上来说，涂料中的溶剂既是对环境的极大污染，也是对资源的很大浪费。所以，现代涂料行业正在努力减少溶剂的使用量，开发出了高固体粉涂料、水性涂料、乳胶涂料、无溶剂涂料等环保型涂料。

（4）助剂。形象地说，助剂在涂料中的作用，就相当于维生素和微量元素对人体的作用：用量很少，作用很大，不可或缺。现代涂料助剂主要有四大类的产品。

1）对涂料生产过程发生作用的助剂，如消泡剂、润湿剂、分散剂、乳化剂等。

2）对涂料储存过程发生作用的助剂，如防沉剂、稳定剂，防结皮剂等。

3）对涂料施工过程起作用的助剂，如流平剂、消泡剂、催干剂、防流挂剂等。

4）对涂膜性能产生作用的助剂，如增塑剂、消光剂、阻燃剂、防霉剂等。

3. 涂料选用的原则

建筑装饰中涂料的选用原则是：好的装饰效果，合理的耐久性和经济性。建筑物的装饰效果主要由质感、线型和色彩三方面取得，其中线型主要由建筑结构及饰面所决定，而质感和色彩则是体现涂料装饰效果的基本因素。耐久性应该包括保护效果和装饰效果两方面，涂膜的变色、玷污、剥落将影响装饰效果，而粉化、龟裂、剥落则影响保护效果。涂料装饰比较经济，但影响到建筑造价标准时又不能不考虑其费用。以上三点仅是原则，具体到某一建筑时可参考下列几点。

（1）按建筑物的装饰部位选用具有不同功能的涂料。外部装饰主要有外墙立面、房檐、窗套等部位。由于这些部位长期受风吹日晒雨淋，所用涂料必须有足够的耐水性、耐污染性、耐久性（包括耐冻性、耐洗刷性和耐老化性等），才能保证有较好的装饰效果。内部装饰主要有内墙立面、顶棚、地面。内墙涂料除对颜色、平整度、丰满度等有一定要求外，还应有较好的机械稳定性，即有一定的硬度、耐干擦和湿擦性。一般内墙涂料原则上均可作顶棚涂装，但在大型公共建筑中，采用添加粗骨料的毛面顶棚涂料，则更有装饰效果。地面涂料除改变水泥地面硬、冷、易起灰等弊病外，还应具有较好的耐磨性和隔声作用。

（2）按不同建筑结构材料选择及确定涂料装饰体系。一幢建筑物采用多种结构材料，如混凝土、水泥、砂浆、砖、木材和钢铁、塑料等，因此选用涂料应考虑被涂底材的特性。如混凝土和水泥浆等无机硅酸盐底材用的涂料，必须有较好的耐碱性，并能有效地防止底材的碱析出到涂膜表面，引起“析碱”现象而影响装饰效果。对于钢铁等金属构件，必须注意防止生锈，因此在考虑涂装体系时先涂除锈底漆，然后再涂配套的面漆。

（3）按建筑物所处的地理位置和施工季节选择涂料。建筑物所处的地理位置不同，其饰面也经受不同的气候条件。炎热多雨的南方所用涂料不仅要有较好的耐水性，而且应有较好的防霉性，否则霉菌繁殖会很快导致涂料失去装饰效果；严寒的北方对涂料的耐冻融性有更高的要求。雨季施工应选择干燥迅速并具有较好初期耐水性的涂料；冬季施工则应特别注意涂料的最低成膜温度，选择成膜温度低的涂料。

（4）按照建筑标准和造价选择涂料和确定施工工艺。对于高级建筑可选用高档涂料，并采用三道成膜的施工工艺，即底层、有较好质感的花纹和凹层次的中间层，以及有较好耐水性、耐污染性的面层，从而达到较好的装饰效果和耐久性。对于一般建筑可选取用中档产品，采用两道成膜的施工工艺。

4. 涂料的分类与选用

（1）涂料的分类。涂料的分类很多，对于建筑涂料，通常的分类有以下几种。

1）按涂料的形态可分为：固态涂料（粉末涂料）、液态涂料（溶剂型涂料）、水溶性涂料、水乳型涂料。

2）按涂料的光泽可分为高光型或有光型涂料、丝光型或半定型涂料、无光型或亚光型涂料。

3）按涂刷部位可分为内墙涂料、外墙涂料、地坪涂料、屋顶涂料、顶棚涂料等。

4）按涂膜厚度及形状可分为薄质涂料、厚质涂料、沙粒状和凹花纹状涂料等。

5）按组成物质可分为有机涂料、无机涂料、复合涂料等。

（2）建筑涂料及其选用，如表10-3～表10-5所示。

5. 市场常见的建筑涂料的类型

（1）合成树脂乳液沙壁状建筑涂料。这种涂料是以合成树脂乳液为主要黏结料，以彩色沙粒和石粉为骨料，采用喷涂方法施涂于建筑物外墙，形成粗面涂层的厚质涂料。这种涂料质感丰富，色彩鲜艳且不易退色变色，而且耐水性、耐气候性优良。所用合成树脂乳液主要为苯乙烯–丙烯酸酯共聚乳液。这种涂料是一种性能优越的建筑外墙用中高档涂料。

（2）复层涂料。复层涂料是以水泥系、硅酸盐系和合成树脂系等黏结料和骨科为主要原料，用刷涂、滚涂或喷涂等方法，在建筑物表面上涂布2～3层，厚度为1～8毫米的凹凸成平状复层建筑涂料。根据所用原料的不同，这种涂料可用于建筑的内外墙面和顶棚的装饰，属中高档建筑装饰材料。复层涂料一般包括3层，封底涂料（主要用以封闭基层毛细孔，提高基层与主层涂料的黏结力）、主层涂料（增强涂层的质感和强度）、罩面涂料（使涂层具有不同色调和光泽，提高涂层的耐久性和耐玷污性）。

（3）合成树脂乳液内墙涂料。合成树脂乳液内墙涂料是以合成树脂乳液为黏结料，加入养料、填料及各种助剂，经研磨而成的薄型内墙涂料。这类涂料是目前主要的内墙涂料。由于所用的合成树脂乳液不同，具体品种的涂料的性能、档次也就有差异。常用的合成树脂乳液有丙烯酸酯乳液、苯乙烯–丙烯酸酯共聚乳液、醋酸乙烯–丙乙烯酸酯乳液、氯乙烯–偏氯乙烯乳液等。

（4）合成树脂乳液外墙涂料。以合成树脂乳液为黏结料。加入颜料、填料及各种助剂经研磨而成的水乳型外墙涂料。

（5）溶剂型外墙建筑涂料。溶剂型外墙建筑涂料是以合成树脂为基料，加入颜料、填料、有机溶剂等经研磨配制而成的外墙涂料。它的应用没有合成树脂乳液外墙涂料广泛，但这种涂料的涂层硬度、光泽、耐水性、耐玷污性、污蚀性都很好，使用年限多在10年以上，所以也是一种颇为实用的涂料。使用时注意，溶剂型外墙涂料不能在潮湿基层上施涂且有机溶剂易燃，有的还有毒。

表 10-3　按建筑物的部位选用建筑涂料

涂料种类 / 建筑物部位	水性涂料	水泥系	无机涂料			乳液型涂料								溶剂型涂料							
	聚乙烯醇系涂料	聚合物水泥系涂料	石灰浆涂料	硅酸盐系涂料	硅溶胶无机涂料	聚醋酸乙烯涂料	乙丙涂料	乙顺涂料	氯偏涂料	氯醋丙涂料	苯丙涂料	丙烯酸酯涂料	水乳型环氧树脂涂料	油漆	过氯乙烯涂料	苯乙烯涂料	聚乙烯醇缩丁醛涂料	氯化橡胶涂料	丙烯酸酯涂料	聚氨酯系涂料	环氧树脂涂料
室外屋面											○	○							○	√	
室外墙面	×	○	×	○	√	×	○	○	○	√	√	√	√	×	○	○	○	√	√	√	
室外地面		○																		√	○
住宅内墙顶棚	√		○	×	○	○	○	○	○	○	○	○	○	○	○	×	○	○	○	○	
厂房内墙及顶棚	○		×	×	○	○	○	○	○	○	○	○	○		○	×	○	○	√	√	
住宅室内地面		√							√					○	○	○				○	○
厂房室内地面		○							○						○	○				√	√

注：√表示优先选用，○表示可以选用，×表示不能选用。

表 10-4　按基层材质选用建筑涂料

涂料种类 / 基层材料种类	水性涂料	水泥系	无机涂料			乳液型涂料								溶剂型涂料							
	聚乙烯醇系涂料	聚合物水泥系涂料	石灰浆涂料	硅酸盐系涂料	硅溶胶无机涂料	聚醋酸乙烯涂料	乙丙涂料	乙顺涂料	氯偏涂料	氯醋丙涂料	苯丙涂料	苯烯酸酯涂料	水乳型环氧树脂涂料	油漆	过氯乙烯涂料	苯乙烯涂料	聚乙烯醇缩丁醛涂料	氯化橡胶涂料	丙烯酸酯涂料	聚氨酯系涂料	环氧树脂涂料
混凝土基层	○	√	○	○	○	○	○	○	○	○	○	○	○	×	○	○	○	○	○	○	○
轻质混凝土基层	○	√	○	○	○	○	○	○	○	○	○	○	○	×	○	○	○	○	○	○	○
预应混凝土基层	○	√	○	○	○	○	○	○	○	○	○	○	○	×	○	○	○	○	○	○	○
加气混凝土基层	○	√	○	○	○	○	○	○	○	○	○	○	○	×	○	○	○	○	○	○	○
砂浆基层	○	√	○	○	○	○	○	○	○	○	○	○	○	×	○	○	○	○	○	○	○

续表

基层材料种类 \ 涂料种类	水性涂料	水泥系	无机涂料			乳液型涂料								溶剂型涂料							
	聚乙烯醇系涂料	聚合物水泥系涂料	石灰浆涂料	硅酸盐系涂料	硅溶胶无机涂料	聚醋酸乙烯涂料	乙丙涂料	乙顺涂料	氯偏涂料	氯醋丙涂料	苯丙涂料	苯烯酸酯涂料	水乳型环氧树脂涂料	油漆	过氯乙烯涂料	苯乙烯涂料	聚乙烯醇缩丁醛涂料	氯化橡胶涂料	丙烯酸酯涂料	聚氨酯系涂料	环氧树脂涂料
石棉水泥板基层	○	√	○	○	○	○	○	○	○	○	○	○	○	○	○	○	○	○	○	○	○
石灰浆基层	√	×	○	○	○	○	○	○	○	○	○	○	○	○	○	○	○	○	○	○	○
木基层	×	×	×	×	×	○	○	○	○	○	○	○	○	√	√	√	√	√	√	√	√
金属基层	×	×	×	×	×	×	×	×	×	○	○	○	×	√	√	√	√	√	√	√	√

注：√表示优先选用，○表示可以选用，×表示不能选用。

表 10-5　按两次装修间隔选用建筑涂料

间隔时间 \ 涂料种类		水性涂料	水泥系	无机涂料			乳液型涂料								溶剂型涂料							
		聚乙烯醇系涂料	聚合物水泥系涂料	石灰浆涂料	硅酸盐系涂料	硅溶胶无机涂料	聚醋酸乙烯涂料	乙丙涂料	乙顺涂料	氯偏涂料	氯醋丙涂料	苯丙涂料	苯烯酸酯涂料	水乳型环氧树脂涂料	油漆	过氯乙烯涂料	苯乙烯涂料	聚乙烯醇缩丁醛涂料	氯化橡胶涂料	丙烯酸酯涂料	聚氨酯系涂料	环氧树脂涂料
外墙	1～2年		○		○					○												
	5年					○		○	○		○	○	○			○	○	○				
	10年													○					○	○	○	
内墙	1～2年	○		○																		
	5年						○	○	○	○	○	○	○		○	○		○				
	10年													○					○	○	○	
地面	1～2年									○					○	○	○					
	5年		○																			
	10年																				○	○

注：○表示可以选用。

（6）无机建筑涂料。无机建筑涂料是以碱金属硅酸盐或硅溶胶为主要黏结料，加入颜料、填料及助剂配制而成的，在建筑物上形成薄质涂层的涂料。这种涂料性能优异，生产工艺简单，原料丰富，成本较低，主要用于外墙装饰，主要是喷涂施工，也可用刷涂或滚涂。这种涂料为中档及中低档一类涂料。

（7）聚乙烯酸水玻璃内墙涂料。以聚乙烯醇树脂水溶液和水玻璃为黏结料，混合一定量的填料、颜料和助剂，经过混合研磨、分散而成的水溶性涂料。这种涂料属于较低档的内墙涂料。适用于民用建筑室内墙面装饰。

10.3.2 油漆

1. 油漆的分类

常见油漆品种的应用范围和优缺点比较如表10-6和表10-7所示。

表10-6 常见油漆品种的应用范围

品种	主要用途
醇酸漆	一般金属、木器、家庭装修、农机、汽车、建筑等的涂装
丙烯酸乳胶漆	内外墙、皮革、木器家具、地坪等的涂装
溶剂型丙烯酸漆	汽车、家具、电器、塑料、电子、建筑、地坪等的涂装
环氧漆	金属防腐、地坪、汽车底漆、化学防腐
聚氨酯漆	汽车、木器家具、装修、金属防腐、化学防腐、绝缘、仪器仪表等的涂装
硝基漆	木器家具、装修、金属装饰
氨基漆	汽车、电器、仪器仪表、木器家具、金属防护
不饱和聚酯漆	木器家具、化学防腐、金属防护、地坪
酚醛漆	绝缘、金属防腐、化学防腐、一般装饰
乙烯基漆	化学防腐、金属防腐、绝缘、金属底漆、外用涂料

表10-7 常见油漆品种优缺点比较

品种	施工性能	装饰性能	耐气候性	耐化学腐蚀性	机械性能	环保性能	价格特点
醇酸漆	简便	良	良	良	良	中	较低
丙烯酸乳胶漆	简便，低温下不好	良	优	中	中~良	优	适中
溶剂型丙烯酸漆	简便	优	优	良	优	中	较高
环氧漆	简便，低温下不好	中	差	优	优	优~良	较高
聚氨酯漆	对环境要求较高	优	优~良	优~良	优	中	适中~较高
硝基漆	简便	良	中~良	差	良	差	较高
氨基漆	须加热固化，复杂	优	优~良	良	优	良	适中
不饱和聚酯漆	须特殊固化，复杂	优	良	优	良	优	适中~较高
酚醛漆	简便	中	良	良	良	中	较低
乙烯基漆	简便	中	优~良	优~良	良	中~良	适中~较高

（1）油漆的用途。油漆现也统称为涂料，对于被施用的对象来说，它的第一个用途是保护表面，第二个用途是修饰。以木制品来说，由于木制品表面属多孔结构，不耐脏污，而且表面多节眼，不够美观。涂料能同时解决这方面的问题。

（2）油漆的分类。按不同的分类标准区分。

1）按部位分为墙漆、木器漆和金属漆。墙漆包括外墙漆、内墙漆和顶面漆，主要是乳胶漆等品种；木器漆主要有硝基漆、聚氨酯漆等；金属漆主要是磁漆。

2）按状态分为水性漆和油性漆。水性漆主要是乳胶漆，而硝漆、聚氨酯漆等多属于油性漆。

3）按功能分为防水漆、防火漆、防霉漆、防蚊漆及具多种功能的多功能漆等。

4）按作用形态分为挥发性漆和不挥发性漆。

5）按表面效果分为透明漆、半透明漆和不透明漆。

（3）油漆的品种。油漆分为木器漆、内墙漆、外墙漆和防火漆。

1）木器漆。可分为以下几种。① 硝基清漆。硝基清漆是一种由硝化棉、醇酸树脂、增塑剂及有机溶剂调制而成的透明漆，属挥发性油漆，具有干燥快、光泽柔和等特点。硝基清漆分为亮光、半亚光和亚光三种，可根据需要选用。硝基漆也有其缺点：高湿天气易泛白、丰满度低，硬度低。② 聚酯漆。它是用聚酯树脂为主要成膜物制成的一种厚质漆。聚酯漆的漆膜丰满，层厚面硬。聚酯漆同样拥有清漆品种，也叫聚酯清漆。聚酯漆施工过程中需要进行固化，这些固化剂的分量占了油漆总分量的1/3。这些固化剂也称为硬化剂，其主要成分是甲苯二异氰酸酯（Toluene Diisocyanate，TDI）。这些处于游离状态的TDI会变黄，不但使家具漆面变黄，也会使邻近的墙面变黄，这是聚酯漆的一大缺点。目前市面上已经出现了耐黄变聚酯漆，但也只能做到耐黄而已，还不能做到完全防止变黄的情况。另外，超出标准的游离TDI还会对人体造成伤害。游离TDI对人体的危害主要是致敏和刺激作用，包括造成疼痛流泪、结膜充血、咳嗽胸闷、气急哮喘、红色丘疹、斑丘疹、接触性过敏性皮炎等症状。国际上对于游离TDI的限制标准是控制在0.5%以下。③ 聚氨酯漆。聚氨酯漆即聚氨基甲酸酯漆。它漆膜强韧，光泽丰满，附着力强，耐水耐磨、耐腐蚀，被广泛用于高级木器家具，也可用于金属表面。其缺点主要有遇潮起泡，漆膜粉化等。与聚酯漆一样，它同样存在着变黄的问题。聚氨酯漆的清漆品种称为聚氨酯清漆。④ 醇酸漆。醇酸漆主要由醇酸树脂组成，是目前国内生产量较大的一类。具有价格便宜、施工简单、对施工环境要求不高、涂膜丰满坚硬、耐久性和耐候性较好、装饰性和保护性都比较好等优点。缺点是干燥较慢、涂膜不易达到较高的要求，不适于高装饰性的场合。

2）内墙漆。内墙漆主要可分为水溶性漆和乳胶漆。一般装修采用的是乳胶漆。乳胶漆即乳液性涂料，按照基材的不同，分为聚酯酸乙烯乳液和丙烯酸乳液两大类。乳胶漆以水为稀释剂，是一种施工方便、安全、耐水洗、透气性好的漆种，它可根据不同的配色方案调配出不同的色泽。乳胶漆基本上由水、颜料、乳液、填充剂和各种助剂组成，这些原材料是不含什么毒性的。作为乳胶漆而言，可能含毒的主要是成膜剂中的乙二醇和防霉剂中的有机汞。

3）外墙漆。外墙乳胶漆基本性能与内墙乳胶漆差不多。但漆膜较硬，抗水能力更强。外墙乳胶漆一般使用于外墙，也可以使用于洗手间等高潮湿的地方。当然，外墙乳胶漆可以内用，但请不要尝试将内墙乳胶漆外用。

4）防火漆。防火漆是由成膜剂、阻燃剂、发泡剂等多种材料制造而成的一种阻燃涂料。由于目前家居中大量使用木材、布料等易燃材料，所以防火已经是一个值得提起的议题了。

2. 溶剂型和水性地板漆的区别

地板手刷漆目前有两大类：溶剂型漆和水性漆。溶剂型漆多以二甲苯为溶剂，当二甲苯挥发后，地板漆即形成。这种漆含有二甲苯及甲醛。刷过漆的地板需要较长时间通风才可把残余二甲苯挥发完，对人体非常有害；一种为水性漆，水性漆是用水作溶剂，水挥发后，漆膜形成，无二甲苯、甲醛等物质，是非常环保的地板漆，刷完漆后第二天即可入住。

溶剂型聚酯漆的缺点是含有游离有机异氰酸酯，可导致哮喘病，有害健康；不耐划伤、不能用于软木地板，很难在原有的漆面上再刷漆；多数情况下一天只能刷一遍漆；用溶剂来清理刷漆工具；漆面容易变黄。

水性地板漆的优点是无毒、无溶剂的气味；容易在原漆面上再涂刷，不变黄；一天可以刷三遍漆，快干；比溶剂型更耐磨，更环保；更好地保持木地板的本色与质感；施工方便，不必搬家施工；涂刷工具可以水洗；产品分亮光、亚光和半亚光，可供多种选择。

案例分析 10-2

别让装修污染了儿童房：少用鲜艳颜色油漆

山东省环境监测中心曾经对济南的17家居民家庭的儿童房、婴儿房进行过室内空气质量监测。监测的结果令人震惊：17户居民房内的空气质量没有一个能够达到标准，甲醛含量超过国家标准1.2～9.4倍。

从事过多年室内装修的业内人士建议，儿童房最好不要铺地胶、地毯，不要进行吊顶之类的装修。“儿童房在装修的时候，不要使用天然的石材如大理石、花岗石，这都是容易造成甲醛、苯等有害物质污染的原材料。还有，最好不要贴壁纸。”该业内人士说。

在油漆方面，越鲜艳的油漆重金属含量越高，如果孩子接触很容易造成铅和汞中毒。在购买家具时，儿童房家具最好选择实木家具，家具表面的油漆最好是水性的，家长在购买时也要注意看有没有环保检测报告。此外，市面上的有些泡沫塑料制品（类似于拖鞋材料），如地板拼图，会释放出大量的挥发性有机物质，可能会对孩儿童的健康造成影响。

问题：儿童房装修为什么要少用鲜艳颜色油漆？

3. 乳胶漆的选用

市场上的乳胶漆有多种光泽，如无光、亚光、半光，色彩更是五光十色，除了成品色，市面上多数品牌的乳胶漆也能通过计算机现场调色，消费者可以根据自己的喜好随意选择。

在选购时，乳胶漆的功能十分重要，要根据涂刷的不同部位来选用乳胶漆，如卧室和客厅的墙面采用的乳胶漆要求附着力强、质感细腻、耐分化性和透气性好；厨房、浴室的乳胶漆应具有防水、防霉、易洗刷的性能。购买时要详细检查产品的包装、外观及内在质量。

真正环保的乳胶漆应该是水性无毒无味的，打开盖时如果有刺激性气味或工业香精味，则不是理想选择。一段时间后，正品乳胶漆的表面会形成很厚的有弹性的氧化膜，不易裂，而次品只会形成一层很薄的膜，易碎，具有辛辣气味。用木棍将乳胶漆拌匀，再用木棍挑起来，优质乳胶漆往下流时会成扇面形。用手指摸，正品乳胶漆应该手感光滑、细腻。乳胶漆涂刷到墙面上，用湿布擦拭，正品的颜色光亮如新，而次品轻轻一抹，就会退色。

另外，别忘了看产品的保质期。测定乳胶漆的性能指标主要有耐洗刷性、遮盖力、细度和附着力。“脏了可以用水洗”，是吸引消费者购买乳胶漆的最重要原因。很多乳胶漆在促销时也以湿布轻松擦去儿童在墙上的涂鸦为例。

遮盖力与细度决定乳胶漆的涂刷效果，遮盖力越强，细度越小，涂刷后墙面的细腻程度越高。一些优质乳胶漆遮盖力强，可简化工序，只需一道底漆、一道面漆就能完工。附着力反映漆膜附着在墙体上的牢固程度，墙体涂刷后出现干裂、脱皮的情况，不仅与底材处理所用的腻子有关，与漆膜附着力的强弱也有直接关系。

乳胶漆的使用要讲究方法。目前，乳胶漆的施工方法包括刷涂、滚涂和喷涂三种。为了保证涂刷效率和涂刷质量，最好采用刷涂与滚涂相结合的办法，大面积墙体采用滚涂，边角部分使用刷涂。

涂刷乳胶漆的墙面应平整、结实，应先除去墙面所有的起皮、裂缝，并作填补。如果是新房，只需刮掉原来建筑施工时做好的墙皮就可以了；如果是旧房或是以前做过装修，就要把原来的墙面涂料和腻子全部刮掉，直至露出墙体的水泥基层。将胶水调匀，均匀地抹在已处理平整的基底上，然后用调好的 821 腻子满抹在墙上，刮平，等腻子干透后，再刷乳胶漆。先用刷子涂刷滚筒涂不到的墙面，等 2 ~ 3 小时后再大面积地用滚筒滚涂。应尽量选用优质滚筒。施工时先涂底漆，待 6 小时后底漆完全干透再涂面漆。

乳胶漆保养消费者也应该留意。通常乳胶漆会有开裂现象，出现这种情况，不要惊慌，要仔细分析开裂的原因。因季节原因引发的开裂称为正常开裂，多见于天花板、门框的接缝等处。所以装修后半年或一年的保修期，就是为了用来修补因季节变化而造成的质量损耗。这些因自然开裂出现的缝隙，经过装修公司的再次修补后平整如新，日后也不易再开裂。

案例分析 10-3

如何改善乳胶漆的开罐效果

涂料的开罐效果表现在以下几个方面：涂料脱气良好，涂料中无气泡；涂料有良好的流动性；涂料在储存过程中无沉淀、无结皮现象；涂料在储存过程中无分层、无返粗现象；涂料经过储存，黏度稳定，黏度变化不超过 20%；涂料经过储存无腐败等现象。

改善涂料开罐效果的途径有以下几个方面：选用消泡良好的脱气消泡剂，保证正确的生产工艺，防止起泡；选用高分子类增稠剂与聚胺酯类增稠剂匹配，保证乳胶漆的流变曲线合乎储存、施工等要求，无分层现象，具有良好流动；保证颜填料良好分散，防止絮凝粒径变大，以免加速沉降，匹配好粉料的种类，保证涂料中粉料良好的悬浮性，防止沉降；对稳定性不佳的乳液，添加保护剂（Hydropalat 306）防止乳液在涂料介质中破乳聚并；涂料有足够的防腐杀菌成分保证涂料储存中不变质。

问题：以上措施为什么能改善乳胶漆的开罐效果？

相关链接 10-3

内墙乳胶漆选购注意事项

（1）认清商品包装标志和保质期。合格的商品标志，应具备商品等级、生产单位、执行标准、出厂日期、质保期限、储存说明、包装规格等。

（2）根据不同使用环境选择涂料。对厨房、卫生间等潮湿区域，应选用防水、防霉、易洗刷的涂料。其他墙面应选择装饰效果好、涂层细腻、不易粉化、有一定耐擦洗性的涂料。

（3）分清乳胶漆和水溶性涂料的区别。由于乳胶漆生产成本比水溶性涂料高许多，市场上售价特别低的所谓“乳胶漆”，很可能是假冒的水溶性涂料，使用后易导致涂层耐水性差、掉粉、脱落。

（4）仔细阅读施工说明，看清是否需要使用配套的底漆。如需使用，尽可能选用同一品牌的配套商品。

（资料来源：内墙乳胶漆选购注意事项. 装修知识网，2009-12-29）

本章小结

瓷砖常见的品种有陶瓷锦砖、釉面砖和墙地砖，主要用于地面和墙面的装饰，检验时可从规格、感观质量和有关指标等方面着手。用于建筑装饰的天然饰面石材主要是花岗岩和大理石，是比较高档的建筑装饰材料，检验时要从常规检验和放射性检测两个方面来考虑。

地板和地毯作为地面装饰品，有着悠久的历史，地板按材质分常见的有木地板、竹制地板、复合地板；地毯按材质主要分为纯毛地毯和化纤地毯两大类。在地板和地毯的检验选购中，要根据它们的性能特点和使用环境综合考虑。

涂料人们传统称为“油漆”，涂覆在物体表面，对物体有保护、装饰的特殊功能，涂料的组成中包含成膜物质、颜填料、溶剂、助剂四类成分，检验选用时既要根据它们的性能特点和使用环境，又要考虑到绿色、环保和健康。

主要概念

瓷砖　体内辐射与体外辐射　活动地板　簇绒地毯　水性漆

课堂讨论题

1. 在装潢装饰商品经营与选购中如何保证其安全性?
2. 常见油漆的种类及特点。

自测题

1. 判断题

（1）天然石材中的放射性危害包括体内辐射与体外辐射两个方面。 （ ）
（2）带企口的木地板比不带企口的木地板性能好。 （ ）
（3）涂料能美化建筑物，但不能提高建筑物的使用寿命。 （ ）
（4）国际上对聚酯漆游离 TDI 的限制标准是控制在 0.5%以下。 （ ）

2. 填空题

（1）陶瓷锦砖与铺贴纸间有一定________，检验时不脱落者为________。
（2）竹制地板具有防腐、________、________不爆裂的特点。
（3）建筑装饰中涂料的选用原则是：好的装饰效果，________和________。
（4）水性地板漆的优点是________、________的气味。

3. 选择题

（1）全瓷砖比釉面瓷砖吸水率低，硬度大，表面还有（ ）。
A. 防滑作用　B. 美化作用　C. 强化作用　D. 保护作用
（2）纯毛机织地毯是一种介于纯毛手工地毯和化纤地毯间的（ ）。
A. 过渡产品　B. 低档地毯　C. 中档地毯　D. 高档地毯
（3）涂料按涂刷部位可分为内墙涂料、外墙涂料、屋顶涂料、顶棚涂料和（ ）。
A. 装饰涂料　B. 地坪涂料　C. 液态涂料　D. 水溶性涂料
（4）用木棍将乳胶漆拌匀，再用木棍挑起来，优质乳胶漆往下流时会成（ ）。
A. 扇面形　B. 平面形　C. 柱状形　D. 三角形

4. 简答题

（1）花岗岩和大理石作为建筑装饰材料有哪些特点?
（2）地板在安装过程中，要注意的事项有哪些?
（3）简述化纤地毯的性能与质量鉴别。
（4）简述涂料的组成及其作用。

实训题

1. 技能题

（1）考察并检验生活环境中瓷砖的质量状况。

（2）你能演示哪些油漆质量鉴别技能？

2. 案例分析题

在一位经销商的品牌专卖店里，一边摆着水性木器漆，一边摆着油性木器漆。一位业主进来咨询，经销商指着水性木器漆说，这种漆最环保，对人体无毒无害；指着油性木器漆说，这种漆硬度好，漆膜丰满，价格便宜。业主于是问："那是不是意味着油性木器漆是有毒害的，水性木器漆硬度不好，价格贵了？"厂家陷入"左手打右手"的尴尬局面。

问题：如果你是经销商，将如何处理这一问题？

3. 实习题

开展一次校园装潢装饰材料调研活动，并讨论它们的科学合理性。

参考文献

[1] 万融．商品学概论（第 3 版）[M]．北京：中国财政经济出版社，2013．
[2] 万融．商品学概论（第五版）[M]．北京：中国人民大学出版社，2013．
[3] 白世贞，等．商品学（第二版）[M]．北京：中国人民大学出版社，2013．
[4] 晏维龙．现代商业技术[M]．北京：中国人民大学出版社，2005．
[5] 宋杨．电子电器商品学[M]．北京：中国物资出版社，2006．
[6] 谈留芳．商品学（修订版）[M]．北京：科学出版社，2010．
[7] 袁长明．商品学[M]．北京：化学工业出版社，2011．
[8] 陈雨生．农产品质量安全论证监管机制研究[M]．北京：经济管理出版社，2012．
[9] 冀连贵．王斌松，等．消费品安全监管概论[M]．北京：清华大学出版社，2012．
[10] 李俊，王云仪．服装商品企划学（第 2 版）[M]．北京：中国纺织出版社，2010．
[11] 刘培刚．商品知识与质量鉴别[M]．北京：中国商业出版社，1997．
[12] 李新娥，刘跃军．纺织服装商品学（第 2 版）[M]．上海：东华大学出版社，2014．
[13] 汪永太．商品学概论[M]．北京：中国商业出版社，1997．
[14] 汪永太，等．商品经营知识[M]．合肥：安徽科技出版社，1996．
[15] 汪永太．商品学概论（第 4 版）[M]．大连：东北财经大学出版社，2012．
[16] 汪永太．商品检验与养护（第 3 版）[M]．大连：东北财经大学出版社，2012．
[17] 曹汝英．商品学基础（第 2 版）[M]．北京：高等教育出版社，2007．
[18] 赵苏．商品学（第 2 版）[M]．北京：清华大学出版社，2012．
[19] 温继勇．食品营养与卫生[M]．大连：东北财经大学出版社，2000．
[20] 黄梅丽，江小梅．食品化学[M]．北京：中国人民大学出版社，1986．
[21] 李琦业，刘莉．纺织商品学[M]．北京：中国物资出版社，2005．
[22] 刘铭．现代时装设计入门[M]．杭州：浙江人民美术出版社，1993．
[23] 黄罗兰，申志恒．服装和纺织品商品学[M]．上海：立信会计出版社，1996．
[24] 李晓慧等．服装商品学[M]．北京：中国纺织出版社，2000．
[25] 蒋耀兴．纺织品检验学[M]．北京：中国纺织出版社，2001．
[26] 霍红，等．纺织品检验学[M]．北京：中国物资出版社，2006．
[27] 白世贞，曲志华．工业品检验学[M]．北京：中国物资出版社，2005．
[28] 刘北林，孙婷，曲志华．食品商品学[M]．北京：中国物资出版社，2005．
[29] 代丽君，徐倩，付玮琼．商品学实验教程[M]．北京：中国物资出版社，2006．
[30] 汪永太．浅谈包装的信息传达[J]．包装世界，1995（1）．

[31] 汪永太. 浅谈商品包装上的质量标志[J]. 包装世界，1998（3）.
[32] 汪永太. 当代中国商品学学科发展回顾[N]. 安徽商贸职业技术学院学报，2005（1）.
[33] 汪永太. 物流中的商品包装条码[J]. 中国包装，2007（3）.
[34] 汪永太. 商品质量新发展的研究与思考[N]. 安徽商贸职业技术学院学报，2009（3）.
[35] 中国商品学会第十届学术论坛论文集[D]，北京，2007.
[36] 中国商品学会第十二届学术论坛论文集[D]，北京，2009.
[37] 中国商品学会第十三届学术论坛暨大学生消费教育论文集题录[D]，北京，2010.
[38] 中国商品学会第十四届学术论坛论文集题录[D]，北京，2011.
[39] 中国商品学会第十五届学术论坛论文题录[D]，北京，2013.
[40] 监督与选择[J]. 北京：中国质量检验协会，2005—2014.
[41] 中国质量[J]. 北京：中国质量管理协会，2005—2014.
[42] 包装世界[J]. 杭州：包装世界杂志社，2005—2014.
[43] 家用电器[J]. 北京：中国家用电器研究院，2005—2014.
[44] 中国消费者报[N]. 北京：中国消费者协会，2005—2014.
[45] 中国商品学会网（http://www.cscs.org.cn）.
[46] 阿里巴巴网（http://www.alibaba.com）.
[47] 中国食品网（http://www.cn-food.net）.
[48] 中国涂料网（http://www.chinacoatingnet.com）.
[49] 国家质量监督检验检疫总局网（http://www.aqsiq.gov.cn）.